# Janice G. Raymond

# Frauenfreundschaft

# Philosophie
# der Zuneigung

**Aus dem amerikanischen Englisch
von Erika Wisselinck**

# Frauenoffensive

1. Auflage, 1987
© 1986 Janice G. Raymond
Originaltitel: A Passion for Friends
Veröffentlicht bei Beacon Press, Boston
© deutsche Übersetzung Verlag Frauenoffensive, München 1986
(Kellerstr. 39, 8000 München 80)

ISBN 3—88104—168—0

Druck: Clausen & Bosse, Leck
Satz: Sylvia Seyfried, München
Umschlag- und Buchgestaltung: Elisabeth Petersen, Netterndorf

# Inhalt

Für Pat Hynes
die diese Worte verkörpert

Die Reise wäre in vieler Hinsicht angenehm gewesen und auf jeden Fall interessant, doch weil du dabei warst, war sie eine einzige Freude...

,,In all unseren Taten ist Unsterblichkeit;
solche Freude ist beständig bis in den Tod."

Danke, danke, danke, daß du so überaus wunderbar bist,
du allerliebste Frau.

Und wir werden wieder losreisen. Es gibt so viele hinreißende Orte, die wir besuchen, und Dinge, die wir tun sollten. Sei stets versichert, daß ich sie sehen und tun möchte und daß ich keine bessere Reisegefährtin wüßte als dich.

Winifred Holtby an Vera Brittain
in: *Testament of Friendship*

# Einleitung

Ich mag das Wort Zuneigung, weil es etwas Gewohntes, Alltägliches bezeichnet.
> Mary Wollstonecraft


Ich habe eine Leidenschaft für Freunde.*
> Sokrates in Plato:
> *Lysis*


Philosophieren ist ein Prozeß, in dem der Erfahrung ein Sinn gegeben wird.
> Suzanne Langer
> *Philosophical Sketches*


... ich aber sage: was immer wir lieben, *ist* auch.
> Sappho

---

* Der englische Originaltitel dieses Buches bezieht sich auf dieses Plato-Zitat: *A Passion for Friends*. Da *friend* sowohl Freund als auch Freundin bedeutet, kann dieses Zitat im Englischen auch für Frauenfreundschaft verwendet werden. Im Deutschen geht das nicht.

Dies ist ein Buch über das Miteinander von Frauen. Frauen, die zusammen sind, sind nicht allein.

In der *Hetero-Realität*, jener Weltsicht, nach der eine Frau stets in Beziehung zu einem Mann existiert, werden Frauen, die in Gesellschaft anderer Frauen sind, folgerichtig als „allein" wahrgenommen. In unserem Alltag in der Hetero-Realität sind wir Frauen vielen Spielarten solcher Beleidigungen und Angriffe ausgesetzt. Lily Tomlinson „erhellt"[1] mit ihrem bekannten Humor eine davon: „Ich habe tatsächlich erlebt, wie ein Mann auf vier Frauen, die in einer Bar saßen, zuging und sagte: ‚He, was macht ihr denn hier so ganz allein?'"[2] Es wird davon ausgegangen: Frauen ohne Männer sind Frauen ohne Begleitung oder Gesellschaft.

Oder nehmen wir das Beispiel von zwei Frauen, die in ein Restaurant zum Essen gegangen sind. Eine halbe Stunde vergeht, sie sind noch immer nicht bedient worden. Sie sehen, wie andere Leute — Mann-Frau-Paare —, die nach ihnen kamen, bereits ihr Essen bekommen. Sagen sie der Bedienung, daß sie schon lange warten, so erwidert er oder sie: „Oh, ich habe Sie nicht gesehen!" Für die allgemeine Wahrnehmung sind Frauen in Gesellschaft von Frauen unsichtbar — und werden deshalb übersehen.

Eine dritte Spielart von Hetero-Realität findet sich in einem vor einigen Jahren in dem *New York Times Sunday Magazine* erschienenen Artikel „Zum Lob von Old Nantucket". Von einer Frau geschrieben, befaßte er sich vor allem mit der Geschichte der Insel, speziell mit der Geschichte des Walfangs. Die Autorin berichtet, daß die Männer von Nantucket auf Fangtouren gingen und oft mehrere Jahre lang fortblieben. Sie erzählt auch, welch fruchtbaren intellektuellen und sozialen Unternehmungen sich die Insel-Frauen zuwandten. Aus diesem Walfanggebiet stammen einige außergewöhnliche Frauen: Lucretia Mott, die berühmte Feministin des 19. Jahrhunderts, Maria Mitchell, die bemerkenswerte Astronomin, und andere Frauen, die zwischen Insel und Festland hin und her reisten, um sich in religiösen, Sklavenbefreiungs- und feministischen Projekten zu engagieren. Es bildeten sich Vereinigungen von Insel-Frauen, die großen Zulauf hatten. Dennoch faßt die Autorin den Reichtum von Frauen-Aktivitäten folgendermaßen zusammen: „Doch die *alleinge*-

lassen Frauen können nicht restlos glücklich gewesen sein."
(Hervorhebung J. R.)³ Ihrer Auffassung nach können Frauen-
Aktivitäten doch nicht das volle Glück für Frauen bedeuten.
Und selbst wenn Frauen sich den vielversprechendsten Dingen
widmen, so fehlt doch irgend etwas, wenn keine Männer dabei
sind. Ein solcher Satz käme nie in einer historischen Beschreibung von Männergruppen vor, die sich politischen, intellektuellen und sozialen Tätigkeiten widmeten, an denen keine Frauen
beteiligt waren.

Und schließlich eine weitere Spielart von Hetero-Realität, die
sich in einer 1984 erschienenen Besprechung von Simone de
Beauvoirs Buch *Die Zeremonie des Abschieds* findet. Dort geht
es um die letzten Lebensjahre von Jean-Paul Sartre:

> (Simone de Beauvoir) war der dauerhafte persönliche Faktor in
> (Sartres) Leben... ohne sie wäre Sartre ein anderer Mensch gewesen.
> Doch wäre, wie schon oft gesagt wurde, Sartre dennoch immer Sartre
> geblieben. Sein Leben verlief nach den ihm gemäßen Regeln und folgte
> seiner eigenen Logik. Simone de Beauvoir ohne Sartre ist jedoch schwer
> vorstellbar... Trotz all ihres schriftstellerischen Könnens oder ihres mu-
> tigen Eintretens für viele Anliegen ist sie nur in Verbindung mit dem
> Sartre'schen Universum zu bewerten.⁴

Hier wird die Auffassung vertreten, daß mit ihrer Arbeit verbundene Frauen keinen eigenen ,,Regeln", keiner eigenen ,,Logik"
folgen. Ganz gleich, wie brillant oder kreativ die Arbeit einer
Frau ist, sie ist ,,nur in Verbindung mit" brillanten Männern ,,zu
bewerten". Anders ausgedrückt: Vom Standpunkt der hetero-
bezogenen Weltsicht aus wird die Arbeit von Frauen ebenso wie
die Frau selbst lediglich als abgeleitet wahrgenommen.

Doch gibt es dazu auch eine andere Sichtweise, eine andere
Vision — die der *Frauenfreundschaft*. Von Virginia Woolf wissen wir, wie sie nach einer Tradition von Frauenfreundschaft in
der Literatur geforscht hat — ,,jene ungesagten oder halb-ge-
äußerten Worte, die sich von selbst formen — nicht spürbarer als
der Schatten von Nachtfaltern an der Zimmerdecke — wenn
Frauen allein sind, nicht angestrahlt vom kapriziösen und farbigen Licht des anderen Geschlechts".⁵ Bei ihren Forschungen
fand Woolf äußerst dürftige Beweise dafür, daß ,,Chloe Olivia
mochte", das heißt, daß Frauen sich zu Frauen hingezogen fühlen. Die verschwindend geringen Beweise täuschen jedoch.

Frauen sind seit Jahrtausenden Freundinnen. Frauen waren

sich beste Freundinnen, Verwandte, verläßliche Gefährtinnen, haben sich emotional und wirtschaftlich unterstützt, waren sich treue Liebende. Diese Tradition weiblicher Freundschaft ist jedoch — wie so vieles im Leben von Frauen — verzerrt, demontiert, zerstört worden, kurz, um einen Ausdruck von Mary Daly zu gebrauchen, *verstümmelt*.[6] Die Verstümmelung von Frauenfreundschaft bedeutet zunächst einmal die Verstümmelung des frauenidentifizierten Selbst.[7] Dieses Fehlen von Selbst-Liebe wurde dem weiblichen Selbst im Patriarchat aufgepfropft. Wenn diese Aufpfropfung gelingt, können Frauen, die sich selbst nicht lieben, auch keine andere, die ihnen gleicht, die „wie sie selbst" ist, lieben.

Aber trotz dieser seit jeher herrschenden Verstümmelung von Frauenfreundschaft und dem enormen Druck, der auf Frauen ausgeübt wurde und wird, nur für Männer zu existieren, waren und sind die unterschiedlichsten Frauen Freundinnen. Immer hat es Frauen gegeben und gibt es Frauen, die *für Frauen* sind. Frauen müssen lernen, solche Frauen zu erkennen, müssen erkennen lernen, welche Frauen ihre Freundinnen sind. Dieser Vorgang ist nicht einfach, keine trägt eine Erkennungsmarke.

Im vergangenen Jahrzehnt haben wir einiges über Freundschaften berühmter Frauen erfahren, zum Beispiel Helen Keller und Annie Sullivan, Margaret Mead und Ruth Benedict, Eleanor Roosevelt und Lorena Hickock. Diese Informationen waren häufig vermischt mit der Ambivalenz oder sogar dem Schock der Biograph/inn/en, denen aufging, von welcher Intensität die Frauenfreundschaften dieser Frauen waren. So war die Autorin Doris Faber beispielsweise entsetzt, welch emotionale Nähe und Liebesbezeugungen die Briefe Eleanor Roosevelts an Lorena Hickock enthielten.[8] Unvermeidlicherweise ist das, was wir von Roosevelt und Hickock erfahren können, dadurch bestimmt, wie Faber in ihrer Lesbophobie diese Freundschaft behandelt. Nur wenige Frauen wissen jedoch etwas von den Traditionen der Frauenfreundschaft, wie sie sich im Leben und in den Schriften von Nonnen spiegeln oder in den frommen Andachtsbüchern oder „precious Volumes", die die Frauen im ländlichen Kuang-Bezirk in China zum Widerstand gegen die Ehe ermutigten, oder über die Formen von Schwesterlichkeit, die die Beginen in Europa praktizierten.

Ich gehe in meinem Buch davon aus, daß tief verborgen in der Vergangenheit, Gegenwart und Zukunft weiblicher Existenz eine ursprüngliche und unmittelbare Anziehungskraft von Frauen auf Frauen lebt. Diese Anziehungskraft ist weder naturgegeben noch ontologisch. Sie zeigt sich bei vielen unterschiedlichen Frauen auf unterschiedlichste Weise. Frauen, die diese Zuneigung zu Frauen bekundet haben oder bekunden, lieben zunächst einmal ihr Selbst und genießen daher auch die Freundschaften mit anderen, die ihrem Selbst gleichen.

Frauenfreundschaft trägt dazu bei, die Frau aus der Erfindungsgabe der Frau heraus zu schaffen. Simone de Beauvoir sagt: „Wenn (die Frau) nicht existiert hätte, würden die Männer sie erfunden haben. *Doch sie existiert auch außerhalb ihrer Erfindungsgabe.*"[9] Dieser zweite Satz wird viel seltener zitiert als der erste. Nur die Frau, die selbst-geschaffen ist, kann eine originäre nicht-vom-Mann-geschaffene Frau sein und damit eine Freundin für andere Frauen. Toni Morrison greift das Thema weiblicher Erfindungskraft in ähnlicher Weise auf, um die Originalität Schwarzer Frauen zu beschreiben: „Sie hatte nichts, auf das sie zurückgreifen konnte, weder Männlichkeit noch weiße Haut noch Damenhaftigkeit, gar nichts. Und aus dieser abgrundtiefen Trostlosigkeit ihrer Realität hat sie dann wohl sich selbst erfunden."[10]

Dieses Buch wird zum Lob der *originären Frau* geschrieben — der Frau, die nach ihren ursprünglichen Beziehungen zu ihrem lebendigen Selbst und zu anderen lebendigen Frauen sucht und sie wieder einfordert. Sie ist keine Schöpfung der Männer, denn sie ist nicht aus deren Eitelkeiten entstanden. Sie ist nicht „die Andere" aus de Beauvoirs „Das andere Geschlecht", welche von-Männern-geschaffen ist. Sie ist kein abgeleitetes Wesen, das dazu abgerichtet wurde, sich selbst immer nur in Verbindung mit Männern zu sehen. Und sie verleugnet ihre Freundschaft und Zuneigung zu anderen Frauen nicht. Sie ist sie selbst. Sie ist eine originäre Frau, die sich/ihrem Selbst gehört und weder eine Kopie noch eine Reproduktion noch eine Übertragung eines Bildes ist, das Mann von ihr hat. Sie ist in der heute veralteten Bedeutung von originär eine *rare* Frau.

Eine der grundlegenden Prämissen dieses Buches ist, daß Freundschaft mit der Affinität beginnt, die eine Frau zu ihrem lebendigen Selbst hat. Das Selbst einer Frau ist ihre originäre und dauerhafte Freundin. Alix Dobkin drückt das in ihrem Lied „Die Frau deines Lebens bist du" mit einfachen, doch beredten Worten aus:

Wer wird dir bestimmt Mut machen,
und wer wird dir bestimmt Stärke geben,
wer wird all die Freude, die dir zuteil wird, ertragen,
wenn nicht die Frau deines Lebens.
Sie ist eine, an die du dich halten kannst,
sie ist geduldig, und sie wartet,
und bei ihr wirst du zu Hause sein,
bei der Frau deines Lebens.
Ihr fällt das Warten so leicht,
sie kennt alles, was du tust,
denn die Frau deines Lebens bist du.[11]

Frauenfreundschaft beginnt im Umgang mit dem eigenen Selbst. Aristoteles hat gesagt: „Der Freund ist das andere Ich." Bis jedoch das Selbst zur Freundin wird, besteht die Gefahr, daß Frauen ihr Selbst im Umgang mit anderen verlieren.

Ich will hier nicht das Thema Frauenfreundschaft romantisieren. In einer frauenhassenden Gesellschaft wurde Frauenfreundschaft so sehr tabuisiert, daß viele Frauen entweder ihr originäres Selbst hassen oder im besten Fall Frauen gegenüber indifferent sind. Die der Frauenfreundschaft entgegengebrachten Widerstände sind in ihren Lebenszusammenhängen fest verwurzelt, und so sind sie es denn, die an die Fiktion glauben und sie ausagieren, daß Frauen nie Freundinnen waren und sein können. Dieses Buch will nicht behaupten, daß alle Frauen zu einer Freundschaft mit anderen Frauen fähig sind.

Ich glaube jedoch, daß in allen Frauen das Potential ruht, lebenswichtige Freundschaften mit Frauen zu schließen. Unglücklicherweise wird bei vielen Frauen dieses Potential bereits verkrüppelt, ehe es sich überhaupt in irgendwie erkennbarer Weise entfalten konnte. Bei anderen wurde es zu irgendeinem benennbaren oder weniger benennbaren Zeitpunkt abgewürgt. Generell herrscht über die Hindernisse, die Frauenfreundschaft im Wege stehen, im feministischen Schrifttum eher Schweigen. Nur wenige Feministinnen verspürten den Wunsch, den Mangel an Zuneigung von Frauen zu Frauen zu erklären, oder wußten, wie sie ihn erklären sollten.

Vor Frauen, die Freundinnen werden und bleiben wollen, tut sich eine verwirrende Vielfalt an Hindernissen auf. Wir alle haben schon den Satz gehört „viele Frauen sind schlimmer als Männer" oder „Frauen sind ihre eigenen schlimmsten Feinde". Wir haben sicher auch gespürt, wie genau solche Feststellungen auf unsere Beziehungen zu einigen Frauen zutrafen. Es ist leichter, Verständnis für die Beweggründe aufzubringen, warum Frauen ihre Anti-Frauen-Haltung ausagieren, als uns der Realität dieses Verhaltens zu stellen, wenn es sich in den eigenen Lebenszusammenhängen gegen uns richtet.

Die Tatsache, daß der Weg zur Frauenfreundschaft mit Hindernissen gepflastert ist, macht auch vor dem Leben engagierter Feministinnen, die angeblich im gleichen Geist, in der gleichen Vision von Frauenidentifikation leben, nicht halt. Während ich an diesem Buch schrieb, erzählten mir Frauen, daß sie Freundinnen durch feministische Auseinandersetzungen verloren haben, das heißt, durch persönliche und politische Differenzen, die untrennbar mit ihren Vorstellungen von einer feministischen Existenz verbunden waren. Andere Frauen gaben ihrer Trauer über unerfüllte Erwartungen Ausdruck und über die Unfähigkeit, an die tiefsten Dimensionen der Frauen, die sie sich als Freundinnen wünschten, heranzukommen. Sie hatten erwartet, daß die gemeinsame feministische Vision und Realität zu tieferen Beziehungen und zu mehr Zuwendung führen würde, als sie sie in vorfeministischen Freundschaften erlebt hatten. Sie hatten zwar Bündnisse mit Frauen der gleichen politischen Überzeugung geschlossen, doch diese Frauen waren nicht in der Lage, mit ihren politisch gleichgesinnten Schwestern tiefe Freundschaft zu schließen. Einige Frauen sagten sogar, daß Freundinnen aus ihrer Collegezeit oder aus anderen Lebenszusammenhängen, wie etwa das Kloster oder sogar das Militär, auf einer entscheidenden existentiellen Ebene mehr Zuwendung, Achtung und Verständnis gezeigt hätten, als viele befreundete Frauen, mit denen sie die gleichen radikal-feministischen Ideale teilten.

Mir war klar, was diese Frauen zu beschreiben versuchten, denn ich hatte in meinem radikal-feministischen Leben die gleichen Verluste erlitten: unerfüllte Erwartungen, Verrat, Mangel an wirklicher Zuwendung und die Mauer unüberwindbarer Differenzen unter Freundinnen. Dieses Buch wurde geschrieben, wie Elizabeth Gould Davis sagt, „um mit (diesem) Schmerz fertigzuwerden". Wichtiger noch: Es ist ein Versuch, trotz dieses Schmerzes eine Vision von Frauenfreundschaft zu er-innern/zusammenzufügen*, denn die Realität des Ideals von Frauenfreundschaft lebt in meinem Selbst und in anderen Frauen weiter.

---

* Engl.: Re-member im Doppelsinn.

## Frauen-Zuneigung und Hetero-Beziehungen

Bestimmte Wörter kehren in meinem Buch immer wieder, am häufigsten verwende ich *Frauen-Zuneigung* (im Deutschen auch als Frauen-Zuwendung, E. W.), *Hetero-Beziehungen* und *Hetero-Realität.* Frauen-Zuneigung kann generell als zwischen Frauen bestehende Anziehungskraft, Einwirkung und Bewegung definiert werden. Hetero-Beziehungen drücken den weiteren Bereich affektiver, sozialer, politischer und ökonomischer Beziehungen aus, die Männer für das Verhältnis von Männern und Frauen verfügt haben. Mit dem Wort Hetero-Realität wird die durch Hetero-Beziehungen bestimmte Situation bezeichnet.

Das Wort Frauen-Zuneigung ist in vieler Hinsicht ein Synonym für Frauenfreundschaft. Es hat jedoch noch einen eigenen Kontext, der erhellen soll, wie ich den Ausdruck Frauenfreundschaft in diesem Buch verwende.

Im allgemeinen wird das Wort Zuneigung *(affection)* als Hinwendung, Zärtlichkeit, Zugehörigkeit und gegenseitige Liebe verstanden. In diesem Sinn bezeichnet Frauen-Zuneigung die Leidenschaft, die Frauen für Frauen empfinden, das heißt, die Erfahrung, tief von dem eigenen originären lebendigen Selbst angezogen zu sein und sich zu anderen lebendigen Frauen hingezogen zu fühlen. Zuneigung hat jedoch noch eine weitere Bedeutung, die über die persönliche Zuneigung, die eine Frau einer anderen gegenüber empfindet, hinausgeht. In diesem weiteren Sinn bedeutet Zuneigung den Zustand, in dem wir andere Frauen beeinflussen, beeindrucken und bewegen und von anderen Frauen beeinflußt, beeindruckt und bewegt werden. Virginia Woolf fand Worte für diese weitere Bedeutung von Frauen-Zuneigung, als sie sagte: „Nur Frauen regen meine Phantasie an." Sie hätte hinzufügen können: „Nur Frauen regen mich zum Handeln an, lassen mich meine Kraft spüren."

Frauen, die Frauen anrühren, rufen Reaktionen und Handlungen hervor; sie bewirken eine Lebensveränderung; sie erwecken Gefühle, Ideen und Aktivitäten, die sich über alle Dichotomien zwischen den persönlichen und politischen Aspekten von Zuneigung hinwegsetzen. Und so bedeutet Frauen-Zuneigung ein persönliches und politisches Aufeinanderzubewegen von Frauen. So wie „das Persönliche das Politische" ist, so ist auch das „Politische das Persönliche".

Zur Zeit der alten griechischen Philosophen und ihrer Freunde herrschte in der Gesellschaft die Auffassung, Politik sei eine

15

Sache unter Freunden. Freundschaft im traditionell griechischen homo-bezogenen* Sinn war die Grundlage des Staates. Nach der Lehre des Aristoteles beispielsweise hält die Freundschaft die Staaten zusammen. Die Bürger dieser *polis* waren jedoch alle männlich, Frauen hatten keinen Bürgerstatus, und Freundschaft war daher — genau wie die Politik — eine Angelegenheit von Männern. Weder die Sklaven noch die Frauen, die in vieler Hinsicht wie Sklaven behandelt wurden, konnten Freundschaft schließen oder politische Ämter innehaben.

Verstehen wir das Wort *Freundschaft* jedoch in einem tieferen Sinn, so waren die männlichen Bürger der *polis* keine Freunde. Wenn wir diese Freundschaft unter Männern als Männer-Zuneigung betrachten — d. h. Männer fühlen sich von Männern angezogen —, so erkennen wir, daß diese Zuneigung im besten Fall oberflächlich homosexuell war und im schlimmsten Fall voll mörderischer Zuwendung. Männliche Bürger-Freunde töteten sich gegenseitig in Machtkämpfen und machten sich — und vor allem die Knaben — zu Objekten sexueller Befriedigung. Diese letztere Tradition hat sich in der Beharrlichkeit, mit der die Gemeinschaft der Schwulen die Knabenliebe verteidigt, bis heute erhalten.

Andere männliche Polit-Theoretiker trennen Freundschaft und Politik. Michael Walzer bekräftigt diese Auffassung so: „Mit Freundschaft ist — genau wie mit Liebe — eine mehr persönliche Beziehung gemeint, und es ist wahrscheinlich ein Fehler, die besonderen Vorzüge dieser Beziehung in der öffentlichen Arena zu suchen."[12] Während es richtig ist, daß bestimmte Formen politischer Tätigkeit zwischen Menschen, die keine Freunde sind, möglich sind und möglich sein müssen, so bekommt doch beides, Politik und Freundschaft, wieder eine tiefere Bedeutung, wenn sie zusammengebracht werden, d. h. wenn die politische Aktivität von einer gemeinsamen Zuneigung und Zukunftsperspektive, von einem gemeinsamen Geist getragen ist und wenn Freundschaft einen breiteren politischen Wirkungsgrad hat.

So ist Frauenfreundschaft wesentlich mehr als nur die private Seite feministischer Politik. Wenn Politik und Freundschaft auch nicht immer zusammengehen können, so müssen wir doch eine feministische Politik schaffen, die auf Freundschaft gegrün-

---

* Engl.: Homo-related, im Sinn von männer-bezogen. Ich habe das mit dem Wort homo-bezogen übernommen, trotz oder auch wegen seiner Nähe zu homosexuell, die von J. Raymond auch problematisiert wird. E. W.

det ist. Und wir brauchen ein Ideal von Freundschaft, das Frauen persönliche und sozioökonomische Macht verleiht. Über die Beziehungen des Ich mit anderen Individuen hinaus erstreckt sich echte Freundschaft auf eine Gesellschaft, in der dem weiblichen Ich sein Wachstum gestattet ist. Demnach ist die Grundbedeutung von Frauen-Zuneigung: Frauen affizieren und bewegen sich gegenseitig und bringen sich damit zu voller Kraftentfaltung. Eine der Aufgaben des Feminismus war und ist zu zeigen: „Das Persönliche ist das Politische." Frauenfreundschaft verleiht diesem Anspruch seine Integrität.

Freundschaft ist zu einem derart leeren Wort geworden, zu einem Wort so bar jeglicher Substanz, daß heute bereits von Putzmitteln als dem besten Freund der Frau gesprochen wird. Dies ist ein hervorragendes Beispiel sowohl für die Entpersönlichung als auch für die Entpolitisierung eines Wortes — dafür, wie ihm seine persönliche und politische Macht genommen wird. Dieses Buch beabsichtigt, dem Wort und der Realität von Freundschaft Kraft und Tiefe zurückzugeben. Das Wort Frauen-Zuneigung wurde zu diesem Zweck ersonnen. Die beste feministische Politik kommt aus einer gemeinsamen Freundschaft.

Weiterhin will dieses Buch der Freundschaft ihren vorrangigen Platz dort wieder einräumen, wo es um die Grundlage von feministischen Zielen, feministischer Leidenschaft und Politik geht. Frauen-Zuneigung ist nicht nur eine liebevolle Beziehung zwischen zwei oder mehreren Frauen; sie ist auch eine frei gewählte Bindung, zu der — wenn sie einmal eingegangen worden ist — gewisse gegenseitige auf Ehre, Loyalität und Zuneigung gegründete Gewißheiten gehören. Freundschaft in diesem Sinn ist, so könnten wir sagen, ein gesellschaftlicher Pakt. Sie ist ein Übereinkommen, das ständig erneuert, neu belebt und eingegangen wird, und zwar nicht nur von zwei oder mehreren einzelnen Frauen, sondern von zwei oder mehreren politischen Wesen, die für ihre Selbst und andere, die ihren Selbst gleichen, einen bestimmten gesellschaftlichen und politischen Status fordern.

In der Hetero-Realität wird gesellschaftlicher und politischer Status nur auf der Grundlage von Hetero-Beziehungen (Frau-Mann-Beziehungen) verliehen. Damit wurde ein gesellschaftlicher Kontext geschaffen, in dem Freundschaft, besonders Freundschaft unter Frauen, lediglich als eine persönliche Beziehung von Individuen betrachtet wird, Individuen, die sich in der Intimität ihrer privaten freundschaftlichen Zusammentreffen ihr Herz ausschütten. Natürlich werden auch einige Formen von He-

17

tero-Beziehungen als persönlich und intim angesehen, beispielsweise die Ehe und der Hetero-Sex, doch sind auch diese mehr als nur persönliche Beziehungen zwischen zwei Individuen. Beide haben einen offiziellen Status und stützen sich auf die Gesetze, Zeremonien, Rituale, Verträge und die informelle Beständigkeit der Hetero-Realität.

Ich will damit nicht sagen, daß Frauen nur auf Gesetze, Zeremonien und Rituale zur Stützung von Frauen-Zuneigung hinarbeiten sollten. Ich bin vielmehr dafür, daß Frauen in unseren Freundschaften die Implikationen sehen sollten, die über die persönliche Form einer solchen Verbindung hinausweisen, damit wir ihre gesellschaftliche und politische Macht nicht unterschätzen — eine Macht, die auf ihrer tiefsten Ebene eine immense Kraft zur Auflösung der Strukturen der Hetero-Realität birgt. Wenn wir der Frauenfreundschaft diese Kraft in ihrem ganzen Umfang zukommen lassen, können wir damit die Bedingungen für eine neue feministische Politik schaffen, in der das Persönliche aufs Leidenschaftlichste politisch ist.

Die nach Männernormen geschaffene Frau ist auf Hetero-Beziehungen getrimmt. Die Auffassung, Frauen seien auf mystische Weise seit Beginn der Zeiten auf Männer bezogen, wird durch Literatur, Geschichte und Wissenschaft des Patriarchats bekräftigt. Nach der Genesis — und von da an in der Kontinuität des Patriarchats — ist der hetero-bezogene Imperativ einseitig: „... und dein Verlangen soll nach deinem Manne sein, und er soll dein Herr sein." (Gen. 3, 17)

Es ist wichtig zu begreifen, daß nach den Normen der Hetero-Realität die Frau für den Mann da sein soll und nicht der Mann für die Frau. Die Bestimmung der Frau ist in ganz anderer Weise auf Männer bezogen als die Existenz der Männer auf Frauen. Der Bibelspruch trifft diese Unterscheidung sehr deutlich. Er besagt schlicht und einfach, daß in der Hetero-Realität die Frau *ontologisch* für den Mann da ist, d. h. sie wird von ihm geformt und kann ohne ihn nicht existieren. Ihr vom Mann geschaffenes Schicksal und Begehren werden von seiner unersättlichen Gier verschlungen. Ihr Wesen und ihre Existenz beruhen darauf, daß sie stets auf ihn bezogen ist. Nancy Arnold drückte das so aus: Die Frau wird zum „eigentlichen Uneigentlichen".[13]

Der Mann hingegen ist nur *unter anderem* für die Frau da; das heißt, das Begehren und die Bestimmung des Mannes richten sich zwar auch auf Frauen, doch erschöpfen sie sich nicht in der Beziehung zu ihnen. Seine Bestimmung ist vielmehr, zusammen mit anderen Männern diese Welt zu gestalten. Seine Berufung ist, „im Schweiße seines Angesichts" die Welt und ihre Kultur, Wissenschaft und Technologie zu schaffen. Und der Mann tut dies in erster Linie gemeinsam mit anderen Männern.

Das Schicksal des Mannes ist daher von Grund auf homo-bezogen (männer-bezogen). Die normative und reale Macht männlicher Männerbeziehungen wird durch die Tatsache verschleiert, daß dieses Mann-zu-Mann-Verhältnis in jedem Aspekt einer scheinbar hetero-bezogenen Kultur institutionalisiert ist. In Wirklichkeit haben wir eine homo-bezogene Kultur, die auf allen Ebenen auf Männerbeziehungen, Männertransaktionen und Männerbündnissen aufgebaut ist. Hetero-Beziehungen dienen dazu, die Männer mit jener Fürsorge und Unterstützung zu versorgen, die sie nur von Frauen und nicht von Männern bekommen können. Hetero-Realität ist die Folie für Homo-Realität.

Dieser Zustand bedeutet jedoch nicht, daß etwa männliche Homosexualität offen gefördert würde, auch wenn in gewissen Bereichen Männerbeziehungen und Homosexualität aufs Beste nebeneinander existieren. Doch meistens wurde, wie es Andrea Dworkin formulierte, „in männerbeherrschten Gesellschaften die männliche Homosexualität stets durch die Männer als Klasse gezügelt und kontrolliert, um — wenn auch mit unterschiedlichen Kontrollstrategien — Männer vor der Vergewaltigung durch andere Männer zu schützen und die männliche Sexualität so zu regulieren, daß sie in bezug auf Männer berechenbar und ungefährlich ist".[14] Während nach außen sichtbar in der Familie, den Schulen, der Kirche und dem Staat heterosexuelle und hetero-bezogene Grundsätze gefördert und institutionalisiert werden, ruht das Patriarchat in Wirklichkeit, nach den Worten Mary Dalys, auf den Grundfesten des „... Bündnis(ses) männlicher Macht, während die erotische Komponente der männlichen Paarung zugedeckt und verleugnet wurde. Die Tatsache, daß die erotische Komponente... vorhanden, jedoch verborgen (ist), machte die Botschaft des scheinbar unerotischen Machtbündnisses desto wirksamer."[15] Und Frauen-Zuneigung — in ihrer persönlichen wie politischen Bedeutung — stellt für dieses unterdrückerische Männerbündnis eine Gefahr dar. Sie untergräbt das Potential und die Potenz der Männerbeziehungen.

Die Hetero-Realität institutionalisiert die Hetero-Beziehungen. In der Vergangenheit wie in der Gegenwart wird von jeder Frau erwartet, daß sie heiratet, und in jüngster Zeit wird auch angenommen, daß jede Frau ihre entscheidenden und befriedigendsten Beziehungen nur mit Männern haben kann. Das herkömmliche Muster für Hetero-Beziehungen ist die Ehe, doch viele Revolutionen – sexuelle und politische – erhoben bereits den Anspruch, die Vorherrschaft der ehelichen Bindung umstürzen zu wollen. Nie jedoch wurde die Hetero-Realität revolutioniert – jene gesellschaftliche „Vorgegebenheit“, daß die Mann-Frau-Beziehung für Frauen die „einzig wahre“ Beziehung sei. In jeder Gesellschaft, ob revolutionär oder traditionell, sind Hetero-Beziehungen die einzigen Bindungen, die für Frauen gesellschaftlich, politisch und wirtschaftlich sanktioniert sind. In der Hetero-Realität wird Frauenfreundschaft als zweitrangig, unbedeutend und häufig als Vorstufe zur Hetero-Reife angesehen.

Zum Verständnis dessen, was ich sagen will, ist wichtig, daß für mich die Bezeichnungen Hetero-Beziehungen und Hetero-Realität nicht gleichbedeutend mit Hetero-Sexualität sind. Viele lesbische Feministinnen betrachten den Heterosexismus als Musterbeispiel für die Unterdrückung von Frauen in einer patriarchalen Gesellschaft. Ich stimme dem zu, daß wir in einer heterosexistischen Gesellschaft leben; die umfassende Problematik entsteht meiner Meinung nach jedoch dadurch, daß wir es mit einer hetero-bezogenen Gesellschaft zu tun haben, in der fast alle persönlichen, sozialen, politischen, beruflichen und wirtschaftlichen Bezüge von Frauen durch die Ideologie bestimmt sind, die Frau sei für den Mann da. Mit dem Begriff Hetero-Beziehungen werden die Formen, in denen Frauen-Zuneigung für alle – auch für lesbische – Frauen ins Abseits gestellt und verdunkelt werden, genauer bezeichnet.

Das Dogma der Hetero-Beziehungen gibt den Männern ständig Zugang zu Frauen und hat dementsprechend die Welt der Frauen in Hetero-Realität verwandelt. So ist etwa die Tatsache, daß Männer die weibliche Welt der Geburt und Geburtshilfe übernommen haben, für diese Wandlung ein eklatantes Beispiel, mit dem unter anderem der hetero-bezogene Imperativ, daß Männer unter allen Umständen den Zugang zu Frauen haben müssen, demonstriert wird. Was ursprünglich und in erster Linie ein frauen-bezogenes Ereignis unter Müttern, Hebammen, weiblichen Verwandten und Freundinnen war, wurde zum hetero-bezogenen Schauspiel, bei dem wieder einmal der Mann (Arzt) an der Spitze der klinischen geburtshilflichen Besetzungsliste steht. Selbst die Szenarien der sogenannten natürlichen Geburt legen vor allem Wert auf die Einbeziehung des Mannes, statt die Tradition der Geburt als Ereignis, das Frauen zusammenbringt, wiederherzustellen. Mary C. Bateson beschreibt in den Erinnerungen an ihre Mutter, Margaret Mead, wie diese „die Anwesenheit des Vaters im Kreißsaal beargwöhnte in dem Gefühl, diese Rolle müßte eine Frau innehaben, eine, die schon eine Geburt erlebt hatte, eine Großmutter oder vielleicht, wie bei den Arapesch in Neu-Guinea, die Frau, die als letzte vor ihr ein Kind bekommen hatte".[16] Unglücklicherweise gehen viele Frauen der hetero-bezogenen Rhetorik, Männer zu „gleichen" und „aktiven" Teilnehmern am Geburtsgeschehen zu machen, auf den Leim, und die Tradition der Frauengemeinschaft bei diesem Ereignis bleibt verborgen und vergessen.[17]

Ich befasse mich in dieser Arbeit mit den Dogmen, die unangefochten Hetero-Beziehungen für Frauen verkünden und fördern. Viele Feststellungen in „Das andere Geschlecht" (ein Buch, dem ich und viele Frauen viel verdanken und das in unserer feministischen Entwicklung eine entscheidende Rolle gespielt hat) sind Beispiel für diese hetero-bezogenen Dogmen. „Die Frauen haben... niemals eine getrennte Gruppe dargestellt, die *für sich* den Männergruppen gegenübergestanden hätte."[18] Mit derartigen hetero-bezogenen Lehrmeinungen wird die historische und kulturelle Vielfalt der Beziehungen von Frauen untereinander ignoriert und ausgelöscht. Was unter dem Strich bei solchen Behauptungen herauskommt, ist vernichtend für den Aufbruch der Frauen auf der Suche nach lebendigem und ursprünglichem Wissen über Frauenfreundschaft. Mit solchen Erklärungen wird verkündet, daß wir ein kurzes Gedächtnis haben, daß unser Wunsch, uns zu erinnern, unwichtig und es schließlich so ist, wie de Beauvoir es formuliert: „Der Mann denkt sich ohne Frau. Sie denkt sich nicht ohne den Mann."[19] Solche Behauptungen verweisen die Geschichte der Frauenfreundschaft in den Rang von Nachrufen.

Auf einer mehr philosophischen Ebene bauen Hetero-Realität und Hetero-Beziehungen auf dem Mythos der Androgynie auf. „Du als Frau sollst dich einem Manne verbinden", um das angebliche kosmische Ziel der Wiedervereinigung dessen, was mythisch in männlich und weiblich getrennt wurde, zu erfüllen. Die Argumente, mit denen Primat und Allgemeingültigkeit der Hetero-Beziehungen gestützt werden, beruhen in gewisser Weise auf der Vorstellung von einer kosmischen Mann-Frau-Polarität, bei der die sogenannten verlorenen Hälften danach streben, wiedervereinigt zu werden. In einer hetero-bezogenen Weltsicht verlangt die Überwindung einer solchen Polarität, daß alle Lebensvorgänge von dem Aufeinanderzustreben der getrennten Hälften gesteuert sind. Demnach sind alle Lebensbezüge von einer androgynen Energie und Anziehungskraft durchdrungen, die danach streben, die voneinander getrennte, auf ewig in kosmischer Komplementarität gepaarten Selbst wieder zusammenzuführen. So wird das ganze Leben zu einer Metapher für Ehe. Jede soziale Beziehung verlangt nach ihrer anderen Hälfte, ihrer kosmischen Ergänzung. Die beiden — Mann und Frau — müssen eins werden, im Bett wie am Konferenztisch. Hetero-bezogene Komplementarität wird zum „Stoff des Kosmos".

Letztlich erhalten die Hetero-Beziehungen ihre Kraft aus ihrer Idealisierung. So, wie die Sklaverei idealisiert wurde, wurden auch die Hetero-Beziehungen durch ihre günstige Präsentation zur vorherrschenden Struktur eines gesellschaftlichen Systems. Je domestizierter die Hetero-Realität wird, desto mehr „Vorteile" scheint sie für Frauen zu bieten, desto mehr verfestigt sie sich als Gesellschaftssystem.

Am verführerischsten werden Hetero-Beziehungen wohl in ihren befreienden oder revolutionären Spielarten idealisiert. Als Gegensatz zur Dominanz von Männerbeziehungen in einer maskulin ausgerichteten Kultur erscheinen Hetero-Beziehungen oder Androgynie oft als befreiend. Dies verdeckt das weitaus größere Befreiungspotential, das in der Frauen-Zuneigung steckt, bei der sich Frauen ihrem Selbst und anderen, die ihrem Selbst gleichen, zuwenden, um von daher ihre Kraft zu gewinnen und nicht auf die Hilfe von Männern angewiesen zu sein.

Hetero-Beziehungen haben auch die Theorien und Realitäten des Feminismus beeinflußt, nämlich dort, wo Feminismus als Gleichheit von Frauen und Männern definiert wird, statt als Autonomie, Unabhängigkeit und Liebe des weiblichen Selbst in Affinität mit anderen Selbst, die ihm gleichen — ihre Schwestern. Diese Definition weist dem Feminismus eine falsche Ausgangsposition zu, sie setzt nämlich Frauen in Beziehung zu Männern statt zu Frauen.

Für mich bedeutet Feminismus nie die Gleichheit von Frauen und Männern. Es bedeutet immer die Übereinstimmung von Frauen mit unseren Selbst — eine Gleichheit mit den Frauen, die für Frauen waren, die für die Freiheit der Frauen gelebt haben und dafür gestorben sind; Frauen, die für Frauen gekämpft haben und erkannten, daß ohne das Bewußtsein und die Überzeugung, im Leben von Frauen nehmen Frauen die erste Stelle ein, alles andere außer Perspektive gerät. Hetero-bezogener Feminismus verdeckt — genau wie hetero-bezogener Humanismus — die Notwendigkeit von Frauenfreundschaft als Grundlage für und Folge von Feminismus.

Unabdingbar für Frauenfreundschaft ist, daß wir Frauen unserem lebendigen „womanist"[20] Selbst, der Aufgabe, eine frauen-bezogene Existenz zu schaffen, gerecht werden. Hier haben wir es mit einer der wichtigsten Unterscheidungen zwischen radikalem Feminismus und liberalem und marxistischem Feminismus zu tun — ihren Ausgangspositionen. Radikaler Feminismus geht von der „Gemeinsamkeit der Frauen" aus. Liberaler und marxistischer Feminismus gehen von der Gemeinsamkeit mit Männern aus, in tangentialer Zuordnung zu Männern als Gruppe, seien dies nun Männer als Unterdrücker oder Männer als unterdrückte „Brüder". Liberaler und marxistischer Feminismus sehen und problematisieren Frauen hauptsächlich in bezug auf männliche Gestalten, Geschichte und Kultur.

Männer wurden als die letztverbindlichen Vermittler von Realität angesehen, damit wurde Realität das Synonym für Hetero-Realität. Frauen-Zuneigung bürgt dafür, daß Feminismus immer weniger von Männern und männlichen Definitionen von Gleichheit bestimmt wird.


### Frauen-Zuneigung und Lesbianismus

An dieser Stelle könnte die Frage gestellt werden, ob der Terminus Frauen-Zuneigung mit Lesbianismus gleichzusetzen ist.[21] Wenn Frauen-Zuneigung die Totalität der Existenz einer Frau mit ihrem und für ihr Selbst und anderen Frauen umfaßt, wenn Frauen-Zuneigung bedeutet, das eigene lebendige Selbst und andere Frauen an die erste Stelle zu setzen, und wenn Frauen-Zuneigung eine Bewegung zu anderen Frauen hin ist, dann mögen viele Frauen erwarten, daß frauen-zugewandte und -zugeneigte Frauen Lesben sein müßten. Frauenfreundschaft kann jedoch in vielen unterschiedlichen Formen bestätigt und gelebt werden. Ich möchte die Unterschiede nicht simplifizieren oder die Realität von Frauenfreundschaft auf die Lesbische Existenz beschränken. Obgleich ich diese Unterschiede respektiere, so kann ich doch nicht behaupten, daß ich sie alle verstehe. Insbesondere verstehe ich nicht, warum sich bei vielen Frauen die Frauen-Zuneigung nicht in Lesbische Liebe umsetzt.

Ich will auch nicht die Kraft Lesbischer Existenz romantisieren. Im Leben von Lesben, die lediglich lesbischen Geschlechtsverkehr „ausüben" oder aus dem Lesbischsein einen Lebensstil machen, können Hetero-Beziehungen durchaus reibungslos funktionieren. Genauer gesagt, können sich Hetero-Beziehungen manifestieren im lesbischen Rollenspiel, im lesbischen S & M, in der lesbischen Objektivierung anderer Frauen, im Leben von Lesben, die sich in lesbischen Kreisen zwar frauenidentifiziert verhalten, jedoch beispielsweise an ihrem Arbeitsplatz oder im gesellschaftlichen Leben die Rolle der hetero-bezogenen Frau spielen.

Lesbischsein bedeutet, das, was als „sexuelle Neigung" bezeichnet wird, über den Bereich und die Realität der sexuellen Kategorie hinaus zu einem Zustand gesellschaftlicher und politischer Existenz auszudehnen. Auf diese Weise kann die Lesbische Existenz bestimmte Muster anbieten, derer sich andere Frauen bedienen können, um den Würgegriff der Hetero-Beziehungen aufzubrechen. Das heißt nicht, daß alle Frauen lesbisch werden. Es kann jedoch bedeuten, daß viel mehr Frauen die Lesbische Existenz zumindest als Möglichkeit und im besten Fall als echte Alternative betrachten könnten. Entgegen dem gängigen Stereotyp und den pseudo-biologischen Theorien werden Frauen nicht als Lesben geboren. Sie werden aus freier Entscheidung lesbisch.

Mehr als jede andere Gruppe von Frauen haben Lesbische Feministinnen die Macht der Hetero-Realität eingeschränkt und den Radius und die Realität dessen, was als eine sexuelle Kategorie — lesbische Sexualität — gesehen wurde, weit über das Körperliche hinaus auf eine gesellschaftliche und politische Realität ausgedehnt. Damit stellt sich für alle Frauen nicht nur die Frage des Lesbischseins, sondern es drängt Frauen auch dahin, Frauenfreundschaft über die Intimität einer persönlichen Beziehung hinaus als einen politisch wirkungsvollen Seinszustand zu definieren. Solange eine Gruppe von Frauen kontinuierlich Frauen-Zuneigung lebt und darstellt, muß diese Realität für andere Fauen ein mächtiger Anstoß sein. Da Frauen möglicherweise unterschiedliche Formen wählen, in denen sie ihre Zuneigung zu Frauen ausdrücken, will ich mit meinem Terminus Frauen-Zuneigung ein Kontinuum von Frauenfreundschaft ausdrücken. Die Unterscheidung zwischen Lesbischer Existenz und Frauen-Zuneigung ist häufig gar nicht so leicht, doch offenbar haben sie manche Frauen für ihr Leben getroffen.

Viele Menschen würden allerdings zwischen Frauen-Zuneigung und Lesbianismus keinen Unterschied sehen können. Viele betrachten jede intensive Beziehung zwischen Frauen als lesbisch. Männer sehen die größte Bedrohung, die durch jede Intimität unter Frauen heraufbeschworen wird, in der Gefahr des Lesbianismus. Tatsächlich empfinden viele Männer jede von weiblicher Autorität bestimmte Handlungsweise als lesbisch. Frauen in höheren Berufen, Sportlerinnen, Frauen, die sich in aktiver Politik engagieren, Frauen, die sich auf welchem Gebiet auch immer trauen, entschieden und mit Fachwissen den Mund aufzumachen, werden häufig mißbilligend als „Mannweiber" bezeichnet.

Männer, die die Bezeichnung „Mannweiber" in herabsetzender Weise auf Frauen anwenden, geben damit verschiedene geheime Vorstellungen preis. Erstens sagen sie damit, daß jeder Akt der Zuneigung unter Frauen von ihnen als ein Akt weiblicher Autorität aufgefaßt wird. Und jeder Akt weiblicher Autorität schafft eine stärkere Verbindung und Zuneigung unter Frauen, von der sich die Männer ausgeschlossen fühlen. Frauen, die es wagen, zu sich selbst und ihrer Realität zu stehen, beschwören irgendwie für die Männer das Gespenst jener Frau herauf, die als Begleitung und Schutz über „ein Heer von (weiblichen) Liebhabern" verfügt. Die Frau, die stark genug ist, sich selbst „Autorität" zu verleihen, wird als eine betrachtet, die den Männern nicht nur Macht, sondern auch Frauen wegnimmt. Und die Frau, die es wagt, ihre Liebe zu einer anderen Frau zu bekräftigen, wird als eine angesehen, die den Männern Macht entzieht. Das herabsetzende Attribut „Mannweiber" hebt die Tatsache hervor, daß Frauenfreundschaft von Männern als eine durch und durch politische Handlung empfunden wird, und macht deutlich, daß Männer weibliche Autorität als einen zutiefst persönlichen und beziehungsgerichteten frauenidentifizierten Akt sehen.

Viele Lesbische Feministinnen setzen — aus einer anderen und positiven Perspektive — Frauen-Zuneigung und Lesbisches Sein gleich. Sie vertreten die Ansicht, daß Schriften und Biographien, in denen Frauen in erster Linie und auf entscheidende Weise füreinander da sind, auch wenn sie keine offene lesbische Zuneigung und Anziehung ausdrücken, doch in gewisser Weise lesbisch bestimmt sind. So stuft beispielsweise Barbara Smith in ihrem Essay „Forderungen an eine schwarze feministische Literaturkritik" Toni Morrisons *Sehr blaue Augen* und *Sula* als lesbische Romane ein. Smith bedient sich der Definition lesbischer Literatur von Bertha Harris und stellt fest, daß Morrison die Beziehungen ihrer weiblichen Figuren nicht als „eigentlich lesbisch" angelegt hat, daß sie es aber dennoch sind, „nicht weil Frauen Liebespaare sind, sondern weil sie die Hauptpersonen sind, positiv dargestellt werden und ihre Beziehungen zentral für ihr Leben sind."[22]

Adrienne Rich in ihrem Essay „Zwangssexualität und lesbische Existenz" sagt das gleiche. Der Ausdruck *lesbische Existenz* soll bei ihr „eine ganze Skala frauen-bezogener Erfahrungen (umfassen), quer durch das Leben jeder einzelnen Frau und quer durch die Geschichte hindurch – und nicht einfach die Tatsache, daß eine Frau genitale Sexualität mit einer anderen Frau erlebt hat oder sich bewußt wünscht".[23] Für Rich muß der Begriff *lesbisch* weiter gefaßt „und auf viel mehr Formen primärer Intensität zwischen Frauen (ausgedehnt werden) – unter anderem darauf, daß Frauen ein reiches Innenleben miteinander teilen, sich gegen die Männertyrannei verbünden und sich gegenseitig praktisch und politisch unterstützen".[24] Ähnlich äußert sich Blanche Wiesen Cook in ihrem Artikel „Frauen-Netzwerke": „Frauen, die Frauen lieben, die sich entscheiden, Frauen zu hegen und zu unterstützen und ein lebendiges Ambiente zu schaffen, in dem sie kreativ und unabhängig arbeiten können, sind Lesben."[25]

Mein lesbisches feministisches Gefühl möchte jede frauen-identifizierte Existenz und Zuneigung zu anderen Frauen als lesbisch bezeichnen, doch mein philosophischer und ethischer Geist ist anderer Meinung.[26] In philosophischer Hinsicht nagt an mir der Zweifel, ob eine solche Bezeichnung logisch korrekt sei, und moralisch scheint sie mir zu kurzgegriffen gegenüber Frauen, die Lesben sind, und gönnerhaft gegenüber Frauen, die keine sind.

Wir müssen uns den Unterschied zwischen Lesbischsein und Frauen-Zuneigung ganz klarmachen. Eine Frau formulierte ihn so:

„Mir war immer klar, daß ich Frauen tiefer liebte als Männer – die Freundinnen meiner Kindheit, die Freundinnen in der Oberschule und am College – ich bin deshalb auch auf ein Frauen-College gegangen. Wenn meine Eltern stritten, habe ich mich instinktiv mit meiner Mutter identifiziert. Ich hatte während meiner Oberschulzeit – ganz im Geheimen und voller Schuldgefühle – eine äußerst enge und körperlich zärtliche Beziehung mit meiner besten Freundin. Erst als eine andere Beziehung dieser Art aufflog, als ich achtzehn Jahre war, und ich für meine

Zuneigung zu Frauen bestraft wurde, wurde mir klar, welchen Preis eine Frau dafür zahlen muß, daß sie Frauen liebt. Verwirrt und voller Angst davor, diesen Preis zahlen zu müssen, begrub ich fast ein Jahrzehnt lang das, was ich für eine abartige Tendenz in mir hielt. Der Rest ist die bekannte Geschichte. Mit der Entstehung des Feminismus und speziell des Lesbischen Feminismus fand ich einen neuen Realitätsbezug, in dem ich mein Lesbischsein leben konnte. In der Zeit, als ich mein Lesbischsein begraben hatte, waren mein Arbeitsleben, meine politischen Aktivitäten und meine besten Freundschaften ausschließlich mit Frauen. Sexuell jedoch hatte ich Beziehungen zu Männern. Ich war in jeder Beziehung eine frauenidentifizierte Frau, bis auf die Tatsache, daß ich nicht lesbisch war. Ich war eben keine Lesbe, und für mich besteht ein entscheidender Unterschied zwischen Lesbischer Existenz und der Welt von Frauenfreundschaft und -Zuneigung, in der ich mich bewegte. Diese frühere Existenz lesbisch zu nennen wäre falsch und würde den Weg, den ich schließlich gehen mußte, um mein Lesbischsein anzuerkennen und zu leben, irgendwie verkürzen."[27]

Pat Hynes erklärt den Unterschied zwischen Lesbischer Existenz und Frauen-Zuneigung anhand eines mathematischen Modells. Als kritische Reaktion auf den Begriff *Lesbisches Kontinuum* stellt sie eine mathematische Funktion graphisch dar:

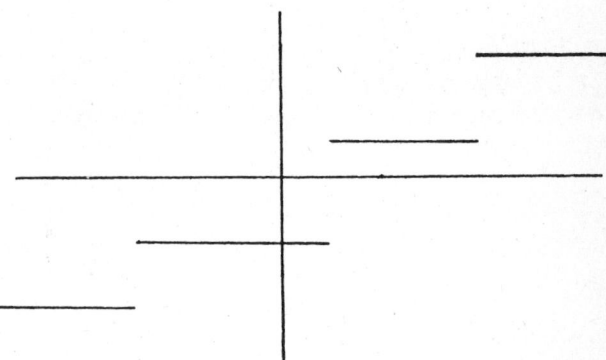

Hynes Erklärung:

In der Mathematik gibt es manchmal Punkte von Diskontinuität in einer sonst kontinuierlichen Funktion, die zeigen, daß eine einzigartige Veränderung stattgefunden hat. Die Zeichnung illustriert dieses Konzept. Auf gleiche Weise finden wir im Leben von Lesben — im Gegensatz zu Frauen, die in vieler Hinsicht frauenidentifiziert sein mögen — diese Punkte von Diskontinuität zum verflossenen und gegenwärtigen Leben — radikale Sprünge und Veränderungen, die Lesben sogar von ihrer früheren Existenz der Frauen-Zuneigung trennen. Um es anders zu erklären: Es ist der Unterschied zwischen sich in einem Kontinuum von Freundschaft mit Frauen und sich selbst zu bewegen und dem Punkt, an dem frau sogar *von diesem Kontinuum* abhebt. Dieser Sprung trägt dich auch über das Kontinuum mit dir selbst hinaus und zwingt dich in ein anderes Selbst, hilft dir, dich in einem neuen Kontext der Frauenidentifikation zu bewegen.[28]

In gewisser Weise ist es extrem schwierig zu beschreiben, worum es bei diesem Sprung geht. Ich glaube jedoch, daß beide Frauen, wenn sie diese Unterscheidung zwischen Frauen-Zuneigung und Lesbischem Sein für das eigene Leben treffen, damit sagen wollen, daß Lesben einen besonderen Weg gegangen sind, zu dem eine Bestätigung ihres Lesbischen Seins gegenüber ihrem Selbst und anderen gehört. Zu dieser Bestätigung gehörte und gehört eine bewußte Entscheidung, ein gewisser Mut und das Aufsichnehmen gewisser Risiken. Frauenidentifizierte Frauen, die in einer von Frauenhaß erfüllten Gesellschaft zwar Mut zeigen und andere Risiken auf sich nehmen, sind nicht das spezifische Risiko eingegangen, sich für Lesbisches Sein zu entscheiden, dazu zu stehen. Lesbisches Sein ist also nicht reduktionistisch durch sexuellen/genitalen Kontakt zwischen Frauen definiert, auch wenn es für die meisten Lesben sexuelle Beziehungen einschließt.

Aus einem anderen Blickwinkel: Während viele Lesbische Feministinnen wohl gern Frauen, die eine Existenz der Frauen-Zuneigung leben, in den Begriff Lesben aufnähmen, würden viele dieser Frauen sich nicht gern als solche bezeichnen lassen. Ich glaube nicht, daß Lesbische Feministinnen dies in allen Fällen als Lesbophobie ansehen können. Wir müssen davon ausgehen, daß einige Freundinnen ihre eigene Wahrheit erkannt haben und leben und den eigenen Weg bewußt gewählt haben. Sich anders zu verhalten hieße, sich sowohl gönnerhaft als auch anmaßend zu verhalten — gönnerhaft gegenüber Frauen, die sich in einigen Lebensbezügen bewußt für Männer entschieden haben, ganz gleich wie sehr einige von uns diese Entscheidung mißbilligen, und anmaßend in dem Sinn, daß wir den Anspruch erheben, diese Frauen besser zu kennen als sie sich selbst. Einige Frauen haben in aller Aufrichtigkeit die Schichten heterosexuellen Zwangs in ihrem Leben durchschaut. Dennoch entscheiden sie sich womöglich dafür — sexuell oder auf anderen wichtigen Gebieten — Beziehungen zu Männern zu haben.

In diesem Buch steht das Wort Lesbe/lesbisch für das Wissen um die Lesbische Lebensform und den Willen, diese zu leben. Viele Frauen (einschließlich einiger Lesben) wollen kein Lesbisches Leben leben. Sie mögen sich in der Welt von Frauenfreundschaft bewegen, und ihre Affinität zu Frauen und ihre Kämpfe für Frauen mögen sich oft durch intensive Frauen-Zuneigung auszeichnen. Dennoch wäre es eine falsche Einbeziehung, in diesen Fällen das Wort lesbisch zu verwenden. Frauen, die lesbisch sind, müssen sich in ihrer Lebensgeschichte als solche empfinden und den Willen haben, für lesbische — erotische und politische — Handlungen die Verantwortung zu übernehmen.

Wenn ich in diesem Werk das Wort *Frauen-Zuneigung* benutze, so ist dies der Versuch, logisch, ehrlich und wahrhaftig alle Frauen einzuschließen, bei denen in einigen Zusammenhängen oder in jeder Beziehung Frauen an erster Stelle kommen. Es soll sowohl Lesben als auch Frauen, die — obgleich intensiv frauenzugewandt — sich selbst nicht als Lesben bezeichnen würden, einschließen. Mit Frauen-Zuneigung sollen ehrliche und würdige Unterscheidungen getroffen und soll zugleich eine simplizistische und sentimentale Einbeziehung vermieden werden. Wenn ich die Ausdrücke *Frauen-Zuneigung* und *Frauenfreundschaft* benutze, so will ich damit die große Bandbreite, die Abstufungen und die Darstellungsformen von Frauen-Zuwendung bestätigen. In einer Gesellschaft des Frauenhasses ist die ganze Skala von Frauenfreundschaft und frauen-zugewandter Handlungen tabu. Und hinter diesem Tabu verbirgt sich mehr als die Angst der Männer vor lesbischer Sexualität und Erotik. Meiner Meinung nach fürchten sich Männer letztlich vor der Gefahr, die ihnen aus allen Dimensionen, Abstufungen und Manifestationen der persönlichen oder politischen Bewegung von Frauen füreinander und aufeinander zu droht.


**Der Titel dieses Buches**

Der Gegenstand dieses Buches — Frauenfreundschaft — wird unter dem speziellen Blickwinkel der Philosophie betrachtet. Mit dieser Philosophie der Frauen-Zuneigung verfolgt dieses Werk verschiedene Absichten.

Zunächst einmal ist dies eine philosophische Arbeit im gängi-

gen Wortsinn. Es geht dabei um Gedanken über Frauenfreundschaften. Außerdem geht es um kritischen Diskurs und kritische
Spekulation, zwei ehrwürdige philosophische Methoden. In der
klassischen männlichen Philosophie gibt es eine lange Tradition — von Plato bis Emerson — philosophischer Gedanken über
Freundschaft. Die angesehenen Philosophen beschäftigen sich
natürlich fast ausschließlich mit der Freundschaft unter Männern. Für die meisten von ihnen existiert so etwas wie Freundschaft unter Frauen überhaupt nicht.

Dieses Buch will einige der Vorstellungen, die Frauen über
Frauenfreundschaft hatten, herausarbeiten und zugleich neue
Ideen entwerfen. Diese Ideen finden sich durch die Zeiten ver-
streut sowohl in den Arbeiten als auch im Leben vieler verschie-
dener Frauen. Und eben weil sie so verstreut waren und als
Ideen weder erkannt noch anerkannt wurden, wurde ihnen nie
die Legitimität verliehen, als eine philosophische Tradition aner-
kannt zu werden, noch wurde ihnen die Tiefe philosophischer
Denkweise zuerkannt. Ich beziehe mich hier auf die Ideen über
Frauenfreundschaft, wie sie sich sowohl in der Lyrik von
Sappho als auch in Briefen und dem Leben von Frauen — bekannten wie unbekannten — ausdrücken, Frauen, die über
Frauenfreundschaft schrieben und sie lebten, deren Werk und
Existenz wegen der so offensichtlich darin enthaltenen philoso-
phischen Weisheit nie Anerkennung fand.

Es geht mir darum, mit dieser Arbeit diesen gelebten Ideen zur
Anerkennung zu verhelfen und zugleich neue Ideen über Frauenfreundschaft hervorzubringen. Sehr viel an Philosophie ist
der Analyse der Ideen anderer gewidmet. Ich hoffe auch selbst
philosophieren zu können.

Die Definition der Philosophie ist Liebe zur Weisheit. Wir alle
wären gern Liebende der Weisheit, wüßten wir nur wie. Doch es
ist nicht leicht, der Weisheit nachzugehen. Und gute Freundinnen zu finden, ist ebenso schwer. Können wir jedoch erkennen,
wo die Freundschaft wohnt und wie wir sie am Leben erhalten,
dann haben wir Weisheit wie Freundschaft erworben.

Die Geschichte der Philosophie ist die Geschichte des Nachdenkens der Menschen (Männer), über das System der Dinge
und die Beziehung der Dinge untereinander. Dazu gehört, daß
zwischen Menschen, Ereignissen und Dingen Bezüge hergestellt
werden, daß systematisch analysiert wird, was als Realität angesehen wurde und wird, und daß durch die Entwicklung anderer
Werte und Ideale die bestehenden in Frage gestellt werden. Die

Geschichte der Philosophie ist im engeren Sinn eine Geschichte der Erkenntnis. Philosophie wird hauptsächlich durch die Suche nach dem Sinn angeregt. Im Gegensatz zur Naturwissenschaft, die das kritische Urteil meidet, konnte die Philosophie nie ohne dieses auskommen.

Eine Philosophie der Frauenfreundschaft ist ein bisher nicht ausgeführter Teil der Geschichte der Philosophie. Sie will die Beziehungen zwischen Frauen und unserer Welt analysieren. Sie untersucht systematisch, was allgemein als Realität angesehen wird — nämlich die Heterosexualität —, und stellt Hetero-Werte und -Ideale in Frage, indem sie Werte und Ideale der Frauenfreundschaft entwickelt. Eine Philosophie der Frauenfreundschaft ist als Teil der Philosophie feministischer Erkenntnis zu verstehen. Sie wird dadurch ins Leben gerufen, daß Frauen sich auf die Suche nach Sinn begeben.

Eine Philosophie weiblicher Zuneigung ist daher keine neutrale Unternehmung. Ihr Ziel ist es, Ideale und Werte aus der tatsächlichen Realität des Lebens von Frauen zu entwickeln. Sie ist keine objektive, wertfreie Theorie, sondern ist vielmehr von einer gewissen Leidenschaft erfüllt, von einem Glauben an und einem Engagement für Frauenfreundschaft. Gleichzeitig ist sie untrennbar mit den objektiven materiellen Tatsachen der Affinität von Frauen füreinander verbunden. Ich möchte mit dieser Arbeit keinen Keil treiben zwischen gut recherchierten und gut dokumentierten wissenschaftlichen Arbeiten über Frauenfreundschaft auf der einen und leidenschaftlichen Fragen auf der anderen Seite. Beides gehört zusammen. Und so versteht sich dieses Buch als Teil einer kritisch idealistischen und kritisch materialistischen feministischen Tradition der Philosophie (vgl. Kapitel 5).

Feministische Philosophien, besonders solche, die Geschichte, Notwendigkeit und vor allem Lebendigkeit von Frauenbeziehungen bestätigen, scheinen den Vorwurf herauszufordern, sie „rationalisierten" oder „ontologisierten" den Zusammenschluß von Frauen. Frauen, die mit Leidenschaft, Überzeugung und Engagement über Frauen schreiben, setzen sich dem Angriff aus, sie würden Frauen sowie unsere zahlreichen Aktivitäten „sentimentalisieren".

Ich habe nicht die Absicht, Frauenfreundschaft zu ontologisieren, romantisieren, sentimentalisieren oder zu glorifizieren. Meine Absicht ist vielmehr, einen Teil der Geschichte und Lebendigkeit von Frauenfreundschaften darzustellen und über die Macht der Freundschaft im Leben von Frauen nachzudenken.

Die Darstellung des Glaubens, der Leidenschaft und des Engagements in bezug auf Freundschaft, von denen viele verschiedene Frauen bewegt waren, sowie der Notwendigkeit, diesen Glauben an die Leidenschaft und das Engagement in bezug auf Frauenfreundschaft beizubehalten, sollte nicht auf den Nenner des Romantisierens oder Ontologisierens von Frauenfreundschaft reduziert werden.

1949 schrieb Simone de Beauvoir über die Frau als „das Andere". De Beauvoirs weibliches „Andere" war eine negative Konstruktion/Typisierung, angelegt als Subsumierung aller Formen, in denen der Mann die Frau als das abgeleitete Wesen — von ihm als Norm abgeleitet — konstruiert. Seither ist in vielen Werken feministischer Theorie beschrieben worden, wie destruktiv sich diese vielen Formen des von Männern konstruierten „Andersseins" auf Frauen ausgewirkt haben. Weitaus seltener jedoch wurde weibliches „Anderssein" als positive Konstruktion oder Typologie verwendet, wurden die Qualitäten, die Frauen besaßen, herausgestellt, um die positiven Seiten der Frauengeschichte oder -kultur darzustellen. Unglücklicherweise wurde weibliches „Anderssein", wenn es positiv dargestellt wurde, manchmal — sowohl von Konservativen als auch von radikalen Feministinnen — mit der weiblichen Biologie begründet.

Ich vertrete die These, daß die positiven Dimensionen des „Andersseins" von Frauen in der Kultur begründet sind, die Frauen zu allen Zeiten der Geschichte und in allen Kulturkreisen miteinander und füreinander geschaffen haben. Ich würde das Anderssein von Frauen speziell auf die Kultur der Frauenfreundschaft zurückführen — eine Kultur, die ihren eigenen Elan hat, die aber nicht etwa zum sogenannten weiblichen Wesen gehört. Frauen haben weder biologisch mehr Anteil an den humaneren Qualitäten menschlicher Existenz, noch läßt sich ihre Einzigartigkeit aus dem biologischen Unterschied zu Männern herleiten. Vielmehr kommt das Anderssein der Frauen aus der Kultur der Frauen — genau wie sich andere Gruppen durch ihren kulturellen Kontext voneinander unterscheiden.

Dieses Buch beruht auf der Kultur von Frauenfreundschaft. Wir würden die Komplexität dieser Kultur simplifizieren, sähen wir Frauenfreundschaft als Folge einer im Wesen der Frau begründeten Fähigkeit, sich zusammenzuschließen. Die Kultur von Frauenfreundschaft wird in diesem Buch nicht als reiner, ungetrübter, durch keinerlei Widerstände eingeschränkter Glückszustand dargestellt. Dennoch versuche ich, in dieser Arbeit die

Frauenfreundschaft in all ihrer kulturellen Vitalität, all ihren kraftspendenden Dimensionen zu schildern.

Die Kultur der Frauenfreundschaft ist weder eine fortlaufende Chronik wunderbarer Ereignisse noch eine traurige Geschichte von Brüchen und Versagen. Sie ist vielmehr ein durchgängiges Zeugnis dafür, daß Frauen handelnde Subjekte sind, die in Beziehung zu ihrem lebendigen Selbst und in Verbindung miteinander Leidenschaft, Lebenssinn und Politik geschaffen haben. Diese Tradition der Frauenfreundschaft und ihr Weiterleben in der Gegenwart muß bedacht, gelebt und gefeiert werden.

Als eine Philosophie der Frauenfreundschaft ist diese Arbeit eine kritische, doch zugleich engagierte Vision von Frauen-Zuneigung. Frauenfreundschaft ist keine feststehende Kategorie, die etwa irgendeinem weiblichen Wesen oder einer weiblichen Realität als solcher innewohnt. Sie bildet sich vielmehr durch die Formen kulturellen Engagements, die Frauen ihrem Selbst und anderen Frauen gegenüber eingegangen sind angesichts der ständigen Forderungen der Hetero-Realität, „wesensmäßig" und „von Natur aus" für Männer (da) zu sein. In Wirklichkeit ist es umgekehrt: Die Hetero-Realität, also die Weltsicht, daß die Frau für den Mann (da) sei, stützt sich auf biologisch determinierte und mit wesensmäßigen Unterschieden operierende Ansichten von der weiblichen und männlichen Natur.

Wer die Philosophien der Frauenfreundschaft als Glorifizierung der Fähigkeit von Frauen, sich zu verbinden, denunzieren wollte, geht an der Sache vorbei. Das wäre eine Taktik der Verkürzung, wie sie häufig herhalten muß, um radikalfeministisches Denken anzugreifen, das die Zuneigung unter Frauen als lebendig und kraftspendend preist und feiert. Hier wird leidenschaftliches Forschen für romantisches oder sentimentales Denken gehalten.

Als philosophisches Buch ist diese Arbeit auch ein Beitrag zu der ständig wachsenden Literatur, die als feministische Theorie bekannt ist. Wir befinden uns jetzt an einem Punkt der Geschichte feministischen Denkens, wo wir eine systematische Theorie der Frauenfreundschaft — die ich auch als Frauen-Zuneigung bezeichne — und ihres Gegenteils, der Hetero-Beziehungen, brauchen.

Indem ich eine Theorie der Hetero-Beziehungen entwickle, will ich die Struktur der Welt, wie Männer sie für Frauen geschaffen haben, darstellen. Indem ich eine Theorie der Frauenfreundschaft entwickle, will ich die Welt darstellen, wie sie nach der Vorstellung von Frauen sein könnte. Ein großer Teil der feministischen Theorie war bisher der Unterdrückung von Frauen gewidmet, wozu die diversen Unterdrückungssysteme im einzelnen analysiert wurden. Bei dieser Untersuchung ist es wichtig, daß wir die Macht der Hetero-Beziehungen als die entscheidende Theorie der Unterdrückung berücksichtigen.

Es besteht ein Mangel an feministischer Theorie, die sich über die Theorien von Frauenunterdrückung hinaus zu Theorien von Frauenkraft weiterbewegt hat. Feministische Theorie muß sich sowohl mit den Kräften auseinandersetzen, die das Überleben von Frauen sichern, als auch mit den Kräften, die die Unterdrückung von Frauen aufrechterhalten. Eine Theorie der Frauenfreundschaft soll darstellen und ausdrücken, auf welche Weise und in welchen Formen Frauen für uns selbst und füreinander (da) sind.

Feministinnen haben „den guten Kampf" gegen das Patriarchat geführt, doch vielleicht haben wir unsere theoretischen Ansätze zu stark vom Kampf gegen die Frauenunterdrückung bestimmen lassen. Es ist an der Zeit, daß wir umfassender über die Ziele des Feminismus nachdenken sowie darüber, welche Rolle er spielt, um Frauen zusammenzubringen. Die Reichweite feministischer Theorie muß über die untergeordneten Beziehungen der Frauen zu Männern hinaus ausgedehnt werden und die kraftspendenden Beziehungen, die Frauen mit Frauen verbindet, aufnehmen.

Zur Geschichte und Theorie der Frauenunterdrückung sind wichtige feministische Werke erschienen. Wir müssen nur, unter anderem, Andrea Dworkin: *Pornographie: Men Possessing Women*, Florence Rush: *Das bestgehütete Geheimnis: Sexueller Kindesmißbrauch*, und Kathleen Barry: *Sexuelle Versklavung von Frauen* lesen, um im Detail über die schreckliche Wahrheit und unvorstellbare Brutalität der Frauenunterdrückung unterrichtet zu sein. Mary Daly hat zwischen den Greueln des Füßeeinbindens in China, der Genitalverstümmelung in Afrika, der Witwenverbrennung in Indien, den Hexenverbrennungen in Europa und der Gynäkologie und Psychotherapie in den USA wichtige Zusammenhänge hergestellt und dabei gleichförmige Muster entdeckt. Für das Leben einer Feministin ist von entscheidender Wichtigkeit, daß das volle Bild weiblicher Unterdrückung gesehen und daß entsprechend gehandelt wird. Im Mittelpunkt meiner Arbeit steht jedoch die Tatsache, daß es ohne zentrale Bindung unter Frauen letztlich unmöglich ist, den

Wirkungen des „Staates/Zustandes der Greuel" (um Mary Dalys Ausdruck zu benutzen), wenn nicht gar den Greueln selbst zu entgehen. Für einige Frauen bedeutet dies, ihr Selbst, ihre eigentliche Freundin zu finden; für andere Frauen gehört außerdem noch dazu, die Zuneigung und Stärken anderer Frauen, die Bestärkung durch andere Frauen zu finden. Die Geschichte von Frauen-Zuneigung, Frauen-Autorität und Frauenfreundschaft muß zusammen mit der Geschichte von Frauen als Mißhandelte, Geschlagene und Ermordete erzählt werden. Hinter vielen ganz offensichtlich kolonialisierten Frauen standen Frauen voller Kraft und Stärke, die ihrem Selbst und anderen Frauen Mut gegeben haben.

Durch den Mangel an Frauen-Zuneigung konnte der „Staat/Zustand der Greuel" weiter fortbestehen. So hält zum Beispiel die Mutter, die sich weigert, wahrzunehmen, wie ihr Mann ihre Tochter sexuell mißbraucht, und ihn zu stoppen, die Tochter in diesem grauenhaften Zustand fest. Die Verwandte oder Bekannte, die zum Werkzeug von Genitalverstümmelung wird oder die Füße eines kleinen Mädchens einschnürt, trägt dazu bei, die Tradition weiblicher Greuel fortzusetzen. Frauen haben, wenn auch nur als Alibi-Folterknechte, Frauen in vielen Bereichen versklavt gehalten und dabei geglaubt und behauptet, sie gäben diesen Frauen die Mittel zum Überleben an die Hand in einer Welt, in der Überleben bedeutet, daß die Frau für den Mann da ist. Das eigentliche Greuel hinter allen Greueltaten ist, daß Frauen — durch Verstümmelung, Mißbrauch und Vernachlässigung — andere Frauen für Männer her- und abrichten.

Zusätzlich zu allen anderen schrecklichen Folgen des „Staates/Zustandes der Greuel" ist eine seiner zerstörerischsten Auswirkungen, daß Frauen ihrem Selbst und anderen Frauen als nicht liebenswert erscheinen, da Frauen sich mit anderen Frauen angesichts gemeinsamen Leidens identifizieren und nicht aus gemeinsamer Stärke. Wenn Frauen sehen, wie brutal mit ihren Schwestern umgegangen wird, zu allen Zeiten der Geschichte, in ihrem Leben und in fast allen Kulturen, wenn Frauen sehen, in welch endlosen Spielarten sich diese Brutalität zeigt und wie wenige Frauen wirklich überleben, dann wird Frauen-Zuneigung aus dem Gedächtnis ausgelöscht, und Frauen fühlen sich nicht zu anderen Frauen hingezogen. Der „Staat/Zustand der Greuel" verstärkt die Abwesenheit der Frauen ihrem Selbst und anderen Frauen gegenüber.

Genauso kann die eindimensionale Betonung des „Staates/

Zustandes der Greuel" in der feministischen Literatur, in feministischen Gruppen und Projekten, und wenn Frauen Erfahrungen austauschen, unbeabsichtigte Folgen zeitigen: Fast wie eine Verstärkung einer schmerzlichen, von den Ahninnen überkommenen Erinnerung kann sich die Tatsache, daß die Frau für den Mann da ist — ganz gleich unter welchen Zwängen sie tun muß, was er will — und daß sie auf ihn als Ernährer und Beschützer angewiesen ist, bei den Frauen festsetzen. In diesem Zusammenhang hege ich die ernste Befürchtung, daß die ständige Beschreibung der gegen Frauen verübten Greueltaten — denen wir ins Gesicht sehen und die wir bekämpfen müssen — vielleicht doch als eine normative Kraft des Faktischen die angeblich notwendige Anwesenheit der Männer im Leben von Frauen stützt. Die Geschichte der Frauen-Zuneigung ist ein lebenswichtiges Gegenstück zur Geschichte der Frauen-Unterdrückung.

Wird Frauen-Zuneigung nicht zum zentralen Bestandteil der feministischen politischen Theorie und Praxis, kann der Feminismus seine wichtigsten Ziele, nämlich die Abläufe, Institutionen und Wirkungen weiblicher Kolonialisation in all ihren Formen abzuschaffen, nicht erreichen. Frauen müssen sich nicht nur fragen, wogegen, sondern auch, wofür wir kämpfen. Die Zerstörung aller Formen von Frauen-Unterdrückung geht Hand in Hand mit der Entwicklung von Frauenfreundschaft.

### Die Methode dieses Buches: Ahninnenforschung (Genealogie)

Die Geschichte der Frauen-Zuneigung ist die Geschichte einer besonderen Gruppe von Frauen. Diese Geschichte ist bisher nicht aufgezeichnet worden, und deshalb sollte die Forschung über Frauenfreundschaft unter anderem einzelne ausgewählte Abstammungslinien zwischen und unter Frauen aufzeigen, die Freundinnen waren/sind/sein können, d. h. sie sollte eine Ahninnenforschung in Frauenfreundschaft betreiben.[29]

Ahnenforschung im herkömmlichen Sinne zeigt eine Abstammungslinie auf. Obgleich wir bei Ahnenforschung im allgemeinen an Familien denken, gibt es auch Ahnenreihen von Gruppen und Rassen. Um einen Stammbaum weiblicher Freundschaft aufzuzeichnen, müssen wir den Beziehungslinien verschiedener Gruppen von Freundinnen nachgehen und damit beweisen, daß uns eine gemeinsame Herkunft verbindet.

Dies können wir einmal tun, indem wir nach Ähnlichkeiten in

der Unterschiedlichkeit suchen. Eine genealogische Methode kann, indem sie auf die Unterschiede zwischen den Verwandten eingeht, damit zugleich Ähnlichkeiten zwischen und unter Gruppen von Frauen herausarbeiten — Gruppen in verschiedenen Geschichtsperioden und in unterschiedlichen Kulturen, die sich zunächst in keiner Weise zu ähneln scheinen. Dale Spender sagt:

> Ich *weiß*, daß der Erlebnisbereich von Frauen heute anders ist als der von Frauen in der Vergangenheit; ich *weiß*, daß Zeit, Hautfarbe, Klasse, Kultur, sexuelle Vorlieben, Alter, Behinderungen —, daß das alles eine entscheidende und unleugbare Wirkung auf die unterschiedliche Stellung von Frauen und ihre Wahrnehmung von der Welt hat...
> Doch diese Einschränkungen vorausgesetzt, neige ich immer noch zu der Ansicht, daß wir als Frauen eine gemeinsame Erfahrung haben, die beschrieben und erläutert werden kann: es ist die Erfahrung, als Frauen in einer Männerwelt zu leben... Wir haben die gemeinsame Erfahrung, von Männern unterdrückt zu werden; uns gemeinsam ist der Ausschluß aus dem männlichen Bezugssystem, unser fehlendes Wissen von unserer Vergangenheit, unsere Unsichtbarkeit, unser Anderssein, unsere Fehlerhaftigkeit.[30]

Neben unserer gemeinsamen Erfahrung von Unterdrückung verbindet viele Frauen auch die Erfahrung, wie Frauen sich gegenseitig Kraft geben, d. h. für Frauen (da) sind.

Da Absicht einer Ahninnenforschung ist, die Beziehungslinien zwischen und in unterschiedlichen Gruppen von Frauen aufzuzeigen, stellt sie eine Herausforderung an jenen kulturellen oder historischen Relativismus dar, der Frauen von ihrem Selbst und voneinander abspaltet. Unser Stammbaum besteht jedoch nicht aus ungebrochenen, durchgängigen und eindeutigen Linien. Er ähnelt vielmehr einem Baum, dessen verästelte Krone sich als Aufenthaltsort für unentdeckte, nie schriftlich fixierte, sich in Zwischenbereichen bewegende Frauen-Zuneigung herausstellt.

Eine wichtige genealogische Arbeitsweise, die ich in diesem Buch anwende, ist, den Hintergrund der Hetero-Theorie, die Hetero-Erklärungen zu frauenidentifizierten Phänomenen und die „Disziplinen" der Hetero-Beziehungen sehr genau zu durchleuchten. So wird zum Beispiel die Existenz der chinesischen Eheverweigerinnen durch Hetero-Erklärungen für ihr „abweichendes Verhalten" dahingehend rationalisiert, als hätte sich diese Gruppe von Frauen aus wirtschaftlicher Not oder dem

Mangel an Männern in einer bestimmten historischen Situation und Kultur zusammengefunden und nicht als unabhängige Frauen, die sich dem Hetero-Gefängnis widersetzten und den Großteil ihres Lebens lieber mit Frauen verbringen wollten. Bei der Erforschung der Genealogie von Frauenfreundschaft können wir uns diese Art von Hetero-Erklärungen insofern zunutze machen, als wir uns ansehen, was eigentlich wirklich dahintersteckt und was alles nicht gesagt wird, um dann diesen Hintergrundsbereich in den Vordergrund zu heben.

Betrachten wir die „Disziplinen" der Hetero-Beziehungen mit Augen, die nach Beweisen für oder Rückschlüssen auf Frauen-Zuneigung suchen, dann durchbrechen wir die Beschränkungen, die einer frauenidentifizierten Suche nach Wissen durch heterobezogene Theorien auferlegt werden. Wir entdecken nicht nur, daß derartige Theorien die Erinnerung an Frauen-Zuneigung aus der akademischen und sozialen Existenz heraus „diszipliniert" haben, sondern auch, daß sich in diesem Vorgang viele uneingestandene Ängste und subtile Gefährdungen enthüllen, die Männer stets in der Affinität von Frauen zueinander gesehen haben. So sagen zum Beispiel die Maßnahmen, die Männer ergriffen haben, um jede Form von Frauen-Zuneigung im Keim zu erstikken, sowie die Intensität, mit der das geschah, häufig mehr über die von ihnen empfundene Macht der Frauenfreundschaft aus als über deren tatsächliche Unterdrückung.

So ist zum Beispiel das Ausmaß, in dem lesbische Frauen als Mannweiber, als Männer-Imitationen, karikiert werden, ein Indikator dafür, wie sehr Männer Lesben als „richtige" Frauen empfinden, d. h. als nicht-von-Männern-gemachte Frauen. Auch die Art und Weise, wie Männer den Lesben stets Angst vor Männerbeziehungen zuschreiben, zeigt die deutliche, jedoch uneingestandene Anerkennung der Furchtlosigkeit von Lesben, nämlich der Fähigkeit und Stärke von Lesben, den konventionellen Hetero-Beziehungen und Maßstäben die Stirn zu bieten.

Erforschen wir den Hintergrund der Hetero-Erklärungen und die Disziplinen der Hetero-Beziehungen, so schaffen wir damit eine Gegen-Erinnerung.[31] Die Gegen-Erinnerungen können einen Blick darauf erhaschen, was als Gegenbild zu den vorherrschenden Erinnerungen an ein Thema oder Ereignis aufsteigt. So reden uns zum Beispiel die Geschichte, die Biologie und die Psychologie der Hetero-Beziehungen ein, daß die Frau sich zu allen Zeiten „natürlich" zu Männern hingezogen fühlte. Wenn dies wirklich so ist, fragt sich die Gegen-Erinnerung, warum müssen dann Hetero-Beziehungen für Frauen durch die Myriaden von Verboten gegen Frauen-Zuneigung erzwungen werden. Diese reichen von den Brutalitäten der Klitoridektomie, der Gewalt gegen Frauen und sexueller Sklaverei bis zu der sogenannten sanften Pornographie — mit all dem sollen Frauen in ihrer Beziehung zu einem Mann oder zu Männern allgemein „bei der Stange" gehalten werden.

Gegen-Erinnerung stellt die Frage, warum nach Freuds Theorie die Frau ihre ursprüngliche Hinwendung zu der ersten Frau in ihrem Leben (ihrer Mutter) auf einen Mann übertragen muß, wenn, wie Freud bestätigt, ihre ursprüngliche Zuneigung auf Frauen gerichtet war. Jahrelang war es das Postulat psychoanalytischen Denkens, Voraussetzung für reife weibliche Sexualität sei die Übertragung ihrer erotischen Bindung weg von ihrer ersten Liebe, einer Frau, auf einen Mann. Dies wird oft als der weibliche Ödipus-Komplex bezeichnet. Feministische Gegen-Erinnerung muß auf ihrer Suche nach den Ursprüngen von Frauen-Zuneigung lernen zu erkennen, was hinter solchen Behauptungen steht.

Michel Foucault hat in seinem Aufsatz „Nietzsche, die Genealogie und die Historie" festgestellt, daß die Genealogie auf einem Feld zerknitterter und durcheinandergebrachter Pergamente arbeitet, an Dokumenten, die viele Male durchgestrichen und abgeschrieben worden sind.[32] Wenn wir das Wort Dokumentation in seinem umfassendsten Sinn gebrauchen, so müssen wir feststellen, daß bei der Dokumentation von Frauen-Zuneigung vieles verkürzt und durcheinandergebracht ist, da es bereits der Hetero-Revision ausgesetzt war. Heutzutage können wir an Doris Fabers Buch „Das Leben von Lorena Hickock, E. R.'s Freundin" sehen, wie diese Revision vor sich geht. Daß Franklin Roosevelt seine Geliebte hatte, ist so amerikanisch wie „Hetero-Kuchen"*. Die hingebungsvolle Freundschaft und höchstwahrscheinlich auch Liebesbeziehung, die zwischen Eleanor Roosevelt und Lorena Hickock bestand, wird von Faber als eine Verirrung betrachtet, die die Autorin rationalisieren und abschwächen, zu etwas anderem stilisieren und entschuldigen zu müssen meint. Faber berichtet ihren Leser/inne/n, wie entsetzt sie war, als ihr der Inhalt vieler der bisher nicht bekannten Briefe zwischen E. R. und Lorena bekannt wurde. Faber war so entsetzt

---

* Abwandlung des Sprichworts „As American as apple-pie" — so amerikanisch wie Apfel-Kuchen.

über die erstaunlichen emotionalen Enthüllungen dieser Korrespondenz, daß sie sogar den Direktor der F.D.R.-Bibliothek zu überreden versuchte, die Veröffentlichung der Briefe zu verschieben und damit zu unterdrücken. Als ihr das nicht gelang, setzte Faber alles daran, in ihrem Buch die Tatsachen „zurechtzurücken", nämlich einige der stark gefühlsbetonten Briefe in einen Zusammenhang „einzubinden", indem sie Eleanor Roosevelt als die „große" Frau darstellt und Lorena Hickock als die durch schreckliche Kindheitserfahrungen unwiderruflich geschädigte Partnerin, dazu eine Andeutung von sexuellem Mißbrauch, was unvermeidlicherweise an E. R.'s Mitgefühl für die Schwachen und Unterdrückten appelliert habe.

Viele Zeugnisse über Frauen und Frauen-Zuneigung wurden auch zerstört, ausgelöscht, ihrer Bedeutung entkleidet. Vera Brittain stellt in ihrem „Testament der Freundschaft" fest, daß „die Freundschaften von Männern mit Ruhm und Anerkennung bedacht wurden, die Freundschaften von Frauen jedoch... wurden im allgemeinen nicht nur nicht besungen, sondern auch noch verspottet, herabgesetzt und falsch interpretiert".[33] Elizabeth Gould Davis weist darauf hin, daß die Bibliothek von Alexandria, in der viel über frauenzentrierte Gesellschaften zu finden war, verbrannt wurde.[34] Eine feministische Forscherin, die Informationen über Frauengeschichte in Bibliotheken und Forschungsergebnissen sucht, ist wie vor den Kopf geschlagen angesichts der Art und Weise, wie Informationen und Fakten über Frauen katalogisiert oder nicht katalogisiert worden sind. Alte und neue feministische Bücher sind vergriffen und werden nicht wieder aufgelegt. Feministische Forscherinnen scheinen immer wieder von vorn anzufangen, weil die Werke unserer Vorschwestern nicht greifbar sind oder ganz ausgelöscht wurden.

Schließlich schreckt Genealogie auch nicht davor zurück, die Ruinen auszugraben. Mit der genealogischen Methode wird Frauen-Zuneigung weder idealisiert, noch werden ihre Möglichkeiten romantisiert. Sie trägt den Brüchen, dem Verrat und der Schande Rechnung, die inmitten der Welt von Frauenfreundschaften existierten und existieren. Aus den Meinungsverschiedenheiten und Enttäuschungen, die Freundinnen miteinander erlebt haben, können wir viel lernen, und auch das gehört zur Genealogie der Frauen-Zuneigung. Wie alle Frauen, so sind auch Freundinnen von unseren Wurzeln abgeschnitten und werden zeitweise unseren Idealen nicht gerecht. Wir haben historische Fehler gemacht und große Verluste hinnehmen müssen. Ich forsche nach der Abstammungsgeschichte ebenso in jenen Bereichen (und Nicht-Bereichen), wo Frauen-Zuneigung verlorenging oder weggeworfen wurde, wie in den Situationen, wo sie bekräftigt wurde.

Bei meiner Methode der Genealogie geht es mir nicht darum, die Ursachenbezüge zu definieren oder exakt festzustellen, wie sich die einzelnen Beweise oder Fragmente zueinander verhalten, oder allgemeingültige Gesetze der Symmetrie zwischen unterschiedlichen Gruppen von Freundinnen festzustellen oder gar signifikante Punkte in historischen Abläufen festzumachen. Ich möchte vielmehr darstellen, *wie* wir überhaupt Genealogien auffinden können, statt einen umfassenden Bericht der Genealogie von Frauenfreundschaft zu liefern. Diese Methode der Genealogie arbeitet damit, Beziehungslinien nachzuziehen, Ähnlichkeiten in der Vielfältigkeit aufzufinden, den Hintergrund von Hetero-Erklärungen und die Disziplinen der Hetero-Beziehungen zu hinterfragen, eine Gegen-Erinnerung hervorzurufen, durcheinandergebrachte Quellen zu entwirren und die Ruinen auszugraben, und ich hoffe, daß damit sowohl etwas vom Inhalt als auch eine Methode der Genealogie von Frauenfreundschaft sichtbar wird.

### Das Politische ist das Persönliche.

Die Betonung der politischen Aspekte des Feminismus, die sich in dem frühen Slogan „das Persönliche ist das Politische" niederschlug, hat viele von der Erkenntnis abgehalten, daß eine vollständige feministische Vision diese Worte auch umkehren muß. Wenn der Feminismus große Gebiete weiblichen Lebens politisiert, so darf er dennoch nicht die affektiven Beziehungen, die den Zusammenhalt von Frauen darstellen, ignorieren oder auslöschen. Frauen müssen diesen menschlichen Bindungen — den Formen, die wir leben und lieben — genausoviel Aufmerksamkeit schenken, wie unserer feministischen Politik. Eine rein politische Definition des Wortes Feministin/feministisch, die Unterdrückung, Kampf, Konflikt und Widerstand betont, ist verengt und begrenzt. Sie ist ebenso absurd wie jene marxistische Interpretation, die einen Menschen in erster Linie als Werktätigen sieht.

Feministinnen haben viel über die Ideale und Realitäten von Gemeinschaft und Schwesterlichkeit gesprochen. Viele unterschiedliche Richtungen des Feminismus haben betont, daß Feminismus und nach außen gerichtete feministische Aktionen politisch sind. Ich meine, daß diesen Diskussionen eine gewisse Lebendigkeit und visionäre Kraft fehlte, weil sie die Freundschaft als Basis einer solchen Gemeinschaft nicht berücksichtigt haben. So kommt bei der feministischen Theorie oft eine formale und häufig abgeleitete Charakterisierung der feministischen Gemeinschaft heraus, die sich auf linke Gleichheits- und Kollektiv-Theorien des Zusammenschlusses stützt und eine tiefere und innere Bedeutung vermissen läßt. Freundschaft gibt der Idee und der Realität der feministischen Gemeinschaft ein „Mehr". Die Vorstellung von einer Gemeinschaft als „Zusammenschluß" von Menschen, die in den mehr positivistischen Bereichen der gerechten Verhältnisse, des Gleichheitsgedankens und der Anstrengung für das Gemeinwohl zusammenarbeiten, wird somit erweitert. Und die feministische Gemeinschaft wird von einer Energie oder Lebenskraft der Zuneigung — in ihrer weitesten Bedeutung der Frauen-Zuneigung — erfüllt. Freundschaft befähigt die Schwesterlichkeit, zur Frauen-Zuneigung zu werden. Sie haucht der Schwesterlichkeit den Geist ein.

Mit der gegenwärtigen Welle des Feminismus wurde der Slogan „Schwesterlichkeit ist machtvoll" (Sisterhood is powerful) überall verbreitet. (In Robin Morgans jüngstem Buch, das Artikel von Frauen aus der ganzen Welt enthält, sehen wir auch die Bestätigung, daß „Schwesterlichkeit global" ist.)[35] Die Erkenntnis, wie notwendig Schwesterlichkeit ist, erwuchs aus der Erkenntnis, daß Frauen in allen Kulturen und zu allen historischen Zeiten unterdrückt waren und sind. In Schwesterlichkeit begannen Feministinnen gegen alle Formen von Tyrannei gegenüber Frauen — Vergewaltigung, Pornographie, Prügel, internationale sexuelle Versklavung usw. — zu kämpfen, und sie stellten dabei fest, wieviel Frauen gemeinsam haben. In dem Wort Schwesterlichkeit drückte sich der Geist des Frauenwiderstandes gegen die allgemeine globale Realität der Frauenunterdrückung aus. Der Slogan „Schwesterlichkeit ist machtvoll" signalisierte, daß Frauen, die bisher voneinander getrennt waren, nun zueinander fanden. Die Ideale der Schwesterlichkeit nahmen in feministischer Literatur, Theorie und Aktion reale Gestalt an. Alle Richtungen des Feminismus betonen die Notwendigkeit, eine starke Solidarität der Schwesterlichkeit aufzubauen.

In den vergangenen zwei Jahrzehnten haben wir gesehen, daß Schwesterlichkeit in der Tat machtvoll ist. Vergewaltigungsnotrufe, Häuser für geschlagene Frauen, Frauenbuchläden, Frauen-

Gesundheitszentren, feministische Zeitungen und Magazine, Frauen-Studienprogramme und die unterschiedlichsten Frauentagungen sind entstanden. All diese Unternehmungen schufen eine schwesterliche Solidarität, doch viele von ihnen gingen auch zugrunde, weil sie — meiner Meinung nach — durch nichts anderes zusammengehalten wurden als das, was ich die Gemeinschaft des Widerstandes nenne. Unseligerweise bedeutete die Schwesterlichkeit, die sich im Kampf gegen alle Formen männlicher Tyrannei bildete, nicht zugleich, daß Frauen zu Freundinnen wurden, daß sie eine Gemeinsamkeit über den Kampf hinaus verband. Schwesterlichkeit hat nicht automatisch einen privaten und öffentlichen Bereich geschaffen, wo Frauenfreundschaft entstehen konnte. Viele Frauen, die so hart gekämpft hatten und glaubten, daß der gemeinsame schwesterliche Kampf gegen die männliche Tyrannei ihnen in der Beziehung untereinander mehr geben würde, als tatsächlich entstand, waren schließlich ausgebrannt oder von Frauen desillusioniert.

Wird dauernd das Schwergewicht auf den Status der Frauenunterdrückung, den „Staat/Zustand der Greuel" und die Gemeinsamkeit im Widerstand gelegt, so kann das unbeabsichtigt dazu führen, daß weibliche Erfahrung oder die Situation der Frauen generell nur noch als Zustand der Kolonialisation gesehen und erlebt werden. Feministischsein muß jedoch etwas anderes bedeuten — nicht nur Frauen im Kampf und Konflikt mit Männern und männlicher Vorherrschaft, sondern Frauen in Übereinstimmung mit uns selbst und untereinander. Feministinnen müssen auch über die Realität von Frauenfreundschaft in unserem Leben definiert werden. Als Feministinnen müssen Frauen für Frauen (da) sein. Frauenfreundschaft gibt einer politischen Vision des Feminismus Tiefe und geistigen Gehalt und ist selbst eine durch und durch politische Handlung. Ohne Frauen-Zuneigung bleiben unsere Politik und unsere politischen Kämpfe oberflächlich und greifen zu kurz. Sie können zwar Veränderungen bewirken, doch sind diese möglicherweise nur von kurzer Dauer und finden lediglich auf Ebenen statt, wo die Grundfesten der Hetero-Realität nicht wirklich erschüttert werden. Wenn Frauen ihre Macht der Abwesenheit gegenüber allen Formen von Hetero-Beziehungen bekräftigen, dann bekräftigen sie die Macht der Anwesenheit uns selbst gegenüber. Und dies ist dann in der Tat kraftspendend. Es genügt nicht, wenn Feministinnen die Leiche patriarchaler Pathologien sezieren. Es genügt nicht, wenn Frauen den Zustand der Hetero-Realität beschreiben. Frauen waren nicht zu allen Zeiten für Männer (da). Wir müssen die Entwicklungsgeschichte jener Frauen kennen, die nicht für Männer und in grundsätzlicher Beziehung zu Männern existierten oder existieren. Und wir müssen eine Vision der Frauen-Zuneigung schaffen. Wonach wir Frauen suchen, kann ebenso wichtig sein wie das, was wir finden.

# Kapitel I

# Ursprünge der Frauenfreundschaft: Am Anfang war die Frau

Das, was eine Frau über Frauen denkt, ist der Prüfstein ihres Wesens.
    George Meredith
    *Diana of the Crossways*


Es ist jetzt soweit, daß ich diese Freundschaft mit Ethel Waters haben werde, denn ich habe daran gearbeitet... Ich bin ihre Freundin und spreche mit ihrer Zunge. Ich kann ihre Gefühle ausdrücken, obgleich Ethel Waters durchaus in der Lage ist, für sich selbst zu sprechen.
    Zora Neale Hurston
    *Dust Tracks on a Road*


Jezabel, jene leichtsinnige Unverblümte, pflegte viel Zeit damit zuzubringen, aus ihrem Fenster (zu hängen) und Königen, die ihre Schritte auf diesem Wege in Krieg und Tod lenkten, ,,Huhu!'' zuzurufen. Und einige bogen in ihre Tür ein, andere gingen weiter, freilich nicht viele. Dergestalt war Jezabel am Werke, als die Königin von Saba unter ihrem Fenster durchkam, und Jezabel lehnte sich hinaus und rief ,,Huhu!''
    *Und das war Jezabels letztes ,,Huhu!''*
    Djuna Barnes
    *Ladies Almanach*

## Nach Auffassung der Männer

Männer haben schon immer gewußt, wie wichtig es ist, mit dem Anfang zu beginnen. Männliche Gelehrte haben ausgeklügelte Theorien über Ursprünge, Schöpfungsmythen und Evolutionsabläufe entwickelt, die den Anspruch erheben, die Entwicklung der menschlichen Rasse umfassend zu erklären. In all diesen Szenarien entwickeln sich Mann und Frau auf eine Zusammengehörigkeit hin. Nach Auffassung der Männer ist die Frau nicht für die Frau (da). Im Rahmen der Hetero-Realität hat Frauen-Zuneigung keinen eigenen Stellenwert.

Vor der Frau war der Mann. All die männlichen Chronisten der Ursprungsgeschichte der Menschheit stellen — indem sie biologische Beweise einfach ignorieren oder keiner Aufmerksamkeit für wert erachten — den Mann an den Anfang und Zeugungspunkt der menschlichen Existenz. Die Hebräische Bibel sagt:

> „Und Gott der Herr sprach: Es ist nicht gut, daß der Mensch allein ist; ich will ihm eine Gehilfin machen, die um ihn sei... Da ließ Gott der Herr einen tiefen Schlaf fallen auf den Menschen, und er schlief ein. Und er nahm seiner Rippen eine und schloß die Stätte zu mit Fleisch. Und Gott der Herr baute ein Weib aus der Rippe, die er von dem Menschen nahm, und brachte sie zu ihm. Da sprach der Mensch: Das ist doch Bein von meinem Bein und Fleisch von meinem Fleisch! Man wird sie Männin heißen, darum daß sie vom Manne genommen ist." (Gen. 2, 18-23.)

Dieser Text wurde als mythischer Beweis dafür angesehen, daß der Mann das ursprüngliche menschliche Wesen sei. Hier wird auch die ursprüngliche Form menschlicher Beziehung als die vom Mann zur Frau festgelegt.

In der Erzählung der Genesis wird unbeabsichtigt die Leere der vormaligen männer-bezogenen Koexistenz zwischen einem männlichen Gott und einem männlichen Menschen deutlich. Ihr Mann-zu-Mann-Intervall muß wohl äußerst öde gewesen sein, denn in der biblischen Erzählung wird die Frau deshalb geschaffen, damit der Mann nicht einsam sei. Seither verkünden die

Männer, die eigentliche und ursprüngliche menschliche Beziehung sei hetero-bezogen, und löschen damit die Tatsache ihrer männer-bezogenen Verbindung aus. Normale und normative Liebeshandlungen und -gefühle sollen einzig zwischen Männern und Frauen stattfinden.

Nach Auffassung der Männer besteht die Urgesellschaft aus Männern und Frauen, die in Harmonie und ehelicher Gemeinschaft miteinander leben. Diese Vorstellungen von Harmonie und ehelicher Gemeinschaft gründen sich auf eine Theorie gesellschaftlicher Evolution, in der die Rollen des sexuellen und gesellschaftlichen Verhaltens starr festgeschrieben werden. So verbindet zum Beispiel Durkheim die Evolution der Gesellschaft in ihrer Wandlung von der mechanischen zur organischen Solidarität mit der Evolution der „ehelichen Solidarität" in der Ehe und mit der „Evolution" der Differenzierung der Geschlechter. Frühe Gruppenbildungen, in denen die Funktionen der Frauen nicht so klar von denen der Männer unterschieden waren und die keine ehelichen Beschränkungen auferlegten, denunziert er als schwache Gesellschaften. Gesellschaft im eigentlichen Sinn sei erst mit der Arbeitsteilung entstanden, als deren Folge die Frauen in der Familie aufzugehen hatten und den Männern der Bereich der Öffentlichkeit zugewiesen wurde. Emile Durkheim sagt in seinem Werk „Über die Teilung der sozialen Arbeit", daß die Rolle der Arbeitsteilung nicht nur darin bestehe, existierende Gesellschaften zu verbessern und zu verschönern, sondern Gesellschaften möglich zu machen, die ohne diese nicht existieren würden.[1] Für Durkheim und alle anderen männlichen Funktionalisten hat es vor der patriarchalen oder — nach deren euphemistischer Formulierung — organischen Gesellschaft eine Gesellschaft im eigentlichen Sinn nicht gegeben. Die gesellschaftliche Urkonstellation ist hetero-bezogen, das heißt, sie ist getragen von einem grundlegenden gesellschaftlichen Arrangement zwischen den Geschlechtern und dem gesellschaftlich geregelten Verhalten von Männern und Frauen. Nach Auffassung der Männer ist die Herstellung von Zivilisation wie ein hetero-bezogenes Schauspiel angelegt. Der Mann übernahm die Aufgabe, die Welt zu gestalten, da der Mann seinem Wesen nach der Handelnde, der Aktivist ist. Nach Freuds Entwicklungs-Konzept ist der Mann aufgrund seiner höheren Libido der Schöpfer der Zivilisation. Da Freud der Frau nur eine sehr geringe sexuelle Triebkraft zugesteht und da die Geburt der Kultur eine Sublimierung der Sexualität — einer Sexualität, die nur Männer besitzen — erfordert, kann die Frau nicht schöpferisch an der Zivilisation teilhaben. Die hetero-bezogene Rolle der Frau war die einer Nebendarstellerin bei den kulturellen Produktionen der Männer.

Nach Auffassung der Männer beginnen die Ursprünge des Bewußtseins in der hetero-bezogenen Akademie des männlichen Lehrers und der weiblichen Studentin. Der Mann ist es, der die Frau zu einem Bewußtsein ihrer selbst und des Kosmos bringt. In dieser hetero-bezogenen Denkrichtung erweckt der Mann sich selbst und die Frau; sie erkennen sich selbst, die Anderen, die Sexualität, und kommen später auf Sprache und Ideen. In der Hebräischen Bibel ist es der Mann, der, als er das Vieh, die wilden Tiere, die Vögel des Himmels und schließlich die Schöpfung aus seiner Rippe, die Frau, wahrnimmt, ihnen ihre Namen und damit ihre Existenz gibt. Männliches Bewußtsein kann Existenz zuteilen, da er, der Mann, als erster ein Bewußtsein der eigenen Existenz hat. Erst durch den Mann wird die Frau zum Leben erweckt und sich dieses Lebens bewußt.

Die Frau *ist*, weil der Mann seine evolutionäre Rolle als der natürliche sexuelle Initiator (Ficker) akzeptierte. Einer der kruderen Misogynisten und Antisemiten, Otto Weininger, schreibt in seinem Werk „Geschlecht und Charakter" sogar die Existenz der Frau einzig und allein der Tatsache zu, daß der Mann seine Sexualität erkannte und akzeptierte. Als der Mann sexuell wurde, so meint Weininger, formte er die Frau. Daß es die Frau gibt, sei überhaupt nur passiert, weil der Mann seine Sexualität akzeptiert habe. Die Frau sei lediglich das Resultat dieser Bestätigung; sie sei die Sexualität selbst. Die Existenz der Frau sei vom Mann abhängig; wenn der Mann, als Mann, im Gegensatz zur Frau, sexuell ist, gibt er der Frau ihre Form, beruft sie zu ihrer Existenz.[2]

Hier handelt es sich um eine der arrogantesten Begründungen dafür, daß Hetero-Beziehungen natürlich und seit Beginn der Zeiten vorgegeben seien. Nach Weininger — und weniger krude bei anderen Schreibern — wurde nicht nur die Frau, sondern auch ihre ganze affektive Existenz, ihre Gefühlswelt, von Männern ins Leben gerufen. Deshalb war der Mann seit jeher ihre Bestimmung und wird es immer sein. Für Frauen gibt es die normale Liebesbeziehung nur zwischen Mann und Frau. Die natürliche Beziehung, die die Männer den Frauen vorgeschrieben haben, besteht darin, daß die Frau für den Mann (da) ist. Der Mann hat die Hetero-Zuneigung als die Ur-Beziehung für Frauen festgelegt. Es ist deshalb eine Ur-Beziehung, weil der Mann, als der eigentliche Mensch, auch der eigentliche Schöpfer ist. Dies gibt ihm das Recht, Geschöpfe und Dinge für sich selbst ins Leben zu rufen. Nach Auffassung der Männer ist die Frau das Ur-Gefäß. Sie ist nicht der Ur-Mensch und kann daher auch nicht aus sich heraus schöpferisch sein. Ihre Ursprünge und ihre Ur-Affinitäten sind vom Manne und an den Mann gebunden. „Und dein Verlangen soll nach deinem Manne sein, und er soll dein Herr sein." (Gen. 3, 16.) Wenn die Ursprünge im Männlichen gesehen werden, so wird auch nur dem Mann Ursprünglichkeit zugeordnet. Da der Mann sich selbst als das Ur-Wesen sieht, kann auch nur er schöpferisch sein, etwas hervorbringen.

## Nach Auffassung der Frauen: Die Ursprünge der Frauen-Zuneigung

Eine Genealogie der Frauenfreundschaft erzählt eine andere Geschichte: Es ist die Abstammungsgeschichte der Frauen, die primär füreinander da waren und sind. Ich verwende das Wort primär (engl. *primary*) sowohl im beschreibenden Sinn als auch zur Darstellung einer Reihenfolge. Im beschreibenden Sinn bedeutet *primary*: von großer Tragweite, hervorstechend, bemerkenswert, unvergeßlich, bewegend, kritisch, lebendig und wesentlich. Es steht für Freundschaften, die ursprünglich und unabhängig sowie fundamental und radikal sind.

Die Genealogie der Frauenfreundschaft ist auch die Geschichte von Frauen, die das Wort primär eher im Sinn einer Rangordnung verstanden, d. h. die Freundschaften von Frauen sind von einer Beurteilung der wahren Proportionen, nämlich dessen, was Frauen zukommt, geprägt. In diesem Sinn der Rangordnung kommen bei Frauen, die einander das Primäre sind, Frauen an erster Stelle: an erster Stelle in der Reihenfolge der Wichtigkeiten; an erster Stelle im Anspruch an ihre Aufmerksamkeit, ihre Zuneigung und Aktivität; an erster Stelle, indem sie Männern nicht gestatten, sich in Frauenfreundschaft einzumischen oder einzuschleichen; an erster Stelle im Sinn von erstklassig oder als das, was die kostbarsten Fäden im Gewebe weiblicher Existenz liefert; und an erster Stelle im Sinn von: sich die Erinnerung an eine ursprüngliche Anziehungskraft von Frauen wiederzuholen, die zum Eingangsstadium frauen-zugewandten Wachstums und frauen-zugewandter Entwicklung gehört.

Frauen haben sich gegenseitig auf sehr unterschiedliche Weise an die erste Stelle gestellt. Viele Frauen haben jedoch immer wieder ihr Selbst und andere Frauen zum Primären gemacht, ganz gleich ob sie nun lesbisch, hetero oder zölibatär waren. Diese Vorrangigkeit wird am Beispiel der im 19. Jahrhundert gegründeten Clubs schwarzer Frauen deutlich. Die Clubs schwarzer Frauen, speziell in der Gründerinnengeneration, bestanden aus „Rasse-Frauen", deren vorrangiges Anliegen es war, die Rassenunterdrückung durch ein starkes schwarzes, frauenidentifiziertes Engagement zu beenden. In *The Woman's Era* (Die Ära der Frau, einer im 19. Jahrhundert erscheinenden Publikation schwarzer Frauen, finden wir 1894 folgende bemerkenswerte Erklärung zu den Clubs: „Die Clubs werden dazu beitragen, daß Mädchen ernsthaft über ihre Zukunft nachdenken, und werden Frauen davon abhalten zu glauben, ihre einzige Alternative sei die Ehe."[3] Ein Viertel der 108 Club-Frauen, die Paula Giddings in ihrer Untersuchung über den Einfluß schwarzer Frauen auf die Fragen von Geschlecht und Rasse in Amerika porträtiert, waren unverheiratet. Viele der dynamischsten Club-Frauen heirateten relativ spät, darunter Mary Church Terrell und Ida Wells-Barnett. Und nur ein Viertel der porträtierten Frauen hatten Kinder.

Es existieren mehrere Erklärungsversuche, warum zum Beispiel die Club-Frauen so spät heirateten. Giddings meint, daß einige von ihnen die gängigen Ansichten über die Ehe teilten und daher glaubten, daß Frauen „nie Haushalt und Ehemann und Kinder vernachlässigen sollten, um ins Berufsleben einzutreten oder um für irgendein politisches Anliegen, wie wichtig es auch sein möge, zu arbeiten".[4] Und so hätten sie die Heirat aufgeschoben, bis sie ihren Pflichten als Ehefrau und Mutter und dem, was die Gesellschaft von ihnen als Frauen erwartete, ihre ungeteilte Aufmerksamkeit zuwenden konnten. Wir können jedoch dieser Interpretation einen anderen Dreh geben, indem wir nämlich sagen, daß sie so spät heirateten, *weil* für sie im Ablauf und im Engagement ihrer Lebenszeit Frauen an erster Stelle standen. Deshalb heirateten sie erst, nachdem sie die von ihnen gewählte Arbeit für Frauen beendet hatten. Ihre Arbeit für Frauen war vorrangig, sowohl was ihr Alter anbelangte als auch hinsichtlich ihrer Prioritäten.

Außerdem hielten es einige Club-Frauen, beispielsweise Ida Wells-Barnett, nachdem sie ihre Absicht, sich vom Club-Leben zurückzuziehen und ihre ganze Zeit der Familie zu widmen, bekanntgegeben hatte, nur wenige Monate im ehelichen „Ruhestand" aus. Sogar einige der politisch und gesellschaftlich eher konservativen Club-Frauen, wie etwa Margaret Murray Washington, waren den „Freuden der Mutterschaft" gegenüber skeptisch.[5] Von größerer Bedeutung ist die Tatsache, daß mehr als ein Viertel der Frauen in der Gidding'schen Untersuchung die Freiheit, nie zu heiraten, in Anspruch nahmen.

Ein anderes Beispiel für Frauen, die einander Vorrang gaben, ist das Phänomen des „akademischen Stammbaums", den die erste Generation von Wissenschaftlerinnen in den USA aufstellten.[6] In ihrem Buch *Women Scientists in America* (Wissenschaftlerinnen in Amerika) beschreibt Margaret Rossiter ein von Wissenschaftlerinnen an Frauen-Colleges errichtetes System, mit dem sie einzelnen Studentinnen als Mentorinnen dienten, sie bei der Wahl ihrer Hauptseminare berieten, ihren Studiengang intensiv begleiteten und dafür sorgten, daß ihre Kollegen oder Kolleginnen sie als Nachwuchskräfte einstellten. Später übernahmen dann diese Schützlinge den Status von Fakultäts-Mentorinnen und stiegen in den gleichen Prozeß, weitere Nachfolgerinnen zu finden und zu fördern, ein.

Einige dieser „Protegée-Ketten" überdauerten mehrere Generationen und trugen dazu bei, den entsprechenden wissenschaftlichen Abteilungen eine nationale Reputation zu verschaffen. Sie nahmen auch auf viele Studienanfängerinnen Einfluß, damit diese Naturwissenschaften studierten. So waren zum Beispiel bis 1932 alle Astronomieprofessorinnen am Vassar-College Studentinnen und „Studentenenkelinnen" von Maria Mitchell, der Astronomin, die 1865 ihr Lehramt in Vassar antrat. Susan Bowen und Cornell Clapp begannen am Mount Holyoke College mit einer Kette, die von 1870 bis mindestens 1961 reichte.

In Abrundung ihrer Darstellung dieses „akademischen Stammbaums" beschreibt Rossiter, wie sich die alte Wissenschaftlerin im Vertrauen auf ihre Nachfolgerin mit einer Schwester oder einer anderen Kollegin zurückzog. Es wurde dann ein Hörsaal oder ein Laboratorium nach ihr benannt, und wenn sie starb, pflegte ihr Schützling ihren Nachruf zu verfassen.[7]

Die Ursprünge von Frauenfreundschaft liegen in weiblicher Freiheit, und einer ihrer wichtigen Aspekte ist die Freiheit, für Frauen (da) zu sein. Für eine Genealogie von Frauenfreundschaft ist es wichtig, daß Frauen diese Freiheit, primär für uns selbst und füreinander (da) zu sein, in irgendeiner Weise einfordern. Die Formen, in denen sich diese primären Aspekte vermehren und intensivieren, verstärken die Ursprünglichkeit von

Frauenfreundschaft. Eine Genealogie der Frauenfreundschaft zeigt die vielen Formen auf, in denen Frauen sich selbst und anderen Frauen Vorrang gaben.

Die Ursprünge von Frauenfreundschaft liegen auch in der weiblichen Kultur. Frauenkultur ist Vergangenheit, Gegenwart und Zukunft, und daher sind die Ursprünge der Frauenfreundschaft nicht auf irgendeinen statischen ursprünglichen Zustand oder ein goldenes Zeitalter der Frauen-Zuneigung beschränkt. Wie ich in der Einleitung bemerkt habe, gründet die Lebendigkeit des „Andersseins" von Frauen in jener Kultur, die Frauen zu allen Zeiten und in allen Kulturen mit- und füreinander geschaffen haben.

Das Wort Kultur hat verschiedene Bedeutungen — gesellschaftlich, geistig und künstlerisch. Etymologisch stammt es vom Lateinischen *cultura*, was die Erde kultivieren bedeutet. Seit der Vorgeschichte waren Frauen die ursprünglichen und eigentlichen Kultiviererinnen der Erde[8], und daher ist dies eine passende Metapher für viele der kulturellen Anstrengungen und Hervorbringungen von Frauen. So sind Frauen auch die Kultiviererinnen der sozialen Gruppe, also der Gesellschaft — eine Hypothese aus einigen Theorien über die frühen Matriarchate, die den Frauen das Verdienst dafür zuschreiben, Menschen in Gruppen zusammengebracht zu haben[9]; Frauen haben den Geist kultiviert, sie haben eine weibliche Kultur des Denkens geschaffen, zu der die frühen Naturwissenschaften, Mathematik und Philosophie gehören[10]; und Frauen haben die Künste des Webens, Töpferns und Malens kultiviert[11]. Schließlich erhielt das Wort Kultur im Verlauf der Entwicklung die Bedeutung „die gesamte Form des Lebens — materiell, intellektuell und spirituell — einer bestimmten Gesellschaft".[12]

Die Ursprünge von Frauenfreundschaft finden sich „in der gesamten Form des Lebens, materiell, intellektuell und spirituell", die Frauen miteinander kultiviert haben. Eine Genealogie von Frauen-Zuneigung umfaßt diese „gesamte Form des Lebens", die für viele Frauen den Versuch darstellt, ganz neu über das gesellschaftliche, moralische und intellektuelle Leben von Frauen nachzudenken. Und genau wie Kultur in ihrer modernen Bedeutung der spezifischen Tradition eines bestimmten Volkes einen hohen Wert beimißt, so tut dies auch eine Genealogie der Frauenfreundschaft. Sie gibt der kulturellen Eigenheit von Frauen — also den Gemeinsamkeiten und den Unterschiedlichkeiten in der Art, wie Frauen füreinander (da) sind —

Vorrang vor der Vielfalt von ethnischen, rassischen und nationalen Grenzen.[13] Wie keine kulturelle Tradition durch eine einfache und geradlinige Vorstellung von Zivilisation assimiliert werden kann, so kann auch die Kultur der Frauenfreundschaft nicht durch die umfassenderen Vorstellungen von Freundschaft im allgemeinen absorbiert werden. Die Kultur von Frauenfreundschaft hat ein bestimmtes Ziel, eine bestimmte Leidenschaft und eine bestimmte Politik. Ihre Ursprünge liegen in jenen Bereichen, wo Frauen die Freiheit hatten und haben, für sich und füreinander (da) zu sein, und wo Frauen anderen Frauen ein Gefühl des Anders-Seins, der Wichtigkeit, der Autonomie und der Zuneigung vermittelt haben.

Wenn der Kolonialismus ein bestimmtes Volk zu unterwerfen trachtete, so war eine seiner zerstörerischsten Waffen, die kulturellen Traditionen einer Gruppe auszulöschen. Häufig geschah dies auf drastische, gewaltsame Weise, indem die Symbole, Kunst- und Kulturgegenstände, die Anschauungen und die Geschichte eines Volkes restlos ausgemerzt wurden. Häufiger jedoch erfolgte dies über einen längeren Zeitraum hinweg, in dem die gleichen kulturellen Eigenheiten in evolutionärem Prozeß ausgerottet wurden. Wenn wir Frauen die Kultur der Frauen-Zuneigung in unseren Leben er-innern und wieder-erschaffen, werden wir für uns selbst und füreinander neugeboren.

Eine Form, in der Männer die gemeinsamen Wurzeln der Frauen zerstört und zerstückelt haben, ist die Institutionalisierung eines Systems der Erstgeburt, in dem nicht nur der erstgeborene Sohn als der anerkannte und berechtigte Erbe für das Königreich des Vaters betrachtet wird, sondern in dem die Vater-Sohn-Beziehung selbst als das Modell für wichtige Beziehungen zwischen Männern abgestützt wird. Patriarchales Erstgeburtsrecht ist eine Strategie, mit der die Tradition der Homo-Beziehungen aufrechterhalten werden, in der alle möglichen Väter allen möglichen Söhnen die Schlüssel zu ihren Königreichen vermachen. Patriarchale Erstgeburtsrechte machen sowohl erstgeborene Töchter unsichtbar als auch die Mutter-Tochter-Beziehung. Diese potientiell frauen-zugewandte Bindung wird damit ihrer Macht beraubt, Archetyp für eine Nachfolge der Affinität von Frauen zu Frauen zu sein. Statt dessen lernen Frauen, ihrer Zuneigung zu Frauen abzuschwören. Enteignete Liebe zu Frauen entspricht den enterbten Töchtern. Nur Männer werden zu den anerkannten und belohnten Nutznießern weiblicher Zuneigung.

Männer haben die Erde und deren von-Männern-geschaffene
Königreiche des Geldes, der Bildung, des beruflichen Prestiges
und der politischen Macht geerbt. Und obendrein haben sie, aufgrund der Tatsache, daß sie männlich geboren sind, das „Recht"
auf die Zuneigung der Frauen geerbt. Frauenfreundschaft kann
Frauen ihr Erstgeburtsrecht zurückgeben, indem sie eine Vorrangigkeit unter Frauen schafft. Frauen, die wir uns selbst und
anderen Frauen den Vorrang geben, bringen damit zum Ausdruck, daß es uns gibt, daß wir uns unserer frauen-zugewandten
Herkunft sehr wohl erinnern, daß wir die Erbinnen der Erde
sein werden und dabei mit unserer verlorengegangenen Zuneigung für unser ursprüngliches Selbst und Füreinander anfangen.

### Was die Suche nach Ursprüngen bedeutet
### und warum sie so wichtig ist

Frauenfreundschaft und radikaler Feminismus entspringen der
gleichen Quelle. So lange Frauen die ursprüngliche Zuneigung
untereinander nicht einfordern und anerkennen, wird dem Feminismus das fehlen, was Henri Bergson „einen ursprünglichen
Impetus des Lebens" (un élan original de la vie) (in der deutschen Philosophie als *élan vital* bekannt, E. W.) genannt hat, also ein ursprünglicher Impetus feministischen Lebens — feministischer Vitalität. Wenn Frauen nicht mehr glauben, daß Hetero-
Beziehungen seit Beginn aller Zeiten existieren und vorrangig
sind, werden sie erkennen, daß das erste Ziel des Feminismus
nicht darin bestehen kann, Frauen und Männer zusammenzubringen, sondern darin, Frauen zusammenzubringen. Frauenfreundschaft ist der Prozeß, mit dem dieses Ziel erreicht wird.
Und dieser Prozeß beginnt am Anfang, als Frauen stolz auf ihre
Beziehungen zu Frauen waren — da, wo Frauen noch stolz sind.
  Die vorrangige Bedeutung von *origin* (Ursprung, Herkunft,
Abstammung, fig. Wurzel) ist nach dem *Oxford English Dictionary* „der Akt des Entstehens... Ursprung, Herkunft, Abstammung... die Tatsache, von einem bestimmten Vorfahren oder
einer bestimmten Rasse abzustammen". Außer der Gemeinsamkeit in der Unterdrückung haben Frauen auch noch ein Erbe
von Frauen-Zuneigung, ein gemeinsames Erbe des Überlebens
und der Stärke, des Stolzes aufeinander.
  Eine weitere Definition des Wortes *origin* kommt aus der Mathematik, wo es „ein fester Punkt, an dem Bewegung anfängt",

bedeutet *(Oxford English Dictionary).* Die Ursprünge von Frauenfreundschaft sind auch dort zu finden, wo Frauen „Fixpunkte" für die Bewegung anderer Frauen waren. Frauen haben sich — häufig in kritischen Lebenssituationen — auf weibliche Verwandte oder Freundinnen gestützt und stabile Kraftquellen gefunden. Sehr oft wurde diese Stärke zur entscheidenden Ermutigung weiterzumachen.

In einer sehr eigenständigen und bewegenden Zulassungsarbeit mit dem Titel „Die Stimmen überlebender Frauen: Der Holocaust, Frauen und Widerstand" zeigt Debra Seidman, wie die Realität des Widerstandes fest in den Beziehungen zwischen Frauen in den Todeslagern verwurzelt war. Sie zitiert Isabella Leitners Erinnerungen an Auschwitz, wo die Autorin und drei ihrer leiblichen Schwestern eingesperrt waren. Leitner beschreibt, wie sie sich gegenseitig das Überleben ermöglichten:

> „Schwestern zu haben, die noch am Leben waren, nicht allein zu sein, war auch eine Gnade. Doch war sie täglich, stündlich mit quälenden Fragen belastet: Wenn dieser Tag um ist, werden wir dann noch zu viert sein? Wenn du keine Schwestern hast, stehst du nicht unter dem Druck, fühlst nicht die alles andere in den Hintergrund drängende Verantwortlichkeit, den Tag lebend zu beschließen. Wie oft hat uns diese Verantwortlichkeit am Leben gehalten? Ich weiß es nicht, ich kann nur sagen, daß ich oft, wenn ich in eine Selektion geriet, wußte, ich muß zurück zu meinen Schwestern, auch dann, wenn ich zu müde war, meinen Weg zurück zu erkämpfen, wenn der Weg ins Feuer einfacher gewesen wäre, wenn ich das eigentlich wollte, es mir beinahe wünschte. Doch in solchen Augenblicken wußte ich auch, daß meine Schwestern, die wußten, daß ich in eine Selektion geraten war, nicht nur wollten, daß ich zu ihnen zurückkehrte, sie erwarteten es von mir. Ich trug die Last, dieser Erwartung gerecht zu werden, und diese Last war schrecklich."[14]

Als der Krieg dem Ende zuging, evakuierten die Nazis die Lager und zwangen die Häftlinge, durch den eisigen Winter Deutschlands und Polens zu marschieren, fast ohne Ernährung oder schützende Bekleidung. Auf einem dieser Märsche starb eine der vier Schwestern. Diejenigen, die ihren Tod erlebten, berichteten ihre letzten Worte: „Meine Schwestern sind davongekommen. Mögen die Götter mit ihnen sein und ihnen bei jedem Schritt auf ihrem Wege helfen."[15]

An vielen Stellen in Seidmans Buch wird die Kraft solcher Frauenbande beschrieben, die nicht nur zwischen leiblichen

Schwestern existierten, sondern unter vielen Frauen, die durch ein gemeinsames Erbe, sich gegenseitig zum Überleben zu verhelfen, verbunden waren, und die füreinander die „Fixpunkte" der Existenz waren:

„In den Lagern wurden Frauen damit terrorisiert, daß sie hilflos die Folter anderer Frauen mitansehen mußten; sie sollten daraus lernen, sich nicht in der Hoffnung, etwas zu erreichen, miteinander zu verbünden... Die Frauen akzeptierten ihre Machtlosigkeit und weigerten sich dennoch, ihren Glauben an die Notwendigkeit gegenseitiger Unterstützung ganz aufzugeben. Diese Erkenntnis — daß sie alles tun würden, was sie konnten, wenn sie es konnten, in dem Wissen, daß sie nicht alles tun konnten, daß sie nicht das Leben einer anderen Frau für sie leben konnten — kennzeichnet die überlebenden Frauen."[16]

Seidman fügt hinzu: „Es war nicht etwa so, daß Frauen sich gegenseitig halfen, Männer jedoch nicht"[17], doch die Lagererfahrung der Frauen war untrennbar mit der Tatsache verknüpft, daß sie Frauen waren.

„Frauen konnten in den Lagern nicht ihrer gesellschaftlichen Rolle als Sexualobjekte entfliehen, dort war jeder Aspekt der Folter und der Erniedrigung sexualisiert. Sie mußten in den Lagern mit einem anderen vergangenen und einem anderen gegenwärtigen Muster von Umständen fertigwerden als die Männer. Auch hinsichtlich der Möglichkeiten des Widerstandes waren sie anderen Herausforderungen ausgesetzt."[18]

Elie Wiesel, der ein Sprecher für die Überlebenden wurde, hat gesagt, nach Auschwitz seien Literatur, Freundschaft und Hoffnung nicht mehr möglich. Aus ihren Forschungen über weibliche Überlebende gewinnt Seidman die Erkenntnis, daß „Frauen da etwas anderes sagen".[19] Obgleich ihre Berichte den vollen Schrecken der Greuel in den Lagern wiedergeben, sind sie doch im allgemeinen

„nicht ohne Hoffnung... Wir, die wir in der Welt nach Auschwitz leben, haben die Aufgabe, die Notwendigkeit von Hoffnung, von Freundschaft, von Dichtung neu zu definieren und neu zu bestätigen. Die Berichte der überlebenden Frauen sagen uns, daß dies noch möglich ist. Frauen sprechen von Hoffnung, sie zeigen uns beispielsweise ihre Freundschaft, sie singen und rezitieren Gedichte sogar in Auschwitz."[20]

In ihrem bewegenden Buch *Die Farbe Lila* beschreibt Alice Walker eine weitere Beziehung zwischen leiblichen Schwestern, die Fixpunkte füreinander sind. Ihre Frauen-Zuneigung bedeutet Überleben für die jüngere Schwester, Nettie, und den Absprung aus einer unterdrückerischen Situation. Als die ältere Schwester, Celie, merkt, daß ihr Stiefvater, der sie vergewaltigt und geschwängert hat, bei ihrer kleinen Schwester Nettie das gleiche beabsichtigt, schwört sie „mit Gottes Hilfe" auf diese aufzupassen.[21] „Ich bat ihn, mich statt Nettie zu nehmen."[22] Schließlich verläßt Nettie zusammen mit Celie das Haus, wird jedoch von Celies Ehemann gezwungen, sich von ihr zu trennen. Nettie geht nach Afrika und arbeitet am Aufbau einer Schule mit. In den Briefen, die Nettie an Celie schreibt, kommt Netties Dankbarkeit für Celies Geschenk des Überlebens auf vielerlei Weise zum Ausdruck: „Du fehlst mir, Celie. Ich denke an die Zeit, als Du Dich für mich hingelegt hast. Ich liebe Dich von ganzem Herzen."[23]

*Die Farbe Lila* zeigt die Kraft von Frauenfreundschaft als einen Prozeß, der eine gegenseitige dynamische Reaktion hervorbringt, die jede mögliche Bewegung freisetzt und fördert. Anziehungskraft bedeutet: es wird eine Bewegung auf etwas hin ausgelöst. Nach dem mathematischen Verständnis von Ursprung müssen Frauen Mittelpunkte von Bewegung, von echter Bewegungskraft sein, und zwar aufeinander zu und nicht lediglich fort von unterdrückerischen Situationen mit Männern.

Die Ursprünge von Frauenfreundschaft enthüllen originäre Frauen.* Eine originäre Frau leitet die eigenen Anfänge aus den geheimsten Winkeln ihres Herzens und aus anderen Frauen her. Die ganze Geschichte hindurch steht sie da als die Antithese zu den weiblichen Wesen männlicher Schöpfung. Als originäre Frau ergreift sie die Kraft, selbst Dinge hervorzubringen. Die gesellschaftliche Konstruktion der Realität wurde von Männern „verursacht", welche sich selbst als diejenigen ansehen, die weiblichem Leben und weiblicher Linie erst zur Existenz verhelfen.

---

* Was eigentlich aus dem gesamten Kontext dieser Arbeit klar hervorgehen sollte, möchte ich hier klar formulieren: Der Ausdruck *original woman* (originäre, ursprüngliche Frau) wird von mir weder in statisch ontologischem oder historischem Sinn verwendet, noch gebe ich der Frauenfreundschaft damit irgendeine biologische Grundlage. Originäre Frauen *schaffen* ihre Originalität, Einmaligkeit. Eine derartige Originalität bedeutet einen sich ständig weiterentwickelnden Seinszustand und nicht etwas, das eine Frau plötzlich und ein für allemal in einem feministischen Augenblick der Wahrheit erreicht.

Die Macht der Männer, alle Dinge hervorzubringen, war ein einmaliger Akt der Patrigenese; damit ernannte Mann sich selbst zum Schöpfer der Zuneigung von Frauen, die er dann bei sich verankerte. Um dies tun zu können, mußte der Mann jedoch eigene Mythen von den weiblichen Ursprüngen und eigene Schöpfungsmythen schaffen. Und so mußte er die Erinnerung der Frau zerstückeln — und sogar ihre Sehnsucht, die Ursprünge ihres Selbst und ihre Anziehung zu anderen wie sie selbst zu erinnern. So war, wie Anne Dellenbaugh gezeigt hat, die Schöpfung der Frau durch den Mann kaum kreativ. Sie war vielmehr zersetzend und aufspaltend, das heißt, das ursprüngliche Selbst-Sein der Frau sowie ihre Ursprünge, die sie mit anderen Frauen teilt, wurden aufgelöst.[24]

Der zerstörerischste Effekt dieser Schöpfung der Frau durch den Mann war und ist die Erosion weiblicher Integrität. Ich habe an anderer Stelle von einer originären Integrität gesprochen, womit ich ein vor aller Sozialisation bestehendes Potential für weibliche Selbst-Schöpfung meinte, das den künstlichen Gebilden der Geschlechtsrollen-Stereotypen und der von Männern geschaffenen Rollen — was ich jetzt Hetero-Realität nenne — nicht unterworfen war. Die „Erbsünde" des Mannes war sozusagen die Schändung der originären Frau und ihrer Ursprünge, die sie mit anderen Frauen teilt. Und damit wurde Frauen-Zuneigung, die ein ursprünglicher Akt ist, zum größten Tabu aller weiblichen Handlungen. Dem entspricht wiederum die Komplizenschaft der Frau — ihre „Erbsünde" —, die im Verleugnen ihrer Ursprünge und ihrer ursprünglichen Freundschaft mit anderen Frauen besteht.

Frauen müssen Frauen-Zuneigung zu einem Ur-Ereignis machen, das heißt, einem Ereignis erster Ordnung in ihren Leben. Die Trennung des Wortes von *Primordial* (Ur-, ursprünglich) in seine beiden Bestandteile, wirft Licht auf Frauenfreundschaft. *Prime*, das heißt erst, weist auf eine Umkehr von Frauen zu der Lebensweise hin, bei der sie sich gegenseitig stets die Ersten in ihren Leben waren. Mit Frauen-Zuneigung als einem ständig stattfindenden Ereignis erster Ordnung beginnt ein Stammbaum von Frauen, die auf vielerlei Weise — wie zuvor in dieser Arbeit dargestellt — füreinander vorrangig sind.

*Prime\** (im Sinn von Höhepunkt, „Blütezeit des Lebens",

---

\* Im Langenscheidt steht als eine Erklärung von prime „im besten (Mannes-)Alter" (sic!).

E. W.) steht auch für „die aktivste, kreativste oder erfolgreichste Phase oder Periode des Lebens" *(Oxford English Dictionary)*. Frauen, die einander Freundinnen sind, befinden sich demnach in der Blütezeit ihres Lebens und lassen sich nicht in alle möglichen Formen von Hetero-Beziehung hineinmanövrieren. Diese Frauen erkennen vielmehr, daß sie die Blütezeit ihres Lebens, das, was vorrangig, ursprünglich, aktiv und kreativ ist, zusammen mit anderen Frauen finden. Die Geschichte und Literatur von Frauen ist übervoll mit Beispielen weiblicher Freundschaften, die die Blütezeit des Lebens vieler Frauen darstellen. So beschreibt beispielsweise Carroll Smith-Rosenbergs klassische Arbeit über ausgegrabene Tagebücher und Briefe von Frauen des 19. Jahrhunderts eine Vielzahl von Frauen, die eindeutig die Gesellschaft ihrer Freundinnen der ihrer Ehemänner vorzogen.[25]

Toni Morrisons *Sula* zeigt eine Freundschaft zwischen Nel und Sula, die Nel schließlich als die Blütezeit ihres Lebens erkennt.

„Es war, wie wenn man nach einer Staroperation wieder auf beiden Augen sehen kann. Ihre alte Freundin war heimgekehrt. Sula. Die sie zum Lachen brachte, die sie alte Dinge mit neuen Augen sehen ließ, in deren Gegenwart sie sich klug, sanft und ein bißchen schlampig vorkam."[26]

Was Nel am Schluß des Romans sagt, bezieht sich sogar noch stärker auf die Vorrangigkeit und den Höhepunkt ihrer Beziehhung. „‚Die ganze Zeit, die ganze Zeit habe ich gedacht, es sei Jude, der mir fehlt.' Und der Verlust preßte ihr die Brust zusammen und stieg ihr in die Kehle. ‚Wir waren zusammen Mädchen', sagte sie, als ob sie etwas erklärte. ‚O Gott, Sula', schrie sie, ‚Mädchen, Mädchen, Mädchenmädchenmädchen.'"[27]

In *Little Woman* ist die von Mutter und Schwestern bestimmte Welt der March-Mädchen die Blütezeit ihres Lebens. Diese Welt gerät in Unordnung und löst sich auf, als Beth stirbt. Das setzt, wie Nina Auerbach ausführt, den Kontext für den Tod in der Ehe der restlichen Schwestern[28] und für das Hinscheiden ihrer erstrangigen Ordnung der Frauen-Zuneigung.

In der Mathematik ist eine Primzahl ein positiver Integer, der keinen anderen Faktor als sich selbst und Eins hat. Sie sind die einmaligen Unteilbaren unter den Zahlen, können nur durch sich selbst und durch Eins geteilt werden. Wenn wir dies weniger wörtlich nehmen, könnten wir sagen, daß sie nicht von sich selbst abzuteilen sind. Wenn wir vom Kontext der Zahlen auf den Kontext von Frauenfreundschaft schließen, können wir sagen, daß Frauen, die einander die Ersten in ihren Leben sind, sich von keinem Mann teilen lassen. Dies ist die erste Ordnung. Es ist eine weibliche Ordnung der Existenz, die durch Selbst-Bestimmung vollzogen wird.

Unter dem Hetero-Gesetz sind Frauen nicht selbst-bestimmt. Viele Frauen haben unordentliche Leben geführt, indem sie es verabsäumten, den Männern den ihnen zukommenden Platz in der Beziehung zu sich selbst einzuräumen. Deshalb besteht eine ganz wesentliche Aufgabe auf dem Wege, die Ursprünge der Frauenfreundschaft wiederzuentdecken, darin, die ursprüngliche Ordnung wiederherzustellen. Frauen müssen eine neue (alte) Ordnung wiedereinsetzen, eine in ihren Grundlagen von uns selbst bestimmte Existenz, in der unsere Zuneigungen sich auf uns selbst richten und wo wir einander im wahrsten Sinn die Ersten sind.

Die Frage der Ordnung ist unwiderruflich mit der Frage nach den Ursprüngen, den Wurzeln verbunden, und mit der Frage der Wurzeln ergeben sich die wichtigsten Fragestellungen bei der Suche nach Anhaltspunkten für Frauen-Zuneigung. Mit der genealogischen Methode wird an den unwahrscheinlichsten Stellen nach Beweisen für Frauenfreundschaft gesucht. Erstaunlicherweise enthüllen die Hetero-Theorie und die Disziplinen der Hetero-Realität viele Einsichten in die Ursprünge von Frauenfreundschaft. Die Frage der Geschichte, genauer der Meta-Geschichte, ist notwendigerweise ein Ausgangspunkt.


## Meta-Geschichte und Michel Foucault

Die Geschichtsschreibung geht von unterschiedlichen Theorien aus. Im allgemeinen wird mit der grandiosen patriarchalen Vergangenheit deren Akteuren und Nicht-Akteuren irgendein Ziel oder Plan (teleologisch) zugeschrieben, oder es werden allgemeine Gesetze oder Formeln (wissenschaftlicher Evolutionismus) benutzt, um Geschichte zu erklären. Selbst der Historizismus, der alles Wissen und alle Formen der Erfahrung im Kontext historischen Wandels betrachtete, huldigte dem Glauben, es sei nur dann ein adäquates Verständnis der Vorgänge zu gewinnen, wenn die unterschiedlichen Phänomene als Teile eines Entwicklungsprozesses gesehen werden. Jedes Ereignis wurde unter dem

Gesichtspunkt eines Gesamtprozesses betrachtet, von dem es nur eine Phase darstellte oder in dem es seine Rolle spielte.

Die neuere Historiographie stellt diese traditionellen Geschichtstheorien in Frage. Michel Foucault hat unter dem Einfluß von Nietzsches Werk eine Theorie von Geschichte als Diskontinuität entwickelt. Für uns ist Foucaults Werk wichtig, weil er in einer Weise über Historiographie und Meta-Historie schreibt, die auf den ersten Blick für die feministische Forscherin, die nach den Ursprüngen von Frauenfreundschaft sucht, hilfreich zu sein scheint. Seine Gedanken über Diskontinuität, Transgression, Ursprünge und Genealogie sind, abstrakt betrachtet, durchaus verführerisch. Dennoch können sie nicht losgelöst von seinen Beispielen für diese Diskontinuität, Transgression und dergleichen angewendet werden.

In einem häufig verschwommenen Stil übt Foucault harte Kritik an der Suche nach einer umfassenden Bedeutung und Totalität, nach großen Einheiten und Kontinuitäten, die das Denken der traditionellen Geschichtsschreibung und der traditionellen Historiker beherrschte. Er sieht statt dessen die Methode und den Inhalt von Geschichte gerade in der Unordnung der Dinge.[29] Nach Foucault besteht der eigentliche Stoff der Geschichte aus Unterbrechungen, Verlagerungen, Transformationen und Brüchen.

Wenn die feministische Forscherin versucht, Foucaults Vorstellung von Geschichte als Zusammenhanglosigkeit zu verwenden, um damit die Ursprünge von Frauen-Zuneigung zu finden, muß ihre erste Frage sein: zusammenhanglos mit wem und/oder mit was? Frauen wurden stets in die Situation hineingezwungen, ohne Zusammenhang mit unserem ursprünglichen Selbst zu sein, ohne Zusammenhang mit einer weiblichen und feministischen Vergangenheit, deren Kontinuität wir nie kennengelernt haben. Foucault übersieht die unnötige und unerwünschte Zusammenhanglosigkeit der Frauen, für die das Durchgängige die Unterdrückung war, und die durch diese Kontinuität der Unterdrückung in die Diskontinuität mit der Geschichte der Frauen im allgemeinen und mit Frauen-Zuneigung im besonderen hineingezwungen waren. Dale Spender hat knapp und direkt das historische Problem der Zusammenhanglosigkeit der Frauen mit unserer eigenen Geschichte dargestellt.

Es ist beunruhigend zu erkennen, was wir heute mit den Frauen der Vergangenheit gemein haben: unsere Erfahrung, zum Schweigen gebracht und unterbrochen zu werden, unsere Erfahrung, Mitglied einer Gesellschaft zu werden, in der Frauen keine sichtbare Vergangenheit, kein Erbe haben, unsere Erfahrung, in einem Vakuum zu existieren."[30]

Wenn Foucault die Diskontinuität in den Himmel hebt, so ist das angesichts dieser Tatsache bestenfalls abstrakt und schlimmstenfalls von Ignoranz über die wahren Zusammenhanglosigkeiten im Leben von Frauen geprägt. Pat Hynes sieht die Lösung so: „Die Geschichte der Frauen ist (und muß sein) zusammenhanglos mit der patriarchalen Geschichte, doch in Kontinuität mit der eigenen Geschichte."[31]

Wenn, wie Foucault sagt, der Stoff der Geschichte aus Diskontinuitäten und Unterbrechungen besteht, so sind die Ursprünge von Frauen-Zuneigung in der historischen Diskontinuität der Frauen mit den Männern zu finden. Die Kontinuität von Frauenfreundschaft hat Frauen ermöglicht, die von Männern gemachte Geschichte der Hetero-Realität zu unterbrechen und außer Kraft zu setzen.

Foucault findet seine Helden der Diskontinuität nicht „unter Frauen". Seine Musterbeispiele für Grenzüberschreitungen sind der Marquis de Sade und Georges Bataille. Wenn wir Andrea Dworkins bahnbrechendes Werk über Pornographie gelesen haben, das ausführliche Analysen dieser beiden Männer und ihres pornographischen Werkes enthält, dann wird uns klar, daß das „Philosophieren" über Pornographie und Pornographen, wie es Foucault und andere anerkannte Gelehrte betreiben, eine Unmenge von „Grenzüberschreitungen" abdeckt, die in keiner Weise eine neue Theorie von Geschichte anbieten, sondern vielmehr die alte Theorie verstärken. Foucault ist fasziniert von der „Abwesenheit Gottes und (den) epidermischen Spiele(n) der Perversität. Der tote Gott und die Sodomie sind die Brennpunkte der neuen metaphysischen Ellipse... Sade und Bataille".[32]

Foucault schreibt Sade eine entscheidende Transformation von Sprache und Geschichte zu:

„Das... Auftreten der Werke Sades... in den letzten Jahren des 18. Jahrhunderts kennzeichnet ungefähr diesen Zeitpunkt. Nicht eine Verwandtschaft im Grausamen steht in Frage... (sondern) diese Sprechweisen, die dauernd aus sich selbst herausgezerrt werden durch das Unnennbare, das Unsagbare, das Schaudern, die Bestürzung, die Ekstase, die Stummheit, die reine Gewalt, die wortlose Gebärde... In diesem Sprechen ist der Anspruch, alles zu sagen, und nicht nur der, Verbote zu übertreten."[33]

Wir müssen dabei sehen, daß das alles, „das Unnennbare, das Unsagbare, das Schaudern, die Bestürzung, die Ekstase, die Stummheit, die reine Gewalt, die wortlose Gebärde" über die erniedrigten, verstümmelten und künftig toten Körper von Frauen erreicht wurde, die ohne Zweifel *wirklich* überwältigt, sprachlos, betäubt und zum Verstummen gebracht worden waren. Was „das Schaudern" und „die Ekstase" anbetrifft, so gehört diese Erfahrung zu de Sade. Foucault möchte sich selbst oder uns lieber nicht mit einer „Verwandtschaft im Grausamen" mit de Sade befassen. Denn Grausamkeit ist viel zu „alltäglich", sprich gewöhnlich — verglichen mit der mehr hochfliegenden und intellektuell schwerwiegenden Materie der Sprache. Foucault modelt Sades Folter und Vergewaltigungen von Frauen, seine endlosen Kinderschändungen, Brutalitäten und Morde in eine „transformierende" Sprache des Trotzes, der Diskontinuität und der Überschreitung um.

Er lobt Sade dafür, daß dieser nicht nur eine neue Sprache gefunden, sondern auch eine neue Geschichtstheorie geliefert habe. Für Foucault hat Sades Sprache der Überschreitung immenses historisches Gewicht.

„Auf dem Grund der Sexualität, ihrer von nichts begrenzten Bewegung... zeichnet sich eine einzigartige Erfahrung ab: die Erfahrung der Überschreitung. Vielleicht wird es eines Tages offenkundig sein, daß sie für unsere Kultur ebenso entscheidend ist, wie noch vor nicht allzu langer Zeit für das dialektische Denken die Erfahrung des Widerspruchs."[34]

Dies ist nun wirklich eine ganz alte intellektuelle Kiste. Foucault erhebt den Anspruch, eine neue Sprache und eine neue Methode der Geschichtsschreibung anzubieten, doch stellt er die hetero-historische Kontinuität nicht in Frage, nämlich das entsetzliche Mißhandeln, Erniedrigen und Verstümmeln von Frauen, das wir bei Sade und in allen Hetero-Beziehungen in einer von männlicher Übermacht geprägten Geschichte finden. Foucault stellt sich in die lange Reihe von Männern, die, wie Andrea Dworkin schreibt, Sades Werk nun fast zwei Jahrhunderte lang am Leben gehalten haben, „weil literarische, künstlerische und intellektuelle Männer ihn bewundern und politische Denker der Linken ihn als eine Offenbarung der Freiheit bewundern".[35]

Foucault sieht in Georges Bataille einen weiteren Helden der Überschreitung und Diskontinuität. Foucaults Essay „Vorrede zur Überschreitung" erschien ursprünglich in *Hommage à Georges Bataille*, in der Batailles Werk „Geschichte des Auges" gelobt wird. In dieser pornographischen Feine-Leute-Dichtung geht es, kurz gesagt, darum, daß das Auge, als Gegenstand immenser Faszination, die Form von hartgekochten Eiern bekommt, deren Dotter herausgesogen, bepißt und dann von den Protagonisten aus Klosettschüsseln aufgeschluckt werden. Da ist auch noch das Auge eines Stierkämpfers, das aus seinem Kopf heraushängt, während Simone, die Heldin der Geschichte, einen Orgasmus hat. Und um das Wesen der Überschreitung als Sakrileg zu illustrieren, konzentriert sich Bataille auf das Auge eines ermordeten Priesters, das Simone sich fröhlich in den Arsch schiebt.

Für Foucault wird das Auge als Symbol der inneren Erfahrung bewertet. Es wird auch zur Chiffre für „das Bild des Seins, welches nur die Überschreitung seiner eigenen Grenzen ist".[36] Foucault setzt das seines Kerns beraubte und heraushängende Auge mit Batailles philosophischer Sprache gleich:

> „In einer Philosophie der Reflexion verdankt das Auge seiner Fähigkeit zum Sehen  die Macht, sich selber immer noch innerlicher zu werden... *Es erreicht eine Mitte der Immaterialität, wo die unberührbaren Formen des Wahren* entstehen und sich verbinden: dieses Herz der Dinge ist ihr souveränes Subjekt."[37] (Hervorhebung J. R.)

Das „souveräne Subjekt", das männliche Auge, ist in der Lage, alles zu sehen, außer dem souveränen Objekt — der Frau. Foucault „philosophiert", daß der Tod die Grenze sei, die das Auge immerwährend überschreitet. Gleichzeitig werden die materiellen und greifbaren Formen der Wahrheit — daß Frauen mißbraucht und verstümmelt werden und sterben, daß Intellektuelle die Bedeutung des Lebens in der Sexualität als Tod finden, daß daher die Gewalt romantisiert wird, weil sie zum Tod führt — von Foucault ausgelöscht und für ungültig erklärt.

Wir haben es hier mit einem Fetischismus im Gewand der Philosophie zu tun, der vorgibt, die innermenschliche Sicht und die Grenzen der Überschreitung zu erweitern. Foucault möchte uns glauben machen, daß ein Ei in einer Kloschüssel ein grundlegendes Symbol der Überschreitung ist, das „unsere" innere Erfahrung darstellt. Nie wird die Frage gestellt, wessen innere Sicht oder wessen Grenzen überschritten werden. *Sein* Auge ist ganz bestimmt nicht *ihr* Auge.

So sehen die Transgressionen, Verlagerungen, Transformationen und Diskontinuitäten von Sprache und Geschichte aus, die Foucault uns als neuen Weg empfiehlt. Seiner Meinung nach wollten uns Sade und Bataille in eine neue Zeit führen, was Foucault später in einem anderen Zusammenhang als „effektive Geschichte" bezeichnet. Männer mögen sich in dieser „neuen" und „effektiven" Geschichte suhlen. Frauen, die Augen (richtige, wahre Augen) zum Sehen haben, erkennen darin die immer gleiche alte Geschichte.

Feministinnen müssen in unseren historischen Forschungen die wahren Diskontinuitäten und Transgressionen der Hetero-Geschichte sehen, die von Freundinnen vollbracht wurden — nämlich daß Frauen nicht immer in Beziehungen mit Männern oder auf Männer bezogen lebten, leben und leben werden, und zwar aus freier Entscheidung und nicht durch ein Versäumnis, aus Stärke und nicht aus Schwäche, weil sie sich zu Frauen hingezogen fühlen, nicht weil sie Opfer der Männer sind. Frauen-Zuneigung ist nicht durch hetero-bezogene Deprivation zu erklären, wie Psychologen in ihrer Theorie behaupten, sondern durch den unabhängigen Reichtum und die Anziehungskraft von Frauenfreundschaft.

Wenn wir Frauen uns unsere autonome Geschichte miteinander zurückgewinnen, müssen wir auch erkennen, daß Hetero-Geschichte die wahre Diskontinuität und Transgression im Leben von Frauen und in ihren Freundschaften untereinander ist. Die Männerbünde und die Versklavung der Frauen durch Männer haben den Verlauf und den Strom der Geschichte und Kultur der Frauen-Zuneigung unterbrochen. Die akademischen Disziplinen des hetero-bezogenen Wissens haben die Erinnerung und Realität von Frauen-Zuneigung aus dem Leben vieler Frauen heraus-„diszipliniert".

### Schlüsse aus den Disziplinen der Hetero-Beziehungen: Psychologismen

Der erste Lehrsatz von Freuds Theorie zur weiblichen Sexualität ist, daß Weiblichkeit mit einem Defekt behaftet sei. Schon früh in seinem Leben erkenne das kleine Mädchen dieses grundlegende weibliche Unglück — nämlich daß es keinen Penis hat —, und das habe Auswirkungen auf alle Bereiche weiblicher Existenz.

Dies werde als Tragödie betrachtet, die das junge Mädchen ihr ganzes Leben lang verfolge.

> „Es bemerkt den auffällig sichtbaren, groß angelegten Penis eines Bruders oder Gespielen, erkennt ihn sofort als überlegenes Gegenstück seines eigenen kleinen und versteckten Organs und ist von da an dem Penisneid verfallen."[38]

Nach diesem Schema entwickelt eine Frau nicht nur Gefühle der eigenen Minderwertigkeit und Selbstverachtung, sondern auch Verachtung für andere Frauen. Denn das Mädchen gibt zunächst einmal ihrer Mutter die Schuld, „die das Kind mit so ungenügender Ausrüstung in die Welt geschickt hat" und die „fast immer für den Penismangel verantwortlich gemacht wird".[39]

Nach Freud wendet sich die Frau während ihres Reifungsprozesses den Männern zu, nachdem sie sich von der Person, die die erste in ihrem Leben war, ihrer Mutter, abgewendet hat. Damit beginnt bei Mädchen die ödipale Phase. In der Annahme, ihre Mutter habe sie kastriert, wendet sie ihre Aufmerksamkeit ihrem Vater zu und, durch ihn, anderen Männern. Für Freud ist die entscheidende ödipale Aufgabe für das junge reife Mädchen, daß sie sich heterosexuellen Beziehungen zuwendet. Freud · macht klar, daß Mädchen für diese Beziehung vorbereitet werden müssen. Wir können sogar aus seinem Werk schließen, daß ein ganzes Gerüst konstruiert werden muß, damit die heterosexuelle Orientierung stattfinden kann. In diesem Zusammenhang ist es auch wichtig zu sehen, daß die Produktion der Heterosexualität der Frau Teil eines größeren Unternehmens ist — nämlich der Konstruktion von Hetero-Beziehungen im allgemeinen.

Dieses Gerüst wird im wesentlichen von drei Stützpfeilern getragen. Das Mädchen muß, um normale weibliche Heterosexualität zu erreichen, nicht nur ihren Penisneid überwinden, sie muß auch ihre erste Liebe — Mutter/Frau — durch jemand anderen, nämlich Vater/Mann ersetzen. Zugleich muß sie ihre Sexualität von der Klitoris (aktiv) zur Vagina (passiv) verlagern. Freud definiert eine Neigung zur klitoralen Stimulation als „pathologische Regression" und als etwas, das „die sexuellen Funktionen vieler Frauen" verkrüppelt.[40] Dennoch stellt Freud ebenfalls fest, daß „die Haupt-erogene-Zone beim weiblichen Kind die Klitoris ist".[41] Damit das Mädchen zur Frau werden kann, muß sie während der Pubertät die klitorale Sexualität „verdrängen".

Dorothy Dinnerstein bezieht sich in *Das Arrangement der Geschlechter,* einem Werk, das in Frauenstudien und feministischen Gruppen in den USA viel verwendet wird, auf Freuds Theorie der Liebesübertragung von Mutter/Frau auf Vater/Mann, doch sie sieht diesen Wechsel in einem ganz anderen Licht. „Die ursprüngliche Liebe des Mädchens... war, wie die des Jungen, eine Frau. Dieses prototypische Bild muß mit dem Bild des Mannes überlagert werden."[42] Im Gegensatz zu Freud entwickelt Dinnerstein den Gedanken, daß die eigentliche erste Liebe des Mädchens eine Frau und daß die Liebe eines Mannes zweitrangig ist. Noch zugespitzter formuliert Dinnerstein: „Wenn uns klar wird, daß wir eine Frau sind, und damit dazu bestimmt, mit Frauen um die erotischen Ressourcen von Männern zu konkurrieren, so bedeutet das: Wir sind dazu verdammt, unsere erste Liebe zu verraten."[43]

In Dinnersteins Werk finden wir ein Gefühl für die tatsächliche Tragödie, vor der das junge Mädchen steht: Sie muß ihre Urgefühle der Frauen-Zuneigung verleugnen, damit sie eine „normale" Frau werden kann; sie tritt Liebe, die ursprünglich und von Rechts wegen einer Frau gehört, an jemand anderen (einen Mann) ab; und „sie hat sich selbst von einer Kontinuität mit ihren eigenen frühen Gefühlen abgeschnitten, und denen trauert sie nun nach".[44] Dinnerstein entgeht dabei, daß das junge Mädchen ja auch von der eigenen Geschichte und Kultur der Frauen-Zuneigung abgeschnitten ist und damit von den Möglichkeiten, deren Realität im eigenen Leben hier und heute zu verstärken.

Wir können aus Dinnersteins Analyse der ödipalen Theorie Schlüsse ziehen, die für eine Genealogie von Frauenfreundschaft wichtig sind: Liebe zu Frauen ist für Frauen die erste Liebe; Frauen sind ärgerlich und ambivalent, weil sie diese ursprüngliche Frauen-Zuneigung unterdrücken/verdrängen müssen; Frauen versuchen manchmal ihr ganzes Leben lang, diese Liebe wiederzugewinnen, wenn auch oft in verzerrter Form und auf Umwegen. Doch trotz all ihrer aufklärenden Variationen zum ödipalen Thema vermittelt Dinnerstein letzten Endes immer noch die Abwesenheit der Liebe von Frauen zu anderen Frauen — und nicht deren Anwesenheit. Ihr Buch läuft schließlich doch darauf hinaus, das herrschende „Arrangement der Geschlechter" zu verbessern, d. h. die „männlich-weibliche Kollaboration, um die Verrücktheit der Geschichte zu erhalten."[45]

Andere freudianische Kommentatoren gehen einen anderen Weg. Helene Deutsch, die sogar noch mehr als Freud dazu beitrug, die Theorie des weiblichen Masochismus zu verbreiten, wich dennoch von Freuds ödipaler Theorie ab:

> „Es ist ein Irrtum, zu sagen, daß das Mädchen die erste Mutterbeziehung zugunsten des Vaters aufgibt. Sie zieht ihn nur allmählich als Dritten im Bunde heran, entwickelt sich aus der Mutter-Kind-Abgeschlossenheit zu der dreieckigen Eltern-Kind-Beziehung und setzt auch diese, genau wie die erstere, wenn auch in schwächerer und weniger elementarer Form, zeitlebens fort."[46]

Nancy Chodorow folgt in ihrem Buch *Das Erbe der Mütter* — ein weiterer in den Frauenstudien viel verwendeter Text — Helene Deutsch insofern, als sie das betont, was ich die schwelende Frauen-Zuneigung von Frauen nenne. „Mädchen vollziehen keinen absoluten Objektwechsel und entwickeln keine exklusive Zuneigung zu ihren Vätern."[47] Mädchen „entscheiden sich nicht endgültig und absolut für die heterosexuelle *Liebe* als emotionale Bindung, selbst wenn sie eine endgültige genitale Objektwahl getroffen haben".[48]

Die traditionelle Psychologie hat sich auf die Ambivalenz konzentriert, die Frauen Frauen gegenüber empfinden, also auf die Tatsache, daß Frauen gleichaltrigen Frauen mißtrauen oder sie beneiden. Chodorow betont, daß viele Frauen total widerstreitende Gefühle gegenüber der Liebe zu Frauen haben: Auf der einen Seite fühlen sie sich ursprünglich und mit großer Macht zu Frauen hingezogen, auf der anderen Seite ist da der ständige Krieg unter Frauen, die innerhalb einer ihnen übergestülpten Hinwendung zu Männern miteinander konkurrieren.

> „Mädchen können ihre Mutter nicht einfach ,ablehnen' und sie durch den Vater oder andere Männer ersetzen, und sie tun es auch nicht. Während ihrer gesamten Kindheit und Pubertät verbleiben sie in einem bisexuellen Dreieck. Zwar entscheiden sich die meisten von ihnen sexuell für den Vater und für Männer, emotional aber verharren sie in dem inneren Dreieck."[49]

Hier übersieht Chodorow natürlich die Tatsache, daß viele Frauen keineswegs „in einem bisexuellen Dreieck verbleiben" und daß dieses Konzept die Realität jener Frauen ausklammert, für die ein solches Dreiecks-Arrangement nicht gilt. Außerdem haben viele Frauen, die in diesem Dreieck verbleiben, sich nicht für Heterosexualität „entschieden", sondern sind zu dieser

„Entscheidung" gezwungen worden oder haben sich vielleicht resignierend dreingefügt.

Nach Chodorows Theorie gibt es verschiedene Gründe dafür, warum ein Mädchen ihre Liebe nicht vollständig von der Mutter/Frau auf den Vater/Mann übertragen kann. Der Vater ist vergleichsweise nicht so physisch und emotional verfügbar wie die Mutter. Und wie Dinnerstein meint auch Chodorow, daß eine Frau sich in ihrer erotischen Identifikation mit einem Mann der Frau verweigert. Freud hat dies ebenfalls so gesehen, wenn er sagt, daß Frauen in heterosexuellen Beziehungen „nach Befriedigungen (suchen), die sie sich von einer Frau erwünschen".[50] Weil jedoch eine Mutter ihrer Tochter nicht die gleiche Art Liebe zuteil werden läßt wie dem Sohn, sucht das Mädchen anderswo — beim Vater — nach derselben „Bestätigung ihrer Besonderheit, die der Bruder von der Mutter bekommt".[51] Außerdem will die Tochter der Mutter deshalb entkommen, damit sie ein Gefühl von Eigenständigkeit und Individualität entwickeln kann, das sie ebenfalls in der Hinwendung zu Männern findet. „Das fällt ihr um so leichter, als sie ihn wegen seiner Distanz eigentlich gar nicht wirklich kennt."[52]

Chodorow verwirft das gesellschaftliche Stereotyp, daß in der Liebe Frauen die Romantikerinnen und Männer die Rationalisten seien. Sie stellt klar: „Frauen (haben) in heterosexuellen Beziehungen eine echte Fähigkeit zu Rationalität und Distanz entwickelt; diese Qualitäten waren Bestandteile ihrer ersten Männerbeziehung."[53] Sie zitiert klinische und soziologische Untersuchungen, die diese Behauptung stützen. „Die meisten Untersuchungen kommen zu dem Schluß... daß der scheinbare Romantizismus der Frauen... eine emotionale und ideologische Reaktion auf ihre sehr reale ökonomische Abhängigkeit (ist)."[54] Doch hätte Chodorow außer der ökonomischen Rationalität noch weitere Beispiele für die gesellschaftliche und psychologische Macht, die Männer über das Leben von Frauen ausüben, aufzählen können — Macht, die Frauen „rationalistischer"weise dazu zwingt, den Hetero-Beziehungen scheinbar den Vorrang einzuräumen. Männer haben, wie Andrea Dworkin aufzählt, außer der Macht des Geldes auch noch die Macht des Selbst, wie parasitär das auch sein mag; die Macht der physischen Stärke, die sie Frauen gegenüber ausspielen; die Macht, zu terrorisieren und Furcht einzuflößen; die Macht, Namen zu geben, die Mary Daly in ihrem Werk erstmals analysiert; die Macht, Frauen und alles, was von ihnen ausgeht, zu besitzen; und Macht der Sexualität, was heißt, ficken — nehmen, zwingen, erobern.[55]

Der Distanz, die Frauen Männern gegenüber haben, stellt Chodorow die Affinität gegenüber, die Frauen zueinander hinzieht. Frauen verbringen mehr Zeit in Gesellschaft anderer Frauen als Männer in Gesellschaft von Männern. Sie zitiert Wayne Booth's Forschungsergebnisse sowie Äußerungen aus Männerbefreiungsgruppen und stellt fest: „Frauenfreundschaften sind in unserer Gesellschaft affektiv reicher als Männerfreundschaften."[56] In vielen Kulturen sind weibliche Verwandte auch Freundinnen. Jedoch „für die meisten Frauen sind tiefe, affektive Beziehungen zu anderen Frauen auf alltägliche Weise nur schwer herstellbar. Zwar werden in lesbischen Beziehungen die Gefühle und Verbindungen der Mutter-Tochter-Beziehung eher wiedererschaffen, die meisten Frauen sind aber heterosexuell".[57] Obgleich Chodorow die heterosexuelle Priorität, die „Tabus gegen Lesbianismus" und die ökonomische Abhängigkeit von Männern als die Gründe nennt, die vorrangige sexuelle Verbindungen mit anderen Frauen verhindern, ist der Satz „die meisten Frauen aber sind heterosexuell" eine grobe Vereinfachung. Adrienne Rich hat die Komplexität äußerst klar herausgearbeitet:

„Die Behauptung, die ,meisten Frauen' seien ,von Natur aus heterosexuell', bringt viele Frauen theoretisch und politisch zum Stolpern. Es ist eine immer noch überzeugend klingende Behauptung, denn erstens wurde lesbische Existenz aus der Geschichte ausgemerzt und Lesbischsein als Krankheit eingestuft, und zweitens galt die lesbische Existenz nur als Ausnahme und nicht als für Frauen wesensmäßig. Drittens schließlich ist es für Menschen, die sich als aus freien Stücken und ,von Natur aus' heterosexuell betrachten, ein gewaltiger Schritt, anzuerkennen, daß Heterosexualität womöglich nicht die von Frauen ,bevorzugte', sondern eine ihnen aufgezwungene, inszenierte, organisierte, von Propaganda gestützte und mit Gewalt aufrechterhaltene Form von Sexualität ist. Heterosexualität nicht als Institution sehen zu wollen, wäre jedoch gleichbedeutend damit, nicht zugeben zu wollen, daß das Kapitalismus genannte Wirtschaftssystem oder das Kastensystem des Rassismus von einer Vielzahl von Mächten getragen wird, zu denen sowohl physische Gewalt als auch ein falsches Bewußtsein gehören."[58]

Auf der Ebene persönlicher Beziehungen bestätigt Chodorow: „Die Wünsche von Frauen nach intensiven primären Beziehungen richten sich meist nicht auf andere Frauen, sowohl wegen der inneren und äußeren Tabus über Lesbianismus als auch wegen der Isolation von ihrer primären, weiblichen Verwandtschaft (besonders der Mütter) und von anderen Frauen."[59] Weiterhin trägt der Mangel an Zuwendung, den Frauen in Hetero-Beziehungen finden — Chodorow nennt das die „Widersprüche der Heterosexualität" —, dazu bei, daß eben diese Hetero-Beziehungen als normativ erlebt werden. Denn auf der Suche nach tiefer Zuneigung wenden sich Frauen, so meint Chodorow, verstärkt ihren Kindern zu und orientieren sich so auf Familie und (be)muttern.* „So trägt der männliche Mangel an Verfügbarkeit und die geringere Exklusivität der heterosexuellen Bindung der Frauen dazu bei, das Muttern der Frauen zu sichern."[60]

Wäre Chodorows Analyse der persönlichen Fakten nicht so durch und durch psychoanalytisch und ihre Analyse gesellschaftlicher Faktoren nicht so betont ökonomisch, hätte sie vielleicht bei den „inneren und äußeren Tabus gegen Lesbianismus" all die Widerstände aufzählen können, die in einer hetero-bezogenen Kultur gegen das gesamte Kontinuum von Frauen-Zuneigung ins Feld geführt werden. Und sie hätte vielleicht auch die angebliche „Isolation" der Frauen untereinander als eine erzwungene Trennung und Abspaltung bezeichnen können. Chodorow und Dinnerstein liefern, so scheint es, ganz unbeabsichtigt Erklärungen für die Ursprünge und die Vorrangigkeit von Frauen-Zuneigung. Denn ihr eigentliches Ziel — wie aus den Schlußfolgerungen beider Bücher hervorgeht — ist meines Erachtens, erlahmende Hetero-Beziehungen und gescheiterte Väter abzupolstern und zu unterstützen. Sie wollen die Institution Elternschaft so reorganisieren, daß Männer mehr Verantwortung übernehmen. Beide vertreten die These, daß die Abwesenheit der Männer beim Kinderaufziehen für eine Unmenge individueller und gesellschaftlicher Störungen verantwortlich ist. Wäre diese ungerechte Situation behoben und würden Männer einen gleichverantwortlichen Part beim Kinderaufziehen spielen, dann — so meinen sie — würde sich die rettende Gnade in unterschiedlichster Form von selbst ergießen. Chodorow stellt fest:

> „… die Abhängigkeit (von der Mutter/Frau) und diese primäre Identifikation würden gar nicht erst entstehen, wenn Männer primäre elterliche Verantwortlichkeit übernähmen. Kinder können von Anfang an von

---

* Im Englischen bei Chodorow „mothering", was in der deutschen Übersetzung mit der Wortschöpfung „muttern" wiedergegeben wird, die ich hier übernehme.

Menschen beiderlei Geschlechts abhängig sein und ein individuelles Gefühl des Selbst in Beziehung zu beiden aufbauen."[61]

Dinnerstein meint:

> „Wenn das Kind nach seiner Geburt ebenso in die Verantwortlichkeit des Mannes wie der Frau fiele, dann würden die Wechselfälle der jungen Jahre — deren Bewältigung den Grund für unser späteres Umgehen mit der Sterblichkeit legt — in keiner besonderen Weise vom Geschlecht bestimmt sein."[62]

Beide — Dinnerstein und Chodorow — vermitteln uns, daß wieder einmal die Männer die Erlöser seien. Wenn Männer zu gleichverantwortlichen Elternteilen würden, wäre es vorbei mit den Mißständen und Ambivalenzen der kindlichen Entwicklung, die jetzt der Mutter zugeschrieben werden, vorbei mit den Schuldzuweisungen, die sie als primäre Versorgerin treffen, vorbei mit der Skala von „heterosexuellen Schwierigkeiten" und „sexuellen Arrangements".

Im Endeffekt heißt dies, wieder einmal sollen die Hetero-Beziehungen im Mittelpunkt des Lebens von Frauen stehen und Frauen sich der Aufgabe widmen, neue Formen von Hetero-Beziehungen zu rekonstruieren. Es fehlt jede Vorstellung und ganz sicher jede Anweisung, daß Frauen neue Formen der Beziehung zu Frauen erschaffen müssen. Beide Autorinnen entwickeln zwar einige bemerkenswerte Einsichten in die originäre Anziehungskraft, die Frauen auf Frauen haben, und sie geben uns einige Anhaltspunkte, warum Frauen diese Hinwendung dann auf Männer umorientieren, doch beide versäumen es, zu betonen, welche Bedeutung der Frauen-Zuneigung als primärer und beispielhafter Beziehung zukommt.

Statt dessen legen Dinnerstein und Chodorow meines Erachtens eine implizite und unsichtbare Aufforderung an Frauen vor, wieder einmal die Männer zu bemuttern. Diesmal jedoch müssen Frauen Männer deshalb bemuttern, damit diese zu Müttern werden — und wenn die Frauen dies nicht tun, wer wohl sonst? Dies ist die uneingestandene und vielleicht sogar unerwartete Botschaft beider Bücher.[63]

Dinnerstein und Chodorow bieten in der Theorie das, was uns Filme wie *Kramer gegen Kramer* im Kino vorsetzen. Alle drei stellen den voll entwickelten, „humanisierten" und treusorgenden Vater vor. Doch niemand von ihnen sagt, wie der entstehen soll.

Das Hauptproblem besteht ja nicht darin, daß vor allem Frauen die Elternarbeit leisten. Das Hauptproblem ist vielmehr, daß in erster Linie Frauen zu den sichtbaren und direkten Führerinnen in das Reich der Hetero-Realität werden und zugleich von diesem System am wenigsten profitieren.[64] So lange Frauen sich bereitwillig dafür einspannen lassen, am Entstehen dessen, was Dinnerstein und Chodorow den Ödipuskomplex bei Mädchen nennen würden und was ich Hetero-Realität nenne, mitzuwirken — nämlich Ströme weiblicher Liebe, Kraft und Energie in die Männer zu lenken —, wird sich nichts radikal ändern. Erst wenn Frauen „muttern", um andere Frauen zu lieben und für sie zu sorgen, wird sich das System weiblicher Hetero-Realität ändern.

Würde die originäre Frau, die ihre primäre Liebe zu ihrer Mutter (Frauen) erlebt, nicht mit der Mutter (Frauen) als hetero-bezogen konfrontiert und selbst durch die Mutter (Frauen) in dieses Muster hineingeformt, sondern erlebte statt dessen ihre Mutter als Freundin, in deren Leben Frauen die erste Rolle spielen, dann würde Frauen-Zuneigung zu einer vorherrschenden Realität werden. Das junge Mädchen würde ganz andere Folgerungen aus ihren Gefühlen für sich selbst und andere Frauen ziehen.

Nicht die gemeinsame Elternarbeit und der Einschluß des Mannes in die gemeinsame elterliche Verantwortlichkeit wird (neben anderen Ungleichgewichtigkeiten) den Mangel an Frauenfreundschaft wiederherstellen, denn Frauen werden dadurch vermutlich kaum vom Haß oder der Ambivalenz gegenüber anderen Frauen befreit. Gemeinsame Elternarbeit würde unter den gegenwärtigen Umständen die männliche Vorherrschaft eher verstärken, denn sie gäbe den Männern noch mehr Macht, als sie jetzt haben, diesmal emotionale Anwesenheit und Macht innerhalb der Familie. Es ist in der Tat ein völlig schiefer Blickwinkel, weiterhin das Fehlen von Macht für Frauen in allen anderen gesellschaftlichen Institutionen zu ignorieren und männliche Elternarbeit als die Lösung für unsere unterdrückerischen „Geschlechter-Arrangements" zu verordnen.

Obendrein: Wo der Mann als ein sensibler und sorgender Elternteil vorgestellt wird, ist die Mutter häufig deplaziert. Was dabei herauskommt, ist eine „humanere" und „rührende" Version des Männerbündnisses. Zumindest ist dies die cinematische Botschaft in *Ordinary People* und *Kramer gegen Kramer*, zwei populäre Filme aus den frühen achtziger Jahren, die den sensiblen Vater vorführen. Im letztgenannten Film ist die Mutter körperlich abwesend, denn sie hat Ehemann und Sohn verlassen, um „sich selbst zu finden" und ein selbständiges Leben, indem sie eine gestörte Ehe verläßt. Im erstgenannten Film ist die Mutter für den Sohn emotional abwesend, während sie als Frau und Mutter physisch anwesend bleibt. Beide Filme enthalten rührende, tränenumflorte Szenen von Vater-Sohn-Liebe, in denen der Vater nicht zum Mit-Elternteil wird, sondern schließlich zum einzigen Elternteil, der wirklich anwesend ist. Hier wird das mythische Thema der männlichen Mutterschaft wirklich Fleisch.

Dinnerstein und Chodorow schicken Frauen auf die Suche nach dem „neuen Mann". Doch der neue Mann ist in vielerlei Hinsicht der alte Mann. Erstens ist er ein Mann und keine Frau, und es war seit jeher Bestimmung der Frauen, Männer zu suchen, wenn es sich hier auch um neue, sensibilisierte Männer handelt. Zweitens verbündet er sich mit seinesgleichen, selbst unter dem Einfluß von Sensibilisierung. Wir sehen dieses Männerbündnis in den neuen „sensiblen Männer"-Filmen, und bei der Verwirklichung von Dinnersteins und Chodorows Visionen vom Mann als Co-Elternteil wäre ebenfalls eine verjüngte Form des Männerbündnisses zu erwarten. Hier werden Frauen auf neue Formen der Hetero-Beziehungen hinorientiert. Und es wird nicht darüber gesprochen, daß Männer ermutigt werden, neue Formen von Männerbündnissen zu schaffen, denn unter dem Einfluß der Sensibilisierung entsteht Spielraum für eine größere Intimität unter Männern. Männliche Intimität, die zu der bestehenden, sich auf männliches Geld, Macht und körperliche Tapferkeit stützenden männliche Solidarität hinzukommt, wird eine weitere Institutionalisierung von Homo-Beziehungen zur Folge haben. Frauenbeziehungen werden angesichts der Forderung, neue Formen der Hetero-Beziehungen zu schaffen, auf immer zweitrangig bleiben. Und alle Verbindungen unter Frauen werden innerhalb dieses „neuen" hetero-bezogenen Kontextes genau wie im alten hetero-bezogenen Kontext von zweiter Güte sein. Sie werden auch jetzt nicht als primäre Beziehungen gelebt werden.

Für beide — Frauen wie Männer — wird die Liebe zu Frauen weiterhin an ihrer angestammten Stelle bleiben, es wird ihr nicht gestattet sein, die lebenswichtigen Bindungen zwischen Männern zu stören. Männer, die dazu „befreit" worden sind, Emotionen rauszulassen, werden nun ihre Liebe zu Männern auf andere Weise als vorher ausdrücken können. Frauen, die auf neue Formen von Hetero-Beziehungen umorientiert worden sind, werden auch wieder auf Männer ausgerichtet und sich dadurch noch mehr zurückhalten, Frauen-Zuneigung auszudrücken.

Meines Erachtens stützen Dinnersteins und Chodorows Theorien letztlich das gegenwärtige System der Hetero-Realität. Sie geben ihm sogar neuen Auftrieb, obgleich sie das sicher nicht in bewußter Absicht und schon gar nicht in ausdrücklichen Formulierungen tun. Dennoch wird das Männerbündnis im Kielwasser von neuen Formen der Hetero-Beziehungen bestehen bleiben und blühen und gedeihen, denn Homo-Beziehungen können nur gestärkt werden, wenn die primäre Wichtigkeit von Beziehungen unter Frauen auf keine Weise ins Blickfeld gerät.

In Chodorows oder Dinnersteins Arbeiten finden wir nichts, was den Beziehungen von Frauen zu Frauen ein vorrangiges Gewicht geben könnte. Wir finden dort keine endgültige und abschließende Anweisung für die Förderung von Frauen-Zuneigung, die der unwiderruflichen Idealisierung der Hetero-Beziehungen entspräche. Dem Mädchen oder der Frau wird nichts angeboten, um sie in ihrem originären Hingezogensein zu Frauen zu ermutigen. Wieder — doch diesmal subtiler — wird sie meines Erachtens ermutigt, für Männer (da) zu sein.

### Schlüsse (Ergebnisse) aus den Disziplinen der Hetero-Beziehungen: Biologismen

Argumente der Biologie haben sich als wirksames Mittel erwiesen, um die Hetero-Beziehungen zu untermauern und damit Frauen-Zuneigung zu unterdrücken. Zu den geläufigsten und allgemein akzeptierten biologischen Argumenten für den Primat der Hetero-Beziehungen gehören die Theorien der biologischen Komplementarität. Diese gründen ihre Behauptung, die Natur habe die Frau für den Mann bestimmt, auf die offensichtliche anatomische Entsprechung der beiderseitigen Geschlechtsorgane — verkürzt ausgedrückt: ,,Die Vagina wurde für den Penis geschaffen'' oder, in der krasseren Version, ,,das Loch wurde für den Schwanz gemacht''. Dieses Argument wird in ,,erweiterter'' Form für die Behauptung benutzt, die hetero-bezogene Komplementarität auf allen Gebieten sei die logische Ausdehnung der biologischen heterosexuellen Komplementarität. Nach derartiger Beweisführung weise die anatomische Konstruktion der Genitalien auf die ,,natürliche'' Notwendigkeit von Hetero-Beziehungen hin.

Selbstverständlich gibt es kein solch ausschließlich natürliches Faktum der Heterosexualität oder ihrer erweiterten Funktion, der Hetero-Beziehungen, das sich auf den Ausgangspunkt der biologischen Komplementarität zurückführen läßt. Für manche Leute und für manche Zwecke mag die Tatsache, daß der Penis in die Vagina „paßt", ebenso bedeutsam sein, wie für andere Leute und für andere Zwecke die Tatsache, daß er auch anderswo hinein„paßt"! Es besteht ebensowenig Notwendigkeit, daß jeder Penis in jede Vagina „paßt", wie es „passend" ist, daß die persönliche und gesellschaftliche Existenz durch Hetero-Beziehungen regiert wird. Hetero-Beziehungen, die ihre Logik aus derartigen Biologismen beziehen, setzen Bedeutsamkeit mit Notwendigkeit gleich. Aus einer frauen-zugewandten Perspektive gesehen, ist es genauso bedeutsam, daß der erste und auch der fortgesetzte heterosexuelle Geschlechtsverkehr vieler Frauen die „Tatsache" belegt, daß auch auf der rein anatomischen Ebene viele Penisse in viele Vaginas eben nicht so hübsch und glatt hinein„passen", daß das, was als „natürlich" bezeichnet wird, häufig immer wieder Schmerzen und Traumata für die betroffenen Frauen mit sich bringt. Heterosexualität ist unter diesem Gesichtspunkt völlig unnatürlich, unnatürlich in dem Sinn, daß sie erlernt und häufig erzwungen werden muß. In ihrem Kapitel „Erste Erfahrung" in *Das andere Geschlecht* beschreibt Simone de Beauvoir viele Fälle sexueller Einführung von Mädchen und Frauen, wo „die Defloration zu einer Art von Vergewaltigung (wurde). Aber selbst wenn sie im Einverständnis erfolgt, kann sie schmerzhaft sein."[65] Beauvoir zitiert Isadora Duncan:

> „Ich muß gestehen: Meine ersten Eindrücke waren ein entsetzlicher Schreck, ein heftiger Schmerz, als ob man mir gleich mehrere Zähne auf einmal ausgerissen hätte... (am andern Tag wiederholte sich) was zuvor für mich nichts als eine schmerzvolle Erfahrung war, unter Seufzern und Marterschreien. Ich kam mir wie verstümmelt vor."[66]

De Beauvoir kommentiert dies: „Sie sollte bald, zunächst mit diesem Liebhaber, dann mit anderen, Wonnen kennenlernen, die sie begeistert beschreibt."[67] Heterosexuelle Beziehungen scheinen, nach der ersten Beschreibung, kaum natürlich, das heißt, von der Natur verordnet, es sei denn, daß wiederholter Schmerz auch natürlich und von der Natur verordnet ist. Weiterhin muß, wie alles übrige in dem Entwicklungsprozeß der von Männern gemachten Femininität, die angebliche „Wonne" der Heterosexualität und der Hetero-Beziehungen erst erlernt werden. Viele Frauen erleben sie nie, andere täuschen sie vor. Eine zunächst unvermutete Quelle finden wir bei Bruno Bettelheim, der den Entwicklungsprozeß, bei dem Ekel und Schmerzen in Wonne und Vergnügen verwandelt werden, in seiner Interpretation des Märchens vom Froschkönig sehr gut erfaßt:

> „Indem das Märchen (dem Kind) bestätigt, daß der Frosch (oder um welches Tier es sich auch immer handelt) eklig sein kann, gewinnt es sein Vertrauen und ist so in der Lage, in ihm den festen Glauben zu erzeugen, daß dieses eklige Tier, wenn der richtige Zeitpunkt gekommen ist, sich als der charmanteste Lebensgefährte entpuppen wird. Und diese Botschaft vermittelt das Märchen, ohne jemals direkt etwas Sexuelles zu erwähnen."[68]

Leider hat Bettelheim einen Frosch als Beispiel für ein im Kind Ekel hervorrufendes Tier gewählt. Immer werden bestimmte Tiere als negative Karikaturen ausgesucht, um einen Gegensatz zu den „schönen" menschlichen Königen oder Prinzen in den Märchen des Hetero-Geschichtenerzählens zu schaffen. Abgesehen davon ist Bettelheims Interpretation jedoch ein gutes Beispiel für die Institutionalisierung von Hetero-Beziehungen, das heißt für alle Prozesse, durch die die Ursprünglichkeit von Frauen ausgelöscht und die Hetero-Realität gefestigt wird.

Phyllis Chesler bietet einen andersgearteten Beweis an, um die Lüge von der natürlichen und wonnespendenden Heterosexualität aufzudecken:

> „Aus klinischen Fallgeschichten, psychologischen und soziologischen Untersuchungen und Abhandlungen – und aus eigener Erfahrung – wissen wir, wie viele Frauen des 20. Jahrhunderts keinen Orgasmus oder nicht die ‚richtige‘ Art von Orgasmus erleben, sehr selten oder schwer zu irgendeinem Orgasmus gelangen, Orgasmus nur in Verbindung mit romantischer Monogamie, Prostitution oder Selbsterniedrigung erreichen können oder nach langem, eifrigem ‚Lernen‘."[69]

Der Hite-Report ist ein weiterer Beweis für die in heterosexuellen Beziehungen für Frauen nicht stattfindende sexuelle und emotionale Erfüllung und auch für die Tatsache, daß an der ganzen Skala der Hetero-Beziehungen nichts „Natürliches" ist.[70] Und erst kürzlich berichtete Ann Landers, daß 60 000 Frauen Briefe schrieben, in denen sie sagten, daß für sie Sex nicht befriedigend ist, „daß sie es weitaus vorziehen, von Männern in die Arme genommen und zärtlich behandelt zu werden, statt mit ihnen Geschlechtsverkehr zu haben".[71] Viele dieser Frauen, 40 % davon jünger als vierzig, schrieben emphatische drei oder vier Seiten lange Briefe, während die Umfrage von Landers als Antwort nur ein Ja oder Nein vorgesehen hatte. „Viele von ihnen, die im Lauf der Jahre schrieben, meinten, sie seien nun damit fertig, denn es sei eine Last, überflüssig, keine Befriedigung... Sie hätten überhaupt nichts davon."[72]

Doch das Argument des „Natürlichen" der Heterosexualität und der Hetero-Beziehung lebt weiter, denn der heterosexuelle Verkehr führt häufig zur Reproduktion der Spezies. So wird das Argument der genitalen Komplementarität durch das mögliche Produkt der Penis-Vagina-Beziehungen abgefedert. Nicht nur die Hetero-Sexualität, sondern auch eine lange Reihe von Hetero-Beziehungen — wie die traditionellen Familienrollen, die geschlechtsspezifische Arbeitsteilung, die geschlechtsspezifische Kinderaufzucht und -erziehung — werden auf die Notwendigkeit der Erhaltung der menschlichen Rasse hin rationalisiert.

Die Reproduktion kann jedoch auf verschiedenen Wegen erreicht werden, ohne daß Heterosexualität als natürlich und als Norm, von der niemand abweichen darf, verordnet wird und ohne daß die Hetero-Beziehungen als die unausweichliche Begleitmusik zu dieser angeblich biologisch begründeten Tatsache orchestriert werden. Reproduktion kann durch „normalen" männlich-weiblichen Geschlechtsverkehr in einer Vielzahl von Kontexten vor sich gehen, die keine fortgesetzte Heterosexualität oder Hetero-Beziehung außerhalb der reproduktiven Beziehung vorsehen. Künstliche Befruchtung ist möglich, obgleich ihre Anwendung im medizinischen Bereich hauptsächlich auf heterosexuelle und verheiratete Frauen beschränkt ist. In diesen Fällen werden die Hetero-Beziehungen, speziell die im Rahmen der Ehe, genutzt, um die künstlichen Formen der Reproduktion als natürlich und normal erscheinen zu lassen, und *nicht* die Reproduktion, um die Hetero-Beziehungen als natürlich und normal auszugeben. Die neuen Reproduktionstechniken sind eine Form der Fortpflanzung, die der biologischen „Faktizität", der natürlichen heterosexuellen Reproduktion den Kampf ansagen, auch wenn die Befürworter dieser Methode zur Rechtfertigung derartiger Technologien mit dem Argument operieren, daß sie — wie zum Beispiel die in-vitro-Befruchtung und der Embryonen-Transfer — auf verheiratete Paare beschränkt bleiben sollen. Solche Befürworter gehen so weit zu behaupten, diese Technologien könnten sogar Ehen stabilisieren, die durch Unfruchtbarkeit gefährdet sind und auseinanderzubrechen drohen.[73]

Schließlich muß noch die Frage gestellt werden: Wenn die Komplementarität der männlich-weiblichen Organe und die komplementäre Reproduktionsfähigkeit beider Geschlechter das biologische Hauptargument für die Erhaltung und Stützung der Hetero-Beziehungen ist, warum sind dann so viele Akte der physischen Mißhandlung notwendig, um den „natürlichen" Zustand der Heterosexualität zu erzwingen. Was so natürlich ist, dürfte doch nie für so viele Frauen zum Zwang werden.

Die Verbote von Geburtenkontrolle und Abtreibung sind Beispiele für erzwungene Mutterschaft, ein Zustand, der durch die historische Versklavung von Frauen als „barfuß und schwanger" gefördert wurde. Mit den Mitteln der erzwungenen Klitoridektomie und chirurgischen Eierstockentfernungen sollte die sogenannte ungehemmte weibliche Sexualität gezügelt werden. Klitoridektomie wird noch heute in vielen Ländern aus eben diesem Grund durchgeführt. Obgleich weibliche Sexualität im allgemeinen als die ungezügelte und wahllose Sexualität von Frauen mit Männern generell oder mit bestimmten Männern verstanden wird, müssen wir noch tiefer in den Hintergrund solcher Verbote und solch verstümmelnden Mißbrauchs hineinleuchten, um zu erkennen, daß sich hinter diesen Zwängen und Körperverletzungen eine uneingestandene Furcht vor der möglichen Auflösung der Hetero-Beziehungen verbirgt. Die medizinische Indikation der Eierstockentfernung wurde in den USA zu dem Zweck gestellt, sogenannte abweichende Frauen unter Kontrolle zu bekommen.

Biologische Argumente mußten auch dazu herhalten, die Vergewaltigung als einen natürlichen Vorgang zu rechtfertigen. Wenn die natürliche heterosexuelle Frau nicht auf den natürlichen heterosexuellen Mann „anspringt", dann wird die aggressive sexuelle Gewalt gegen Frauen als Bestandteil des „natürlichen Mannes" rationalisiert — eine Komponente seines angeborenen Sexualtriebs, der auf ständige Befriedigung aus ist. Andrea Dworkin analysierte Kinsey, einen Exponenten dieser Auffassung, so:

„Kinseys Ansicht besagt, daß es Vergewaltigung in dem Ausmaß, in dem sie (meist in der Phantasie) existiert, nicht gäbe, würden die

Frauen auf die Wünsche der Männer eingehen, und das würden sie tun, wenn sie nicht verklemmt wären. Die Frau verweigert sich und klagt dann an, und damit ist sie es, die den natürlichen Mann zerstört, der ja nichts anderes will, als sich entsprechend seiner authentischen Sexualität zu verhalten."[74]

Daß der männliche Sexualtrieb biologisch angeboren sei, wurde und wird genauso rationalisiert, wenn es darum geht, für die Legalisierung der Prostitution zu argumentieren. William Acton, ein für seine Arbeit über Sexualität anerkannter englischer Arzt des 19. Jahrhunderts, verkündete, es sei unmöglich, die Gewalt des männlichen Sexualtriebs zu übertreiben, und jede Beschränkung dieses Triebes würde den Mann in eine mitleiderregende Lage bringen. Deshalb, so Actons Argumentation, müßten Männer sich der Prostitution bedienen, besonders in Ländern, in denen spät geheiratet wird.

Für unsere Analyse von Frauen-Zuneigung ist wichtig, welchen enormen Aufwand an Zwangs-Aktivität es erfordert, um die sogenannte natürliche Frau zu schaffen, die stets bereit ist, den natürlichen Mann zu befriedigen. In Wirklichkeit verlangt der natürliche Mann ständig nach der „unnatürlichen Frau", nämlich der von-Männern-gemachten Frau. Um zu einer von-Männern-gemachten natürlichen — was bedeutet: eine unnatürliche — Frau zu werden, müssen Frauen mit ihrer Ursprünglichkeit und mit ihren Ursprüngen in ihrem originären Selbst und in anderen Frauen brechen. Dieser Bruch, symbolisiert im Akt des heterosexuellen Geschlechtsverkehrs und in allen durch die Hetero-Beziehungen erzwungenen Abspaltungen, reißt die junge Frau aus einer originären und potentiellen zukünftigen Frauen-Welt heraus und wirft sie in die Männer-Welt. Hetero-Beziehungen sind auf dem Sieg über die wahre originäre Frau, sie, die ihr frauen-definiertes Selbst ist, errichtet.

Frauenfreundschaft bedeutet, daß das originäre oder wilde Selbst in jeder Frau geweckt wird. Freundschaft für Frauen ist im Grunde „der Ruf der Wilden". Es ist ein ansteckender Schrei von einem dem unseren ähnlichen Selbst, damit wir aus einer gezähmten und domestizierten Existenz aussteigen. Dieser Schrei inspiriert eine Frau wieder und wieder, zu einem originären, nicht vom Mann gezähmten Zustand weiblicher Existenz zurückzukehren.

## „Der Ruf des Wilden"

Mary Daly hat ausgeführt, wie die lexikalischen Definitionen sowohl von *wild* als auch von *zahm* uns Hinweise auf die originäre Frau geben.* Die Geschichten von Frauen, die von Männern gezähmt werden, sind ein Standard-Stereotyp in Literatur und Film. Selbst bei einer so klassischen Quelle wie Shakespeare finden wir eine solche Frau in „Der Widerspenstigen Zähmung" dargestellt. In Louisa May Alcotts *Good Wives* („Gute Ehefrauen") verliebt sich die eigenwillige Jo in dem Augenblick in ihren zukünftigen Ehemann, als er sie wegen irgendeines Schnitzers streng tadelt. Im Fernsehen und im Kino werden ständig wilde Frauen dargestellt, die durch die „gesunde Brutalität" eines Ehemannes, gewürzt mit einer oder zwei Ohrfeigen, einer guten Tracht Prügel oder einer gewaltgeladenen Verführung, gezähmt werden.

In der Hetero-Realität werden Frauen und Frauen-Zuneigung oft bereits in jungem Alter gezähmt. In vielen Kulturen werden Frauen sehr jung verheiratet. Ein wichtiger Teil dieser Zähmung besteht darin, daß die junge Frau aus der Welt der Frauen herausgebrochen wird. In westlichen Gesellschaften lernen die Mädchen mit der Pubertät das, was für viele eine gynosoziale und frauen-zugewandte Welt des Lernens mit Lehrerinnen und besten Freundinnen war, hinter sich zu lassen und dafür die „reifere" Welt der Hetero-Beziehungen einzutauschen. Die originäre Frau und die Welt der Frauenfreundschaft sterben oft eines frühen Todes. Nicht ohne Grund ließ George Elliot ihre Heldin *Maggie* in „Die Mühle am Fluß" jung sterben. Diderot sagte in einem Brief an Sophie Volland: „Ihr sterbt alle mit 15." Viele Frauen sind ab ihrer Jungmädchenzeit für ihr originäres Selbst und für andere Frauen tot. Und vielen Mädchen stößt dieser Tod noch eher zu, wenn sie jetzt in immer früherem Alter in die Pseudo-Reife der Hetero-Realität geschwemmt werden.

Einige Frauen aber werden erwachsen und bleiben dennoch von der Frauen-Zuneigung aus einer früheren Zeit ihres Lebens befeuert. Trotz aller Hindernisse, die Frauenfreundschaft in den

---

* *Wild* bedeutet „im Naturzustand leben", „wachsen oder entstehen ohne Hilfe und Pflege von Menschen" (engl. *man*, A.d.Ü.). *Wild* heißt auch „von natürlichem oder erwartetem Kurs, Ziel oder Praktik abweichen". *Zahm* bedeutet „für den Menschen (im Engl. *man*, A.d.Ü.) handsam und nützlich gemacht", „domestiziert", „gehalten oder vorgeführt, um den Zwecken anderer zu dienen". (Mary Daly: Gyn/Ökologie – eine Meta-Ethik des radikalen Feminismus, München 1981, Seite 360-362.)

Weg gelegt wird, bleibt in solchen Frauen die Erinnerung an die originäre Frau und ihre Verwurzelung in der Frauen-Zuneigung lebendig. Diese wilde und ursprüngliche Frau schließt oft eine tiefe Freundschaft mit der Welt der physischen Natur, denn hier findet sie ein Gefühl des unbegrenzten Sei-ens, das ihr in der Welt der Hetero-Realität nicht begegnet. In einem großen Teil der von Frauen geschriebenen Literatur ist die Suche nach dem Selbst eng mit der Natur verbunden. Im Wald oder auf der Heide, auf den Bergen oder am Ufer des Meeres finden wir Frauen den Geruch und die Farben des Lebens, die in der Hetero-Realität geschrumpft sind. Das Gefühl ist wirklich. Hier ist die Existenz wild und transzendent, aus den Einengungen der Hetero-Beziehungen befreit. Jenseits der von-Männern-gemachten Frau der Hetero-Realität, und selbst jenseits der Natur, sucht die Frau ein Selbst, das so nah und dennoch so fern ist. Wir müssen an Emily Brontë und *Sturmhöhe* denken. Die Landschaft des Romans steht für das Unbegrenzte des originären Selbst der Heldin. Cathys wildes Selbst entspricht dem, was so viele Frauen sicher nur zu gern verwirklicht hätten. Die Wildheit der Moore wird fast austauschbar mit diesem wilden Selbst. Barbara Deming meinte, wir sollten *Sturmhöhe* lesen, „als sei Heathcliff nicht wirklich eine eigene Person, sondern einfach – so wie Cathy von ihm spricht – sie selbst".[75] Nach Deming benutzte Emily Bronte unbewußt, jedoch mit tiefer Einsicht, das Mittel, ihr verlorenes Selbst als getrennte Person vorzustellen.

Die leidenschaftliche Selbst-Identifikation von Cathy und Heathcliff („Ich kann nicht ohne mein Leben leben! Ich kann nicht ohne meine Seele leben!") bekommt eine andere Dimension jenseits ihrer persönlichen Kraft, wenn wir in dieser Vision der Liebe „den Ruf des wilden" Selbst von Frau zu Frau sehen. Wenn Cathy und Heathcliff ein und dieselbe Person wären, könnten wir Heathcliffs Rückkehr nach Thrushcross Grange und Wuthering Heights, Jahre nach seinem Kindheitsexil, als die Rückkehr von Cathys ursprünglichem und wildem Selbst interpretieren. Diese Rückkehr reißt die gezähmte und verheiratete Mrs. Linton (Cathy) aus ihrer domestizierten Bewußtlosigkeit. Und diesen Todeskampf zwischen dem Zahmen und dem Wilden kann Cathy nicht befrieden, er führt zu ihrem körperlichen Ende. Der Tod unterdrückt jedoch nicht ihr wildes Selbst, denn ihr Geist lebt nach dem Tod fort.

Ist Heathcliff wirklich Cathys anderes Selbst, dann ist es Cathy, die in der Gestalt von Heathcliff ihrer noch andauernden

Existenz auf dieser Erde Ausdruck verleiht, indem sie Heathcliffs Kopf gegen den knorrigen Baumstamm schlägt und heult wie „ein wildes Tier, das mit Messern und Speeren in den Tod getrieben wird". An diesem Punkt steht die Person Heathcliff nicht länger für Cathys wildes Selbst. Cathy findet das eigene vollständige Selbst, sie ist nicht mehr im Leben domestiziert und nicht mehr durch den ständigen Konflikt zwischen dem Zahmen (Edgar) und dem Wilden (Heathcliff) gebunden. Dies wird aus Brontës Darstellung des Heathcliff bis zum Ende des Buches deutlich. Ohne Cathy verfällt Heathcliff mehr und mehr. Er wird gemein und rachsüchtig und stirbt schließlich.

Hier kommt vielleicht der Einwand, dies sei doch ein herkömmliches Thema — Frauen müssen sterben, um ihr Selbst wiederzugewinnen. Ich meine jedoch, daß Emily Brontë Cathys Tod als Tor zu einem neuen Leben beschreibt. In anderen Werken, in denen die weiblichen Hauptfiguren sterben, hört man nach ihrem Tod nichts mehr von ihnen. Sie werden durch den Tod von den Leiden einer Existenz in dieser Welt in den gezähmten und bewußtlosen Zustand einer Existenz in einer anderen Welt entlassen. Nicht so Cathy. Sie bleibt in dieser Welt und lebt dort nach eigenen Gesetzen. Ihr Geist spukt in Wuthering Heights. Sie kommt und geht, wie sie will.

Barbara Deming meint, daß Heathcliff „eine Gestalt ist, die aus den tiefsten Tiefen des Seins einer Frau geschaffen wurde".[76] Wer das Leben der Brontë-Schwestern kennt, weiß, daß Emily Brontë erlebte, wie ihre Mutter und zwei Schwestern vor ihr starben. Es ist möglich, daß Emily in *Sturmhöhe* nicht nur von ihrem verlorenen Selbst schreibt, sondern auch von ihren verlorenen Schwestern. Mit *Sturmhöhe* konnte sie ihrer Schwesterlichkeit ein Denkmal setzen, einer Schwesterlichkeit, die in ihrer Kindheit in phantasievollen Spielwelten von Königreichen und Revolutionen, leidenschaftlichen Intrigen und abenteuerlichen Eskapaden in den Mooren von Haworth Ausdruck fand. Vielleicht ließ Emily Brontë diese Schwesterlichkeit in den Gestalten von Cathy und Heathcliff wiederauferstehen, indem sie ihnen eine ebensolche Leidenschaft, Abenteuerlust, Wildheit und Liebe zur Natur verlieh.

Charlotte Brontës Worte über ihre Schwester machen klar, daß diese ganz sicher, in ihrer Versenkung in die Wildheit der Natur und deren Beschreibung, ihr originäres Selbst wieder erschuf:

Meine Schwester Emily liebte das Moor. In der dunkelsten Heide blüh-
ten für sie Blumen heller als die Rose... Sie fand in der eintönigen Einsamkeit viele und ihr liebe Freuden; und darunter war als nicht geringste
und am meisten geliebte — die Freiheit. Freiheit war Emilys Lebens-
odem, ohne sie ging sie zugrunde.[77]

Später fügte sie hinzu: „Ich habe nie jemanden erlebt, der ihr
(Emily) in irgendeiner Weise ähnelte. Stärker als ein Mann, ein-
facher als ein Kind, war ihr Naturell einzigartig.“[78]

Die Wildheit originärer Frauen darf nicht mit sexueller Promiskuität verwechselt werden. Diese mußte oft als Tarnung für
viele Frauen herhalten, die sich in neue Konformitäts-Muster
hineinbegaben. Die sexuell befreite Frau, wie sie in der Literatur
der Beat-Generation der sechziger Jahre beschrieben wird, ist
nach hetero-bezogenen Maßstäben „voll drauf“, doch ist sie
ohne Frauen-Zuneigung konturlos, passiv und nicht originär. Sexuelle Promiskuität wird in diesem Kontext häufig zum Modell
für totale Promiskuität, nämlich einer Promiskuität nicht lediglich der Sexualität, sondern auch des Denkens, der Werte und
des Engagements.

Für viele Männer und Frauen ist jedoch Wildheit gleich Promiskuität. Männer sehen in jeder freien und unabhängigen Frau
eine „lose Frau“*, ein Flittchen.

Die Freiheit von Frauen wird mit Hurerei gleichgesetzt. Eine
Frau „für sich allein“, wird als „für Männer freigegeben“ betrachtet. Freizügigkeit wird auf Lüsternheit reduziert. Freiheit
wird von einem positiven Zustand, in dem Frauen frei von jeg-
lichen Männern sind (beispielsweise zölibatäre Frauen oder Lesben) oder auch nur frei von einigen Männern (unverheiratete,
hetero-sexuell aktive Frauen, Prostituierte), in einen negativen
Zustand verkehrt. In der Hetero-Realität sind solche Frauen zur
Zähmung „frei“gegeben (was häufig Vergewaltigung bedeutet).

Jungfräulichkeit ist deshalb für Männer so attraktiv, weil sie
den Reiz ungezähmter Weiblichkeit darstellt. Darüber hinaus si-
gnalisiert Jungfräulichkeit eine Frau, die noch in der Welt der

---

* Engl. „loose woman“: „loose“ als ungebunden und zugleich von zweifelhaftem
moralischem Charakter. Ich habe dies mit dem bei uns etwas veralteten Wort „lose“
übersetzt, da es am besten die Bedeutung abdeckt. Zum einen bedeutet es ebenfalls
frei, ungebunden (beispielsweise eine lose Seite in einem gebundenen Buch oder „los
und ledig“), zum anderen wird es im Sinn von liederlich, leichtfertig benutzt (ein
loser Geselle, ein loses Mundwerk, lose Worte; synonym dazu: ein leichtes Mädchen,
liederliche Reden führen), A.d.Ü.

Frauen lebt. Also ist sie unverbraucht und reif für die Welt, wie
Männer sie gemacht haben. Wenn ein Mann eine Frau „entjungfert", nimmt er sie aus der Welt der Frauen heraus und beraubt
sie gleichzeitig einer Zukunft mit und für Frauen. Ihre frauen-
zugewandte Kraft nimmt er für sich selbst in Anspruch. Die
Jungfrau symbolisiert die Frau, die in all ihrer vergangenen und
potentiellen frauen-zugewandten Wildheit und Ursprünglichkeit
intakt ist.

De Beauvoir meint: „Doch hat die Virginität diese Anziehung
(für Männer) nur, wenn sie mit Jugend gepaart ist... Viele Männer fühlen sich von einer allzulange konservierten Jungfräulichkeit sexuell abgestoßen."[79] De Beauvoir schreibt diesen abstoßenden Effekt der Angst des Mannes zu, daß die alten Frauen
seiner Macht entronnen sind und zuviel eigene Macht haben. Wir
könnten es jedoch auch so interpretieren, daß die Quelle einer
derartigen Frauenmacht in der Tatsache liegt, daß ältere Jungfrauen lange Zeit in der Welt der Frauen lebten oder sich nicht
in die sexuellen und beziehungsmäßigen Einengungen der Hetero-Realität hineinbegeben haben. Ihre potentielle Anziehungskraft für ihr *weibliches* Selbst und für andere Frauen wurde
nicht entjungfert; ob sie diese auslebten oder nicht, spielt daher
keine Rolle. Außerdem kehren viele alte Frauen ganz konkret in
die Welten der Frauen zurück. Im Alter sind Frauen einander
die beständigsten Gefährtinnen. Viele erleben zum erstenmal in
ihrem Leben eine Zeit, da sie sich nicht auf Männer und Kinder
„beziehen" oder für sie sorgen müssen. Margaret Mead sprach
vom „nachmenopausalen Lebenshunger, von den Energien und
sozialen Aktivitäten von Frauen, deren Gebärjahre vorüber sind
und die sich nun freier in der Gesellschaft bewegen können, ohne die Einschränkungen, die ihr Frausein ihnen auferlegte...
reich an Wissen und Erfahrung".[80] Für viele alte Frauen ist dies
der Zeitpunkt ihres Lebens, an dem sie wieder eins mit ihrem
originären Selbst werden. Barbara MacDonalds Buch *Look Me
in the Eye: Old Women, Aging and Ageism* (Schau mir ins
Auge: Alte Frauen, Altern und das Altersproblem) geht ausführlich auf diesen Punkt ein.

„„Es ist schön, alt zu werden', sage ich mir voller Staunen. Ich hatte
nicht geglaubt, daß es so sein könnte. Ich erlebe Tage voller Entzücken,
dann fühle ich mich fast beschwipst wegen der Veränderungen, die in
meinem Körper stattfinden. Obgleich ich weiß, daß die Entwicklung,
die mein Körper nimmt, unausweichlich zu Behinderung und Tod füh-

ren wird... Ich bin nie zuvor alt geworden, bin nie zuvor gestorben. Ich weiß nicht, wie man das macht... Und dann wird mir klar, daß ich — lesbisch oder ‚normal‘ — zu all den Frauen gehöre, die seit Generationen meine Zellen getragen haben, und mein Körper erinnert sich, wie jede Generation mit dieser Entwicklung auf das Ende zu umgegangen ist."[81]

Alte Frauen gehen im allgemeinen nicht so in der Welt der Hetero-Realität auf wie jüngere Frauen. Besonders alte Jungfrauen, Freundinnen und Lesben sind vielen erstickenden Würgegriffen der Hetero-Beziehungen nicht ausgesetzt.

In der Hetero-Realität werden ältere Frauen im allgemeinen und ältere Jungfrauen, Lesben und/oder enge Freundinnen im besonderen als für Männer verloren angesehen. Und ihre so gefürchtete und geheimnisvolle Macht, auf die sich de Beauvoir bezieht, könnte ihren Ursprung darin haben, daß sie eine Gefahr darstellen, weil sie junge Mädchen den Männern abspenstig machen. So könnten die Stereotypen der alten Vettel, der älteren Zauberin und der historischen Hexe noch eine ganz andere frauen-zugeneigte Macht haben, als ihnen bisher in feministischen Büchern zugeschrieben wurde. Jede frauenidentifizierte und autonome Frau — und ganz speziell eine, die lange Zeit ihres Lebens in den Welten der Frauen gelebt hat — wird nicht nur als für Männer verdorben angesehen, sondern auch als eine, die andere Frauen für die Männer verdirbt. Frauen-Zuneigung ist ansteckend.

Der Mann möchte doch der Frau die Welt — wie er sie für sie definiert — schenken, und da kommen diese losen Frauen daher und nehmen sie sich einfach. Die Unabhängigkeit und Wildheit der losen Frau — der Jungfrau, der Lesbe, der alten Frau — beschwört die Vision herauf, daß Frauen den Männern nicht nur Macht, sondern auch die Frauen wegnehmen werden.

„Daß zwei Frauen sich gegenseitig sehr viel bedeuten können, solange sie darauf warten, daß ein Mann sie in die Ehe und damit zum wirklichen Leben führt, ist nebensächlich; daß sie jedoch glauben könnten, wirkliches Leben heiße, immer sehr viel füreinander zu bedeuten, und Männer seien nur eine Nebenerscheinung in ihrem Leben — das macht natürlich Angst."[82]

## Eine Genealogie der „losen Frauen": Die Prostituierte und die Lesbe

Wir wissen sehr wenig über die Geschichte der losen Frauen. Oder besser: Wir wissen sehr wenig über die wahre Geschichte der losen Frauen. In der Hetcro-Geschichte ist die lose Frau die unzüchtige Frau — die Dirne, die sinnliche Frau, die Degenerierte, die Frau, die sich allen möglichen unerlaubten Umgang gestattet. Ich behaupte, die originäre lose Frau ist die freie Frau — lose und ledig aller Bindungen zu Männern und aller Versklavungen durch Männer. Die lose Frau ist die nicht gebundene Frau. Und da sie der Bindung an Männer widerstand, nahm man ihr den patriarchalen Schutz und auch den guten Ruf.

So werden viele Frauen, die der Bindung zu Männern nicht widerstanden haben, jedoch als „männerlose" Frauen gelten — da nicht sichtbar mit einem Mann verbunden —, als Prostitutierte bezeichnet. Zeitungsmeldungen aus Zimbabwe vom November 1983 berichteten, daß viele tausend Frauen bei Militär-Razzien auf der Straße verhaftet worden seien. Die Erklärung der Regierung für die Verhaftung dieser Frauen — die meisten waren schwarz und arm, doch die Verhaftungen dehnten sich auch auf Studentinnen, Krankenschwestern, Fabrikarbeiterinnen, Hausangestellte und Angestellte in den Ministerien aus — lautete, man wolle mit der Prostitution in Zimbabwe „aufräumen". Rudo Gaidzanwa, in Zimbabwe geboren und Professor an der dortigen Universität, berichtete:

> „… bei den meisten Frauen wurde davon ausgegangen, daß sie Prostitutierte seien, so lange sie nicht das Gegenteil beweisen konnten… Während dieser Arreste mußten Frauen, die auf der Straße angetroffen wurden, ihre Heiratsurkunde vorzeigen können. Das wurde für schwarze Frauen, die meistens nach Gewohnheitsrecht verheiratet sind, zum Problem. Um als Nicht-Prostitutierte anerkannt zu werden, mußten die Frauen Männer benennen, die für sie auf Polizeistationen und in Gefangenenlagern bürgten."[83]

Dies passierte in einem Land, das sich als im Übergang zum Sozialismus befindlich betrachtet, doch die sozialistische progressivistische Ethik ist, soweit es Tausende von Frauen betrifft, immer noch unterdrückerisch hetero-bezogen. Frauen, die nicht beweisen können, daß sie an einen Mann gebunden sind, werden als Prostitutierte betrachtet.

Die Geschichte der losen Frauen ist die Geschichte von Frauen-Zuneigung, und diese Geschichte können wir an mehreren Stellen aufnehmen. Ein Ausgangspunkt ist die Etymologie des Wortes *hetaira* (oder *hetaera*), das ursprünglich Gefährtin bedeutete, und zwar meistens die Gefährtin anderer Frauen und erst später die sexuelle Gefährtin von Männern. Die Geschichte der losen Frauen ist auch mit der Geschichte der Prostitution verbunden. Und schließlich ist sie auch in der frauenidentifizierten Kultur zu finden, die Sappho und ihre Gefährtinnen auf Lesbos schufen.

Kenneth Dover bestätigt in *Greek Homosexuality* (Griechische Homosexualität), daß das Wort *hetaira* in seiner frühesten Verwendung Gefährtin bedeutet: „Eine Frau konnte ihre Freundin als ‚meine hetaira' bezeichnen."[84] In ihren Gedichten nennt Sappho ihre Schülerinnen *hetairai* (Plural), enge Gefährtinnen oder Freundinnen. Wie aus der Gefährtin von Frauen (der ursprünglichen *hetaira*) die Prostituierte oder sexuelle Gefährtin von Männern (die hetero-revisionistische *hetaira*) wurde, ist einer der Ausgangspunkte für die Geschichte der losen Frauen.

In dieser Hetero-Revision der Frauengeschichte bekommen wir eine sehr frühe Lektion erteilt, wie die Geschichte der Frauen-Zuwendung zur Geschichte der Hetero-Beziehungen umgekrempelt wurde. Es erging der frauenidentifizierten Ungebundenheit wie allen historisch unabhängigen und abweichenden Handlungen von Frauen: Sie wurden später ausschließlich in hetero-bezogenen Kategorien definiert und nach hetero-bezogenen Maßstäben beurteilt. So haben die Männer beispielsweise konsequent weibliche Unabhängigkeit mit Beschlag belegt, indem sie sie mit heterosexuellen Begriffen bezeichnet haben, die entweder auf eine ungesetzliche Hetero-Sexualität (Prostituierte, Hure) hinweisen oder auf die Abwesenheit von akzeptierter Heterosexualität (frigide, alte Jungfer). Lose Frauen, die es ablehnen, sich von Männern einengen zu lassen, durchkreuzen die traditionellen Kategorien der Hetero-Realität (Frau, Mutter, Geliebte usw.). Solche Frauen können nur in den Pferch der Hetero-Realität zurückgeführt werden, indem man ihnen hetero-bezogene Etikette verpaßt (Prostituierte, einsame oder frustrierte Frauen, „Frauen, die keinen Mann abbekommen haben").

Das Wort *hetaira* ist auch mit Lesbianismus verbunden.[85] Ein Bezug, der sich bei Aristophanes findet und als eine erste Verbindung zwischen den beiden Worten angesehen wird, „leitet *hetairistriai* von der Kategorie ursprünglicher Doppelwesen her, die alle weiblich waren".[86] Dover betont, daß mit diesem Wort eindeutig eine lesbische Beziehung zwischen zwei Frauen gemeint ist, „und es kann auch mit einer abfälligen Nuance von *laikastira*, ‚Hure‘, versehen sein".[87] Aristophanes liefert uns einen der ersten Hinweise auf den Wandel der Gefährtin von Frauen (und/oder Lesbe) zur Prostituierten.

Die gleiche Transformation — von Frauengefährtin zur Prostituierten — ist am Werk, wenn die historische Sappho verunglimpft wird. Das begann bei den Attischen Kömödiendichtern. In ihrem Werk finden wir Sapphos Frauen-Zuneigung und Lesbianismus gleichgesetzt mit Prostitution. Zur Zeit dieser Dichter, im Athen des vierten Jahrhunderts vor unserer Zeitrechnung, hatten Frauen keine politische oder ökonomische Macht, keinerlei Rechte als·Erwachsene, und sie konnten nicht nach eigenem Wunsch heiraten. Der Grieche Demosthenes teilte Frauen in drei Kategorien ein: „Hetären (Kurtisanen) halten wir uns zum Vergnügen; Konkubinen (weibliche Sklaven) für die tägliche Pflege unserer Person; Ehefrauen, damit sie uns legitime Kinder gebären und die vertrauenswürdigen Wächterinnen unseres Haushalts sind."[88] Also waren die Attischen Komödiendichter, als sie über Sappho und ihre Gefährtinnen schrieben, völlig durcheinander. Wie konnten sie solche losen Frauen darstellen, die andere Frauen dazu ermutigten, eine lose und nicht definierbare Existenz zu führen? Sappho paßte in keine der anerkannten Kategorien des Demosthenes. Dolores Klaich drückt das so aus: „Sie war keine Ehefrau. Sie war keine Sklavin. Da blieb nur noch die Kurtisane übrig, also behandelten die Attischen Komödienschreiber, die die sogenannte Mittlere Komödie verfaßten, ohne weitere Fakten zu wissen, in ihren Werken Sappho als einen Witz und stellten sie als Prostituierte dar, was sie nie gewesen war."[89] Sapphos unabhängige Frauen-Zuneigung wurde genau ins Spiegelbild dessen verkehrt, was sie wirklich war. „Ihr umherschweifendes, unhäusliches, finanziell unabhängiges Leben und die Tatsache, daß sie offen über dieses Leben sprach, unterschied sie derart von den zum Schweigen verurteilten Frauen von Athen — d. h. vom herrschenden kulturellen Durchschnitt —, daß man sie nur noch lächerlich machen konnte."[90]

Und damit geht eine lose Frau, die nicht in den für Frauen geltenden Hetero-Kategorien beschrieben werden kann, als Frau, die zu jeder Art von sexuellem Verhalten bereit ist, also als Prostituierte, in die Geschichte ein. Diese Form der Wahr-

nehmung stimmt mit einer Nebenbedeutung des Wortes Prostituierte überein, wie wir sie im *Oxford English Dictionary* finden: „Eine Person, die sich jeder Art von verrufenen Praktiken
hingibt." Die Attischen Komödienschreiber stellten Sappho und
ihre Gefährtinnen als Beispiele einer „schamlosen und ungezü-
gelten Sexualität" hin und unterstellten ihnen „alle genitalen
Handlungen, auf die ein auf pikante Variationen der Lust einge-
stellter Erfindungsgeist kommen kann, einschließlich homosexueller Praktiken zusammen mit Fellatio, Cunnilingus, Dreier,
Kopulation in ungewöhnlichen Positionen und des Gebrauchs
von Dildos".[91]

Die losen Frauen — die Gefährtinnen anderer Frauen — und
die Lesben wurden später im Werk der römischen Satiriker endgültig zu Prostituierten gemacht. Im zweiten nachchristlichen
Jahrhundert machen sie in ihren Werken Sappho und ihre Gefährtinnen zum Gegenstand von Spott und Verachtung, stellen
ganz offen Lesben mit heterosexuellen Prostituierten gleich. So
läßt beispielsweise Lucian in seinem *Dialog der Kurtisanen* eine
Prostituierte zur anderen sagen:

> „Wir haben Merkwürdiges über dich gehört, Leaena. Sie sagen, Philippa,
> diese Millionärin aus Lesbos, habe dir gegenüber Gefühle wie ein Mann,
> und ihr zwei habt euch geliebt und Gott weiß was miteinander getrie-
> ben. Was sehe ich — du wirst rot? Sag mir, ist das wahr?"
> „Ja, Clonarium, aber ich schäme mich so! Es ist alles so unnatürlich!"[92]

Mit diesen Sätzen beginnt unter anderem „die Praxis, Lesben
mit Huren in einer Atmosphäre allgemeiner Zügellosigkeit in
einen Topf zu werfen".[93] Dieser Einsicht möchte ich hinzufügen, daß mit diesen Sätzen ein Trend beginnt, der bis zum heutigen Tag anhält, daß nämlich frauenidentifizierte Zuneigung
und Liebe zu heterosexuellen Geschlechts-„Akten" gemacht
werden. Wir werden sehen, wie die gleiche Taktik auf verschiedene Weise am Werk ist, wenn andere Gruppen von Frauen, die
starke frauen-zugewandte Bindungen haben, in Kästchen ge-
sperrt werden. So wird zum Beispiel bei Gruppen wie Eheverweigerinnen und Nonnen die Frauen-Zuneigung einer heterosexuellen Versagung oder hetero-bezogenem Scheitern zugeschrieben, wenn sie nicht gleich zu wahlloser Heterosexualität verdreht
wird. Die Wurzeln dieser Haltung, Frauen-Zuneigung oder ein
Leben, bei dem Frauen im Mittelpunkt stehen, mit der Elle der
hetero-bezogenen sexuellen Ethik zu messen, finden wir überall.

Im Winter 1979 reiste ich nach Yucatan in Mexiko. Eines meiner Ziele war die Isla Mujeres, „Insel der Frauen". Vor meiner Reise hatte ich recherchiert, woher dieser Name kommt. Die meisten Reiseführer berichteten, die Insel habe ihren Namen daher, daß die Seeleute sich dort früher für ihre Rückkehr nach langen Seereisen Prostituierte gehalten hätten. Nach weiteren und eingehenderen Forschungen erfuhr ich, daß die Spanier ihr den Namen Isla Mujeres gaben, weil sie dort zahlreiche Statuen weiblicher Figuren gefunden hatten, die sie als Beweis für eine Kultur mit Göttinnenkult nahmen, eine Kultur, in der hauptsächlich Frauen lebten und in der Frauen in hohem Ansehen standen. Die herkömmlichen Reiseführer hatten ein Milieu, in dem Frauen im Mittelpunkt standen, zu einer Insel der Prostitution verwandelt.

Das gleiche Phänomen finden wir in David Reubens Buch „Alles, was Sie schon immer über Sex wissen wollten". Er behandelt hier Lesbianismus und Prostitution im gleichen Kapitel. Diese Zusammenstellung spricht für sich. Reuben ist jedoch lediglich einer in einer langen Reihe von Schriftstellern, die ständig und ohne Beweise Lesben und Prostituierte in einen Topf warfen. Zola, Daudet und Maupassant sind nur einige der vielen Autoren, die Lesben zu Prostituierten machen und vice versa.

Mit dieser Gleichsetzung von Lesbianismus mit Prostitution wird die Meinung verbreitet, Lesbianismus sei eines der heruntergekommensten Laster, vergleichbar dem, was als Sumpf der Prostitution bezeichnet wird. Die höchsten Tugenden für Frauen werden ebenso in hetero-bezogenen Begriffen formuliert (beispielsweise Ehe) wie das niedrigste Laster. In dieser Gleichung kann das Übel — und in jüngerer Zeit die Krankheit — des Lesbianismus nur dann angemessen dargestellt werden, wenn man es in heterosexuelle Begriffe zwängt. Die sogenannte moralische Korruptheit loser Frauen kann nur mit hetero-bezogenen Maßstäben gemessen werden. Wieder wird die frauenidentifizierte Abweichlerin — die lose Frau — durch eben die Hetero-Beziehungen, denen sie sich widersetzt, definiert und damit in diese eingeschlossen. Hetero-*reductio ad absurdum* (lose Frau ist gleich lasterhafte Frau) erinnert uns an de Beauvoirs Worte: „Er versucht, sich die Frau sogar noch im Widerstreit zu verbinden; er verfolgt sie bis in jene Freiheit hinein, durch die sie sich ihm entzieht."[94]

Die Reduktion der lesbischen und/oder weiblichen Gefährtin auf die Prostituierte ist nicht nur eine literarische Konstruktion.

Es gab immer auch einige lesbische Prostituierte oder einige prostituierte Lesben, je nachdem, wie diese Tatsache eingeordnet werden soll. Dies wurde in vielen Geschichten und Psychologien der Prostitution berücksichtigt. Havelock Ellis und John Addington Symonds schreiben in ihrer Studie *Sexual Inversion* (Sexuelle Abweichung) über „die Häufigkeit homosexueller Praktiken" unter Prostituierten in allen Teilen der Welt.[95] Die These, daß „Prostituierte heimliche Lesben" seien, wurde von vielen Männern aufgestellt, die sowohl Lesbianismus als auch Prostitution „erforscht" haben – darunter Lombroso, Moll, Carlier, Martineau und andere.[96] Harold Greenwald spricht in *The Call Girl: A Social and Psychoanalytic Study* (Das Callgirl: Eine soziologische und psychoanalytische Untersuchung) von einer „Reaktionsbildung" bei Prostituierten, einem sogenannten Abwehrmechanismus, der sich darstellt als „ein Versuch, im äußerlichen Verhalten das übertriebene Gegenteil vom eigentlichen Impuls auszudrücken".[97] Er fährt fort:

> „Sie waren homosexuell, versuchten jedoch, sich heterosexuell zu verhalten... man versucht das genaue Gegenteil auszuagieren, *um den ursprünglichen Impuls zu verleugnen...* Da die Abwehr der Mädchen so schwach und inkonsequent war, finden sich häufig nebeneinander Reaktionsbildungen und das direkte Ausagieren jener Impulse, die von diesen Reaktionen unterdrückt werden sollen."[98] (Hervorhebung J. R.)

Sollte sich jemand in diesem Wirrwarr psychoanalytischen Jargons nicht zurechtfinden: Greenwald meint, daß die Prostituierte, während sie ihrem Gewerbe nachging, zugleich lesbische Beziehungen hatte. Wichtiger ist jedoch, daß wir genau in diesem Knäuel psychoanalytischer Argumentation eine Bestätigung dafür finden, daß das Lesbische der „ursprüngliche Impuls" dieser herkömmlicherweise als heterosexuell definierten Frauen ist.

Ich will hier nicht etwa Leute wie Havelock Ellis, Frank Caprio oder Harold Greenwald als Autoritäten herausstellen. Sie alle sind auf dem Gebiet der Prostitution und des Lesbianismus notorisch ignorant. Interessant an der zitierten Textstelle ist die Aussage, daß Prostitution, die doch scheinbar die wahlloseste aller heterosexuellen Handlungen ist, in Wirklichkeit Pseudoheterosexualität und eine Flucht vor dem Lesbianismus sei. Wenn Prostitution der älteste Beruf sein soll, so könnte wohl die älteste und im wahrsten Sinn zugeneigte Beziehung die Liebe zwischen Frauen sein.

Die meisten historischen Darstellungen der Prostitution beginnen mit der Beschreibung von angeblich in heiligen Tempeln ausgeübten sexuellen Handlungen von Frauen. Diese Frauen werden in der Überlieferung als Tempelprostituierte bezeichnet. Wir wissen jedoch, daß in den ältesten Tempeln die dort lebenden Frauen heilige Jungfrauen waren. Das Phänomen der Tempelprostitution entstand erst wesentlich später. Ich bin der Ansicht, daß die heilige Jungfrau auf etwa die gleiche Weise zur Tempelprostituierten wurde wie die Lesbe oder Gefährtin zur Prostituierten: durch männliche Definition, um weibliche Unabhängigkeit zu bändigen und lose Frauen zu heterosexualisieren. Nach Berichten von Anthropologen gingen die heiligen Jungfrauen in großem Umfang Ritualen nach, bei denen Männer und sogar männliche Hunde ausgeschlossen waren.[99] Diese werden als „weibliche homosexuelle" Riten bezeichnet. Wo immer Frauen sich in Zuneigung zueinander verbinden, haben sich die Männer ausgeschlossen gefühlt und den Drang verspürt, in diesen Frauenraum einzudringen. Es fanden wirklich direkte und mit körperlichen Angriffen verbundene männliche Invasionen solcher Rituale statt — Vergewaltigungen. Mit derartigen Angriffen wurden viele Frauen wahrscheinlich zur Prostitution gezwungen, im diametralen Gegensatz zu ihrem „ursprünglichen Impuls".

Im Werk des Anthropologen Fernando Henrique *Prostitution and Society* (Prostitution und Gesellschaft) finden wir Beweise für diese unter extremen Umständen erzwungene Prostitution. Henrique spricht vom alten Phönizien, wo „ihre Jungfrauen auch den Fremden, die bei ihnen Schutz suchten, als Prostituierte angeboten wurden".[100] Er gibt eine besonders barbarische Beschreibung der Greuel, die an den heiligen Jungfrauen von Heliopolis verübt wurden, als Konstantin den „Brauch", heilige Jungfrauen zur Prostitution freizugeben, abschaffte:

„Sie entkleideten die heiligen Jungfrauen, die die Menge vorher nie zu Gesicht bekommen hatte, und stellten sie öffentlich nackt zur Schau, Objekte für Beleidigung und Spott. Nach vielen weiteren Schändungen rasierten sie sie, rissen ihren Körper auf und legten das Schweinefutter hinein; und die Tiere verschlangen die menschlichen Eingeweide zusammen mit ihrem gewohnten Fressen. Ich bin überzeugt, daß die Bürger diese Barbareien an den heiligen Jungfrauen aus Rachegefühlen heraus begingen, wegen der Abschaffung des alten Brauchs, Jungfrauen der Prostitution anheimzugeben."[101]

Zu dieser Zeit, nämlich im vierten Jahrhundert und, wie Henrique belegt, in verschiedenen Bereichen des Mittelmeerraums, verbrachten — wie schon zu anderen Zeiten — viele junge Frauen einen Teil ihres Lebens als Tempelprostituierte. Diese Frauen mußten Jungfrauen sein, ihre Jungfräulichkeit wurde als ein Ritualopfer dargebracht. Wenn wir Jungfräulichkeit in einem mehr frauenidentifizierten Sinn als weibliche Integrität verstehen — als eine Frau, die sich selbst genügt und von Männern unabhängig ist —, können wir auch verstehen, warum die Männer die Notwendigkeit sahen, eine derartige Integrität einzubinden und zu kontrollieren. Also wurde die heilige Jungfrau zur heiligen Prostituierten, die dann später zur weltlichen Prostituierten wurde.

Die christianisierte Version der heiligen Jungfrau ist die Nonne. Und genau wie ihre Schwestern, die Lesbe und die Prostituierte, wurde auch die Nonne einer bestimmten Kategorie zugerechnet, wurde vergewaltigt und dem Martyrium unterworfen, weil sie eine nicht an Männer gebundene, also eine „lose" Frau war. Im zweiten Kapitel wird die lange, stolze und stellenweise ambivalente Geschichte der Nonne als loser Frau beschrieben.[102]

# Kapitel II

# Vielfalt der Frauenfreundschaft: Die Nonne als lose Frau

Die Frau, die von männlichen Ideen der Unabhängigkeit besessen ist, das Mannweib, das auf öffentlichen Straßen seine pseudo-männliche Stimme erhebt und verkündet, sie habe das alleinige Recht, über Fragen des Krieges oder der Religion oder der Bedeutung des Zölibats oder des Fluchs der Unreinheit der Frauen zu entscheiden, und jenes abstoßende antisoziale Wesen, die weibliche sexuelle Perverse, sind einfach nur verschiedene Ausprägungen der gleichen Sorte – Degenerierte.

> William Lee Howard:
> *The Perverts* (Die Perversen)


Ich bin unabhängig!
Ich kann allein leben,
und ich liebe es zu arbeiten.

> Mary Cassatt


Das heiligste Band der Gesellschaft ist Freundschaft.

> Mary Wollstonecraft


Ich spreche jetzt nicht durch das Medium der Bräuche und Konventionen zu dir… es ist mein Geist, der sich an deinen Geist wendet… von gleich zu gleich – wie es uns entspricht!

> Charlotte Brontë: *Jane Eyre*

Bei den vielen Anwürfen gegen Klöster und Nonnen – speziell während der protestantischen Reformation – taucht immer wieder der Vorwurf der losen Frauen auf. Wollust, fleischliche Begierde, Hurerei – alles Laster, die dem Leben in Frauenklöstern seit Anbeginn ihrer Existenz zugeschrieben werden – wurden auf den losen, ungebundenen Zustand religiöser Frauen zurückgeführt, das heißt, auf ihren unabhängigen, nicht an Männer gebundenen Status. Nonnen wurden als „unnatürlich" bezeichnet, weil sie nicht mit Männern zusammenlebten, sich der Jungfräulichkeit geweiht hatten und Tätigkeiten nachgingen, die den Frauen ihrer Zeit verboten waren. Diese „Unnatürlichkeit" war eine willkommene Erklärung, mit der man ihren Status als „gefallene Frauen" begründen konnte.

Martin Luther gab in einem seiner Briefe die folgende Hetero-Begründung, warum Nonnen angeblich ihre Klöster während der Reformation verließen:

> „Frauen schämen sich, dies zuzugeben, doch die Schrift und das Leben zeigen, daß nur eine Frau unter Tausend mit der gottgegebenen Fähigkeit bedacht ist, in Keuschheit und in Jungfräulichkeit zu leben. *Eine Frau ist nicht voll Herr ihrer selbst.* Gott hat ihren Körper so geschaffen, daß sie mit einem Mann zusammen sein soll, um Kinder zu bekommen und aufzuziehen."[1] (Hervorhebung J. R.)

Aus einer frauen-zugeneigten Perspektive sind diese Worte ganz anders zu interpretieren. Hinter ihnen und vielen gleichlautenden Angriffen auf die Jungfräulichkeit verbirgt sich der Gedanke, daß Jungfräulichkeit weibliche Unabhängigkeit von Männern und eine frauen-bezogene Integrität bedeutet. Wenn wir das Zitat von Luther anders formulieren, bekommen wir eine klarere Vorstellung, worauf sich die Angriffe eigentlich richteten:

> „Die Tausende von Frauen, die in Keuschheit und Jungfräulichkeit leben, sind dazu gar nicht fähig, weil Frauen nicht Herren ihrer selbst sein sollten. Zu viele Frauen sind Herren ihrer selbst geworden, verschmähen die Männer, weigern sich, Kinder zur Welt zu bringen, und verletzen damit ihre ‚gottgegebene' und ‚natürliche' Bestimmung, die sich in der Beschaffenheit ihrer Körper ausdrückt. Da die Mehrheit der Frauen *kein*

unabhängiges Leben führen *sollte,* muß die große Anzahl von Frauen, die das heute tut, ein loses, d. h. unkeusches und wollüstiges Leben führen."

Nicht nur Luther, auch die vielen Angreifer, die ihm folgten und ihm vorausgingen, waren von der Furcht erfüllt, daß zu viele Frauen tatsächlich „ihre eigenen Herren" würden. Aus den Angriffen auf die Jungfräulichkeit wird ganz besonders deutlich, daß die Verleumder Jungfräulichkeit in einer wesentlich weiteren als der rein sexuellen Bedeutung verstanden. Als geheiligter Status, der ein „eheloses Leben" legitimierte, trug die Jungfräulichkeit den Keim zu weiblicher Unabhängigkeit, Integrität und Intimität in sich, womit Frauen die Freiheit von den Männern und männlichen Befehlen erlangen würden.

Die katholischen Kleriker und Kritiker hatten schon seit Jahren Angriffe gegen das unabhängige Leben der Nonnen geführt. Die protestantische Reformation begründete ihre Angriffe mit der Jungfräulichkeit der Nonnen, in der sie das eigentliche Symbol ihrer Liederlichkeit sah. Das ist die uralte hetero-bezogene Taktik, nämlich die Jungfrau — sie, die von Männern unberührt ist — zur Prostituierten zu machen, genau zu der Frau, die von Männern ausgeplündert, erobert und ständig benutzt wird. Aus diesem Blickwinkel sind alle unverheirateten Frauen unmoralisch. Wieder einmal wurde die Gefährtin anderer Frauen als die sexuelle Gefährtin von Männern (hetaira) dargestellt. Eine ungebundene Frau, die in einer von direkten Bindungen an Männern freien Frauenwelt lebt, wird zur losen Frau, die in eine direkte Abhängigkeit von Männern und männlichen Gelüsten gesetzt wird. Frauen, die nicht an Männer gebunden sind, werden zu unmoralischen Frauen.

Von den Reformatoren wurden jedoch auch neue Begründungen für den Angriff auf eine Tradition weiblichen Mönchstums gefunden und untermauert. Lina Eckenstein bezeichnete diese weibliche Tradition als Erbe des unabhängigen Geistes und der Handlungsfreiheit, die bereits lange davor, nämlich im „ausgehenden Heidentum, also in vorchristlichen Zeiten" unter Frauen herrschten. Eckenstein sieht die Entwicklung religiöser Frauengemeinschaften im frühen Christentum, besonders bei den germanischen Völkern, in Zusammenhang mit vorchristlichen Göttinnen-Traditionen.

„In Erinnerung an eine Unabhängigkeit, die sie in vergangenen Zeiten hatten, und zugleich aus dem Wunsch nach Leitungsfunktionen (Führerschaft) heraus waren viele Frauen dagegen, sich dem Leben innerhalb der Familie als Ehefrauen und Mütter zu den von Männern aufgestellten Bedingungen zu unterwerfen. *Es existierten noch Tendenzen aus früherer Zeit, die noch nicht unterdrückt worden waren und die einen Verlust der Freiheit wesentlich schwerer wiegen ließen als die Vorteile (sic) des Ehelebens. Die Kraft dieser Tendenzen zu begreifen heißt, Einblick in die Elemente zu bekommen, die nunmehr von den Klöstern absorbiert wurden.*"[2] (Hervorhebung J. R.)

Mit Beginn des Christentums und dem Untergang dessen, was Eckenstein „Heidentum" nennt, verschwinden beherrschende weibliche Figuren fast völlig. Frauen hatten keinerlei intellektuelle, politische oder gesellschaftliche Macht mehr. So wurde das Kloster zum Zufluchtsort vieler Frauen, die sich noch immer nach dieser Macht und Unabhängigkeit sehnten. Das Kloster bot Möglichkeiten, von denen die meisten Frauen dieser Zeit nur träumen und die sie niemals realisieren konnten. Wie Eileen Power schreibt: „Konnten sie (die Nonnen) im Klosterleben ihr Organisationstalent bei der Führung einer Gemeinschaft und im Management der Haushaltsführung und des Landbesitzes nutzen; es gestattete den Frauen eine Bildung, die lange Zeit wesentlich besser war als die, die sowohl Männer als auch Frauen außerhalb des Klosters genossen."[3]

Die Nonne führte die Tradition der losen Frau, d. h. der unabhängigen Frau, wie sie mit einer heidnischen und gottlosen Zeit verbunden wurde, fort. Daher wurde weibliche Autonomie und Absonderung von Männern als heidnisch und gottlos angesehen. Die männliche Hierarchie befand sich im Dauerkonflikt mit dem unabhängigen Geist, der für viele Frauen der Anlaß war, ins Kloster zu gehen. Eckenstein stellt fest, daß die Unterscheidung in gute/schlechte Frau schon vor der Einführung des Christentums entstand.

> „Sie entstand, als das Zeitalter der Mütter in das Zeitalter der Väter überging, als abhängig gemachte Frauen immer mehr vom Hauswesen absorbiert wurden, während die Situation für die Frauen draußen, die der Unterwerfung entweder widerstanden oder aus ihr flüchteten, zunehmend schwieriger und ihre Unabhängigkeit immer stärker durch Verleumdungen diskriminiert wurden."[4]

Das Christentum akzeptierte dann diese Unterscheidung und gab ihr neues Leben; es versuchte, die Frauen zu zwingen, innerhalb der von ihm gesteckten Grenzen zu leben, und brachte daher die Unabhängigkeit von Frauen in Verruf. Das Christentum domestizierte jene alte Tradition der unabhängigen Frauen, die die Frauen in die Klöster zog: Die Regeln und die Lebensbedingungen der Nonnen sowie ihre Möglichkeit, sich frei in der Welt zu bewegen, wurden eingeschränkt. Die frauen-zugewandte Integrität der vorchristlichen unabhängigen Frauen wurde ebenfalls transformiert, indem die Nonne in Liturgie und Gebet symbolisch als „Braut Christi" heterosexualisiert wurde.

Die Zähmung der Nonnen geht Hand in Hand mit der Tatsache, daß im Christentum alle unverehelichten Frauen in ein und dieselbe Kategorie gesteckt wurden. Besonders im späten Mittelalter stieg die Zahl der losen Frauen enorm an. Steuerunterlagen können wir entnehmen, daß eine beträchtliche Zahl unabhängiger Frauen Steuerzahlungen leisteten: „Eine Haus-zu-Haus-Inspektion in Frankfurt aus den Jahren 1354 bis 1463 zeigte, daß unabhängige, d. h. unverheiratete Frauen ein Sechstel bis ein Viertel aller Steuerzahler darstellten."[5] Viele lose Frauen spielten eine Rolle im Leben des Hofes und der Stadt. Andere waren erwerbstätig, wenn auch gegen den erheblichen Widerstand der Männer.[6] Viele verdienten ihren Lebensunterhalt als Händlerinnen auf dem Markt. Einige gründeten einen gemeinsamen Haushalt, was zu kooperativen Arrangements und Frauenorganisationen führte.

Speziell die Beginen sind ein frauen-zugewandter Beweis für die Geschichte der losen Frauen. Sie sammelten sich überall in Europa, speziell in Flandern, wo viele ihrer bemerkenswerten Wohnsiedlungen noch vorhanden sind.[7] Dayton Philipps schätzt, daß in Straßburg die Gemeinschaft der Beginen und der unabhängigen Frauen, die sich um sie sammelten, mindestens 10 % der Stadtbevölkerung ausmachten.[8] Obgleich die kirchlichen Autoritäten dies nicht schätzten, wuchsen die Beginen-Gemeinschaften weiter. Die Bewegung breitete sich „wie eine Anstekkung" aus. Im 13. Jahrhundert bezeichnete Matthew Paris das rapide Wachstum der Bewegung als eines der Wunder dieses Zeitalters.[9] Zur Mitte jenes Jahrhunderts gab es Beginen in fast jedem städtischen Gebiet in Europa.

Als religiöse Gruppe, ohne Gelöbnis und außerhalb der anerkannten religiösen Frauenorden, stellten die Beginen eine immense Gefahr für die kirchliche Hierarchie dar. Sie hielten häufig Frauentreffen ab, auf denen Theologie und Spiritualität ohne die Vermittlung durch Priester diskutiert wurden. Feindselige Kirchenmänner rügten ihren Durst nach theologischem Wissen mit dem Hinweis, das Studium der Theologie sollte auf Kleriker beschränkt sein. Die Beginen bemühten sich nicht um kirchliche Anerkennung, bezeichneten sich jedoch selbst als religiöse Frauen.

Die Beginenbewegung unterschied sich von allen vorangegangenen religiösen Frauengruppen dadurch, daß „sie von Grund auf eine Frauenbewegung war und nicht nur ein weibliches Anhängsel an eine Bewegung, die ihren Impetus, ihre Ziele und ihre wesentliche Unterstützung Männern verdankte".[10] Diese Bewegung folgte keinen kirchlichen Lebensregeln. Sie bemühte sich weder um eine Anerkennung durch Rom noch um Unterstützung oder Förderer. Die Mehrheit ihrer Mitgliederinnen kam aus den unteren Klassen und lebte von eigener Hände Arbeit. In den Städten, in denen sie lebten, mißbilligten viele Menschen die Freiheit, derer sich die Beginen erfreuten. R. W. Southern, ein Kirchenhistoriker, drückte es so aus: „Gemeindepriester, die Gemeindemitgliederinnen an die Beginenhöfe verloren, Väter, die Töchter verloren, Männer, die sich über die Frauen, die ihnen weggelaufen waren, ärgerten − sie alle waren Feinde der Beginen."[11] Und die Bischöfe waren der Ansicht, Frauen würden deshalb Beginen, damit sie dem Gehorsam gegenüber den Priestern und „dem Zwang der Ehebande" entfliehen konnten.[12]

Die Bindung der Beginen untereinander war nicht durch die unauflöslichen Versprechen religiöser Gelübde besiegelt. Doch zeigte sich ihre Bindung deutlich in der Art, wie sie miteinander umgingen. Dayton Phillips, der die Testamente und Erklärungen der Beginen in Straßburg untersuchte, zeigte auf, daß ein ganzer Stadtteil von Frauen bewohnt war, die miteinander in den Häusern lebten, Häuser an andere Frauen vermieteten, ihre Besitztümer anderen Beginenfreundinnen vermachten und sicherstellten, daß bei Auszug oder Tod von Mieterinnen wiederum Beginen einziehen konnten. Die Beginen wurden häufig zum Zentrum für größere Gruppen loser Frauen.

Wie stets bei losen Frauen, wurde auch hier die Kirche tätig, um ihre Freiheit einzuschränken. Das Wiener Konzil 1311 verdammte die Lebensform der Beginen. Bald darauf ergriffen viele Städte Maßnahmen, um die Beginenhöfe aufzulösen, doch wurde dieses Ziel erst zu Beginn des fünfzehnten Jahrhunderts wirklich erreicht. Einige Frauen lebten bis Ende des achtzehnten Jahrhunderts weiter in einer modifizierten Form von Beginentum. Andere traten in anerkannte religiöse Orden ein. Und Rufus Jones zufolge waren viele andere, die „der Grundlage ihres Beginenlebens beraubt und ohne jeden Lebensunterhalt auf die Straße gesetzt und denen das Betteln verboten worden war, gezwungen, entweder Hungers zu sterben oder Ehemänner zu finden oder auf das Leben der Prostitution hinabzusinken".[13]

Durch die Intoleranz gegenüber unabhängigen Frauen, wie den Beginen, schuf die Kirche ein Klima, in dem einige Frauen zur tatsächlichen Prostitution gezwungen wurden. Das war dann für die Kirche die endgültige Bestätigung, daß sie mit ihrer Definition, alle losen Frauen seien unzüchtig, also Prostituierte, recht hatte. Eckenstein behandelt diesen Punkt:

> „Die losen oder ungebundenen Frauen der Vergangenheit sind nach Herkommen und Lebensstil sehr unterschiedlich; werden sie unter dem Begriff Prostituierte zusammengefaßt, dann gibt das ein falsches Bild ihrer Stellung verglichen mit Frauen in anderen Lebensbereichen. Wenn wir sie überhaupt als eine Kategorie bezeichnen wollten, dann haben sie nur eines gemeinsam: daß sie sich nichts aus Familienbanden machen."[14]

Einige lose Frauen waren Prostituierte, doch die große Mehrzahl war es nicht. Die meisten waren alleinstehende, nicht an Männer gebundene Frauen. Da jedoch die gute Frau entweder die Ehefrau/Mutter oder dann die domestizierte Nonne war, wurde die ehelose Frau der Kategorie der Hure zugeordnet.

Auch in der Etymologie des Wortes *nun* (Nonne) des *Oxford English Dictionary* finden wir als eine der Definitionen des Wortes *nun* „eine Kurtisane", mit dem Zusatz, dies sei die „übertragene Bedeutung". Interessanterweise gibt uns das Lexikon als Beispiel der Verwendung dieses Wortes die folgende Quelle an: „1766 Foote, Lame Lover I. Wks. 1799, II, 60: Eine in der Stadt wohlbekannte Äbtissin mit einer smarten kleinen Nonne in ihrem Gefolge."

Noch interessanter ist, daß der Historiker Friedrich in seiner Untersuchung über die Anfänge des Klosterlebens in Augsburg die Niederlassung der Afra und ihrer Gefährtinnen erwähnt. Diese Frauen, die zu Beginn des vierten Jahrhunderts zum Christentum bekehrt worden waren, wurden Nonnen und errichteten eine Stiftung in Augsburg für Frauen gleicher religiöser Überzeugung. Vor ihrer Konversion soll Afra jedoch „mit drei Gefährtinnen ein übelbeleumdetes Haus unterhalten" haben.[15] Einige Zeit nach ihrer Bekehrung starben Afra und ihre drei Gefährtinnen ihres Glaubens wegen den Märtyrertod, und Afra wurde als christliche Heilige kanonisiert. Alle Heiligen wurden Schutzpatrone/Schutzpatronninen einer bestimmten Sache oder Lebensform, so auch Afra. Sie wurde zur Schutzpatronin des Hetärentums ernannt[16], wahrscheinlich, weil sie nach den Vorstellungen der Kirche ein Beispiel für all die vielen losen Frauen sein könnte, die unter dem Oberbegriff Prostituierte zusammengewürfelt wurden und die die Kirche in Klöstern unter ihre Kontrolle bringen wollte.

Die Kirche benutzte das Vorbild der Kaiserin Theodora, die „in Erinnerung an ihr eigenes frühes Schicksal" Dirnen in sogenannten „Reue-Klöstern" zusammenbrachte, um sie einem anderen Leben zuzuführen.[17] Derartige kirchliche Bemühungen wurden bis ins späte Mittelalter hinein fortgesetzt. „Viele Versuche wurden unternommen, um die Prostituierten, von denen es im Mittelalter nur so wimmelte, zu retten. Im dreizehnten Jahrhundert gab es für sie den Orden der heiligen Maria Magdalena und im vierzehnten Jahrhundert unterhielten mehrere Städte Häuser für *sorores de penitentia* (wörtlich übersetzt: Häuser für reumütige Schwestern).[18] Frauen, die diesen Orden nicht beitraten, wurden ständig aufgefordert, sich für eine beträchtliche Zeit der „Bekehrung" dort aufzuhalten.

> „Um diese bekehrten Frauen wieder auf den Heiratsmarkt zu bekommen, wurde der Anreiz (und das ist ein weiteres Indiz, daß Anreize für Männer notwendig waren) in der Verordnung geschaffen, daß für keinen Mann die Ehe mit einer dieser Frauen einen Makel seiner Ehre noch irgendwelche Einschränkungen seiner Rechte als Zunftmitglied nach sich ziehen sollte. Und wenn seine neue Frau wieder auf Abwege geriete, dann sollte sie ertränkt werden."[19]

Da jeder ungebundenen Frau der Ruf einer Prostituierten angehängt wurde, ist die Kategorie letztlich bedeutungslos. Der Kirche entging, daß die losen Frauen, die in Frauenklöster eintraten und dort blieben, ihre Tradition der Ungebundenheit ins Klosterleben hineintrugen. Und häufig fand die gebesserte *hetaira* (die sogenannte Prostituierte) im Kloster ihren „originären Impuls" zum Hetärentum in der Schwesterlichkeit ihrer Gefährtinnen. So sollten wir beispielsweise im Fall Afra beachten, daß sie, obgleich sie ihr angeblich übelbeleumdetes Leben aufgab, ihre Gefährtinnen bei sich behielt. Viele lose Frauen, die sich zum Christentum bekehrten und in „Klöstern der Reue" Aufnahme fanden, taten dies zusammen mit Scharen von Frauen, die sie „in einem anderen Leben" gekannt hatten. Damit erschufen sie die Bedeutung und die Realität des Hetärentums neu und stellten seine ursprünglichste und frauenidentifizierte Bedeutung wieder her. Sie errichteten in ihren Klöstern eine Hetärokratie beziehungsweise eine Regel der Gefährtinnen.

Ich bin der Meinung, daß die Geschichte der Nonnen und des Klosterlebens eine Hetärokratie, eine Regel der Gefährtinnen ist. Sie ist sicher keine glatte und unverfälschte Geschichte von Frauenfreundschaft. Dennoch ist es eine Geschichte, die in der Genealogie der Frauen-Zuwendung nicht fehlen darf.

Auch ist das Kloster ein Ort, an dem Frauenfreundschaft unter der Ägide der Schwesterlichkeit über lange Zeiträume hinweg institutionalisiert wurde. Wir finden dort eine Situation, in der Frauen ihr Leben in erster Linie mit Frauen verbrachten, den größten Teil ihrer Energie und Aufmerksamkeit Frauen zuwandten und starke Gefühlsbindungen zueinander entwickelten — so stark, daß diese Frauen-Zuwendung auch in der Welt außerhalb des Klosters wirksam wurde.

„Heute sind sie die größte Gruppe ‚berufstätiger' Christinnen in der Welt; ihre Zahl beträgt mehr als eine Million — die meisten römisch-katholisch, eine beträchtliche Anzahl jedoch orthodox oder anglikanisch. Sie sind eine echte internationale Gruppe, und mit Ausnahme von China (möglicherweise, wir wissen nichts von dort) sind sie in jedem Land der Welt anzutreffen."[20]

Diese Genealogie soll keinesfalls die Nonnen als Musterbeispiele von Frauenfreundschaft romantisieren. Ich habe selbst zwölf Jahre meines Lebens in einer religiösen Gemeinschaft von Frauen verbracht und aus erster Hand die Ambivalenzen und Komplikationen von Frauen-Zuneigung in diesem Zusammenhang erlebt — schon allein deshalb wäre es für mich schwierig, Frauenfreundschaft in Klöstern zu glorifizieren. Jedoch erlebte ich dort wirklich einen Reichtum an Freundschaft. Und dies, so meine ich, kann Erforscherinnen von Frauenfreundschaft als kraftspendendes Beispiel dienen — trotz aller Widersprüchlichkeiten.

### Die Regel der Gefährtinnen

Männer werden seit jeher als Arbeitskameraden dargestellt, denn das Männerbündnis ist angeblich die Folge eines gemeinsamen und männlichen Engagements an einer bestimmten Aufgabe. Doch auch Frauen haben seit jeher durch gemeinsame Aufgaben zusammengefunden – bei der Kinderbetreuung, beim Quilt-Nähen, bei der Errichtung von Frauenzünften im Mittelalter und in vielen Kulturen bei der Aufsicht über die Wochenmärkte. Es wurde lange Zeit übersehen, daß Frauen „die Liebe dort finden, wo sie arbeiten". Da mußte erst Havelock Ellis kommen und, angesichts der Verbindung von Feminismus und Lesbianismus, schreiben, daß das eine oft zum anderen führt:

> „... Nachdem sie gelernt haben, von Männern unabhängig zu sein und die alte Theorie zu verabscheuen, wonach der Ort der Frau das mit Schutzwällen umgebene Heim ist, wo sie nach einem Mann seufzt, der niemals kommt, entwickelt sich die Tendenz, daß Frauen diese Unabhängigkeit weiter ausdehnen und Liebe dort finden, wo sie arbeiten."[21]

Die Regel der Gefährtinnen gründet sich auf eine Vorstellung von spiritueller Freundschaft, die die Bedeutung von Zuneigung weiter ausdehnt. Sie hat Frauen mit dem Geist anderer Frauen bewegt, beeinflußt, beeindruckt. Nonnen wirkten in der weitergefaßten Bedeutung von Frauen-Zuneigung aufeinander ein. Sie beeinflußten den Verlauf und die Geschichte von Christentum, Politik, Erziehung, Kultur und Gesellschaft im allgemeinen.

In der Absicht, eine ganze Klasse loser Frauen zu unterdrükken, versuchte das Christentum, ihnen in Klöstern und Konventen einen kontrollierten Ort zu schaffen. Frauen in Klöstern wurde eine „ehrbare Unabhängigkeit" zugeschrieben. Und seit Beginn weiblichen Klosterlebens versuchten männliche Kleriker zu definieren und einzugrenzen, was eine „unehrbare Unabhängigkeit" sei, die euphemistisch als weibliche „Unbescheidenheit" oder als „unrechtmäßige Inanspruchnahme männlicher Vorrechte" definiert wurde. Anfänglich war diese Kontrolle weniger direkt als in späteren Zeiten. Vom siebten bis zwölften Jahrhundert erleben wir eine Blütezeit der Frauenklöster und eine wachsende Macht von Nonnen und Äbtissinnen im intellektuellen, politischen und spirituellen Bereich. Fast fünf Jahrhunderte lang bewiesen die Macht und die Leistungen vieler Nonnen, daß eine von Frauenwillen getragene, frauendefinierte Unabhängigkeit nicht niedergemacht werden konnte. Diese frühen Nonnen haben in der Tat die Vorrechte früherer unabhängiger Frauen eingefordert.

Anfänglich verließen viele verheiratete Frauen ihre Ehemänner, um Niederlassungen von Frauen einzurichten und zu leiten. Sehr viele kamen aus königlichen und aristokratischen Kreisen und brachten den Reichtum mit, der zur Finanzierung solcher Unternehmungen notwendig war. Viele wurden von weiteren Frauen begleitet — Töchtern, Schwestern, Nichten und Freundinnen —, die die von ihnen gegründeten Gemeinschaften bevölkerten.

Man hat viel Wesens von der Tatsache gemacht, daß die Konvente der geeignete Ort waren, wohin Königshäuser Töchter abschieben konnten, die wegen ihrer Unattraktivität, wegen Krankheit oder sogar aus politischen Gründen nicht zu verheiraten waren. Es wurde auch allgemein angenommen, daß sehr viele Frauen zum Klosterleben gezwungen und dort — oft ihr ganzes Leben lang — gegen ihren Willen festgehalten wurden.

Ein umfangreiches Schrifttum, einschließlich Schriften der Reformation, hat diese Ansicht später bekräftigt — eine Ansicht, die häufig von der allgegenwärtigen Darstellung von Nonnen als verbitterte, geschlechtslose, kranke und kümmerliche Frauen begleitet war. ,,(Der Konvent) ist vor allem ein Hafen für zerbrochene Leben, das fast obligatorische Asyl für Frauen, die Pocken gehabt hatten, eine heute fast vergessene Krankheit, die damals fast ein Viertel der Frauen entstellte.''[22]

Erklärungen von mehr wissenschaftlichem Charakter schreiben die große Anzahl von Frauen, die besonders im Mittelalter ins Kloster gingen, dem Frauenüberschuß in Europa zu (im späten Mittelalter kamen in manchen Gegenden 92 Frauen auf einen Mann, in anderen bis zu dreiundachtzig).[23] Die Hetero-Wissenschaft beschreibt diese Frauen als männerlos. Für diese Ansicht steht John McNeill: ,,Die Kreuzzüge hatten viele junge Männer außer Landes geführt, so daß viele Frauen zu Witwen wurden oder dazu verdammt waren, alte Jungfern zu werden.''[24] Es scheint demnach, als hätten diese etablierten Frauenorden dem Frauen,,überschuß'' eine natürliche Bleibe geboten und, wenn notwendig, neue Gemeinschaften für die steigende Anzahl von Frauen, die eintreten wollten, geschaffen.

Bei diesen Erklärungen werden einige Tatsachen übersehen. Im späten Mittelalter schrien viele Frauen danach, in Klöster eintreten zu dürfen.[25] Doch gab es zu wenige Frauenklöster, und viele waren sehr exklusiv. Viele Frauen verlangten neue Frauengemeinschaften, hatten sich zunächst etablierten männlichen Orden angeschlossen, doch versuchten, nach und nach die Anerkennung als eigener Frauenorden zu erlangen. Als Reaktion auf diese Wünsche erließ das Vierte Laterankonzil 1215 eine Verordnung, daß keine neuen Orden gegründet werden sollten und neue religiöse Gemeinschaften innerhalb der Regel eines anerkannten Ordens einzurichten seien.

„Einige Historiker glauben, die Beginen seien eine natürliche Folge der Weigerung der Männerorden im 12. und 13. Jahrhundert, Frauenklöster einzurichten. Nach dieser These waren die Beginen *keine Frauen, die nicht heiraten konnten, sondern Frauen, die nicht ins Kloster eintreten konnten.*"[26] (Hervorhebung J. R.)

Das Kloster war daher für viele Frauen ein attraktiver Ort. Wer die Geschichte der Frauenorden studiert, kann sich der Erkenntnis nicht entziehen, daß der Hauptgrund für diese Anziehungskraft die Unabhängigkeit und der Reichtum intellektueller, spiritueller und politischer Angebote war, die das Kloster für Frauen bereithielt, die dazu außerhalb der Konvente keinen Zugang hatten. „Die Karriere, die sowohl in England als auch auf dem Kontinent den Klosterinsassinnen offenstand, war größer, als sie jemals in der modernen europäischen Geschichte Frauen eröffnet wurde."[27]

Es war ein gewalttätiges Zeitalter. Frauen wurden besonders zu Ausgang des Mittelalters schlecht behandelt. Überall herrschte häusliche und politische Gewalt. Die Kirche billigte, daß Frauen geschlagen wurden. Viele Frauen, die Stolz und Selbstachtung besaßen, konnten dem Eheleben nichts abgewinnen. Im Klosterleben konnten sie diesen Stolz und diese Selbstachtung für einen höheren Zweck leben — für Gott und was als „das Werk Gottes" angesehen wurde.

Männer führten nicht nur einen Krieg gegen Frauen, sie führten generell Krieg. Viele Männer blieben, da sie ständig mit Kriegführen beschäftigt waren, grob und ungebildet. Sogar bei Aristokraten wurde es nicht als Schande angesehen, Analphabeten zu sein, wenn sie nur in den „Künsten" des Krieges bewandert waren. Kultur und Bildung wurden mehr und mehr zur Domäne der Klosterfrauen. Die Frauen des Adels waren auf ihr Haus beschränkt, von jedem Austausch mit Frauen ihres Alters und Standes sowie von den Möglichkeiten intellektueller Entwicklung abgeschnitten. In diesem Kontext hatten die Klöster eine enorme und unabhängige Anziehungskraft für Frauen.

Das Kloster gehörte auch zu den wenigen weiblichen Institutionen, bei denen ältere Frauen Lehrerinnen und besonders

Mentorinnen für jüngere Frauen wurden, die sich zu ihrer Gemeinschaft des Lebens und Lernens hingezogen fühlten. Viele dieser Frauen kamen sehr jung in die Klöster. Einige verließen sie später wieder, doch viele blieben und wurden ständige Mitglieder der Gemeinschaft.

Am wichtigsten ist jedoch, daß Frauenklöster eine „Gemeinschaft von Gleichen" boten. Hier lebten Frauen, die sich der Wissenschaft und den Künsten widmeten, in dauernder Gemeinschaft. Daß Frauen stets füreinander da waren, den gleichen Aufgaben verpflichtet und durch göttliche Motive legitimiert, schuf ein reiches Gemeinschaftsleben. Von spiritueller Freundschaft angespornt, kultivierten Frauen das Leben des Geistes, das Leben der Seele und sogar das Leben der *Polis*.

Dieses Element des unabhängigen Hingezogenseins zu Frauen und frauendefinierter Lebenszusammenhänge lassen die Hetero-Erklärungen zu den eigenständigen Frauengemeinschaften stets außer acht. Freilich herrschte, gemessen an einem normativen Geschlechterverhältnis, im Mittelalter Männermangel. Dieser Mangel kann jedoch auf eine weit frauen-bereichernde Weise interpretiert werden als lediglich in den Theorien über „vom Mangel betroffene" Frauen, die den „Überschuß" an „nicht verheiratbaren" Frauen betonen. Statt dessen kann er als ein wichtiger Faktor zur Schaffung der Bedingungen für die Unabhängigkeit von Frauen und ihre Zuneigung zueinander verstanden werden.

„In Gesellschaften mit Frauenüberschuß stellen die Frauen den Wert der Ehe in Frage — und das ist durchaus verständlich, wenn wir noch den häßlichen Konkurrenzkampf, die gesellschaftlichen und ökonomischen Nachteile, die eine Ehe für sie bedeutet, sowie das Widerstreben und die Misogynie der Männer zu diesen abstoßenden Faktoren hinzuzählen... In diesen Gesellschaften versuchen einige Frauen, sich mit allen im kulturellen Kontext möglichen Mitteln eine wirtschaftliche und soziale und sexuelle Existenz außerhalb der traditionellen Rolle der Frau und Mutter zu schaffen. Damit geraten sie in direkte Konkurrenz mit Männern, eine Konkurrenz, die die Männer von Herzen verabscheuen und die wiederum zur männlichen Misogynie beiträgt. Wenn Frauen sich neue Rollen zu schaffen versuchen, geben sie ihre Konflikte und Kämpfe in Sprache und Schrift wieder. Sprecherinnen treten auf, Frauen sind nicht länger sprachlos."[28]

Diesen Worten fehlt immer noch die Betonung der unabhängigen Anziehungskraft, die Frauen aufeinander haben, doch sie geben im Gegensatz zu denen, die durch das Geschlechterverhältnis voreingenommen sind, eine mehr frauen-ausgerichtete Analyse.

Sehr viele Frauen fühlten sich aus persönlichen frauen-definierten Gründen zum Klosterleben hingezogen. In der ersten Zeit der Frauenklöster kamen diese Frauen vor allem aus der Oberschicht und der Aristokratie. Ihre zum Teil überlieferten Biographien bezeugen, daß sie sowohl persönlich als auch gesellschaftlich den Lebensstil ihrer Schicht ablehnten. Viele entschlossen sich, ihre aristokratische Herkunft zu verleugnen, und fanden ihren Reichtum im Armutsgelübde. Für viele war dies eine revolutionäre Geste. Da in dieser Zeit die Religion im Mittelpunkt des täglichen Lebens stand, konnten die Frauen verständlicherweise ihren Kampf um Unabhängigkeit und Befreiung nur in Verbindung mit dieser sehen.

Später zogen jedoch die gleichen Gründe, die Frauen der Oberschicht in die Klöster getrieben hatte, auch Frauen der untern Schichten an. Das Kloster wurde zum natürlichen Lebensraum für Frauen, die keine Neigung hatten zu heiraten, die sich von der Unabhängigkeit für Frauen und der Gemeinschaft mit anderen Frauen angezogen fühlten, und für solche, die Begabungen ausleben und sich Betätigungen hingeben wollten, die ihnen in der säkularen Welt nicht gestattet waren. Die Krise, entstanden aus der Notwendigkeit, die Zahl der Frauenorden zu vergrößern, die schließlich zu dem 1215 erlassenen Verbot von Neugründungen führte, ist auf den Andrang von Frauen der Unterschicht zurückzuführen.

> „Gegen die große Zahl von Frauen, die in die Orden eintreten wollten, erhob sich eine starke Anti-Frauen-Reaktion. ‚Man glaubte, daß Frauen zwangsläufig zur Disziplinlosigkeit beitragen würden... Man meinte auch, daß Frauen für alle Formen religiöser Prophetie empfänglich und in ihren Beziehungen zu ihren Leitern oder Vorgesetzten völlig ungehemmt seien.'"[29]

Doch worin bestand eigentlich genau die spirituelle, intellektuelle und politische Anziehungskraft des Klosterlebens? Die Auswahl an Fächern, die beispielsweise in sächsischen Klöstern gelehrt wurden, war groß. Religiöse und klassische Literatur, Spinnen und Weben gehörten dazu. Wir haben auch Hinweise auf rechtswissenschaftliche Studien, eine Prinzessin Sophie soll auf diesem Gebiet so gut gewesen sein, daß sie sich in Disputationen mit Gelehrten begab und diese erfolgreich bestand. Viele der bekannteren Frauenklöster — besonders Herford, Gandersheim und Quedlinburg — wurden kulturelle und wissenschaftliche Mittelpunkte.

Durch Roswitha (Hrotswith), eine Nonne im Kloster zu Gandersheim, wurde ihr Kloster für seine hervorragende Bildung und Schauspielkunst berühmt. Sie nimmt eine einzigartige Stellung in der Geschichte der Klosterfrauen ein und ist wegen ihres außergewöhnlichen literarischen Genies berühmt. Sie schrieb Legenden, und ihre Arbeit auf diesem Gebiet wird als der erste Bericht in Versen über einen Pakt mit dem Teufel angesehen — somit ein Vorläufer der vielen Versionen der Faustlegende.[30] Am bekanntesten wurde sie jedoch wegen ihrer dramatischen Arbeiten, die ursprünglich für ihre Gefährtinnen im Kloster geschrieben worden waren. Seit den klassischen Komödien wurden bis zur Zeit der mittelalterlichen Mysterienspiele keine Theaterstücke außer denen Roswithas geschrieben.[31] Bei ihren Dramen arbeitete Roswitha nach dem Vorbild des klassischen Dramatikers Terenz, doch kehrte sie seine antifeministischen Themen ganz bewußt um. Während in den Stücken des Terenz die Schwäche und Verführbarkeit der Frauen dargestellt wird, war Roswithas Thema die Durchsetzungskraft der Frauen, besonders ihre moralische Standhaftigkeit und ihre Widerstandskraft gegenüber dem Bösen.

Die religiösen Siedlungen der Frauen wurden auch zu Zentren der Kunst und des Kunsthandwerks. Dort wurde die Buchmalerei kultiviert. Manuskripte wurden abgeschrieben, und die Bedeutung der Klöster als Zentren der Kultur maß sich am Bestand ihrer Bibliotheken. Frauen erlangten eine hohe Vollendung in der Kunst der Kalligraphie und der Miniaturen. Nach dem Kunst- und Kirchengeschichtler F. Bock „waren es die Frauenklöster, in denen die Kunst der Muster sowie die Technik des Webens zur höchsten Vollendung gebracht wurden".[32] Das Weben von Kirchenvorhängen und Besticken von Altardecken, Priesterkleidung und Bezügen für Kirchenmöbel war die Arbeit der Nonnen. Die Nonnen waren zum einen *Spinsters* (alte Jungfern) im Sinn von ungebundenen, unabhängigen Frauen, zum anderen aber auch im ursprünglichen Sinn dieses Wortes „eine Frau, deren Arbeit das Spinnen ist".[33]

Eine der ersten Äbtissinnen, die sowohl intellektuelle als auch politische Macht besaßen, war Hilde (Hild) Withby in Britannien. Vor ihr und ihren Nachfolgerinnen rangierten in Würde und Bedeutung nur Bischöfe. Einige dieser Äbtissinnen vertraten sogar den Herrscher in Zeiten seiner Abwesenheit. Könige und Prinzen suchten ihren Rat. Als unabhängige Landbesitzerinnen, denen die Rechtsprechung über große Ländereien und die Menschen, die dort arbeiteten, oblag, waren sie Peers* und Arbeitgeberinnen. Zu einer Zeit, in der das Feudalsystem streng und unterdrückerisch war, waren die Gebiete, in denen Äbtissinnen herrschten, für die gerechte Behandlung ihrer Siedler und Arbeiter bekannt. Äbtissinnen hatten wie jeder andere Grundbesitzer ihre Leibeigenen, doch sie verhielten sich anders als der typische feudale Lord.

Withby war ein Doppelkloster, dort lebten Männer und Frauen in getrennten Bereichen. Hilde stand dem gesamten Komplex vor. Die Ursprünge des Doppelklosters sind unbekannt. Zwar wurden sie von den späteren Reformatoren als Pfuhl heterosexueller Lust und Unmoral bezeichnet, doch wurden sie wahrscheinlich aus Gründen des Schutzes[34] eingerichtet, oder um den Nonnen bei ihrer schweren Feldarbeit zu helfen und ihnen priesterliche Betreuung zuteil werden zu lassen.[35] Viele dieser Klöster — besonders im angelsächsischen England des siebten und achten Jahrhunderts — wurden von Frauen geleitet. Die Historikerin Eleanor McLaughlin schreibt, daß „diese weibliche Führerschaft bei Zeugen wie Bede keineswegs als ungewöhnlich angesehen wurde".[36]

Hilde war die bekannteste englische Äbtissin. Unter ihrer Regentschaft stand die berühmte wissenschaftliche und künstlerische Periode keltischen Klosterwesens, in der die „Lindisfarne Gospels" und das „Book of Kells" entstanden. Sie war selbst eine große Gelehrte, die Frauen und Männer ausbildete, wenn sie auch eher durch ihre männlichen Schüler berühmt wurde, die in Wissenschafts- und Verwaltungsposten einrückten, welche Frauen nicht offenstanden. Die Erinnerung an Hilde blieb auch deshalb lebendig, weil sie viele biblische Erzählungen aus dem Lateinischen in die Umgangssprache übersetzte, da sie erkannt hatte, daß die Menschen in einer ihnen vertrauten Sprache lernen mußten.

Die Frauenklöster und die ihnen vorstehenden Äbtissinnen übten eine enorme politische Macht aus.

---

* Engl. Adlige, die einem der oberen fünf Adelsränge angehören; Mitglieder des Oberhauses.

„... Im zehnten Jahrhundert saßen in England vier Äbtissinnen als Peers im Parlament. Dieser Status verlieh ungeheure Macht. Im Amt des Feudalherren hatten sie das Recht, den Bann zu sprechen, ihre Kontingente bewaffneter Ritter in den Krieg zu schicken, im Gericht Recht zu sprechen und in Deutschland (wie in England) zur königlichen Tafel geladen zu werden. Einige deutsche Äbtissinnen hatten sogar das Recht, Münzen zu prägen."[37]

Als weltliche Herrscherin über große Ländereien hatte die Äbtissin die Aufsicht über viele Meilen Landes. Sie hatte die Pflichten und Privilegien eines Barons, der seine Ländereien vom König übernommen hatte. So war die Äbtissin von keiner anderen politischen Instanz abhängig.

In der Frühzeit des Mittelalters hatten die Äbtissinnen kirchliche Vorrechte, die später nur auf männliche Klöster beschränkt waren. Einige Äbtissinnen, besonders die von St. Cäcilien in Köln, konnten über männliche Kleriker Recht sprechen und sie des Amtes entheben. Es wird berichtet, daß den Äbtissinnen von Conversano in Italien bei ihrer Einsetzung die traditionelle Huldigungszeremonie durch den gesamten Klerus ihres Bezirks zuteil wurde. Bei dieser Zeremonie mußten sich die Männer vor der Äbtissin zu Boden werfen und ihre Hand küssen.[38] Ursprünglich gehörte zur Machtbefugnis vieler dieser Äbtissinnen das Recht, die Lizenz für Predigt, Beichtdienst und Eintritt in den kirchlichen Dienst zu erteilen und Synoden zu berufen.[39] Für einige Äbtissinnen blieben diese Rechte bis ins fünfzehnte Jahrhundert hinein erhalten.[40]

Was haben alle diese intellektuellen, politischen und spirituellen Machtbefugnisse mit Frauen-Zuneigung zu tun? Wenn Frauen-Zuneigung im weiteren Sinn „der Zustand ist, andere Frauen zu beeinflussen, zu bewegen und zu beeindrucken und von anderen Frauen beeinflußt, bewegt und beeindruckt zu sein", so müssen die intellektuellen, politischen und spirituellen Aktivitäten dieser frühen Nonnen ein Klima geschaffen haben, in dem Frauen in Gemeinschaft mit Gefährtinnen wachsen und sich entwickeln konnten. Wir sahen, wie in der männlichen Tradition des alten Griechenland Freundschaft die Basis und der Ausgangspunkt aller Politik, Kunst und Philosophie war. In den Klöstern waren die geistigen Studien, die spirituelle Kontemplation und die weltliche Macht sowohl Grundlage als auch Folge einer „Gemeinschaft von Gleichen". Freundschaft war hier sehr viel mehr als die persönliche Hinwendung einer Frau zu einer anderen.

Zu der speziellen Form spiritueller Freundschaft, wie sie sich in den Klöstern entwickelte, gehörte ganz sicher eine tiefe Hinwendung zu anderen Frauen, die, wie das eigene Selbst, auf der Suche nach Transzendenz waren. Jedoch ging diese Freundschaft weit darüber hinaus und war auch nicht auf die Welt hinter Klostermauern beschränkt. Die frühen Nonnen hatten eine enorme Ausstrahlung auf ihre Umwelt.

Viele Quellen erwähnen die intellektuelle, politische und kirchliche Macht der frühen Nonnen mit einem mißbilligenden Unterton oder gar mit der eindeutigen Tendenz, diese Macht hinwegzuerklären oder abzuschwächen. So erwähnt die Hetero-Forschung selten den Einfluß, den die Klöster auf das Milieu ausübten, innerhalb dessen sie existierten. Wir wissen jedoch definitiv, daß „das Kloster in jenen Tagen alles andere als eine isolierte und ausschließlich meditative Gemeinschaft war. Es war ein betriebsamer und aktiver Teil der Gesellschaft, mit eigener Ökonomie und ganz sicher einem nach außen gerichteten Dienstleistungsangebot an die kommunale Gemeinschaft."[41] In diesem Kontext konnten Frauen große Dinge tun. Es war eine Gemeinschaft spiritueller Freundinnen.

### Spirituelle Freundschaft

Die Gemeinschaft, die in den Frauenorden entstand, basierte auf spiritueller Freundschaft. Diese Form der Freundschaft ist in der Ideengeschichte der Freundschaft ohne Beispiel und muß daher unter eigenen Voraussetzungen betrachtet werden. Spirituelle Freundschaft schuf sich eine eigene Sprache und einen eigenen Stil, in denen sich tiefe Frauen-Zuneigung verkörprte. Diese spezielle Kommunikationsform der Nonnen ging mit einem stark pietistischen Ton einher, der typisch für diese „Seelengemeinschaft" ist.

Um die spirituelle Freundschaft unter Nonnen beurteilen zu können, müssen wir uns die Klostertradition generell und ihre Literatur über Freundschaft ansehen; das meiste, was davon erhalten ist, stammt von männlichen Autoren. Das klassische Werk auf diesem Gebiet ist „Spiritual Friendship" (Spirituelle Freundschaft) von Aelred von Rievaulx im 12. Jahrhundert. Aelreds Abhandlung über Freundschaft war der klassische Text, durch den die Freundschaft von Nonnen wie Mönchen in dieser Zeit geprägt war. Sie war weit verbreitet und wurde viel gelesen.

Sogar außerhalb der Klöster war sie sehr beliebt. In Stil sowie Inhalt beeinflußte sie lange Zeit die Richtung der spirituellen Freundschaft.

Bis zum 9. Jahrhundert vermittelte die Klosterliteratur ein allgemeines Mißtrauen gegenüber menschlicher Zuneigung. Die frühen Klosterleute hatten eine ambivalente Haltung gegenüber inniger Freundschaft unter ihren Mitgliedern. Es ist zwar stellenweise von Freundschaft die Rede, Freundschaft als christlicher Tugend, als Form der Nächstenliebe und als Symbol der Beziehung, die sich in der Trinität zeigt. Generell ist die mönchische Haltung, wie sie von Augustin vertreten wird, jedoch diese: Da alles irdische Leben vergeht, ist der spirituelle Mensch besser dran, wenn er sich nicht zu stark an irgendwen oder irgendwas anschließt, außer an Gott. Im Gegensatz dazu war Aelred der Meinung, daß man, um ein Heiliger zu werden, menschliche Zuneigung nicht zurückweisen oder ihr mißtrauen müsse.

Zu Beginn des 12. Jahrhunderts entstanden neue Frauen- wie Männerorden und Ordensregeln, ,,deren Eifer und Enthusiasmus das in älteren Benediktinerhäusern übliche solide, wenn auch ein wenig abgestandene Mönchstum weit übertraf. Dieses neue Feuer mußte die Hinwendung zu spiritueller Freundschaft fördern und verbreiten".[42] Den Mönchen und Nonnen des 12. Jahrhunderts genügte die ,,trockene Tugendhaftigkeit früherer Autoren nicht, und sie benutzten kühn die schockierendsten Metaphern aus dem Lied der Lieder, um die Kraft ihrer leidenschaftlichen Liebe auszudrücken".[43] Das Lied der Lieder im Alten Testament[44], in dem die Sehnsucht und das Streben nach Gottes Liebe in der Sprache erotischer Symbole und Metaphern ausgedrückt wird, war das in den mittelalterlichen Klöstern am meisten gelesene und kommentierte Buch. In diesem Kontext schrieb Aelred seine Abhandlung über spirituelle Freundschaft.

Aelred betont, daß zu einem guten und heiligen Leben die Freundschaft gehört:

,,... ohne Freundschaft kann eigentlich keine Form des Glücks unter Menschen existieren... Wer keinen Freund hat, ist völlig einsam.
Doch welches Glück, welche Geborgenheit, welche Freude, jemanden zu haben, mit dem du dich traust, von gleich zu gleich wie zu einem anderen Selbst zu sprechen; jemand, dem du, ohne zu erröten, anvertrauen kannst, welche Fortschritte du im spirituellen Leben gemacht hast; jemand, dem du alle Geheimnisse deines Herzens anvertrauen kannst... Was ist daher wohltuender, als sich selbst mit dem Geist eines

anderen zu vereinen und aus Zweien eins zu machen."[45]

Aelred meinte weiterhin, Freundschaft sei „natürlich", und „Gott ist Freundschaft". Damit hob er die Liebe der Freundschaft auf die Ebene der Liebe der Barmherzigkeit, was eine für jene Zeit revolutionäre Gleichung war.

Aelred legte großes Gewicht auf eine ganz bestimmte Vorstellung von Freundschaft, ein Punkt, der in späteren klösterlichen Regeln und Gemeinschaften mit großem Mißtrauen betrachtet wurde.

> „Und dennoch sollten nicht alle, die wir lieben, auch unserer Freundschaft teilhaftig werden, denn nicht alle sind es wert. Da *dein Freund dein Seelengefährte ist*... und du gern mit ihm eins werden möchtest... solltest du auf jeden Fall jemanden wählen, der all diesen Ansprüchen gerecht werden kann. Dann sollte er einer Probe unterworfen und schließlich aufgenommen werden."[46]

Dies war auch ein revolutionäres Konzept in der Geschichte der spirituellen Freundschaft, speziell im Kontext der Aversionen, die das Mönchstum früher gegenüber speziellen Freundschaften hegte. Die Betonung der speziellen Freundschaft wird noch verstärkt durch die Form des Dialogs, in der „Spirituelle Freundschaft" geschrieben ist. Eine Textstelle — eine Diskussion unter den drei Mönchen Walter, Gratian und Aelred — enthält äußerst pointierte Bemerkungen über die besonderen Maßstäbe, die Aelred bei Freunden anlegte.

> „... dieser dein Freund, von dem viele meinen, daß du ihn uns allen vorziehst... sagte und tat etwas, das, wie jedermann sehen konnte, dir mißfiel... wenn wir zusammen sprechen, wirst du nichts verabsäumen, was ihm gefallen könnte, so trivial es auch sein mag."[47]

Zu Aelreds Konzept der speziellen Freundschaft gehört auch Besonnenheit in bezug auf Intimität. Freundschaft, die aus Zuneigung entsteht, muß auch aus der Vernunft kommen. „Die Liebe ist rein aus Gründen der Vernunft und süß aus Gründen der Zuneigung."[48] In dieser Vorstellung von Vernunft sowie in anderen Elementen seiner Theologie der Freundschaft folgt Aelred den klassischen Philosophen der Freundschaft, insbesondere Aristoteles und Cicero.

Auch Ordnung spielt eine wichtige Rolle für eine erfüllte spirituelle Freundschaft.

> „… Der Anfang einer spirituellen Freundschaft sollte vor allem von der Reinheit der Absicht, der Leitung der Vernunft und der Zurückhaltung der Mäßigkeit ausgehen; auf diese Weise wird die Sehnsucht nach solcher Freundschaft, die uns so süß überfällt, schließlich die Freundschaft selbst zu einer wundervollen Erfahrung machen, so daß sie nie aufhören wird, in ordentlichen Bahnen zu verlaufen."[49]

Ordnung und Zurückhaltung in der Intimität waren die Voraussetzungen, damit eine spirituelle Freundschaft nicht „fleischlich" wurde.

Die gestelzte Sprache, in der Aelreds Abhandlung gehalten ist, finden wir auch bei anderen mönchischen Autoren, die über Freundschaft schreiben. Die wenigen Kommentare, die es zu diesen Werken gibt, interpretieren ihre Sprache der Liebe und Freundschaft als eine Tarnung, die mangelnden Inhalt verdecken soll. So sieht beispielsweise R. W. Southern in seinem Text über Anselm, einen weiteren Klosterautor, dessen sehr leidenschaftliche Prosa über das Thema Freundschaft als eine Sprache, die „uns, die wir gewohnt sind, in die Worte, die er benutzt, ganz andere Bedeutungen hineinzulesen, äußerst übertrieben erscheint".[50]

Anselm schrieb in einem Brief an zwei junge Anwärter auf das mönchische Leben: „Meine Augen sehnen sich heftig danach, euer überaus geliebtes Gesicht zu sehen; meine Arme rekken sich nach euren Umarmungen aus. Meine Lippen sehnen sich nach euren Küssen; und was mir noch an Lebenszeit bleibt, verdient eure Anwesenheit, damit die Freude meiner Seele demnächst erfüllet werde."[51] Southern meint dazu in seinem Kommentar:

> „Diese Formulierungen sind nicht Ausdruck von Freundschaft, wie wir sie heute auffassen. Noch viel weniger sind sie Ausdruck der leidenschaftlichen Liebe, die sie uns heute suggerieren… Wir befinden uns noch in einer Zeit, zu der Liebe eine ausschließlich geistige Konzeption war. Ohne Zweifel wurden diese Worte unter dem Eindruck eines starken Gefühls geschrieben… Doch handelte es sich schließlich nicht um einen Privatbrief, der für keine anderen Augen als die des Empfängers bestimmt war. Er hatte einen wesentlich breiteren Anwendungszweck und sollte letztendlich ein großes Publikum erreichen."[52]

Auf diese Bemerkung von Southern würde ich mit ja und nein reagieren. Ja, derartige Briefe wurden für ein größeres Publikum geschrieben. Ihr leidenschaftlicher Inhalt ist damit jedoch keineswegs null und nichtig, denn in einer religiösen Gemeinschaft konnte man vielen Personen leidenschaftlich zugewandt sein. Es wurde sogar dazu aufgefordert, spirituelle Freundschaft mit mehr als einem Menschen zu unterhalten. Nein zu der Auffassung, daß in dieser Epoche der Troubadour-Liebeslyrik die Liebe „ein intellektuelles Konzept" war. Die Liebe wurde vielmehr in hohem Maß versinnlicht. Wer Anselms „Gebet für Freunde" liest, wird feststellen, daß seine Vorstellung von Liebe kaum intellektuell war. Von gleichgesinnten Kommentatoren wurde Southerns Argument benutzt, um über die leidenschaftlichen und aus tiefstem Herzen kommenden intimen Freundschaften anderer Mönche und Nonnen hinwegzugehen.

Solche Freundschaften lediglich als Sprachkonventionen einer Epoche zu sehen, zeugt von Überheblichkeit. Ebenso überheblich ist es, dieser Ausdrucksform die Leidenschaft und das intensive Gefühl abzusprechen. Da die Hetero-Realität der modernen Zeit diese Gefühle und diese Sprache ausschließlich auf Liebespaare anwendet, wird nicht verstanden, daß die spirituellen Freundschaften der Mönche und Nonnen genauso tief empfunden waren. Auf sie treffen Aelreds Worte „dein Freund ist dein Seelengefährte" zu. Was Lillian Faderman über romantische Freundschaften sagt, trifft auch auf spirituelle Freunde zu:

„Ihre Sprache und ihr Verhalten kommen uns heute kaum glaubhaft vor. Und daher werden solche Freundschaften meist unterschätzt, indem man ihnen die seichte Sentimentalität anderer Jahrhunderte zuschreibt oder sie mit festumrissenen Begriffen wie ‚lesbisch' im Sinn von sexuellem Verhalten belegt. *Wir sind gewohnt, eine solche Gefühlstiefe ausschließlich dann zuzulassen, wenn es sich um einen voraussichtlichen oder tatsächlichen (andersgeschlechtlichen, A.d.Ü.) Lebensgefährten handelt.* In anderen Gesellschaften war diese Form der Verdrängung nicht gefordert. Diese Frauen waren in der Lage zu sagen, was sie fühlten, und das, was sie fühlten, konnten sie auch leben."[53] (Hervorhebung J. R.)

Bei der Forschungsreise der Frauen nach ihren „Seelengefährtinnen" tauchen viele alte Muster wieder auf. Faderman stellt in ihrem Buch *Surpassing the Love of Men* (Mehr als die Liebe der Männer) viele dieser Muster in einen neuen Kontext. Sie schreibt, der Herzenswunsch vieler romantischer Freundinnen sei es gewesen, zusammenzuleben. Aus dem gleichen Grund fühlten sich damals viele Frauen zum Klosterleben hingezogen, denn das Kloster war ein ausschließlich frauenbestimmter physischer Raum, in dem Frauen ihr Leben mit anderen Frauen, die die gleichen Ziele und Hoffnungen hatten, teilten. Das Kloster bot Nähe zu Frauen, Unabhängigkeit von wirtschaftlichen Nöten und später die Befreiung von dem gesellschaftlichen Stigma, als Lesbe, lose Frau oder gar alte Jungfer bezeichnet zu werden. Nonnen gehörten zu einer spirituellen Gemeinschaft von Frauen, die das Böse bezwangen und dies für einen höheren Zweck taten — für die Liebe zu Gott und zu der Welt.

Nonnen hielten sich für fähig, die Welt zu verändern, sie meinten, eine spirituelle, soziale und intellektuelle Mission in der säkularen Welt zu haben. Doch obgleich sie Worte wie „Dienst an Gott und an der Kirche", „Apostelamt" und „geistliches Amt" benutzten (und das bis heute tun), übte das Kloster seine Anziehungskraft wohl in erster Linie durch eine Lebensweise aus, mit der Frauen, die sonst keine solche Gelegenheit gehabt hätten, die Möglichkeit eröffnet wurde, Veränderungen zu bewirken, eine herausragende und aktive Rolle zu spielen — kurz, einer Berufung in der Welt zu folgen. Schwesterlichkeit wurde als ein großartiges Unterfangen im Dienst eines aktiven und enthusiastischen Glaubens angesehen. Diese Schwesterlichkeit, diese Gemeinsamkeit der Seelen, wurde durch einen überirdischen Zweck ins Leben gerufen und gefestigt. Spirituelle Freundschaft war der emotionale und gesellschaftliche Grund, aus dem heraus diese Frauen lebten. Damit konnten sie sich in einem Kampf engagieren, den wenige Frauen vorher ausgefochten hatten — den Kampf um Seelen. In einer männlich bestimmten Welt und Kirche war eine Klostergemeinschaft, in der Frauen ermutigt wurden, sich ihrer gegenseitigen Liebe und der Liebe Gottes würdig zu erweisen, eine mächtige Motivation für die vielen Errungenschaften, die Frauen seit der frühen klösterlichen Periode bis in unsere Tage hinein geschaffen haben.

Aelreds Formulierung „Seelengefährte" hatte für religiöse Frauen eine tiefe Bedeutung. Sie genossen die Vereinigung der Seelen und verliehen dem in der Literatur des Mystizismus, in ihrer Theologie und Lyrik Ausdruck. Teresa von Avila, Katharina von Siena und Juana Inez de la Cruz sind nur einige der bekannten Frauen, deren Werke Ausdruck dieser Gemeinschaft sind. Das Christentum bestätigte die Nonnen darin, daß es die

Seele war, die sie bei ihren Schwestern so leidenschaftlich liebten. Deshalb war es irrelevant, daß die Freundin dem gleichen Geschlecht angehört. Vor allem anderen kam die Vereinigung der Seelen.

Natürlich konnte diese spirituelle Freundschaft auch von einer intensiven erotischen, körperlichen Zuneigung begleitet sein. Die Klosterregeln versuchten jedoch, den physischen sowie den speziellen Charakter der Freundschaft in gemäßigten Grenzen zu halten. Die Tatsache, daß an diese Grenzen gestoßen wurde, ist belegt durch die Verbote von speziellen Freundschaften und von, wie es hieß, „unpassenden Intimitäten".

Aelred hatte zwischen fleischlicher und spiritueller Freundschaft unterschieden, bei ihm eine bewußte und aus Erfahrung gewonnene Unterscheidung. Ehe er ins Kloster eintrat, war Aelred ein erfolgreiches Mitglied des schottischen Hofes mit Aufstiegschancen. In seiner letzten Zeit bei Hofe sprach er über einen inneren Kummer, den er nur in sehr vagen Begriffen beschreibt, der ihn jedoch veranlaßte, den Hof zu verlassen. Aelreds Biographen schreiben diesen Kummer einer zu dieser Zeit aufgenommenen Beziehung zu, die ihn sehr bedrückte.

„… Es ist immerhin möglich, seine von großer Intimität und jugendlicher Leidenschaft getragene Beziehung im Lichte der in ,Geistesfreundschaft' enthaltenen Bemerkungen über ,fleischliche' Freundschaften zu interpretieren. Seine jugendliche Freundschaft kann durchaus eine homosexuelle Komponente gehabt haben, die ihn beunruhigte, wenn er auch ihre Implikationen nicht voll begriff. In diesem Falle könnte seine Hinwendung zum mönchischen Leben, zumindest bis zu einem gewissen Grade, eine Möglichkeit gewesen sein, einer potentiellen sexuellen Situation, die er moralisch nicht akzeptieren konnte, zu entfliehen… Die engen und gefühlstiefen Freundschaften, deren er sich im Kloster erfreuen konnte, zeigen, daß seine negative Reaktion auf seine jugendliche Verliebtheit in ein Mitglied des schottischen Hofes seine Freiheit des Gefühls in seinem späteren Leben nicht beeinträchtigte… Aelred nahm, im Gegensatz zu einigen anderen Äbten, keinen Anstoß an Gefühlsbezeugungen seiner Mönche wie zum Beispiel Händchenhalten."[54]

Unglücklicherweise nahmen andere und spätere religiöse Männer und Frauen an engen und intimen Gefühlsbindungen in religiösen Gemeinschaften, also am „Skandal des Speziellen", Anstoß.

## Spezielle Freundschaften

In jeder Frauengemeinschaft gab es enge spezielle Freundschaften. Und jede Gemeinschaft hatte ihre schriftlich fixierten und praktisch angewendeten Verbote spezieller Freundschaften. Die frühere Regel der „Barmherzigen Schwestern" steht für viele solcher Vorschriften:

> „Da die Liebe und Vereinigung religiöser Menschen nicht auf Fleisch und Blut oder irgendwelche menschlichen Motive, sondern allein auf Gott gegründet sein sollte... sollten die Schwestern keine zügellosen speziellen Freundschaften, Beziehungen oder Zuneigungen untereinander dulden."[55]

Die merkwürdige Tatsache, daß spezielle Freundschaften zwar untersagt sind, doch zugleich existieren, ist teilweise aus der — jahrhundertelangen — starken Tradition spiritueller Freundschaft zu erklären, die zwar vor „zügelloser", einzelne bevorzugender Liebe warnt, doch zugleich besondere Vorlieben heiligt.

So ermahnt beispielsweise Teresa von Avila ihre Schwestern:

> „Wenn sich daher unser Wille mehr zu der Einen als zu der Andern hinneigt... so müssen wir uns bewahren und dürfen uns von einer solchen Neigung nicht einnehmen lassen... Damit ähnliche Einzelfreundschaften verhindert werden, so muß man gleich da, wo die Freundschaft anfängt, großen Fleiß anwenden und die Sache mehr mit Geschick und Liebe als mit Schärfe angreifen.
>
> Dazu dient als gutes Mittel, daß die Schwestern nicht beisammen seyen und nicht mit einander reden, als nur zu gewissen Stunden; nicht wie es jetzt bei uns gebräuchlich ist, denn gemäß unsrer Regel sollen wir nicht beisammen bleiben, sondern jede soll sich abgesondert in ihrer Zelle aufhalten."[56]

Andererseits beschreibt Teresa jedoch ihre Vorstellung von spiritueller Freundschaft äußerst präzise:

> „Es ist wunderbar, welchen Eifer diese Liebe habe. Wie viele Thränen, Bußwerke und Gebete kostet es ihr! Wie sorgfältig empfiehlt sie der liebgewonnenen Seele das, wovon sie meint, daß mit Gottes Hilfe sie dadurch gefördert werde! Wie brennt sie nicht vor Verlangen, nur einiges Wachsthum an jener zu sehen! Scheint es ihr aber, daß sie etwas zugenommen habe, und bald darnach wieder, daß sie Rückschritte mache,

so meint sie, in ihrem Leben keine Freude mehr haben zu können; sie mag weder essen noch schlafen, sondern ist immer voll Sorgen und Furcht, es möchte die Seele, welche sie so lieb hat, verloren gehen, und sie möchten beide in der Ewigkeit von einander geschieden werden."[57]

Die spezielle Freundschaft und deren Verbot führten keine einfache Koexistenz, denn die Ansprüche des Spirituellen wurden sehr oft gegen die Ansprüche des Individuellen ausgespielt.

Die spirituellen Warnungen vor speziellen Freundschaften fielen in zwei Kategorien. Die erste: Verstöße gegen die Tugend der Nächstenliebe. „Eine zügellose spezielle Freundschaft beruht auf ausschließlich instinktgeleiteten Motiven, die alberner, sentimentaler oder gar sinnlicher Natur sein können. Sie bringt die betroffenen Schwestern dazu, das Gebot der Stille und der Nächstenliebe zu verletzen."[58] Es wurde gefürchtet, spezielle Freundschaften könnten den Geist des Gemeinschaftslebens beeinträchtigen und Einzelgruppierungen entstehen lassen, so daß sie letztendlich der Liebe innerhalb der gesamten Gemeinschaft schaden könnten. Bereits in der Regel des Heiligen Benedikt im sechsten Jahrhundert wird angedeutet, daß spezielle Freundschaften zur Gruppenbildung führten, die den Zusammenhalt der Gemeinschaft stören und zerstören würden. Auch hierzu gibt Teresa von Avila ihren Kommentar:

„Denn die Folgen davon sind, daß nicht Alle sich unter einander gleichmäßig lieben, daß jede empfindlich wird, wenn ihrer Freundin irgend eine Unbill geschieht; daß man begehrt Etwas zu haben, was man der Freundin verehren könne; daß man Zeit sucht, mit ihr zu schwätzen, ja oft, um ihr viel zu sagen, wie sehr man sie lieb habe, als wie sehr man Gott den Herrn liebe, und andere ungehörige Dinge. So innige Freundschaften bewirken selten eine Förderung der Liebe Gottes; ich halte vielmehr dafür, der böse Feind spinne sie an, um in den Klöstern Spaltungen anzurichten."[59]

Vorlieben — das heißt spezielle Lieben — wurden als Tendenz zu ausschließlicher Liebe betrachtet, und mit ausschließlicher Liebe begann, so meinte man, der Rückzug aus dem religiösen Leben.

Der zweite spirituelle Einspruch gegen spezielle Freundschaft lautete: sie verletze das Keuschheitsgelübde. Mit dem Keuschheitsgelübde versprachen die Nonnen, „unangemessene Vertraulichkeiten zu vermeiden, in allen Handlungen Sittsamkeit zu wahren und die Sinne abzutöten".[60] Keuschheit wurde häufig als Vermeidung unerlaubter Intimität mit dem anderen Geschlecht interpretiert. In den Gemeinschaften selbst wurde die Keuschheit jedoch stets im Kontext mit der Vermeidung unerlaubter Intimität mit dem eigenen Geschlecht betont. Suzanne Campbell-Jones schreibt 1978 in ihrer Untersuchung über Arbeits-Nonnen: „Wenn die Nonnen zu mir über Keuschheit sprachen, meinten sie damit nicht Beziehungen zum anderen Geschlecht, es ging meistens um Beziehungen zum eigenen Geschlecht, um eigene Sinnlichkeit und Sexualität. Die Beschränkungen des Keuschheitsgelübdes fanden ihren stärksten Ausdruck in der Gemeinschaft selbst."[61] Hinter all diesem steht die Angst vor dem Lesbischsein, die Angst, Frauen-Zuneigung könnte zu fleischliche und ungebührlich intime Formen annehmen und die Grenzen des Erlaubten überschreiten. Deshalb wurden auch spezielle Freundschaften aktiv entmutigt.

Fast jede Frau, die vor dem Zweiten Vatikanischen Konzil Anfang der sechziger Jahre ins Kloster eintrat, erinnert sich daran, wie sie selbst oder andere dafür gerügt wurden, daß sie eine, wie es hieß, unangemessene Intimität zu einer anderen Frau entwickelt hätten, ob es sich nun um eine Lernschwester oder eine ältere, bereits ordinierte Nonne handelte. Eine derartige Zensur hatte oft traumatische Folgen, denn der Frau wurde das Gefühl gegeben, sie begehe eine Sünde oder — noch schlimmer in der Epoche der beginnenden Pastoralpsychologie — eine anormale Handlung, wenn sie sich einer anderen Frau in Freundschaft zuwandte, mit ihr zusammensein wollte und ihr ihre Zuneigung zeigte. Gelegentlich — in einigen Orden sogar sehr häufig — hielt die Magistra den jungen Novizinnen Vorträge, in denen sie auf die Gefahren homosexueller Gefühle (das Wort *lesbisch* wurde nie verwendet) anspielte. Sie pflegte anzudeuten, jedoch nie im einzelnen auszuführen, daß bei jungen Frauen in diesem verletzlichen Alter (meist zwischen siebzehn und fünfundzwanzig), wenn sie „in der Welt" lebten, „normalerweise und ganz natürlich" hetero-bezogene Freundschaften, Rendezvous und Intimität zum Alltag gehörten. Die nur aus Frauen bestehende Welt des Klosters wurde als anormal hingestellt und die junge Schwester ermahnt, nicht als „Ersatz" für das, was in einem „normalen" Kontext legale Hetero-Beziehungen wären, auf zügellose spezielle Freundschaften mit Frauen zurückzugreifen. Novizinnen wurden vor möglicher — latenter oder offener — Homosexualität gewarnt.

Während meines Noviziats fanden sich jeden Monat am Schwarzen Brett an gut sichtbarer Stelle Zettel, die uns darüber informierten, daß Mitglieder unserer Gruppe an diesem Tag das Kloster verlassen hatten. Später erfuhr ich, daß viele dieser Frauen gebeten worden waren zu gehen, weil sie sich in „spezielle freundschaftliche Handlungen" eingelassen hatten, die „ungebührlich intim" waren.

Ich erhielt eine Rüge wegen einer speziellen Freundschaft als Ergebnis eines Waldspaziergangs mit einer anderen Novizin an einem der seltenen „freien Tage", an einem Tag also, an dem unsere Pflichten im Kloster zeitlich begrenzt waren, um uns freie Zeit für Gebet, Studien und Spaziergänge im Freien zu geben. Wir hatten unseren Spaziergang unterbrochen, uns auf einen großen Felsblock gesetzt und das Frühlingsgrün an den Bäumen bewundert, über unsere gemeinsame Leidenschaft fürs Schreiben und dessen Beziehungen zum geistlichen Leben gesprochen und uns kurz — in der Begeisterung, eins mit Gott, dem Kosmos und miteinander zu sein — an den Händen gehalten! Eine unserer Mit-Novizinnen, die uns offenbar während dieser ganz harmlosen Tätigkeit des „Fleisch-Berührens" beobachtet hatte, empfand es als ihre geistige Pflicht, uns zu melden. Am gleichen Abend wurden wir im Refektorium öffentlich bestraft und getadelt, weil wir diese seltenen Tage der Freiheit für unsere übrigen Mitschwestern gefährdet hätten, indem wir die Grenzen des Erlaubten überschritten. Nach der öffentlichen Bloßstellung wurde meine Gefährtin noch privat von der Novizinnenmagistra eingeschüchtert, ihre „unerlaubte Zuneigung" zu mir „zu gestehen". Die Magistra versuchte, auch aus mir ein solches Geständnis herauszuholen, doch ließ ich mich nicht einschüchtern durch ihre Vorhaltungen, unser Händchenhalten sei so etwas wie Geschlechtsverkehr! Wegen dieser Halsstarrigkeit bekam ich zu hören, daß „Hochmut vor dem Fall käme". Meine Freundin — durch Tadel und Unterstellungen von Anormalität traumatisiert, dazu wegen ihrer Gefühle innerlich völlig durcheinander —, der mein verächtliches Urteil, sie habe sich von der Magistra einschüchtern lassen, sicher nicht geholfen hat, verließ die Gemeinschaft ein Jahr darauf.

Von Anfang an war die Angst vor Homosexualität in den religiösen Gemeinschaften allgegenwärtig. Einige frühe Mönchsschriften und weitere Sekundärquellen bestätigen diese Phobie. Derwas Chitty beschreibt in seinen Untersuchungen des frühen Mönchstums die Warnungen der Mönche vor den Gefahren für die Keuschheit, wenn junge Knaben ins Kloster zugelassen würden. Er zitiert Isaak, den Priester der Zellen, der sagte: „Bringt keine Knaben herein: denn vier Ecclesiae in Scetis sind durch Knaben elend geworden."[62] Dieser geheimnisvoll formulierte Satz bezieht sich auf eine Periode sogenannter klösterlicher Dekadenz um 407 – 408, bei der „homosexuelle Fleischlichkeit eine große Rolle spielte".

Die früheste Ordensregel, die Regel von St. Pachomius, enthält ebenfalls strenge Verbote körperlichen Kontakts zwischen Mönchen.[63] Außerdem waren einige frühe klösterliche Autoren sehr ambivalent gegenüber dem Wert der Freundschaft in Klöstern und beschreiben sie alle als Gefahr für das geistliche Leben, die zu einem Verlust an Gemeinschaft führen kann. Sie stellten der freundschaftlichen Liebe die Notwendigkeit einer ausschließlichen Liebe zu Gott gegenüber.

Obgleich in dieser Literatur kaum offen über das Thema Homosexualität gesprochen wird, belegen sowohl die Bußbücher des frühen als auch die Moralschriften des späten Mittelalters, daß Homosexualität als schwere Sünde betrachtet wurde.[64] Dazu finden wir in Eleanor McLaughlins Artikel über Frauen in der mittelalterlichen Theologie die flüchtige Bemerkung, „daß Homosexualität eine größere alltägliche Gefahr für die Keuschheit des Mönchs war als die Verführung durch eine schöne Frau. Sind vielleicht die häufigen Verdammungen der gefährlichen Frau eine Projektion jener durch die Freundschaft zwischen den Brüdern hervorgerufenen Furcht?"[65]

Das späte Mittelalter und die Gegenreformation teilten ein ähnliches Mißtrauen gegenüber speziellen Freundschaften zwischen religiösen Männern und Frauen. Jede Art von Freundschaft war so gut wie verboten, und bereits die alltäglichen persönlichen Kontakte wurden mit großem Mißtrauen betrachtet. Dieses Mißtrauen grenzte, wie es der Zisterzienser-Autor M. Basil Pennington formulierte, „ans Neurotische".[66]

Einen deutlichen Hinweis auf die Existenz von Lesbianismus in den Klöstern finden wir in den Gesprächen des Erasmus, die viele antiklösterliche und antimönchische Seitenhiebe enthalten. Das gilt besonders für das Gespräch „Das Mädchen, das kein Interesse an der Ehe hatte" – einem fiktiven Dialog zwischen zwei Personen, Eubulus und Katharina. Eubulus, der um Katharina werben möchte, versucht, ihr den Eintritt ins Kloster auszureden. Hier einer der wichtigsten Gründe unter den vielen, die er dagegen vorbringt:

„Eubulus: Und außerdem ist auch sonst bei diesen Jungfrauen nicht alles jungfräulich.
Katharina: Nein? Und warum nicht, bitte?
Eubulus: Weil es dort mehr gibt, die Sapphos Verhalten nachahmen, als solche, die ihr Talent teilen."[67]

Diese Bemerkungen müssen innerhalb des Kontextes der allgemeinen Abneigung gegen die Immoralität in religiösen Gemeinschaften gesehen werden, wie sie während der Periode der Klosterauflösungen im 16. Jahrhundert herrschte. Dennoch sind die Worte des Erasmus ein Zeichen dafür, daß in dieser Zeit über den Verdacht des Lesbianismus unter Nonnen, wenn nicht gar über seine Realität, gesprochen wurde.

Vita Sackville-West bemerkt in ihrem Buch über Teresa von Avila, daß Teresas Name in Spanien mit dem der Sappho assoziiert wurde. In Teresas Autobiographie finden wir, wie vorher bei Aelred, Andeutungen über eine ehemalige intime Beziehung zu einer Cousine und „einer anderen, die den gleichen Zeitvertreib liebte". Teresas Eltern mißtrauten gerade dieser Cousine sehr und waren über die Freundschaft ihrer Tochter zu ihr betrübt. Teresa jedoch genoß trotz elterlicher Mißbilligung weiterhin das Zusammensein mit der Cousine und wurde zum „Schlechten" verführt. Sackville-West stellt fest:

„An dieser Stelle wird es schwierig zu entscheiden, was Teresa wirklich tat. Es ist klar, daß sie sich selbst bittere Vorwürfe wegen irgend etwas macht; sie benutzt starke Worte wie ‚Todsünde' und ‚von Leidenschaft verblendet' und betont, daß die Gottesfurcht sie ganz und gar verlassen hatte, doch die Furcht vor Entehrung blieb und begleitete sie quälend bei allem, was sie tat."[68]

Sackville-West meint, daß sich derartige Formulierungen auf mehr beziehen müssen, als lediglich auf einen Flirt zwischen Mädchen und Knaben oder auf „ferkelige Gespräche" unter Mädchen.

Man nimmt an, daß Teresas Erlebnisse mit ihrer Cousine, so vage sie auch umschrieben sind, ihre später niedergeschriebenen Ansichten über „unerlaubte Zuneigungen" beeinflußten. Im Zusammenhang mit einer Vorlesung, die sie ihren Nonnen über den Unterschied zwischen geistlicher und „unter einem schlechten Stern stehender irdischer Zuneigung" hält, schreibt Teresa:

„... weil sie die Hölle selbst ist und man das geringste Uebel, das sie verursacht, nicht mit Worten aussprechen kann. Wir, meine Schwestern, haben gar keine Ursache, sie in den Mund zu nehmen; ja wir dürfen nicht einmal daran denken, daß eine solche in der Welt sey, und wir dürfen weder im Scherze noch im Ernste davon hören wollen; ja, ihr sollt nicht gestatten, daß in eurer Gegenwart von einer solchen Liebe gesprochen werde; daß ist zu gar Nichts gut, und schon das bloße Redenhören davon könnte euch schädlich seyn."[69]

In den letzten fünfundzwanzig Jahren wurde in vielen Artikeln in geistlichen Zeitschriften, deren Leserschaft vor allem aus Ordensfrauen besteht, versucht, das traditionelle Mißtrauen gegenüber speziellen Freundschaften abzubauen. Jane Becker, eine Nonne, schreibt: „Wenn ich eine Frau Freundschaften kritisieren höre, ist meine erste Reaktion Mißtrauen ihr gegenüber. Ich halte sie für die letzte der großen Hexenjäger aus den Zeiten vor dem Zweiten Vatikanum, die immer noch die berüchtigte ,spezielle Freundschaft' verfolgt."[70] Viele andere äußern sich ähnlich. Sie versuchen, das Zölibat mit enger und intimer Freundschaft zu versöhnen, zwischen gesunder Freundschaft und abhängigen und exklusiven Beziehungen zu unterscheiden, Anweisungen für gute Freundschaften aufzustellen und offen über sexuelle Gefühle sowie über das Thema Lesbianismus zu sprechen.

Becker fährt fort:

„... Zwar ist wohl nur eine Minderheit von Frauen lesbisch, doch bei uns allen sind homosexuelle Gefühle möglich; homosexuelle Gefühle sind nicht ,anormal'. Die meisten von uns haben diese Gefühle so stark unterdrückt, daß sie uns nie bewußt werden, aber je mehr sie in der Kultur allgemein akzeptiert werden, desto wahrscheinlicher ist es, daß sich auch ein Bewußtsein dieser Gefühle einstellt."[71]

Dazu weist sie die Nonnen darauf hin, daß ein Gefühl tiefer Freundschaft zu Angehörigen des gleichen Geschlechts nicht unbedingt gleichbedeutend mit Homosexualität sei. „Wenn wir uns zu jemandem sehr hingezogen fühlen, müssen sich sexuelle Gefühle bemerkbar machen; daß sie geweckt werden, ist wohl eine natürliche Begleiterscheinung von Intimität."[72] Becker meint, daß in einer Zeit, in der die Medien sich des Themas Homosexualität annehmen, eine zölibatär lebende Frau glauben könnte, diese Gefühle seien ein Zeichen für die eigene Homosexualität, auch wenn sie sie nicht ausagiert. Vielleicht erinnert sie sich daran, daß sie sich in der Oberschule in andere Mädchen verliebte, daß sie einst ein wildes Kind war, daß sie vielleicht lieber ein Junge gewesen wäre und daß sie kein sexuelles Interesse an Männern hat. Becker stellt fest, daß „sogar" viele heterosexuelle Frauen die gleiche Erfahrung gemacht haben und solche Gefühle daher keineswegs für Homosexualität sprechen. Dennoch sollte eine Nonne das Problem der befürchteten Homosexualität direkt angehen, auch wenn sie „ihre Zweifel schließlich höchstwahrscheinlich als unbegründet erkennen wird".[73] Guter geistlicher Rat sollte in diesen Fällen sie nicht vorschnell beruhigen, sondern sie sollte alle derartigen Gefühle sorgfältig untersuchen. „Homophobie... ist ein viel gefährlicheres Gefühl als homosexuelle Wünsche."[74] Schließlich kann eine Frau, auch wenn sie „homosexuell" orientiert ist, ein religiös zölibatäres Leben führen. Zölibatäre Lesben befinden sich in einer Situation, die der von zölibatären Heterosexuellen entspricht.

> „Hier sind die kritischen Variablen nicht die sexuelle Orientierung, sondern die Fähigkeit, zölibatäre Freundschaften einzugehen und diesem Lebensstil verpflichtet zu bleiben. Untersuchungen bei Lesben zeigen, daß diese Entscheidung für das Zölibat bei Frauen eher möglich ist als bei Männern, denn selbst aktive Lesben sind weniger an den physischen Aspekten ihrer Beziehungen (und mehr an seelischer Nähe) interessiert als männliche Homosexuelle."[75]

Dieser Artikel vermittelt eine sehr verwirrende Botschaft. Auf der positiven Seite betont Becker die Tatsache, daß spezielle Freundschaften keine Gefahr für die Gemeinschaft darstellen, daß sexuelle Gefühle, „sogar" lesbischer Art, mit dem Zölibat koexistieren können und Frauen zur Intimität und Gefühlsintensität stehen sollen. Daher ist, wie ihr Untertitel besagt, „Freundschaft gut".

Weniger positiv ist ihre Annahme zu bewerten, daß nur eine Minderheit von Frauen lesbisch sei, obgleich sie deutlich sagt, daß viele sogenannte heterosexuelle Frauen bei sich sexuelle Gefühle für Frauen, ein die Mädchenrolle ablehnendes Verhalten und wenig sexuelles Interesse an Männern erlebt haben. Offenbar werden diese Gefühle nicht mit Lesbischsein gleichgesetzt. Dazu spielt Becker physische Intimität gegen psychologische Intimität aus. Zu schnell akzeptiert sie das eingängige Stereotyp, Lesben seien verglichen mit schwulen Männern weniger an körperlicher Intimität interessiert. Becker kommt auch viel zu rasch zu der Schlußfolgerung, daß Nonnen, die sexuelle Gefühle und Sehnsucht nach Intimität mit anderen Frauen empfinden, „schließlich höchstwahrscheinlich" erkennen werden, daß ihre Zweifel „unbegründet" sind. Obgleich ich diese Haltung nicht als homophobisch abstempeln möchte — eine Furcht, die Becker selbst anprangert —, handelt es sich hier doch, vorsichtig ausgedrückt, um ein subtiles Herunterspielen der Allgemeingültigkeit lesbischer Lebensform.

Alles zusammengenommen, ist jedoch die Botschaft von Beckers Artikel letztlich eine Botschaft der Frauen-Zuneigung. Was sie schreibt, steht für eine seit kurzem einsetzende Artikelflut zum Thema Freundschaft in Klostergemeinschaften, die dazu auffordern, daß Nonnen nicht die Intimität oder gar die Gefühlsintensität mit anderen Frauen fürchten sollten. Spezielle Freundschaften in Frauenorden, so heißt es dort, sollten „aus dem Schrank herauskommen".

### Unterdrückung loser religiöser Frauen

Die Einzelfreundschaften von Klosterfrauen wurden, historisch gesehen, keinesfalls nur durch die jeweiligen Ordensregeln beeinträchtigt. Wo immer Frauen-Zuneigung in den Klöstern im weiteren Sinn der Gefühlsbetontheit von Nonnen im sozialen, geistigen, geistlichen und politischen Bereich ausgelebt wurde, wurde sie unterdrückt — entweder intern durch die römisch-katholischen, männlichen Kirchen-Autoritäten oder von außen, wie mit der Auflösung der Klöster in England oder auf dem europäischen Kontinent im sechzehnten Jahrhundert. Die Auflösung und die Protestantische Reformation sind dafür verantwortlich, daß viele ehemalige Nonnen zur Ehe gezwungen wurden, einmal durch die Verkündung „neuer" religiöser Werte, die den Wert der heiligen Jungfräulichkeit herabsetzten, zum anderen durch die erzwungene Schließung von Klöstern in ganz Europa.

*Innere Unterdrückung: Kanonische Beschränkungen und die Klausurregel*

Bereits im zehnten und elften Jahrhundert kann die Unterdrückung der frommen Frauen am Niedergang der Doppelklöster abgelesen werden. Äbtissinnen verloren dabei alle Machtbefugnisse, die sie vordem hatten. Durch kirchliche Verordnung wurden alle großen Frauenabteien zu Prioraten reduziert — das waren kleine Häuser, die größeren Häusern unterstanden. Die meisten der neu eingerichteten Priorate wurden männlichen Äbten unterstellt und ihre Leiterinnen auf den Rang einer Priorin zurückgestuft. Die Äbtissin von Las Huelgas in Spanien, die sich 1210 weigerte, ihre priesterlichen Funktionen abzugeben, zeigte damit eine außergewöhnliche Ausübung weiblicher klösterlicher Macht in dieser Zeit. Doch wurde sie 1260 exkommuniziert, als sie sich weigerte, den Abt von Citeaux zu empfangen und sich ihm zu unterwerfen. Daß weitere Nonnen ihre geistliche Macht nicht ohne weiteres aufgaben, wird im dreizehnten Jahrhundert durch Angriffe auf Ordensfrauen, die weiterhin Gottesdienste leiteten, bestätigt.

In den Kommentaren zum weiblichen Klosterleben wird als Grund für diesen Machtverlust angegeben, es sei damals notwendig geworden, die Ordenshäuser zu reformieren. Reformation und Reinigung werden häufig damit gleichgesetzt, Frauen die Macht aus den Händen zu nehmen. Bei der Protestantischen Reformation fand diese Gleichung bei Calvin ihren sehr direkten Ausdruck. Er bekräftigte, daß weibliche Führerschaft ein Zeichen kosmischer Unordnung sei und eine Strafe Gottes, die ertragen werden müsse, bis Gott sie aufheben würde.[76] Katholische Kirchenmänner meinten, sie würden als Werkzeuge Gottes handeln, wenn sie die Nonnen aus Leitungsfunktionen entfernten. Natürlich herrschten die Unordnung, der luxuriöse Lebensstil und die sexuelle Unmoral, die häufig als Grund für die Reform genannt werden, genauso, wenn nicht wesentlich stärker, in Männerklöstern. Dennoch wurde lediglich die Unabhängigkeit der Nonnen durch die Reformen eingeschränkt. Nonnen hatten die Hauptlast der Kanonischen Gesetze zu ertragen, die ihre Bewegungsfreiheit und ihre frühere Macht einschränkte. Nonnen wurden im Namen religiöser Erneuerung zu Sündenböcken gemacht.

Einige Gelehrte datieren den Niedergang der Nonnen ab der Reformbewegung, die im zehnten und elften Jahrhundert in Cluny, Frankreich, begann und die in Inhalt und Stil äußerst männlich war.[77] Männerorden, wie die Zisterzienser, wiesen die große Zahl von Frauen ab, die in Verbindung mit den bestehenden Männerorden Frauenklöster gründen wollten. Infolgedessen gab es in ganz Europa eine Flut von Ordensneugründungen, um die zunehmende Zahl von Frauen, die ins Klosterleben eintreten wollten, unterzubringen.

Die meisten dieser Frauen kamen aus den unteren Schichten, und Eckenstein berichtet, daß die Kirche „gewisse Schwierigkeiten hatte", mit ihnen umzugehen. Das Hauptproblem schienen „die Tendenzen zur Liederlichkeit, die in Verbindung mit *losen Frauen* erkennbar geworden waren".[78] (Hervorhebung J. R.) Eckenstein stellt weiter fest, daß zur Schicht der losen Frauen, die von den neuen Orden angezogen wurden, „sowohl Frauen, die ein loses Leben führten, als auch Frauen, *die sich von Männern fern hielten*", gehörten.[79] Eine Form, diese Frauen und ihre „liederlichen Tendenzen" zu zügeln, war die Klausurregel. Die Vorstellung, daß fromme Frauen sich vom Kontakt mit der Außenwelt fernhalten sollten, entstand bereits im frühen Christentum. Im zwölften Jahrhundert gewann diese Vorstellung an Boden, als die religiöse Aktivität der Frauen auf die Welt innerhalb der Klostermauern beschränkt wurde. „Die Nonnen blieben im Kloster und wurden vom Kontakt mit der Welt abgeschieden, während die Klosterherren in ihrer Bewegungsfreiheit nur sehr wenig eingeschränkt wurden."[80] 1289 machte Papst Bonifaz VIII. die Klausurregel allen Frauen, die ein kanonisch anerkanntes frommes Leben führen wollten, zur Verpflichtung. Das Konzil zu Trient bestätigte die Gesetzgebung des Bonifaz, und später erließ Papst Pius V. Anordnung, daß alle Nonnen diese ihnen auferlegte Abgeschiedenheit zu akzeptieren hätten. Den Männerorden wurden die Regeln der Abgeschiedenheit und Klausur nicht aufgezwungen.

Die Freiheit der Nonnen wurde durch weitere antifeministische Vorschriften eingeschränkt. So wurde ihnen auferlegt, eine bestimmte Tracht zu tragen, die ihre körperliche Mobilität stark einengte. Diese Tracht umhüllte im allgemeinen ihren Körper völlig und wurde damit zu einer Art Bekleidungskloster, das alle Formen von körperlicher Aktivität behinderte. Kein Mann wurde gezwungen, eine so lästige und unbequeme Kopfbedeckung zu tragen, wie sie die Nonnen jahrhundertelang umschloß. Als Begründung für diese Kopfbedeckung wurde das Gebot des Paulus herangezogen, Frauen sollten ihr Haupt bedecken, besonders in der Kirche, um nicht abzulenken oder zu verführen (vermutlich Männer).

Auch die Freiheit, selbst Gottesdienste abzuhalten, wurde den Frauenklöstern entzogen, sie wurde ein männliches religiöses Privileg. Die kirchlichen Autoritäten bedienten sich hier einer anderen Form antifeministischer Argumentation und verkündeten, die Frauen könnten am besten „ihre Seele retten", wenn sie keine aktiven „männlichen" Aufgaben übernähmen, sich sittsam von der Welt zurückzögen und anderen Frauen zu einem Leben des stillen Gebets und der Häuslichkeit verhülfen. Hinter diesen Vorschriften verbarg sich ein priesterliches Mißtrauen gegenüber weiblicher Kompetenz und Moralität, zugleich wurde die aktive spirituelle Rolle für die Männer reserviert.

Auch die Selbstverwaltung wurde beschnitten. Das kanonische Recht regelte später die Wahl der Vorsteherinnen von Frauenklöstern und bestimmte, daß bischöfliche und/oder päpstliche, priesterliche Vertreter diese Wahlen leiten sollten. Die männlichen Klostergemeinschaften waren keinen solchen Einschränkungen unterworfen. So gestattete beispielsweise Kanon 506.1 den Männerklöstern, die Wahl ihrer Vorsteher selbständig durchzuführen, während Kanon 506.2 bestimmte, daß der zuständige Bischof über den Tag und die Stunde der Wahl von Vorsteherinnen in Frauenklöstern informiert werden mußte. Seither konnten nach dem neuen Kirchenrecht Männer die Leitung von Frauenklöstern, doch Frauen nicht die Leitung von Männerklöstern übernehmen.

Auch mit den früheren intellektuellen Errungenschaften der Nonnen ging es bergab. Das Klosterleben drehte sich immer mehr um Haushaltaufgaben. Wo Frauen- und Männerhäuser weiterhin am gleichen Ort nebeneinander existierten, kümmerten sich die Nonnen um die Mahlzeiten und um die Kleidung. Die Domestizierung des Klosterlebens, die einherging mit der Entwicklung des Handwerkswesens außerhalb der Klöster, in den Städten, führte dazu, daß die Künste des Schreibens, der Buchmalerei, des Buchbindens und des Webens in die Hände säkularer Handwerker überging. Speziell im vierzehnten und fünfzehnten Jahrhundert gaben die Frauenklöster ihre künstlerischen Tätigkeiten auf.

Ein weiterer Faktor trug zum Niedergang des intellektuellen geistigen Lebens in den Frauenklöstern bei: Eine wachsende Indifferenz gegenüber der Frauenbildung. Mit dem Aufkommen des geistigen Humanismus im dreizehnten Jahrhundert, der Bildung befürwortete und sie an den Universitäten konzentrierte, wurden Frauen ausgeschlossen. „Die Entwicklung der Universitäten (in denen die Existenz von Frauen ignoriert wurde) führte zu einem schwerwiegenden Niedergang des Bildungsniveaus im Frauenkloster."[81] Die Nonnen waren von der säkularen Bildung abgeschnitten, und damit waren ihre kreativen Möglichkeiten blockiert. Mit der Klausurregel und dem reduzierten Kontakt der

Nonnen mit der Welt der Bildung war in den Klöstern nun hauptsächlich nur noch fromme Literatur zu finden — Gottesdienstbücher, Heiligenlegenden und ein wenig biblisches und theologisches Schriftgut über das geistliche Leben sowie Bücher, die Frömmigkeit, Sittsamkeit und gute Manieren betonten. Durch die Klausurregel wurden nicht nur der physische Raum und die Mobilität der Ordensfrauen eingeschränkt, auch ihr Geist wurde eingeengt.

Die Klausurregel hat jedoch noch eine andere Seite, die wir aus einer mehr frauenidentifizierten Perspektive betrachten müssen. Pat Hynes meint, diese Regel sei nicht nur als etwas zu sehen, das von Männern verordnet wurde, um Frauen unter Kontrolle zu halten. Die Frauenorden könnten die Klausur auch akzeptiert haben, um männliche Einmischung und Belästigung — kirchliche wie weltliche — abzuwehren. Nach dieser Auslegung könnten die Nonnen zu jener Zeit die Klausurregel als eine Möglichkeit zur Selbst-Erhaltung und Selbst-Verwaltung in einem Klostermilieu, das von Männern buchstäblich penetriert wurde, gesehen haben.[82]

Noch furchterregender als die männliche Einmischung in innere Angelegenheiten der Klosterfrauen durch Gesetze und Vorschriften war die zunehmende Häufigkeit gewaltsamer männlicher Einbrüche. Viele Beispiele über die Verschleppung einzelner Nonnen durch eindringende räuberische Männer sind bekannt. Bereits im elften Jahrhundert „entführte der dänische Graf von Swegen... die Äbtissin Eadgifu von Leominster in Herefordshire (1048) und behielt sie ein ganzes Jahr als seine Frau bei sich."[83] Dieses Vorgehen ist ganz eindeutig als Entführung, Überfall und Vergewaltigung zu bezeichnen. Einige Jahre nach der Entführung ihrer Äbtissin ging Eadgifus Nonnenkloster ein. Das Kloster in Berkley-on-Severn erlebte, trotz des heroischen Widerstands der Äbtissin, eine ähnliche Verschleppung und Vergewaltigung. „Es wird erzählt... daß es auf Anstiftung von Earl Godwin (1053) überfallen und geplündert wurde und — trotz des Widerstandes der Äbtissin, einer ,starken und entschlossenen Frau' — die Männer, die eingedrungen waren, es in ein ,Pantheon verwandelten, wahrlich einen Tempel der Sünde'. Auch Berkley ging ein."[84] In Italien berichtet Pico della Mirandola von den Barbareien, die noch 1513 an frommen Frauen verübt wurden:

„Wurden Gott-geweihte Jungfrauen bei der (kürzlichen) Plünderung von

Brescia aus ihren so frommen Tempeln gerissen als Beute für die Soldaten… Bei der Plünderung von Prato, wurden da nicht Jungfrauen, die
vordem für ihre Heiligkeit berühmt waren, der Prostitution überantwor-
tet?… In vielen Städten wurden die Bezirke, die früher den Jungfrauen
gewidmet waren, nun in Bordelle und Lasterhöhlen verwandelt."[85]

Angesichts der Gefahr der Entführung und Vergewaltigung und
der Auslöschung ihrer Klöster könnten die frommen Frauen die
Klausurregel im Interesse der Selbsterhaltung und des verzwei-
felten Versuchs, die Männer buchstäblich aus ihrer Umgebung
fernzuhalten, sehr wohl akzeptiert und sogar begrüßt haben —
nämlich als Versuch, wenigstens noch ein Quentchen des unabhängigen Lebens loser Frauen zu bewahren.

Die Klausurregel war ein zweischneidiges Schwert. Wie immer
sich die Nonnen auch verhielten, ihre Selbstbestimmung, ihre
Freiheit und schließlich auch ihr Wohlergehen und ihre Integrität befanden sich im Belagerungszustand. Wenn sie sich nicht
den sogenannten Reformmaßnahmen unterwarfen, waren sie
männlichen Übergriffen aller Art ausgeliefert. Sie waren leichte
Ziele für Überfälle und Vergewaltigung und konnten auf keinerlei Schutz kirchlicher Autoritäten rechnen. Wenn sie sich den
„Reformen" beugten, genossen sie einen relativen Schutz durch
die örtlichen kirchlichen Stellen, doch hatten sie damit ihre Bewegungsfreiheit, ihre unabhängige Entscheidungsgewalt und das
Recht der Selbstverwaltung aufgegeben. Die Annahme solcher
„Reformen" gewährte den Nonnen bestenfalls eine geringe
Trennung von Männern und ein wenig abgeschiedene Schwe-
stern-Sphäre. Die meisten Frauenorden entschieden sich für die
Brosamen der Selbsterhaltung.

Daß die Nonnen die Klausurregel annahmen, wurde im allgemeinen dahingehend interpretiert, daß sie die von Männern definierten Vorstellungen weiblicher Unreinheit internalisiert hätten. Die erneute Betonung der Keuschheit und Jungfräulichkeit,
die mit dieser Regel einhergeht, wurde obendrein als antisexuell
in einem puritanischen Sinn interpretiert, statt als antiheterose-
xuell und als Reaktion des Abscheus auf die vorherrschende
männliche Promiskuität und die Verwüstung von Frauenklöstern. Die Betonung der Keuschheit im Zusammenhang mit der
Klausurregel muß aus einer frauen-zugewandten Perspektive gesehen werden und nicht in der simplen hetero-bezogenen und
antisexuellen Definition, die ihr Männer geben. Frauen reagier-
ten auf die männliche Angriffe auf ihre Integrität, indem sie die-

se Integrität in der einzigen ihnen zur Verfügung stehenden Form verteidigten – durch ihr Keuschheitsgelübde.

Doch die Angriffe auf Nonnen als lose Frauen gingen weiter, und wiederum standen Jungfräulichkeit oder Keuschheit im Mittelpunkt. Die Klosterfrauen wurden immer noch als Männerhasserinnen dargestellt. Nigel Wirecker, ein Mönch, schrieb, daß sich die Nonnen „als ein Mittel, ihre Keuschheit zu bewahren... systematisch Männerhaß auferlegen".[86] Lillian Faderman sagt: „Gelegentlich versteckte sich die männliche Hysterie über zunehmende weibliche Freiheit noch nicht einmal hinter vorgeblich vernünftigen Argumenten über weibliche Passivität und männliche Überlegenheit. Eine irrationale Furcht, daß dem männlichen Geschlecht das letzte Stündlein geschlagen habe, wurde ganz offen ausgedrückt."[87] In diesem Fall ist die männliche Irrationalität erhalten geblieben, obgleich die Freiheit der Nonnen abnahm.

Es entstanden immer mehr Satiren über Mönche und Nonnen, in denen ihr angeblich gemeinsames lasterhaftes Verhalten beleuchtet wurde. „The Land of Cockayne" ist eine poetische Satire, die besonderes Aufsehen erregte. Sie stellt Nonnen und Mönche dar, die miteinander in einem Fluß baden, fröhliche Spiele treiben und alle Hemmungen fallenlassen.

Erasmus entwickelte das Genre besonders kunstvoll. Er war selbst Mönch gewesen, hatte das Kloster, doch nicht das Priesteramt hinter sich gelassen und empfand eine große Antipathie gegenüber dem frommen Leben. In seinen Gesprächen finden wir immer wieder Hinweise auf die Sinnlosigkeit mönchischen Lebens. Mönche und Nonnen sind gleichermaßen unmoralisch, und es werden alle möglichen Mißstände dargestellt. Doch die schärfsten Worte der Verdammung hatte sich Erasmus für unabhängige Frauen aufgehoben. Er weist auf die Zunahme von losen und unverheirateten Frauen hin und macht, wie bereits erwähnt, Anspielungen auf den Lesbianismus in Klöstern. Viele Titel seiner Gespräche zeigen seinen Abscheu für ungebundene Frauen, so „die reuige Jungfrau", „die Jungfrau, die nicht heiraten will", „die unruhige Ehefrau". Er wirft die Verwandlung von Klöstern zu Bordellen mit der Eigenwilligkeit unabhängiger Nonnen in einen Topf und sieht beides unterschiedslos als Indikator der allgemeinen Ausschweifungen, die in Frauen- und Männerklöstern überhandgenommen hätten. Doch Männer werden von ihm nicht wegen Beibehaltung ihrer Unabhängigkeit oder ihrer Weigerung, sich Frauen zu unterwerfen, angegriffen.

Und so ist Erasmus bereits ein Vorreiter der in der Protestantischen Reformation vorgenommenen hohen Bewertung des ehelichen Lebens für Frauen, der Verachtung gegenüber unverheirateten Frauen, der Notwendigkeit, daß Frauen häusliche Qualitäten entwickeln, und der Domestizierung von Frauen generell.

*Äußere Unterdrückung: Die Auflösung und die Protestantische Reformation*

„Der Niedergang der Klöster war von dem Zeitpunkt an unvermeidlich, als der Gedanke, Jungfräulichkeit als solche sei Gott wohlgefällig, nicht mehr im Vordergrund des moralischen Bewußtseins stand."[88] Die Reformatoren haben nichts so heftig bekämpft wie den Status der aus religiösen Gründen gelobten Jungfräulichkeit, worin sie den Keim zu moralischer Korruptheit bei Nonnen und Priestern sahen. Und Ziel ihrer Reformmaßnahmen — Ehe und Mutterschaft — waren wieder hauptsächlich Frauen. Sie predigten, daß die Aufgabe der Frau fürderhin das Haus sei. So betonen die wohlbekannten Aussprüche Luthers, daß die tugendhafte Frau eine Ehefrau ist. Sie bleibt zu Hause, sitzt still, sorgt für den Haushalt, trägt Kinder aus und zieht sie auf. Auch für Calvin stand die Bestimmung der Frau als Ehefrau und Mutter fest. Genau wie Luther betont Calvin die Rolle der Frau als Gehilfin des Mannes. Er ermahnt die Frauen, sie sollten erkennen „dies ist mein Ehemann, der mein Haupt ist: Er hat die Befehlsgewalt über mich, und Gott zwingt mich."[89]

Die Tatsache, daß den Frauen Eheleben und Mutterschaft als ihre Bestimmung intensiv nahegelegt wurde, „war zum Teil die Folge und zum Teil die Ursache des Niedergangs der Frauenbildung".[90] Zugleich unterminierte die Reformation jede Darstellung weiblicher Führerschaft im weltlichen Bereich. John Knox's *First Blast of the Trumpet Against the Monstrous Regiment of Women* (Erster Trompetenstoß gegen die gräuliche Weiberherrschaft) ist typisch für die protestantischen Angriffe auf Frauen, die regieren wollten. Knox macht die beiden Königinnen von Schottland und England herunter, deren Regentschaften, wie er sagt, ein Zeichen von Gottes Unzufriedenheit mit der Menschheit und deren Strafe seien.

Diese Vorstellungen bereiteten der Auflösung der Frauenklöster den Weg. Die Auflösung fand ihren konkreten Niederschlag in der Theologie der Protestantischen Reformation. Sie zerschlug die Verehrung der Muttergottes, Maria, und ihrer Inkarnation in den in Gemeinschaft lebenden Nonnen. Ihr scharfer Angriff auf die Jungfräulichkeit ging mit folgenden Behauptungen einher: Nonnen würden die Familienbande zerstören, sich den natürlichen Pflichten von Ehe und Mutterschaft entziehen und wollten die Ehebande nur deshalb fliehen, um ein lockeres Leben führen zu können. Es entstand ein soziales Klima, in dem Ehe und Mutterschaft an die Spitze der moralischen Leiter, die zu Gott führt, gesetzt und unverheiratete Frauen geschmäht und gefürchtet wurden.

Zu den infamen Pamphleten, in denen ungebundene Frauen angegriffen wurden, gehört das von Simon Fisk um 1592 unter dem Titel „Bittschrift für Bettler" veröffentlichte. Er schreibt über die Armut der Menschen, die die römisch-katholische Kirche beraubt hatte, über die Unmoral derer, die heilige Gelübde abgelegt hatten, und über die Verderbtheit loser Frauen. Er befürwortet die Konfiskation klösterlichen Besitzes und gibt Heinrich VIII. Argumente für seinen Bruch mit Rom und seine Unterdrückung der Klöster an die Hand. Kurz danach sagte Johann Geiler, ein Zeitgenosse Luthers, von der Kanzel des Straßburger Münsters, daß „er seine Schwester lieber als Prostituierte sähe, denn in einem Kloster mit liederlicher Lebensweise oder als Äbtissin einer Gemeinschaft von geilen Stiftsdamen".[91]

Es ist schwierig, die Logik dieser Aussage zu verstehen angesichts der Tatsache, daß die meisten protestantischen Reformatoren und sogar viele Katholiken die Nonnen ohnehin schon als Prostituierte betrachteten. Jean Gerson, der als ein „großer" französischer Katholik geschätzt wurde, schrieb in seiner *Compendious Declaration of the Defects of Ecclesiastics* (Umfassende Darstellung der Mißstände bei den Klerikern): „Öffnet eure Augen und seht selbst, ob die Klöster heute nicht gleichsam zu Bordellen voller Huren geworden sind."[92]

Die Protestanten jedoch schrieben diese Ansicht über Nonnen fest. Indem sie Jungfräulichkeit mit Prostitution gleichsetzten und Frauenklöster mit Bordellen, wiederholten sie ständig eine der frühesten Umkehrungen von der Gefährtin zur Prostituierten. Sie verkündeten, die Heilige Jungfrau sei die weltliche Prostituierte. Die Reformation war darauf aus, eine klare Grenze zwischen verheirateten und ungebundenen Frauen zu ziehen. Sie stempelte alle losen Frauen ab, stigmatisierte sie. Die Reformatoren „behaupteten, Ehe sei der vor Gott am meisten akzeptierte Status, und eine Frau beziehe ihren Wert ausschließlich aus ihrer Fähigkeit, Frau und Mutter zu sein".[93] Wie alle Bewegungen, die sich selbst als progressiv bezeichnen, brandmarkte auch die Reformation gewisse Zustände als regressiv. Die Berufung der Nonne, so meinten sie, verletze den Geist von Reform und Fortschritt.

Die unverheiratete Frauen betreffenden Aussagen der Reformation „wurden Fleisch" in der Auflösung der Frauenklöster, die in England im sechzehnten Jahrhundert auf breiter Front begann. „Die Tatsache ist festzuhalten, daß überall dort, wo der Besitz von Frauen enteignet wurde, dies zum Nutzen von Männern geschah."[94] Viele Frauenklöster wurden in Männer-Colleges der höheren Bildung umgewandelt. So wurde zum Beispiel das Frauenkloster St. Radegund in Cambridge zum Jesus College.

Die Reformatoren verteilten Propagandaschriften, in denen sie behaupteten, daß die von ihnen eingeleitete Schließung der Frauenklöster unter freiwilliger Mitarbeit und sogar auf Bitten der Insassinnen hin geschah. Gern zitierten sie Erklärungen, die Exnonnen nach der Auflösung ihrer Klöster unterschrieben hatten: „Ich wurde weder ·durch Angst oder Drohungen gezwungen, noch durch Betrug oder falsche Vorspiegelungen überlistet, sondern gebe aus freiem Willen, aus gerechten und rechtmäßigen Gründen alle meine Rechte, meinen Titel, meinen Anteil und Besitz auf, die ich in dem oben erwähnten Kloster hatte und bis heute habe."[95] Viele Vorwürfe der Unmoral, die gegen diese Häuser vorgebracht wurden, waren gefälscht, doch die Frauenklöster wurden — angeblich mit Einwilligung der Unterdrückten — eines nach dem anderen aufgelöst. Geoffrey Baskerville gibt in seinem oft sarkastischen, antikatholischen und frauenfeindlichen Buch *English Monks and the Suppression of the Monasteries* (Englische Mönche und die Unterdrückung der Klöster) immerhin zu: „Die Berichte der königlichen Beauftragten, die die Unterdrückung der kleineren Häuser 1536 betrieben, zeigen, daß... die große Mehrheit (der Insassinnen) jedoch für die Weiterführung war."[96] Demnach war die Zustimmung wohl kaum so weitverbreitet, wie die Reformatoren behaupteten.

Und was geschah nun mit den Nonnen, die „befreit" worden waren? Diejenigen, die um Befreiung nachsuchten, bekamen einen kleinen Geldbetrag, mit dem sie sich über Wasser halten konnten, bis sie sich voraussichtlich „niedergelassen" und geheiratet hatten. Viele der Frauen wurden einfach „freigesetzt" und waren ganz auf sich gestellt. Diese Frauen hatten ein völlig abgeschiedenes Leben geführt und wurden nun in eine Welt entlassen, zu der sie nie richtig gehören würden. Also waren sie ganz eindeutig gefährdet. Und wieder hat die Kirche – in diesem Fall die protestantische – genau die Schicht loser Frauen erst geschaffen, über die sie hergezogen hatte.

Einige der Frauenklöster ließen die Auflösung nicht passiv über sich ergehen. So widerstand z. B. die Äbtissin von Amesbury, Florence Bannerman, jedem Bestechungsversuch und allen gewaltsamen Maßnahmen, die sie zur Übergabe zwingen wollten. „In Anbetracht der hilflosen Lage, in die die Ordenshäuser gebracht worden waren, scheint es wie ein Wunder, daß es überhaupt irgendwelche Opposition gab."[97]

In Deutschland geschah das gleiche bei Ausbruch der lutherischen Agitation im sechzehnten Jahrhundert. In den Erinnerungen der Charitas Pirckheimer, Äbtissin eines Nürnberger Klosters, finden wir einen der seltenen Einblicke einer Betroffenen in die dortigen Zustände. Sie beschreibt die Abschaffung der katholischen gottesdienstlichen Zeremonien, die Annullierung der Gelübde und Regeln des Glaubens, die gewaltsame Schließung der Klöster, den Exitus von Nonnen und Priestern und die Ehen, die sie eingingen.

Charitas und ihre Nonnen hielten auch nach wiederholten Versuchen, ihr Kloster durch Zwangsmaßnahmen zu schließen, der Unterdrückung stand. In ihrer Eingabe an den Stadtrat, worin sie die gegen das Kloster vorgebrachten Anschuldigungen der Unmoral zurückweist, bestreitet Charitas, daß sie das Eheleben verachte und Nonnen mit Gewalt festhalte. „Doch da wir niemanden zwingen, beanspruchen wir ebenfalls, nicht gezwungen zu werden und sowohl unseren geistigen als auch körperlichen freien Willen zu behalten. Dies ist jedoch nicht möglich, wenn wir fremden Priestern übergeben werden, was eine Zerstörung unserer Gemeinschaft bedeuten würde."[98] Die Reformatoren kamen zu vielen stürmischen Konfrontationen in Charitas' Kloster und verlangten die Schließung des Hauses. Doch der unnachgiebige Protest und Widerstand von Charitas und ihren Schwestern waren der Gewalt der Reformatoren gewachsen. Nachdem ein Stadtrat behauptet hatte, ihre Opposition würde auch andere Klöster ermutigen, den lutherischen Reformen zu trotzen, wurde sie angeklagt, zum Blutvergießen aufgefordert zu haben. Charitas war jedoch nicht von ihrer Haltung abzubringen, und ihre Nonnen weigerten sich – trotz Steinwürfen, körperlicher Gewalt und Obszönitäten – sich aufzulösen.

Nach wiederholten Bemühungen, dieses Kloster zu schließen,

versuchten die Eltern von drei jüngeren Nonnen, ihre Töchter dort wegzubringen. Die drei jungen Nonnen versteckten sich in der Klosterkapelle.

> „... Die jungen Frauen flehten sie (Charitas) an, sie zu beschützen... Von ihren Eltern und anderen wurden sie beschimpft und geschmäht... Trotz ihrer Proteste, ihrer Empörung und ihrer Tränen griffen ihre Verwandten schließlich zur Gewalt. Jede Nonne wurde von vier Männern ergriffen und aus der Kapelle gezogen und gestoßen, was von den anwesenden Frauen mit anfeuernden Rufen begleitet wurde, und gleich außerhalb der Klostermauern wurde den Nonnen ihre Klostertracht heruntergerissen und durch andere Kleidung ersetzt... Sie wurden in eine draußen wartende Kutsche geschleppt und weggefahren."[99]

Charitas berichtet, wie dieser Vorfall sie und die übrigen Nonnen in tiefsten Kummer und Verzweiflung stieß, doch selbst nach dieser Invasion blieben sie standhaft. Die Memoiren der Charitas enden 1528, und aus anderen Quellen erfahren wir, daß sie später unbelästigt blieb und ihre letzten Tage in Frieden mit ihren Schwestern verlebte.

Nach der sich nun entwickelnden protestantischen Sichtweise wurden die Frauenklöster als zerstörerisch für die Familie angesehen. Die Angriffe auf unverheiratete Frauen, die das Heilige Gelübde ablegten, gingen noch lange nach der Anfangszeit der Reformation weiter. Als 1850 der katholischen Kirche in England gestattet wurde, ihre Hierarchie wieder einzurichten, folgte dem ein wilder Anti-Katholizismus. Viele der Angriffe gegen die Kirche enthielten auch Propaganda gegen die Wiedereinrichtung von Klöstern. Die *Protestant Truth Society* (Protestantische Gesellschaft der Wahrheit) veröffentlichte obszöne Titel wie „Enthüllungen aus einem Kloster" oder „Die Verderbnis von Mädchen in Klosterschulen". Die Hauptziele dieser Gesellschaft, wie sie aus ihren Schriften hervorgehen, waren folgende:

1. Verläßliche Information über die Klostersysteme zu erhalten und zu verbreiten.
2. Denjenigen, die aus Klöstern ausgebrochen sind, und solchen, die das tun möchten, zu helfen.
3. Mit gesetzlichen Mitteln Menschen davon abzuhalten, ins Kloster einzutreten oder klösterliche Gelübde abzulegen.
4. Eltern dahingehend zu beeinflussen, daß sie ihre Kinder nicht auf Klosterschulen schicken.
5. Alle geeigneten Mittel einzusetzen, um folgende Gesetzge-

bung zu fördern:
a) Inspektion aller klösterlichen Einrichtungen,
b) Registrierung und Schutz aller Insassen solcher Einrichtungen,
c) spezielle Registrierung aller Geburten und Todesfälle, die dort vorkommen,
d) Reform der Beerdigungsvorschriften in ihrer Anwendung auf die Klöster,
e) als Endziel die Unterdrückung aller Einrichtungen, in denen die Insassen durch Ordens- oder heilige Gelübde gebunden sind.[100]

In diesen Zeilen schlägt sich die damals vorherrschende Auffassung nieder, Klöster seien der Ort heterosexueller Unmoral, wo Frauen unerwünschte Kinder hätten, sich ihrer auf leichte Weise entledigten und sie unbemerkt begruben.

In einem solchen Klima, in dem die ungebundene Frau als unmoralisch galt, das Klosterleben als unzüchtig beschrieben und das Ordensleben allen möglichen Verdächtigungen ausgesetzt war, gaben viele Klöster ihre Existenz auf. Die noch verbliebenen überlebten als „bloße Schatten ihres früheren brillanten Selbst".[101] Erst im neunzehnten Jahrhundert begannen die Frauenorden wieder zu wachsen. Neue apostolische Orden, die sich dem Unterrichten und der Krankenpflege widmeten, entstanden in erstaunlicher Zahl. Sehen wir uns diese neuere Geschichte genauer an, so finden wir hier wieder die gleichen Kämpfe zwischen männlicher Hierarchie und der wachsenden Zahl frommer Frauen wie im Mittelalter. „Die Arbeit der apostolischen Nonnen, die arbeitsam und unabhängig sind, mußte den konservativen Elementen der Kirche als eine weitere Gefährdung erscheinen — sie war bereits auf der Hut vor dem gefährlichen Phänomen der ‚Frauenrechte'."[102]

## Zusammenfassung

Freundinnen können sowohl aus den positiven als auch aus den negativen Aspekten der Hetärokratie, der Regel der Gefährtinnen, in den Klöstern sehr viel lernen. Viele dieser Elemente werden ausführlich in den nächsten Kapiteln besprochen, doch einigen, z. B. Ordnung, Spannung zwischen Individuum und Gemeinschaft und Intimität, müssen wir an dieser Stelle unsere Aufmerksamkeit zuwenden.

Die Frage der Ordnung hängt mit der Notwendigkeit zur Selbstbestimmung zusammen, wie ich sie im ersten Kapitel beschrieben habe. Im Leben von Nonnen standen Frauen an erster Stelle. In der Entwicklung des Klosterlebens nahm die Ordnung viele Formen an und war von erstrangiger Wichtigkeit für diese Frauen. War sie selbstbestimmt, so war die Ordnung rücksichtsvoll und intelligent. Sie förderte weibliche Freiheit und brachte Harmonie in die soziale Gruppe. Ordnung sicherte eine Kontinuität in der Klostergeschichte und in den klösterlichen Zielen und schuf zugleich für alle gewisse Lebensperspektiven. Sie half den frommen Frauen, sich in die von ihnen erwählte Arbeit zu vertiefen, selbstgesetzte Aufgaben zu erfüllen, und sich um die eigenen Angelegenheiten zu kümmern, ob sie nun schrieben, lehrten oder sozialen Tätigkeiten nachgingen.

In einem Interview, das Rosemary Curb für die Anthologie „Die ungehorsamen Bräute Christi: Lesbische Nonnen brechen das Schweigen" mit Pat Hynes und mir führte, sagte ich, daß die Ordnung in der Klostergemeinschaft „eine Menge mit einem gewissen Gefühl für grundlegende Grenzen und Anerkennung der Regeln zu tun hat, die Respekt und Fürsorge bestärken helfen. Der Mangel am Klosterleben resultierte für viele Frauen aus den Grenzen und Regeln, die zu restriktiv und dogmatisch wurden."[103] Pat Hynes ergänzte dies, indem sie die Schwesterlichkeit in Klöstern mit der Schwesterlichkeit im Feminismus verglich.

> „Das Kloster bot die Struktur der Gemeinschaft. Die mußte nicht erst erschaffen oder erhalten werden. Die Gemeinschaft war finanziell abgesichert. Ausbildung war garantiert, zumindest in meiner Gemeinschaft. Du hattest eine Arbeit. Du hattest einen Platz, wo du begraben wurdest. Du hattest ältere Frauen als Ratgeberinnen. Du mußtest nicht erst alles erfinden, wenn du loslegtest. Beim Feminismus gibt es keinerlei Strukturen. Viele der ersten feministischen Institutionen, Frauenzentren und Projekte waren von kurzer Dauer, weil es keine schützenden Organisationsprinzipien gab. Meinungsverschiedenheiten eskalierten oft in Spaltungen, die viele damalige Ansätze zur Schaffung feministischer Institutionen zunichte machten."[104]

Durch die Ordnung wurde im Kloster auch ein gewisses Gleichgewicht zwischen Individuum und Gruppe geschaffen. Damit war sichergestellt, daß triviale Alltagsentscheidungen nicht immer wieder von neuem gefällt werden mußten, wie das in vielen feministischen Kollektiven der Fall ist, so daß Zeit und Energie auf die wichtigeren Aspekte des Gruppenlebens verwendet werden konnten. Das Negative daran war, daß die Entscheidungsgewalt oft bei verantwortungslosen und tyrannischen Individuen lag und sich in eigenmächtige Autorität verwandelte.

Das intensive Streben nach Ordnung ging oft auf Kosten weiblicher Freiheit und Freundschaft. Wo dies geschah, wurde das Klosterleben mit einer mathematischen Präzision geregelt und peinlich genau durch autoritäre Oberinnen und Strukturen organisiert. Die einzelne unabhängige lose Frau hatte sich dem geregelten Wohlergehen des sozialen Organismus unterzuordnen. Je mehr die Frauenklöster durch Hetero-Ordnung und männliche Beschränkungen, die sich als allgemeine Regeln ausgaben, definiert waren, wurde die Ordnung zum sinnlosen Geschirr für weibliche Leidenschaft und Lebensziele. Ordnung wurde auf Kosten weiblicher Unabhängigkeit durchgedrückt.

Es ist sehr aufschlußreich, daß der Angriffspunkt für männliche katholische und protestantische Kirchenautoritäten die „Neigung zur Unordnung" war, die sie in den religiösen Gemeinschaften loser Frauen zu erkennen meinten. Nicht an Männer gebundene Frauen wurden als „außerhalb der Ordnung" stehend definiert. Nonnen wurden als „von Natur aus unordentlich" betrachtet, weil sie sich von Ehemännern, Familie und Kindern fernhielten. Was hier wirklich angegriffen wurde, war natürlich die Selbstbestimmung frommer loser Frauen, die der Antrieb für ihre Leidenschaft füreinander und ihre unabhängige, aktive Arbeit in der Welt war.

Die entscheidende Lektion, die wir aus der Geschichte der frommen losen Frauen — sowie generell aus der Frauengeschichte — lernen können, ist, daß Ordnung und Regeln für Frauenbedürfnisse von Innen heraus kreiert und geschaffen werden müssen. Sie können nicht durch männliche Autoritäten von außen auferlegt werden. Als das Klosterleben noch als eine Ordnung gleicher Gefährtinnen funktionierte, in der zwar gewisse Linien innerer Autorität gezogen waren, war dies ein eindrucksvoller Beweis für den Unterschied zwischen Uniformität und Ordnung, d. h. für den Unterschied zwischen einem planvoll hergestellten System, das die gesamte persönliche und gesellschaftliche Existenz regelt, und einer Ordnung, die eine kreative Existenz unterstützt. In seiner optimalen Form war es ein von gegenseitiger Rücksichtnahme getragenes Leben, in dem sich eine gewisse Regelmäßigkeit und eine Reihenfolge der Prioritäten herstellte, ohne daß ein endgültiges und totalitäres Lebensschema aufgezwungen wurde, das auch noch die letzten losen Fäden und losen Frauen in seine Ordnung zwang. Arbeit, Gebet, Gespräch und Studien waren in ein angenehmes Gleichgewicht gebracht, in dem sich sowohl individuelles Wachstum als auch die Ziele der Gemeinschaft entwickeln konnten. Klosterregeln, so sie durchdacht waren und sich nicht gedankenlos von außen kommenden männlichen Direktiven unterwarfen, förderten Frauenfreundschaft, indem sie persönliche Leistungen mit gemeinschaftlichem Wohlbefinden verbanden.

Die Spannung zwischen Individualität und Gemeinschaft, die in den Frauenklöstern herrschte, ist für uns heute ebenfalls instruktiv. Da in unserer Zeit viele Frauen und Frauengruppen unkritisch die Normen des Kollektivismus oder der gegenkulturellen Sensibilisierungs-Gruppen übernommen haben, ist es um so wichtiger, über diese Spannung zu sprechen.

Im optimalen Fall gestattete die Spannung zwischen Individualität und Gemeinschaft der einzelnen Frau eine eigene Existenz und schuf zugleich eine Basis für einen machtvollen Geist der Schwesterlichkeit. Sie verhalf den Frauen zur Erkenntnis ihrer Verantwortlichkeiten als Individuen und der Möglichkeiten des Gemeinschaftslebens. Sie stellte sicher, daß die Gemeinschaft eine Gemeinschaft von Individuen war und nicht ein Ersatz für Individualität, bei dem diejenigen, die wirkliche Persönlichkeiten sind, durch die Unsicherheit von anderen eingeschränkt werden.

Das Wort *individuell* leitet sich vom lateinischen *individuus* (unzertrennlich, unteilbar) her. Hetero-Realität und -Regeln haben die Frauen von ihrem ursprünglichen Selbst und voneinander getrennt. Das gleiche tut eine kritiklose Gemeinschaftsethik, die Individualität zerstört und ihre individuellen Ausdrucksmöglichkeiten im Namen von Gemeinschafts- und Kollektiv-Werten einschränkt. Im schlimmsten Fall hat der klösterliche Gemeinschaftsgeist den Unterschied zwischen Frauen im Namen dieser falschen Harmonie eingeebnet. Im besten Fall wurde die Unteilbarkeit, also die Einmaligkeit von Frauen, gestärkt, deren Individualität zur Aufrechterhaltung von Integrität und Stärke der Gemeinschaft notwendig war.

In vielen Gruppen, die sich kollektivistischen Werten verpflichtet fühlen, geht oft als erstes die Privatheit dahin — private Gedanken, private Gefühle und die private Darstellung beider. In einigen Frauengruppen wurde Privatheit fast als Sünde angesehen, die gleich nach der Repressivität kam. Das ethische Gebot lautet statt dessen: „Laß alles heraus!"

Wird die Spannung zwischen Individualität und Gemeinschaft beibehalten, so wird die Privatheit inmitten eines intensiven und tiefen Gemeinschaftsgeistes bewahrt. In den Frauenklöstern trug Privatheit dazu bei, daß Individualität blühen konnte. Wo die Spannung nicht gehalten wurde, besonders nach Verfügung der Klausur, wurde das Leben der Nonnen mit Hilfe von kleinlichen Regeln, Bedenken oder Zielen im wesentlichen zum Allgemeinbesitz der Gemeinschaft. Private Zeit und privater Raum, die für Freundschaft notwendig sind, wurden ebenfalls begrenzt, und ein gewisser Spionagedienst innerhalb der Gemeinschaft gegenüber speziellen Freundschaften wurde gefördert. Die Gemeinschaft wurde zur „großen Schwester", einer Art von internem KND (Klosternachrichtendienst), der Einzelfreundschaften nachspürte.

Diese Beschränkungen zogen eine totale Institutionalisierung der Existenz nach sich, mit der die Klosterfrauen in sich selbst eingeschlossen wurden und ihre Kreativität erstickt oder in monolithische und dümmliche Richtungen geleitet wurde. Mit dieser totalen Institutionalisierung ging ein Gefühl der Irrealität einher, eine Haltung der Abkehr von der Welt, die der früheren Unabhängigkeit der Nonnen und ihrer Arbeit in der Welt Abbruch tat. Die Gemeinschaft wurde zum Selbstzweck und maßte sich die Macht an, die Meinung über alles Tun und Lassen einer Frau zu bestimmen, es zu be- und verurteilen und generell zu beherrschen. Feministinnen können daraus lernen, daß, wenn eine Bewegung oder eine Frauengemeinschaft sich in rhetorischen Positionen verhärtet und wenn die Sprache des Nichtdenkens und der Klischees vorzuherrschen beginnt, es sich nicht mehr um eine echte feministische Bewegung handelt.

Die Spannung zwischen Individuum und Gemeinschaft ließ im Kloster bestimmte Formen von Freundschaft entstehen. Ich sprach bereits über die Vorstellung von spiritueller und von spezieller Freundschaft, die einmalige Formen in der Geschichte der Freundschaft sind, welche die Formen von Intimität im Leben von Ordensfrauen geprägt haben. Abschließend untersuche ich nun die positiveren Dimensionen der Intimität in Klöstern, da ich zuvor den Schwerpunkt mehr auf die Verbote derartiger Intimität gelegt habe.

Die Vorstellungen von Ordnung hatten entscheidende Auswirkungen auf Klosterfreundschaften, denn damit wurde auch Intimität geregelt. Eine Frau schrieb zum Zölibat in Ordensgemeinschaften:

„Ein wenig mehr Diskretion in unseren Intimitäten könnte unsere Energien in eine sinnvollere Richtung lenken und uns eine Menge Schmerz ersparen, der uns zu Verwundeten macht, ehe wir noch das Schlachtfeld erreicht haben... Ungeordnete, nicht zielgerichtete ‚Liebe' leitet Energien ab und zögert die Revolution hinaus."[105]

Ungeordnete und nicht zielgerichtete Liebe schafft eine Ethik von Beziehungsverhalten, wie ich sie im vierten Kapitel beschreibe, mit der Frauen „berufsmäßige Beziehungsarbeiterinnen" werden – d. h. Beziehungen und Beziehungsarbeit, gleich ob mit Frauen oder Männern, stehen im Mittelpunkt des Lebens. Bestenfalls trugen die speziellen Freundschaften im Kloster dazu bei, Intimität zu ordnen und auf ein Ziel zu richten. Kathleen Barry vergleicht sexuelle Intimität mit dem, was für ein Individuum das Privateste und Einzigartigste ist.

„Da gibt es jene Ideen oder Gedanken, die äußerst privat und besonders für mich sind. Sie kommen direkt aus der Tiefe meines Seins und stellen in gewisser Weise einen sehr persönlichen Teil von mir dar. Ich teile diese Gedanken nur mit sehr wenigen Menschen, mit solchen, denen ich vertraue und von denen ich möchte, daß sie mich auf dieser Ebene kennen."[106]

Barry stellt dieser Form von Intimität die „unspezifische Offenheit" gegenüber, die mit allen geteilt wird in einer Zeit, in der Extrovertiertheit die Norm ist. Zu den besseren Erbstücken des Klosterlebens gehört die Gewohnheit der Diskretion, die lehrte, daß eine intime Freundschaft nicht so leichthin gegeben wird. „Eine solche Intimität wächst und wird aus Würde, Achtung, Hinwendung und Zärtlichkeit heraus kultiviert."[107]

Das Klosterleben förderte die Behutsamkeit und die Diskretion bei der Intimität. Daraus entstand die „Strenge der Unterscheidungskraft", ein Konzept von Alice Walker, das ich häufig in diesem Buch verwende. Sie verhalf Frauen dazu, einen Habitus der Behutsamkeit und Diskretion bei Freundschaften zu entwickeln, und schuf damit die Bedingungen, in denen dieser Habitus gelebt werden konnte. Einfach gesagt: Im Klosterleben konnten Frauen die Fähigkeit entwickeln – eine Art Sechsten Sinn – zu unterscheiden, wer eine wahre Freundin war und wer nicht.

Aus dieser Behutsamkeit und Diskretion können wir lernen, daß, um eine Person wirklich kennenzulernen, wir mit ihr wachsen und uns mit ihr Zeit nehmen müssen und daß es nicht so etwas wie eine blitzartige Intimität gibt. Sie mahnte zur Vorsicht, intensive Gefühle und Gedanken mit einer zu teilen, mit der Frau kaum bekannt ist. Und sie durchbrach die eingängige Rhetorik der einfachen Rezepte, wie man Grenzen zwischen Menschen einreißen kann, indem sie enthüllte, wie leicht Freundschaft wiederum neue Grenzen errichten und neue Formen der Entfremdung schaffen kann, die auf falscher Intimität gegründet sind.

Natürlich stellte die Gewohnheit der Unterscheidungskraft keine Garantie für ein unfehlbares Urteil und das Vermeiden von Fehlern dar. In den meisten Fällen jedoch erzog die „Strenge der Unterscheidungskraft" zum genauen Hinschauen, stützte die kultivierte Fähigkeit, Freundschaften zu schließen, und verstärkte ein Reservoir des inneren Urteils, auf das, wenn nötig, zurückgegriffen werden konnte.

Audre Lorde meint in ihrem Aufsatz über Erotik: „Sie ist eine Empfindung innerer Befriedigung, von der wir — wenn wir sie einmal erlebt haben — wissen, daß wir sie anstreben können."[108]

Eros ist keinesfalls immer im engen Sinne „erotisch". Ein anderes Wort, mit dem dieser erweiterte Sinn von Erotik vermittelt werden kann, ist *Intensität*. Die Nonnen sind wirklich ein Beispiel dafür, daß nicht alle Zuneigung sexuell/genital ist, sondern vielmehr intensiv zugewandt. Nonnen haben die Tatsache bezeugt, daß es intensive Leidenschaften der Liebe und der Freundschaft außerhalb des sexuellen/genitalen Bereichs gibt. Gefühlsenergie hat viele Formen der Intensität. Nonnen wußten auch, daß die Intensität einer intimen Freundschaft ein höchst zerbrechliches Gut ist und mit anderen Formen gefühlsmäßigen, intellektuellen, gesellschaftlichen und geistigen Lebens verknüpft werden muß, wenn sie überdauern soll.

Indem sie sich auch auf die Welt außerhalb der Klöster richtete, wurde die in den Klöstern existierende Frauen-Zuwendung zum deutlichen Beispiel für „das Persönliche ist das Politische". Wie wir sahen, war den Nonnen eine umfassende politische, intellektuelle und gesellschaftliche Zuwendung zu eigen. Die einmalige Verbindung der Vorstellungen von spirtueller und spezieller Freundschaft machte es den Frauen möglich, ihren Freundschaften eine Dimension von Bedeutung zu geben, die über die Freundschaft selbst hinauswies. Die Nonnen lebten in einer Gemeinschaft von Gleichen, die sich auf eine Gleichheit von „der Aufgabe gerecht werden" gründete — also nicht nur auf die Aufgabe, eine engagierte und zugewandte Freundschaft zu gestalten, sondern die Aufgabe, eine bessere Welt zu schaffen. Innerhalb des Klosterlebens war die Begründung für intime Freundschaft eine religiöse. Eine spezielle Freundschaft war spirituell, weil eine dritte Dimension − Gott − anwesend war. Damit bekam die Beziehung einen Aspekt von Transzendenz. Spirituelle Freundschaft stützte sich auf das Einverständnis und die Liebe für eine Sache, die zugleich über die Freundschaft hinauswies und sie im täglichen Leben festigte. Ihr Impetus könnte mit den Worten von Ortega y Gasset zusammengefaßt werden: „Menschen leben nicht nur zusammen, um einfach zusammenzusein... Sie leben zusammen, um etwas zusammen zu tun."[109]

Bei ihrem Engagement an einer gemeinsamen Aufgabe oder Sache wurde den spirituellen Freundinnen bewußt, wo sie im besonderen und grundsätzlich miteinander übereinstimmten − das Wissen um die Erfahrung gleicher Gefühle, Gedanken und Ziele. Sie waren vom gleichen spirituellen Strom getragen, der die Intimität von Gleichen vertiefte und intensivierte. So wie sie „dort, wo sie arbeiteten, Liebe fanden", so fanden sie auch dort, wo sie liebten, Arbeit.

Viele Exnonnen erfuhren, wie schwierig es ist, nach Verlassen des Klosters die frühere Intensität mit Frauen aufrechtzuerhalten. In einer Untersuchung über Exnonnen sagte eine Frau: „Die Beziehungen zu Frauen, die du im Kloster hattest, kannst du in der Außenwelt nicht beibehalten. Die Dinge sind so schwierig, und du selbst veränderst dich auch... Jetzt bin ich sozusagen auf dem Markt für romantische Liebesbeziehungen."[110] Wo kein ständiger Kontext eines frauen-bezogenen Lebens existiert, ist die Frauen-Zuwendung nicht abgestützt. In der gleichen Studie erwähnen viele Exnonnen, wie die säkulare Gesellschaft „die eigene Geschlechtsrolle" aktiviert, indem sie zur Konformität mit der Hetero-Realität einlädt. Leider akzeptierten viele Exnonnen ihren neuen hetero-bezogenen Status, einige hatten die Haltung des Sich-in-das-Unvermeidliche-Fügens, andere taten dies sogar voller Begeisterung. Pat Hynes und ich haben die speziellen Gründe für diese Konventionalität dargelegt. Ich stellte fest:

„Eins der unglücklichsten Dinge, die passierten, als ich das Kloster verließ, war, daß ich den Kontakt zu vielen Frauen verlor, mit denen ich intensive Freundschaften hatte... Kaum daß sie draußen waren, verschwanden sie in der heterosexuellen Treffszene, und schließlich verheirateten sie sich und sind es noch immer. Eingedenk der Tatsache, daß Beziehungen zu Frauen hauptsächlich im Kloster, doch nicht in der Welt die Norm sind, versuchten sie vermutlich, sich zu normalisieren. Vielleicht hielten sie ihre intimen Klosterbeziehungen im Nachhinein für eine pubertäre Phase, die sie durchmachen mußten."[111]

Als Antwort darauf beschäftigte sich Pat Hynes mit dem fehlenden Kontext für eine anhaltende Frauen-Zuneigung, nachdem Frauen das Kloster verlassen hatten:

„Ich ging von einem frauenzentrierten Leben in ‚die Welt‘, als wäre das Kloster kein Teil dieser Welt. Ich wurde nicht in dauerhaften intensiven Beziehungen mit Frauen bestärkt. Ich weiß noch, daß ich mich schrecklich nach der Frauengemeinschaft sehnte, von der ich ja weg wollte. Ich spürte, daß es niemand begreifen würde, wenn ich diese Beziehung aufrechterhielt... Ich begreife besser als Jan, was Exnonnen in Bars und Rendezvous und die baldige Ehe trieb. Heterosexualität war das einzig Normative. Verzweifelt versuchten wir, unsere Klostererfahrung auszulöschen und die Fremdheit der Welt abzuschwächen."[112]

Für die Frauen, die nach Verlassen des Klosters Feministinnen wurden, stellte sich zwischen ihrem neuen Leben und dem Besten, was die klösterliche Frauen-Zuwendung bieten konnte, eine Kontinuität her. Nachdem sie einen Teil ihres Lebens in einem ausschließlichen Frauen-Kontext verbracht hatten, in dem Frauenfreundschaft die Norm war, kamen viele mit einer überhöhten Erwartung der Möglichkeiten einer Frauen-Zuwendung zum Feminismus. Trotz der Doppelbotschaften und der Versuche, die Intensität von Freundschaft zu unterdrücken, die sie im Kloster erfahren hatten, war die vorherrschende Erfahrung doch eine der Freiheit in der Gesellschaft von Frauen. Während andere Frauen in ihrem vorangegangenen Leben eher eine aggressive Geschichte männlicher Vorherrschaft/Unterdrückung/Schikanen erlebt haben, sprachen viele Exnonnen vom Kloster als *dem* Ort von „Schwesterlichkeit ist machtvoll".

Letztlich gewann die Frauenfreundschaft in den Klöstern ihre Kraft aus der Tatsache, daß Freundschaft von Natur aus eine spirituelle Gemeinschaft ist, doch daß Frauen keine reinen Geister sind und nie sein werden. Bei den Nonnen wird, wie bei allen Frauen, Freundschaft über die materielle Welt vermittelt und wird nur dort frauen-zugewandt.

# Kapitel III

# Weitere freie Frauen: Die chinesischen Eheverweigerinnen

Ich schneuze meine Lampe und schreibe weinend diesen Brief,
versiegle ihn und schicke ihn zehntausend Meilen weit,
um Dir zu sagen,
wie schlecht es mir geht,
und Dich zu bitten, meinen Körper zu befreien.
Liebe Mutter, wieviel ist noch von meinem Brautpreis übrig?
        „Ein Brief", 17. Jahrhundert.
        *The Orchid Boat: Women Poets of China*

Ich habe die Doppeltüren geschlossen,
in welcher Ecke des Himmels ist sie?
        Wu Tsao*
        Zu der Melodie: „Blumen am Feldweg."
        *The Orchid Boat: Women Poets of China*

Und Du und ich, wir machten unsere Freundschaft zum
Unterpfand eines Glaubens an die Ewigkeit.
Wir haben es geschworen.
        Diana an Emma
        George Meredith: *Diana of the Crossways.*

Wo beginnen denn überhaupt die allgemeinen Menschenrechte? In kleinen Orten, im engsten Lebensbereich… Dort sucht
jeder Mann, jede Frau und jedes Kind gleiches Recht, gleiche
Möglichkeiten, gleiche Würde ohne Diskriminierung. Wenn
diese Rechte dort keine Bedeutung haben, so haben sie nirgends eine sehr große Bedeutung.
        Eleanor Roosevelt
        Rede vor den Vereinten Nationen 1958

158

Als ich zum ersten Mal das Wort *Eheverweigerin** hörte, schien mir dies endlich ein Begriff zu sein, der den politischen Inhalt der Ablehnung, die Frauen seit ewigen Zeiten der Ehe entgegenbringen, abdeckte. Hier hatten wir endlich ein Wort, das den Widerstand gegen die Ehe aus dem modernen, verkürzenden Kontext psychologischer Anormalität, in dem mit Begriffen wie „heterosexuelle Deprivation", „aus eigener Schuld alleingeblieben" und „das Syndrom der abgewiesenen Frau" gearbeitet wird, herauslöste. Statt dessen wurde mit dem Wort „Eheverweigerung" der Aspekt der bewußten Entscheidung betont, und es zeigte darüber hinaus, wie sich diese Entscheidung in einem größeren Kontext des Gruppenwiderstandes auswirkte.

Vom Beginn des 19. bis zum Beginn des 20. Jahrhunderts weigerten sich viele Frauen in China — besonders in den bäuerlichen Gebieten von Kuangtung —, zu heiraten oder, nachdem sie verheiratet worden waren, mit ihren Ehemännern zusammenzuleben. Mit dem Wort *Widerstand* ist die Handlungsweise dieser Frauen angemessen beschrieben, denn in einer Gesellschaft, die, wie die chinesische, familienorientiert und familiengebunden war, wurden alle Frauen in die Ehe gedrängt. In der chinesischen Tradition war jede Frau nur ein vorübergehendes Mitglied ihrer Geburtsfamilie, ihre ständige Familie schuf sie sich, indem sie in eine einheiratete. Eine unverheiratete Frau war eine Frau, die zu keiner Familie gehörte.

Für die Chinesin war die Ehe ein bitteres Los. Nach dem alten chinesischen Sprichwort ist „eine Frau wie ein gekauftes Pony — kann ganz nach Lust und Laune des Herren geritten oder geschlagen werden". Die Ehesituation der Chinesin unterschied sich von der in anderen Kulturen, z. B. in der islamischen Gesellschaft, wo die Absonderung der Frauen oder weiblichen Verwandten im Harem den jungverheirateten Frauen eine Stütze war und „die weiblichen Verwandten des Mannes — Frauen, Schwestern, Mütter, Tanten, Töchter — einen großen Teil ihrer Zeit und ihres Lebensraums teilten, womit es den Frauen möglich wurde, über Klassenschranken hinweg häufig und leicht Zu-

---

* Engl. *marriage resister.* Ich wählte das Wort *Eheverweigerin* in Analogie zu Kriegsdienstverweigerer. A.d.Ü.

gang zu anderen Frauen in ihrer Gemeinschaft zu haben."[1] In China hingegen waren die Frauen gezwungen, bei ihrer Eheschließung mit ihrer Geburtsfamilie zu brechen und als Fremde in der Familie des Ehemannes zu beginnen.

„Eine chinesische Braut... verließ ihre Geburtsfamilie mit einer Zeremonie, in der ihr Abschied auf immer und das endgültige Zerschneiden der Bande zu ihrer Geburtsfamilie bildlich vollzogen wurde. Nachdem sie ihr Elternhaus verlassen hatte, wurde hinter der davonschreitenden Gestalt symbolisch eine Tasse Wasser auf der Türschwelle ausgegossen als Zeichen, daß sie, wie das Wasser, nie wieder an ihren bisherigen Aufenthaltsort zurückkehren konnte. Außerdem machten ihr die entsprechenden Witze und informellen Riten, die in ihrem bisherigen Zuhause vor ihrer Heirat gemacht wurden, ausreichend klar, daß sie nun Feindesland betrat und sich für den Krieg rüsten sollte."[2]

Und so, wie die Sicherheit der Chinesin in diesem Leben an ihren Platz in einer Familie gebunden war, hing ihre Sicherheit im nächsten Leben davon ab, daß Familienmitglieder sie nach ihrem Tod verehren würden. „Für eine alleinstehende Frau konnte bei ihrem Tod keine Seelentafel zu ihrer Verehrung aufgestellt werden."[3] Francis Hsu bemerkt, daß „ein Junggeselle oder eine Junggesellin sozial verloren ist, da die Rolle des Individuums als das Glied einer Kette in dem großen Familien-Kontinuum angesehen wird. Dies gilt ganz besonders für die unverheiratete Frau, denn für eine Frau gibt es außerhalb der Ehe keinen Platz im Leben."[4]

Von etwa 1400 bis 1900 war in den asiatischen bäuerlichen Gesellschaften das Muster der Ehe allgemein die Norm, während in den europäischen vorindustriellen Gesellschaften die Ehe nicht die Norm war.[5] Bei dieser normativen Regel ist es ein Wunder, daß sich überhaupt eine Widerstandsbewegung bildete und sich so lange hielt.

Nicht nur die Verkapselung der Frau in der Ehe, sondern auch ihr Platz beziehungsweise Nicht-Platz in der chinesischen Gesellschaft war kulturell und ideologisch so angelegt, daß ihre gesellschaftliche wie metaphysische Existenz auf ein Minimum beschränkt war. Die chinesische Frau war eigentlich vom ersten Tag ihres Lebens an unerwünscht. Der chinesische Ausdruck für Tochter ist *she-pen huo*: „Waren, mit denen man ein Verlustgeschäft macht." Die Entwertung der Frauen stützte sich auf die metaphysische Weltsicht, die Frauen mit allem, was zu Yin gehört, gleichsetzte: Negativ, leer und — im Konfuzianismus — für ein schlimmes Geschick bestimmt. Diese kosmische Minderwertigkeit der Frauen realisierte sich im gesellschaftlichen Alltag mit der weitverbreiteten Praxis der Kindermorde an Mädchen, mit dem Füßeeinbinden, mit der Verheiratung der noch sehr jungen Töchter bis hin zu ihrem Verkauf an andere Familien im Kindesalter, mit der schweren körperlichen Plackerei, die die Frauen zu leisten hatten, mit ihrem Mangel an Bildung und der hohen Selbstmordrate unter chinesischen Frauen.

Aus ihrer Familienerfahrung schildert Maxine Hong Kingston, wie Frauen und Mädchen in China angesehen wurden:

„Wenn meine Mutter oder mein Vater oder die anderen Emigranten des Dorfes sagten: ‚Mädchen füttern ist wie Kuhstare füttern‘, warf ich mich auf den Boden und schrie so heftig, daß ich nicht mehr sprechen konnte. Ich konnte nicht aufhören…
Ich haßte es, wenn die Emigranten des Dorfes über mich und meine Schwester den Kopf schüttelten. ‚Ein Mädchen — noch ein Mädchen‘, sagten sie, so daß unsere Eltern sich schämten, mit uns beiden gemeinsam auszugehen."[6]

Hong Kingston berichtet ebenfalls, daß es „ein chinesisches Wort für das weibliche ‚ich‘ (gibt) — und das heißt ‚Sklavin‘. Vernichtet die Frauen mit ihrer eigenen Zunge!"[7] Daß die Frauen durch eine solche Sprache und derartige Ansichten geistig gebrochen wurden, wird von Su Hua in *Ancient Melodies* (ein Buch, das Virginia Woolf und Vita Sackville-West gewidmet ist) bestätigt:

„Als viertes Kind meiner Mutter und zehnte Tochter der Familie wurde ich natürlich vernachlässigt… Ich habe mich oft unglücklich gefühlt, weil ich nur ein Mädchen war. Ich hielt mich stets beim Sprechen und Lachen zurück, weil ich mir der Tatsache, meiner Familie unerwünscht zu sein, nur zu sehr bewußt war."[8]

Angesichts dieser kosmischen und gesellschaftlichen Umstände neigten viele Kommentatoren dazu, die Eheverweigerungsbewegung als unvermeidliche Reaktion auf ein System zu sehen, das Frauen brutalisierte. So stellt beispielsweise Arthur Smith, ein westlicher China-Experte des 19. Jahrhunderts, fest:

„Die Realität der Mißstände beim chinesischen Ehesystem zeigt sich an den extremen Mitteln, zu denen unverheiratete Mädchen manchmal greifen, um der Ehe zu entgehen. Chinesische Zeitungen berichten ziemlich häufig über organisierte Gruppen junger Mädchen, die den feierlichen Eid leisten, niemals zu heiraten."[9]

Während die Mißstände des chinesischen Ehesystems sicher von jeder Frau, die glauben konnte, sie hätte eine Alternative, umgangen wurden, waren diese doch keineswegs die Haupterklärung und der ausreichende Grund für die Eheverweigerung. Diese Sicht der Eheverweigerung ist durch die Brille der Hetero-Beziehungen eingeengt. Smith und andere Kommentatoren erkennen zwar die herrschenden Zustände, durch die Frauen unterdrückt wurden, sie übersehen jedoch, daß in China noch eine andere Tradition existierte, die den Chinesinnen Kraft gab. Eine in der populären und der gehobenen Literatur und Folklore weitverbreitete Tradition war die der „Kriegerin"; sie ermutigte zu weiblicher Stärke, zu Widerstand und zum Engagement füreinander. Diese Tradition wirft ein ganz anderes Licht auf die Eheverweigerung, macht aus einem „extremen Mittel" ein frauenidentifiziertes „selbstgewähltes und schönes Arrangement".

Maxine Hong Kingston hat die Tradition der weiblichen Sklaverei in China keineswegs übersehen, doch sie hat den Westen auf die Tradition der Kriegerin aufmerksam gemacht. „Ich lernte, meinen Geist weit zu öffnen, denn das Universum ist groß, so daß es Raum für Paradoxien gibt."[10] Hong Kingston berichtet, wie die kleinen Mädchen, wenn sie den erwachsenen Frauen beim Geschichtenerzählen zuhörten, lernten, sie würden ihren Lebenszweck verfehlen, wenn sie — einmal erwachsen — „nur Ehefrauen oder Sklavinnen wurden. Wir könnten nämlich Heldinnen werden, Schwertkämpferinnen. Eine Schwertkämpferin rechnete mit jedem ab, der ihrer Familie Schaden zufügte, und wenn sie dazu durch ganz China stürmen mußte. Vielleicht waren die Frauen einst so gefährlich gewesen, daß man ihnen die Füße bandagieren mußte."[11] Die gleiche Mutter, die festgestellt hatte, daß „Mädchen füttern wie Kuhstare füttern ist", gab ihren Töchtern auch noch eine andere Tradition mit:

„Schließlich merkte ich, daß auch ich mich in der Nähe einer großen Macht befunden hatte: meiner Geschichten erzählenden Mutter. Als ich größer war, hörte ich das Lied von Fa Mu Lan, dem Mädchen, das den Platz ihres Vaters in der Schlacht eingenommen hatte. Sofort fiel mir ein, daß ich als Kind meiner Mutter im Haus überallhin gefolgt war, während wir beide davon sangen, wie Fa Mu Lan siegreich gekämpft hatte und heil aus dem Krieg zurückgekehrt war, um sich im Dorf niederzulassen. Ich hatte vergessen, daß dieses Lied einst mein Eigentum gewesen war, mir geschenkt von meiner Mutter, die dessen Erinnerungsmacht nicht erkannt haben mochte. Sie erklärte, ich werde zur Ehefrau und Sklavin heranwachsen, lehrte mich aber den Gesang der Kriegerin Fa Mu Lan. Ich würde zur Kriegerin heranwachsen müssen."[12]

Junge Amerika-Chinesinnen finden die mythische Tradition der Kriegerin in ihrer täglichen Lektüre. Sogar in den heutigen Chinesenvierteln sind chinesische Comic-Bücher zu finden, in denen das Bild der Kriegerin in allen Geschichten lebendig ist. Viele dieser Geschichten berichten von magischen Frauen, die große, körperlich kühne Taten vollbringen. In dieser populären Literatur finden wir oft Bilder von Ehemännern, die sich beispielsweise hinter starken Kriegerinnen, die ihre Ehefrauen sind, verstekken. Doch wird hier niemals — wie in manchen westlichen Büchern dieses Genres — angedeutet, daß eine solche Frau ihren Ehemann gegen einen Mann austauschen sollte, der stärker ist als sie. Ebensolche Bilder starker Frauen finden sich in chinesischen Filmen, in denen die Bandbreite der Frauen von domestizierten Zuckerpuppen bis zu großen Heldinnen reicht.[13]

Die Tradition der Kriegerin hat einen realen historischen Hintergrund. In der Bauernrevolte von 1851 bis 1864, unter dem Namen Taiping-Revolution bekannt, gab es Kampfdivisionen, die nur aus Frauen bestanden und von Frauen geführt wurden. Frauen hatten ihr eigenes Armeekorps unter dem Kommando von Hong Xuanjiao. „Ihre bloße Anwesenheit genügte, so heißt es, um die Moral der gegen sie aufgestellten kaiserlichen Truppen zu brechen."[14] Als die Taiping-Kräfte ihr Hauptquartier in Nanking aufschlugen, gehörten insgesamt vierzig Frauenbataillone dazu, jedes mit 2 500 Soldatinnen.[15]

Und trotz heftiger Opposition organisierten sich Anfang 1900 viele Frauen in Bataillonen, die für die Sache der Republikaner kämpften. Sie gaben sich Namen wie Frauen-Nationalarmee, Frauen-Mordkommando, Frauen-Militärkommando, Gruppe für militärische Disziplin und das Amazonenkorps der todesmutigen Soldaten.[16]

Tradition und Geschichte der Kriegerinnen werden von den großen Dichterinnen Chinas gefeiert. Ch'iu Chin, die auch eine Revolutionärin war, deren Unternehmungen sie zur berühmtesten aller Kriegerinnen machten, kämpfte nicht nur gegen die Mandschu-Dynastie, sondern auch gegen alle Beschränkungen für Frauen. In ihrem Privatleben nahm sie oft den Namen Qinxiong an, was bedeutet: „Es mit den Männern aufnehmen." Ein Photo zeigt sie in westlicher Männerkleidung mit „einer recht frechen Stoffmütze".[17] Ihr Gedicht „Frauenrechte" ist eine feministische Aussage, die ihren Feminismus mit ihrer Meinung verbindet, Frauen sollten militant sein und die Nation und sich selbst retten.

> „Wir wollen unsere Emanzipation!
> Laßt uns ein Glas auf unsere Freiheit leeren,
> Männer und Frauen sind gleich geboren,
> warum sollten wir den Männern das Regiment überlassen?
> Wir werden uns erheben und uns selber retten
> und die Nation von aller Schande befreien.
> In den Fußstapfen von Jeanne d'Arc
> werden wir uns unser Land mit eigener Kraft zurückgewinnen."[18]

Ch'iu Chin betrachtete sich selbst als letztes Glied einer langen Kette von Kriegerinnen in der Tradition von Milan. Wir können sie auch neben die Gelehrten-Rebellen und die gesetzlosen Banditen der chinesischen Geschichte und Legende stellen. „Sie lernte fechten, reiten und den Schwertkampf, und sie wollte eigenhändig die Frauen und China aus der ‚Dunkelheit' und ‚Schwärze' ihrer Situation retten."[19] Ihre Dichtung war für viele Frauen, die nach ihr kamen, eine Quelle der Inspiration, und ihre Hinrichtung sicherte ihr den Platz als eine der großen Revolutionärinnen der chinesischen Literatur.

Ch'iu Chin wurde von der Mandschu-Regierung gefangengenommen und 1907 enthauptet, ihre Gedichte waren als Beweis ihres Verrats gegen sie verwendet worden. Sie schrieb über Freiheit für ihr Volk, wobei sie die Erinnerung an historisch bekannte Kriegerinnen wachrief und sie unwiderruflich mit der Freiheit für Frauen in China verband:

> Nach der Melodie: „Der Fluß ist rot."
>
> Wie viele weise Männer und Helden
> haben den Staub und Schmutz der Erde überlebt?
> Wie viele schöne Frauen waren Heldinnen?
> Da sind die noblen und berühmten Generalinnen

Ch'in Liang-yu und Shen Yun-yin.*
Obgleich ihre Kleider von Tränen befleckt waren,
waren ihre Herzen von Blut erfüllt.
Die wilden Streiche ihrer Schwerter
zischten wie Drachen und schluchzten vor Schmerz.
Der Duft der Freiheit versengt meine Seele
mit Kummer für mein Land.
Wann werden wir je wieder rein sein?
Gefährtinnen, ich sage euch,
spart keine Mühe, kämpft unermüdlich,
damit eines Tages, endlich, unserem Volke Frieden werden kann.
Und juwelenbesetzte Kleider und deformierte Füße
werden abgeschafft werden.
Und eines Tages werden alle unter diesem Himmel
wunderschöne freie Frauen sehen,
die wie Blumenfelder blühen
und kluge und noble Menschen zur Welt bringen werden.[20]

Ch'iu Chins Gedichte lassen auch eine starke Tradition von
Frauenfreundschaft erkennen.

Zwei Gedichte zu der Melodie: „Narzisse am Fluß.“

I
*Die Dame T'ao Ch'ui-tse gab ein Abschiedsfest*
*Im T'ao Jan Pavillon. Meine Freundin*
*Tzu-ying schrieb Lieder in der Schrift*
*der Großen Höhle:*
Wie ein junges Fohlen, das an einer Mauerspalte vorbeirennt,
sind Licht und Dunkelheit fast eines ganzen Jahres vorübergegangen.
Der Wind bläst die Wolken vom Himmel.
Wir gehen beide unsere eigenen Wege.
*Ich teile ihre Traurigkeit und schreibe ein Gedicht als Antwort.*
*Ich gehe nach Japan, um zu studieren*
*und Tzu-ying kehrt in den Süden zurück.*

* „Ch'in Liang-yu war eine Heldin des 17. Jahrhunderts, die nach dem Tod ihres
Ehemannes das Kommando über seine Armee übernahm. Shen Yun-yin (17. Jahrhun-
dert) übernahm die Armee ihres Vaters, nachdem er von der Rebellentruppe des
Chang Hsiang-chung getötet worden war, schlug diese und holte den Körper ihres
Vaters zurück.“ Aus den Anmerkungen zu den Gedichten in „The Orchid Boat“,
Newton N.J. 1982, S. 124.

II

Wir tranken Wein und sprachen über Literatur.
Unsere Herzen schlugen im gleichen Takt
mit den gleichen Gefühlen.
Leise singen wir das alte Lied
„Das Licht der Sonne schwindet."
Der Schmerz der Trennung wird den Hufen unserer Pferde folgen.
Die Melancholie des Abschieds
umgibt die Stadt wie ein Fluß.
Eiserne Streiche, silberne Bogen, deine Lieder
sind grenzenlos in ihren Bedeutungen.
Paß auf dich auf. Wir können nicht sicher sein,
daß wir uns eines Tages wiedersehen.
Wir stehen auf der Brücke, Hand in Hand.
Der Fluß und die Abendwolken dehnen sich
tausend Meilen lang.[21]

Wenn wir die historische und literarische Tradition der Kriegerin, die Lyrik der großen Dichterinnen Chinas und die Tradition der Revolutionärinnen in vielen Perioden chinesischer Geschichte zusammennehmen, dann bekommt die Eheverweigerungsbewegung einen historischen und politischen Kontext.

## Kuangtung: Ort der Eheverweigerung

Die Eheverweigerin ist als Teil jener Tradition der Chinesinnen zu sehen, der auch die Kriegerin entsprang. Dieser Krieg ging gegen die erzwungene Ehe, und der Widerstand der Eheverweigerin war genauso heftig wie der ihres militanten mythischen und realen Gegenstücks. Der Widerstand der Eheverweigerin reichte über eine Anti-Ehe-Haltung hinaus zur Integrität einer Tradition „loser Frauen", die einander — oft ein Leben lang — in Freundschaft verbunden waren.

Die meisten Menschen in Kuangtung wuchsen mit dem Bewußtsein dieses Widerstandes auf. Wie die Anthropologin Marjorie Topley, die das grundlegende Werk über Eheverweigerung schrieb, bemerkt, würde die Welt außerhalb Chinas nie etwas von dieser (in der hier von mir geschilderten Form) fast hundert Jahre lang existierenden weiblichen Widerstandsbewegung erfahren haben, hätte es nicht in den Berichten westlicher Beobachter/innen einige kleine Hinweise darauf gegeben. „,Die Existenz

166

dieses Amazonen-Bundes' schreibt ein lange in der Nachbarschaft ansässiger Missionar, ,ist bereits lange bekannt, doch über ihre Regeln und die Zahl der Mitglieder gibt es keine genauen Informationen.'"[22] Hier handelt es sich um eine Form der Tradition, die kein Konfuzianer gern niedergeschrieben hätte, und auch spätere chinesische Reformer oder Revolutionäre — erst Nationalisten, dann Kommunisten — hätten wohl kaum dazu ermutigt.

Das Thema wird in China ignoriert und abgetan als

> ",feudale und rückständige' Praktiken... Die moderne sozialistische Frau ist als solche ein produktives werktätiges Mitglied der Gemeinschaft, eine Managerin ihres Haushalts und die Gebärerin des offiziell genehmigten einen Kindes pro Familie. Da ist kein Platz für Abweichungen... Die herrschende Erkenntnis lautet, die Chinesin von heute könne aus der Praxis, nicht zu heiraten — obgleich deren Geschichte keineswegs beendet ist — nichts mehr lernen."[23]

Frauen, die sich weigerten, zu heiraten oder sich mit einem Mann zusammenzutun, hatten wenig Interesse an den Ehereformprogrammen, die von der Revolution verkündet wurden. So waren sie wieder einmal, jetzt aus revolutionärer Sicht, ,,Waren, mit denen man ein Verlustgeschäft macht".

Die meisten Eheverweigerinnen kamen aus dem Kuangtung-Delta und arbeiteten in der Rohseidenproduktion, etwa in den Gebieten von Shun-te hsien, Nan-hai hsien und einem kleinen Teil von P'an-yu, der östlich von Shun-te liegt. Den in der Seidenindustrie arbeitenden Frauen war es möglich, wirtschaftlich unabhängig zu sein, eine Situation, die sie mit nur wenigen Frauen in China teilten. Die organisierte Eheverweigerungsbewegung begann in Shun-te, erstreckte sich jedoch allmählich auch auf andere Gebiete, in denen Frauen arbeiten und wirtschaftlich für sich selbst und häufig auch für ihre Geburtsfamilie sorgen konnten. Maria Jaschok, Anthropologin und Historikerin, die kürzlich über das Leben unverheirateter Frauen im vorkommunistischen China gearbeitet hat, schreibt: ,,Es gibt keinerlei Statistiken, doch Sankar nimmt an, daß in Kuangtung mindestens jede zehnte eine solche unverheiratete Frau war, eine Schätzung, die durch eigene Forschungen bestätigt wird."[24]

Die chinesische Kuangtung-Region trug — neben ihrer wirtschaftlichen Anziehungskraft und Lebensmöglichkeit für alleinstehende Frauen — noch andere erwähnenswerte Züge. Im Gegensatz zum übrigen China arbeiteten hier viele Frauen außerhalb des Hauses, nicht nur in der Seidenindustrie, auch auf den Feldern, den Straßen, den Flüssen und dem Meer und in verschiedenen Handwerkszweigen. Der Schriftsteller Ta Chen notiert in einer statistischen Studie über die Industriearbeit in China 1933, daß 66,6 % aller Werktätigen in den vier Hauptindustriegebieten von Kuangtung Frauen waren. In Shun-te waren 81,2 % der Werktätigen weiblich. Frauen waren vor allem in den verarbeitenden Zweigen — Spinnerei und Weberei — der Seidenindustrie tätig.

Agnes Smedley schreibt über ihre Anfang der dreißiger Jahre in dieses Gebiet unternommenen Reisen und stellt fest, daß die Werktätigkeit der Frauen und Mädchen oft einen Großteil des Familieneinkommens erbrachte und solche Familien daher wohl weniger daran interessiert waren, ihre werktätigen Töchter zur Heirat zu zwingen. In diesem Gebiet konnte man die Mädchen kaum als nicht viel besser als „Kuhstare" ansehen oder als „Waren, mit denen man ein Verlustgeschäft macht".

Wenn die ökonomische Stärke der Frauen in Kuangtung dazu führte, daß hier eine besondere Art von Frau entstand — nämlich die Eheverweigerin —, so galt dies auch für ihre körperliche Stärke und ihre physischen Fähigkeiten. Die Frauen in Kuangtung hatten das Füßeeinbinden nie in dem Ausmaß akzeptiert, in dem Frauen in anderen Gebieten Chinas dazu gezwungen wurden. Daher waren hier seit alters her die Frauen körperlich besser für die harte Arbeit geeignet und besaßen die für körperliche Arbeit nötige Mobilität. In der Seidenregion gab es keine Sterblichkeit von Mädchenkindern. Vielleicht weniger bedeutsam, doch ziemlich aufschlußreich ist weiterhin die Tatsache, daß, wie Maxine Hong Kingston berichtet, die Frauen von Kuangtung als die schönsten Frauen Chinas galten. Dies ist möglicherweise nur ein Zeichen dafür, ein wieviel glücklicheres Leben diese Frauen, verglichen mit anderen Chinesinnen, führten.

In Untersuchungen über den unterschiedlichen Status der Frauen von Kuangtung wird stets auf die Tatsache des Männermangels hingewiesen. Häufig wird behauptet oder angedeutet, daß die Frauen wegen der Emigration chinesischer Männer nach den USA und anderen Ländern „sich selbst überlassen" blieben. Je nach Betonung und Auslegung können wir den Eindruck gewinnen, daß die Zuwendung der Frauen zueinander lediglich eine Folge dieses Mangels war.

Doch wir können es auch so formulieren: Politisch hat die

Emigration der Männer die Frauen als eine machtvolle Kraft freigesetzt, die die Widerstände gegen die Anti-Ehe-Bewegung und gegen die eigenen Absichten, niemals zu heiraten, durchkreuzen konnte. Durch die zahlenmäßige Reduzierung der Männer in Kuangtung wurden vermutlich einige Barrieren gegen Frauenfreundschaft weggeräumt, und damit wurde es Frauen möglich, ihre Frauen-Zuneigung aktiver zu leben. Generell hat die Emigration der Männer dazu geführt, daß die allgemeine Position der Frauen gestärkt wurde.

Wie schließlich der Schriftsteller James Dyer-Ball bemerkt, galten die Frauen von Shun-te als anders und „intelligenter als andere". Obgleich chinesische Mädchen keine Schulbildung bekamen, konnten viele Mädchen aus dem Shun-te-Gebiet lesen.[26] Die Quellen von Topley weisen darauf hin, daß Mädchen aus bäuerlichen Familien in sogenannten „Mädchenhäusern" im Lesen unterrichtet wurden. Ho erwähnt, daß diese Frauen die Klassiker lasen.[27] Eltern, die die Intelligenz der Töchter und ihre Abneigung zu heiraten zur Kenntnis nahmen, akzeptierten dies häufig als ihr „eheloses Schicksal" und meinten, daß solche Mädchen unverheiratet bleiben sollten.

Alle hier aufgeführten Gründe hatten einen mehr oder weniger starken Einfluß auf die Entstehung und Entwicklung einer organisierten Eheverweigerungsbewegung in Kuangtung. Ich meine jedoch, daß die Kultur der Frauen-Identifikation und der Frauen-Zuneigung, in der viele dieser Frauen von Kindheit an lebten, wesentlich ausschlaggebender war. Denn hier finden wir die inneren Vorbedingungen, die ihnen als Frauen gemeinsam waren und die Eheverweigerung und Frauenfreundschaft ermöglichten. Aus ihrer Erfahrung von Frauenfreundschaft von Kindheit an schufen diese Mädchen die gesellschaftlichen und politischen Bedingungen für das Weiterleben dieser Freundschaft über die Jugendzeit hinaus.

So wurden z. B. viele kleine Mädchen der Shun-te-Dörfer in sogenannten Mädchenhäusern sozialisiert: das waren von Frauen organisierte Heime, in denen weibliche Kinder zusammenlebten. Die Mädchen wohnten hier bis zur Ehe oder bis viele den Eid der Ehelosigkeit ablegten. In Gruppen besuchten die älteren Mädchen dieser Häuser Tempel, religiöse Stätten und das Theater. Benjamin Henry, ein Schriftsteller des 19. Jahrhunderts, schreibt, daß sie „ihre Unabhängigkeit zeigen", indem sie „in großer Zahl" die Theaterfeste anläßlich großer religiöser Ereignisse besuchen und in einer für sie reservierten, abgesonderten

Galerie sitzen.[28] Viele Informanten von Topley beschreiben die Freundschaftsbande, die zwischen diesen Mädchen existierten und zu verschworener Schwesterlichkeit führten.

> „In einigen Dörfern führte die Verlobung einer der ihren dazu, daß die Mitglieder der Gruppe dies wie einen bevorstehenden Tod behandelten: Die ‚Schwestern' trugen Trauerkleidung angesichts der bevorstehenden Entfernung einer der ihren aus ihrer Mitte... In dieser Zeit schlossen sie enge Freundschaften, zu denen häufig lesbische Beziehungen gehörten."[29]

Die „verschworenen Schwesternbünde" in den Mädchenhäusern sind ein Zeichen für die Kraft einer von Kind auf entwickelten frauenidentifizierten Kultur. Diese entstand in einem Alter, in dem für die Mädchen eine gemeinsame Zukunft selbstverständlich war und bestimmte materielle Vorbedingungen existierten, um eine solche Zukunft zu verwirklichen. Die Eheverweigerungsbewegung in Kuangtung beruhte in erster Linie auf diesen verschworenen Schwesternbünden.

### Verschworene Schwestern und das „Chai t-ang"

Es existierten verschiedene Formen, in denen sich die verschworenen Schwestern einander anverlobten. Eine allgemein akzeptierte und institutionalisierte Version des verschworenen Schwesternbündnisses war, daß zwei Mädchen oder Frauen gemeinsam den Eid ablegten, nie zu heiraten und einander nie zu verlassen. Der chinesische Ausdruck für verschworene Schwestern war *shuang chieh-pai*: „sich gegenseitig durch Eid verpflichtet". Häufig hatten diese Mädchen oder Frauen einen großen Teil ihrer Kindheit zusammen verbracht. Verschworene Schwesternbünde beschränkten sich jedoch nicht nur auf Zweierpaare. Oft umfaßten sie einen größeren Zusammenschluß vieler Frauen, die einander in Freundschaft zugetan waren und eine organisierte Eheverweigerungsgruppe bildeten. Topley und Ho berichten, daß ein anderer Ausdruck für solche Schwesternbünde das Wort *chin-lan hui* oder Goldene-Orchideen-Vereinigung war. In einer Ausgabe der örtlichen Chronik von Shun-te von 1853 ist vermerkt, daß die Goldene-Orchideen-Vereinigung der Frauen in dieser Gegend schon lange existierte.[30]

Die Verwendung der Worte Goldene Orchidee ist vielfältig

und bedeutsam. James Liu von der Stanford University meint, dies sei möglicherweise auf den Satz im I-Ging zurückzuführen: „Wenn zwei Menschen das gleiche Herz haben, ist es stark genug, Gold zu zerschneiden; die Worte vom gleichen Herzen haben einen Duft wie die Orchidee."[31] Eine weitere Erklärung für diesen Terminus finden wir darin, daß Gold nie die Farbe wechselt und daher das Symbol für zwei Freunde/Freundinnen ist, „deren Gefühle füreinander sich nie verändern... Die Orchidee hat ebenfalls einen lang anhaltenden Duft und symbolisiert den dauerhaften ‚Duft' der Freundschaft."[32] Winston Hsieh spekuliert, daß der Ausdruck für die Struktur der verschworenen Schwesternbünde stehen könnte, die „aufblühen" oder sich, wenn sie umfangreicher werden, in Untergruppen aufteilen, „so wie die Orchidee in mehreren Blüten an einem Stengel aufblüht".[33]

Die verschworenen Schwestern legten ihr Gelübde in einer eigens dafür geschaffenen Zeremonie ab. Der religiöse Charakter dieser Zeremonie zeigt die spirituelle Dimension der verschworenen Schwestern, so auch in Ausdrücken wie *sheung kit paai* — „ein im Gebet verbundenes Paar" — oder *paai sheung chi* — „das Wissen voneinander ehren und respektieren". In dieser Beziehung ähneln die Eheverweigerinnen den ebenfalls in Schwesternbünden mit religiösem Aspekt organisierten westlichen Nonnen. Ihre Art zu wohnen ist ein weiteres Zeichen für diese spirituelle Dimension.

Verschworene Schwestern lebten häufig in sogenannten *vegetarischen Häusern* oder *Jungfernheimen.* Die ersteren waren ursprünglich Wohnhäuser für Laienmitglieder des buddhistischen Glaubens und auch für geistliche Mitglieder verschiedener halbgeheimer religiöser Sekten, die sich von einer synkretistischen Religion namens Hsien-t'ien Ta-tao „der große Weg des Früheren Himmels" abgespalten hatten. Diese Sekten waren seit jeher mit der politischen Militanz in China verbunden, waren unterdrückt worden und hatten sich somit halb in den Untergrund begeben.

Die Sekten entstanden in Kuangtung in der Mitte des 19. Jahrhunderts und zogen besonders Frauen an, da sie die Gleichstellung der Geschlechter verkündeten und eine Muttergöttin als höchste Gottheit verehrten. Viele Eheverweigerinnen und verschworene Schwestern waren mit dieser Sekte verbunden, deren Mitgliedschaft nur noch aus Frauen bestand, nachdem sie sich von den eher männerbeherrschten religiösen Gruppen getrennt hatten. Das – völlige oder teilweise – religiöse Leben galt als eine den losen Frauen angemessene Lebensform. Genau wie bei den westlichen Nonnen gab die Religion Ermutigung und Anlaß für Frauen, unverheiratet zu bleiben.

Zu den vegetarischen Häusern oder *chai t'ang* gehörte ursprünglich die spirituelle Entwicklung und die „Selbsterziehung", die eine wichtige Methode auf dem Wege zum spirituellen Fortschritt im Buddhismus und im *Hsien-t'ien Ta-tao* ist. Zur „Selbsterziehung" gehörten vor allem zwei Praktiken: *chai* – eine vegetarische Diät – einhalten und sexuelle Abstinenz, die die Eheverweigerinnen als heterosexuelle Abstinenz interpretierten, denn lesbische Praktiken waren, wie wir noch sehen werden, bei diesen Frauen relativ häufig. Der Hauptbedarf an *chai t'ang* oder vegetarischen Häusern bestand – vor allem in späterer Zeit, als viele nach Singapur emigrierten – bei unverheirateten Frauen, die das Gelübde der Ehelosigkeit abgelegt hatten.

Die Anti-Ehe-Gruppen fanden sich im allgemeinen je nach Dörfern zusammen und bauten sich häufig die später als „Jungfernheime" bezeichneten Häuser. In der ganzen Shun-te-Region fanden sich solche Jungfernheime *(ku-p'o wu)*. Oftmals unterschieden sie sich kaum von vegetarischen Häusern. Doch war die vegetarische Diät für die Bewohnerinnen der Jungfernheime keine Pflicht, und sie waren allgemein weniger auf religiöse Aktivitäten ausgerichtet.

Sowohl die *chai t'ang* als auch die Jungfernheime sorgten für alleinstehende ältere Frauen, wenn sie nicht mehr arbeiten konnten. Die Bewohnerinnen hatten oft ausgeklügelte Methoden, um Geld zu sparen, das für das Alter und die Bestattungskosten auf die Seite gelegt wurde. „... in einigen Gruppen gaben Frauen einen festen Prozentsatz ihrer monatlichen Einkünfte in einen Fond für entsprechende Feierlichkeiten; sie unterhielten auch Fonds für die Unterstützung der Familien der ‚Schwestern' in Notfällen."[34]

Eine wichtige Quelle der Inspiration gewann die Widerstandsbewegung aus Geschichten in den *shan-shu* oder „guten Büchern", die sich in den Bibliotheken vieler *chai t'ang* fanden. Sie werden häufig auch „Hölzerne-Fisch-Bücher" genannt, da ihre Geschichten zum Klang eines „Hölzernen Fisches" vorgelesen werden sollten – das war ein Musikinstrument aus Holz. Einige Wissenschaftler sprechen von einer „machtvollen Propagandaquelle" für Frauen, die die Ehe verweigerten. Diese Bücher wurden zum großen Teil von buddhistischen Nonnen in der Seidenregion von Shun-te verfaßt, um unverheiratete Frauen und Mädchen dieses Distrikts zum Eintritt in eine religiöse Gemeinschaft zu ermutigen.

Die „guten Bücher", auch „kostbare Bände" genannt, wurden in der Zeit der Sung-Dynastie geschrieben. Es waren Geschichten von außergewöhnlichen Frauen, zumeist balladenhaft, ohne sich zu eng an poetische Regeln zu halten. Um diese Bücher ganz zu verstehen, bedurfte es der klassischen Bildung, doch die Landfrauen lernten die Geschichten häufig auswendig und ließen sich dann ihre Bedeutung erklären.

Der Inhalt dieser Geschichten ist besonders interessant, wenn wir dessen Einfluß auf die Eheverweigerung untersuchen. Thema fast aller dieser Bücher sind Frauen — Frauen, die ein reines und frommes Leben führten und deshalb spirituellen und häufig auch materiellen Lohn ernteten. Eine der bekanntesten Balladen wurde als „Lied der Südsee" übersetzt. Es ist die Geschichte von Kuan Yin, der Göttin der Barmherzigkeit, und einer Prinzessin, die nach der Volksüberlieferung gegen den Wunsch ihrer Eltern Nonne geworden sein soll.

„Wer getreulich meinen Spuren folgt,
    kann mein unendliches Glück teilen;
und wer tapfer alles hinter sich läßt,
    wird erfahren, was damit zu gewinnen ist.
Ich schmücke mich mit Jaspis und Opalen,
    mich krönt die nacht-schimmernde Perle;
schaut zurück auf den Weg, den ich gegangen bin,
    und urteilt, ob es einen besseren gibt.
Kein Ehemann, der meine Hingabe fordert,
    keine Schwiegermutter, die mich kontrolliert,
keine Kinder, die sich an meine Fersen heften
    und die Schwingen meiner Seele fesseln.
So frei wie der Wind auf den Bergen
    oder wie die Vögel, die zur Sonne aufsteigen,
so wanderte ich von morgens bis abends
    in das dunkle Nonnenkleid gehüllt.
Der Hof meines Vaters bot viele Vergnügungen,
    doch ich gab sie leichten Herzens hin,
ein Jahr und ein Tag voller Täuschungen
    für unaussprechliches Glück mein Leben lang."[35]

Viele dieser Balladen handeln von der Ehe als Hindernis zum höheren spirituellen Fortschritt. So berichtet eine Geschichte beispielsweise von einer zur Ehe gezwungenen spirituellen Frau, die sich weigerte, zu den Ahnen ihres Ehemannes zu beten. Sie wurde auf magische Weise in ein Gebirgskloster entführt, und ihr Ehemann wurde schließlich ihr Schüler. Wahrscheinlich saßen in vielen *chai t'ang* die Frauen am Ende eines langen Arbeitstages zusammen und redeten über ihre Lieblingsheldinnen aus diesen Geschichten. Eine solche Geschichte, die Topley von einer Bewohnerin eines *chai t'ang* in Singapur hörte, war die Lebensgeschichte der Erzählerin, doch sie zeigt erstaunliche Ähnlichkeiten mit den Geschichten aus den „guten Büchern".

„Sie war eine unverheiratete Einwanderin aus Tung Kuan und hatte sich schon in früher Kindheit entschlossen, nicht zu heiraten. Eines Tages hatte sie, nach ihrer Erzählung, eine Vision des Buddha, und er befahl ihr, ‚Selbsterziehung' zu betreiben, immer *chai* zu essen und unverheiratet zu bleiben. Sie erzählte ihrer Familie von diesem Erlebnis und bat um die Erlaubnis, zu Hause bleiben und Geld verdienen zu dürfen... Doch ihr Vater gestattete das nicht, und bald wurde ihre Heirat arrangiert. Auf dem Wege zum Haus ihres zukünftigen Mannes versuchte sie, sich die Kehle durchzuschneiden, aber die Träger der Sänfte, in der sie reiste, verhinderten dies. Danach sprang sie in einen Fluß und versuchte, sich zu ertränken. Doch sie ‚konnte nicht untergehen'. Schließlich wurde sie zu ihrem Vater zurückgebracht, und er ließ sich erweichen und willigte ein, daß sie unverheiratet blieb."[36]

Viele der Verweigerinnen besaßen seit ihrer Kindheit „gute Bücher". Die „kostbaren Bände" bestärkten sie in der Überzeugung, daß die Verweigerung der Ehe moralisch richtig und Widerstand eine mutige Tat sei, daß man Männern nicht trauen darf und Selbstmord eine Tugend sein kann, wenn er erfolgt, um die eigene Integrität zu retten.

Der Selbstmord wurde sogar zum Mittel des öffentlichen Gruppenwiderstands gegen erzwungene Eheschließungen. Arthur Smith berichtet von einem Massenselbstmord. Die Eheschließung eines Mädchens aus der Gruppe von sechs verschworenen Schwestern war von den Eltern arrangiert worden. Die Schwestern beschlossen daraufhin, gemeinsam Selbstmord zu begehen, indem sie sich im Drachenfluß ertränkten.[37] Dies wurde zu einer bekannten Erzählung unter den ehelosen Frauen, und sie kursiert in jüngster Zeit häufig unter den nach Singapur emigrierten Frauen.[38] Topley zitiert weitere ähnliche Selbstmordberichte von Paaren verschworener Schwestern, die in Hongkong lebten.[39]

Die Eheverweigerin sah sich und ihren Selbstmord innerhalb einer Tradition, in der er ein öffentlicher und ehrfurchtgebietender Akt war. So schreibt z. B. die Historikerin Susan Mann, daß „im 18. Jahrhundert der Selbstmord einer Ehefrau, die damit der Vergewaltigung bei einem Banditenüberfall entging, zum öffentlichen, von Gemeinde und Staat gefeierten Anlaß wurde".[40] In dieser Tradition wußte die Eheverweigerin auch, daß ihr Selbstmord von künftigen Verweigerinnen gerühmt werden würde, die ihre Art zu sterben als endgültigen heroischen Akt nicht nur privater, sondern öffentlicher Rebellion ansähen. Daß diese Selbstmorde häufig von mehreren verschworenen Schwestern gemeinsam begangen wurden, war eine Bestätigung ihrer öffentlichen und politischen Symbolkraft. Damit soll der Frauenselbstmord nicht romantisiert, doch soll ihm eine politische Dimension zugeschrieben werden, eine Dimension, die Frauen nur selten zugedacht wird, sondern Männern vorbehalten bleibt, die solche Handlungen für einen höheren Zweck vornehmen.

Die „guten Bücher" betonten auch die weibliche Führerschaft. Die vegetarischen Häuser und die Jungfernheime boten institutionelle Strukturen für diese Elemente der Führungsqualitäten. Frauen waren unabhängig und konnten häufig innerhalb der Gruppe zu Autoritätsposten aufsteigen. Endlich wurden solche Häuser auch zu „Ersatzfamilien". Sie boten den losen Frauen ein Zuhause unter anderen gleichgesinnten Frauen und zugleich die ökonomischen Möglichkeiten, ihre Existenz dauerhaft zu sichern.

### Die Pu lo-chia und die Tzu-shu nü

Es gab zwei Typen von Verweigerinnen — die *pu lo-chia* und die *tzu-shu nü*. Beide Typen bildeten häufig Gruppen von sechs bis zehn Frauen, die sich selbst mit Namen wie „niemals-heiraten" oder „ganz rein" bezeichneten. Im allgemeinen bestanden sie aus Paaren verschworener Schwestern. *Pu lo-chia* ist der chinesische Ausdruck für Frauen, die zur Heirat gezwungen wurden, die Ehe jedoch nicht vollzogen oder ihrem Ehemann den Beischlaf verweigerten. Es ist wörtlich mit „nicht zur Familie gehen" zu übersetzen, womit die Familie des Ehemannes gemeint ist, da ja alle Chinesinnen Mitglieder der Familie ihres Ehemannes wurden. Viele Frauen in Shun-te drohten nach Beendigung der Ehezeremonien im Haus ihres neuen Ehemannes mit Selbstmord, wenn sie gezwungen wurden, dort zu bleiben. Einige Beobachter berichten, daß die Verweigerinnen zu diesem Zweck Opium bei sich hatten und daß sie Zaubermittel und -gesänge gegen den unerwünschten Ehemann verwendeten. Es heißt auch, daß einige eheunwillige Frauen zu drastischeren Mitteln griffen, um die Ehe zu vermeiden. „Das plötzliche Hinscheiden von anverlobten Männern oder das abrupte Ende der Karriere des frisch angetrauten Ehemannes deutet auf ungesetzliche Mittel zur Auflösung dieser Verbindungen hin."[41]

Viele Frauen, die durch Ehe-Arrangements verlobt worden waren, ließen zwar die Hochzeitszeremonien über sich ergehen, weigerten sich jedoch, mit ihrem Angetrauten zu schlafen. In diesem Fall war es üblich, die Frau drei Tage nach ihrer Heirat zu ihrer Geburtsfamilie zurückzuschicken. Während dieser drei Tage im Haushalt ihres Ehemannes pflegte sie alle Nahrung und Getränke von seiner Familie zu verweigern. Hätte sie dies nicht getan, wäre das nach den Gelübden, die sie im Schwesternbund geleistet hatte, als ein Akt des ständigen Aufenthalts mit ihm angesehen worden und hätte den Verlust der Mitgliedschaft in der Ehewiderstandsvereinigung nach sich gezogen.

> „Frauen berichten, daß die zukünftige Braut manchmal buchstäblich in ihre Kleider eingenäht wurde, um ihre Jungfräulichkeit zu bewahren... Ihr wurde auch eingeschärft, in Anwesenheit ihres Ehemannes unbedingt wach zu bleiben. Wenn die drei Tage um waren und sie mit intakter Kleidung nach Hause zurückkehrte, hatte sie die Probe bestanden und konnte Mitglied bleiben."[42]

Die schwiegerelterliche Familie akzeptierte dieses Verfahren, denn häufig unterstützte die junge Frau, nachdem sie sich von ihrem Ehemann getrennt hatte, ihn und seine Familie. Manchmal kehrte die *pu lo-chia* zu ihrem Ehemann zurück, um ihm Kinder zu gebären, verweigerte ihm jedoch, nachdem sie dieser Pflicht genügt hatte, jede weitere sexuelle Beziehung. Viele andere, die sich weigerten, zu ihren Ehemännern zurückzukehren, mußten ihm Konkubinen bezahlen und auch die Kinder aus solchen Verbindungen unterstützen. So gingen diese *pu lo-chia* häufig langfristige wirtschaftliche Verpflichtungen gegenüber ihrer ausgedehnten angeheirateten Familie ein. Manchmal beteiligten sich alle Mitglieder des Schwesternbundes an diesen Verpflichtungen.

Der zweite Typ der Verweigerin war die *tzu-shu nü* – wörtlich „niemals heiraten". Dieser Typ wurde als „Selbstkämmerin" bekannt. Bei der Heirat einer Chinesin wurde ihr traditionell der lange Zopf zu einem Knoten aufgebunden. Die *tzu-shu nü* band sich ihr Haar selbst auf. Dieses „Selbst-Kämmen" zeigte der Gesellschaft, daß das Leben der nichtverheirateten Frau so gelebt wurde, „als sei sie verheiratet", das heißt, sie konnte sich keinem Mann anverloben, und ihr Lebensstil war so heilig und ehrenwert wie der einer verheirateten Frau.

Daß die „Niemals-heiraten"-Frauen ihre Verbindungen zueinander ernst nahmen, ist durch die Zeremonien, mit denen sie ihren Bund feierten, gut belegt. Die Frisuren-Zeremonie zeigte ursprünglich die Absicht einer Frau an, ihr Heim zu verlassen, und wurde einem Eheritual gleichgesetzt. Eine *tzu-shu nü* in Singapur sagte: „Es ist wirklich wie eine Ehezeremonie, und die Paare schwören sich ewige Freundschaft und gegenseitige Hilfe."[43] In ganz China, also auch außerhalb der Verweigerungsregion, existierten verschworene Schwesternbünde – in vielen verschiedenen Formen. Sie waren so häufig, daß man ständig auf ihre Spuren stößt. Eine westliche Frau, die zur verschworenen Schwester zweier chinesischer Frauen wurde, berichtet, daß die Zeremonien, die diese Pakte der verschworenen Schwesternschaft begleiteten (wenn es auch nicht die der *tzu-shu nü* waren), keineswegs lediglich Rituale des „einfach Freundschaftschließens" waren. Zuerst erklärten die beiden Chinesinnen mit großem Ernst, sie wünschten, daß sie ihre verschworene Schwester würde – ein ungewöhnlicher Wunsch einer Chinesin gegenüber einer westlichen Frau.

„‚Shu Hua und ich sind, wie du weißt, seit vielen Jahren Blutschwestern', erklärte Blüte. ‚Vor zwei Nächten sprach Shu Hua im Bett mit mir und fragte mich, ob ich einverstanden sei, daß du unsere Blutschwester würdest, und da war mein Geist von großer Freude erfüllt. Erst hast du unsere Probleme mit uns durchgestanden, dann hast du mit uns lange im Gericht gewartet und schließlich teilten wir Freude und Frieden am Teich von Ch'ien Lung. Shu Hua sagte, du seist bestimmt bereits jetzt unsere Seelenschwester, und es sei angemessen, daß du es nun durch die richtigen Rituale werden solltest.'"[44]

Dann folgte die Zeremonie mit Lesungen, Gebeten, Segnungen und Weihrauch. „Ich spürte, wie ihre Seele meine Seele rief, und ich wußte, daß sie sich fragte, ob überhaupt irgendeine Fremde, ganz abgesehen von meiner Person, einen ausreichend gefestigten Charakter hätte, um die mit dem Eid der Freundschaft verbundenen Verpflichtungen einzugehen."[45] Die Zeremonie endete mit dem Gebet, „daß zwischen uns stets nur die reine Wahrheit herrschen möge".[46]

## Lesbische Praktiken

Die Eheverweigerinnen hatten erheblich mehr Freiheiten als Frauen in anderen Teilen Chinas, einschließlich der Freiheit lesbischer Freundschaft. Viele Quellen berichten, daß zahlreiche Eheverweigerinnen offenbar Lesben waren. Topley meint, es sei zwar schwierig, etwas darüber auszusagen, in welchem Ausmaß lesbische Neigungen zur *tzu-shu*-Bewegung und zu den verschworenen Freundschaften gehörten. Viele ihrer Informantinnen bestätigten ihr jedoch eine relativ häufige lesbische Identität bei jenen Verweigerinnen, die gezwungen wurden, aus China zu emigrieren. „Nach Aussagen der Emigrantinnen waren solche Beziehungen unter Frauen bis zu vierzig Jahren ziemlich verbreitet. Viele Chinesen sind der Meinung, daß solche Beziehungen im heutigen Singapur unter dem Hauspersonal üblich sind."[47]

Als viele der Verweigerinnen aus Kuangtung emigrieren mußten, gingen sie nach Singapur und arbeiteten dort als Hausangestellte. Es heißt auch, daß die dort ansässigen chinesischen Hausfrauen ungern zwei Frauen als Hausangestellte beschäftigten, „wegen der starken emotionalen Komponente der verschworenen Schwesternschaften... Eine Hausfrau war der Meinung, daß diese Frauen ,sich in unsere Betten legen, sobald wir aus dem Haus gehen'."[48] Topley fügt hinzu, die Einstellung zu solchen Beziehungen sei im allgemeinen eher von „amüsierter Toleranz" als von Feindseligkeit geprägt gewesen.

Es gab jedoch auch Feindseligkeiten. Agnes Smedley, die Anfang der dreißiger Jahre durch die Seidenregion reiste, stieß auf ziemlich negative Reaktionen gegenüber den Verweigerinnen. Smedleys Reiseführer und Dolmetscher sprach mit „Feindseligkeit" und „Abscheu" über die Arbeiterinnen.

„Sein besonderer Haß galt offenbar den Tausenden von Spinnerinnen, und es war für mich schwierig herauszufinden, warum. Er sagte mir, diese Frauen seien in ganz China als Lesben bekannt. ,Sie verweigern sich

der Ehe... Sie sind zu reich, das ist die Wurzel des Übels! ... Sie verdienen sage und schreibe elf Dollar im Monat und werden stolz und aufsäs-
sig... Sie schmeißen ihr Geld zum Fenster hinaus!' rief er. ‚Immer wenn
ich ins Kino gehe, sehe ich sie da in Gruppen zusammensitzen und
Händchen halten.'‟[49]

Wiederum also hatten Frauen „Liebe gefunden, wo sie arbeiteten", und ebenso Arbeit dort, wo sie liebten.

Smedleys Reiseführer teilte ihr ebenfalls mit, daß die „verab-
scheuungswürdigen Mädchen" das 1927 erlassene Gesetz, das
die Gründung kommunistischer Zellen und Gewerkschaften in
der Seidenindustrie untersagt, umgangen hätten, indem sie
Schwesternvereinigungen gründeten. Und schlimmer noch, sie
hatten es „gewagt zu streiken", um kürzere Arbeitszeiten und
Lohnerhöhungen zu erreichen.

Smedley gibt in ihrem Porträt „Seidenarbeiterinnen" ein an-
schauliches Bild von diesen Frauen. „Sie saßen in langen Reihen, gekleidet in glänzende schwarze Jacken und Hosen, vor ko-
chenden Bottichen voller·Seidenkokons, ihre abgebrühten Hände schimmerten zwischen den Spinnfäden. Manchmal ging eine
Bemerkung von Mund zu Mund und brachte die ganze Fabrik-
halle zum Lachen."[50] Als Smedley diese Frauen bei der Arbeit
sah, wurden ihr die positiven Folgen der Industrialisierung für
das Leben dieser Arbeiterinnen klar. Die Seidenregionen waren
die einzigen Gebiete in China, wo die Geburt eines Mädchens
Freude statt Kummer brachte, denn hier waren die Mädchen die
Haupternährerinnen der Familien.

Smedley stellte fest, daß „sich das Bewußtsein ihres Wertes in
ihrer stolzen Haltung zeigte... Sie mußten einfach die Würde ihrer Situation mit der niedrigen Stellung der verheirateten Frau-
en vergleichen. Ihre Unabhängigkeit schien ein persönlicher
Affront für die bürokratische Öffentlichkeit."[51] Und deshalb, so
folgert Smedley, wurden sie als Lesben angegriffen, weil sie lose
Frauen waren, das heißt, unabhängige Frauen, die ohne Ehemann lebten.

Diese Interpretation besagt, daß jede unabhängige Frau als
Lesbe *angesehen* wird. Smedley hätte hinzufügen können, daß
viele dieser Frauen tatsächlich Lesben *waren*, daß weibliche Unabhängigkeit Lesbianismus hervorbringt, daß lose Frauen seit jeher als promiskuitiv, als Freigeister und als widerspenstig gegenüber den Regeln der „bürokratischen Öffentlichkeit", speziell
gegenüber der „Hetero-Ordnung", verleumdet werden. Genau

wie ihre westlichen Schwestern wurden diese Frauen angegriffen, weil sie „ihre eigenen Herren" waren, ganz gleich, ob lesbisch oder nicht.

Als Smedley ihren Reiseführer los war, ging sie allein zu den Arbeiterinnen, und diese sammelten sich eifrig um sie. „Zwei hakten sich rechts und links bei mir ein und zogen mich die Straße hinunter. Andere folgten fröhlich schwatzend."[52] Es begann eine gebrochene Unterhaltung, wegen der Sprachbarriere mit Zeichen und Gesten unterstützt. Sie wollten vor allem wissen, ob Smedley verheiratet war und Kinder hatte. Als sie dies verneinte, waren sie „überrascht und interessiert". Der Abend endete mit gemeinsamem Gesang, und die Frauen begleiteten Smedley zum Tempel zurück, in dem sie wohnte. Smedley beendet ihr Porträt der Seidenarbeiterinnen mit den Worten: „Als sie in langer Reihe über die Kanalbrücke zogen und am Tempeleingang vorüberströmten, glaubte ich, noch nie schönere Frauen gesehen zu haben."[53]

Als Topley mit Paaren verschworener Schwestern über lesbische Beziehungen sprach, gaben einige Frauen ihre lesbischen Neigungen zu, dies jedoch erst, nachdem sie erfahren hatten, daß es auch in Europa lesbische Beziehungen gibt. Häufiger sprachen sie jedoch davon, daß sie von solchen Beziehungen unter ihren Freundinnen wüßten.[54]

Eine Frau gab Topley eine einmalige religiöse Erklärung für lesbische Praktiken, in der die Existenz des Lesbianismus auf ziemlich hetero-bezogene, jedoch unnachahmliche Weise gesehen wird. Sie erklärte, daß es einer Frau bestimmt sein könnte, in verschiedenen Inkarnationen immer wieder den gleichen Mann zu heiraten. In einer dieser Inkarnationen könne er auch als Frau wiedergeboren werden. Da dieser „Mann" ihr Schicksal ist, fühlt sie sich zu der weiblichen Inkarnation ihres „Ehemannes" hingezogen. Ob dies nur einmal oder mehrmals geschehen konnte — und damit kein so außergewöhnliches Vorkommnis war —, wurde nicht klar.

Topley berichtet ebenfalls, daß ihren Quellen zufolge lesbische Praktiken als „das Bohnenmark reiben" bezeichnet wurden.[55] Dies war ein von Topleys Informantinnen benutzter Euphemismus, mit dem sie ihre Überzeugung andeuten wollten, daß Lesben einen aus feinen Seidenfäden angefertigten und mit Bohnenmark gefüllten Dildo benutzten. Dieses Bild entspricht auch der Art und Weise, wie Lesben stets als „männerähnlich" oder als „Mannweiber" dargestellt wurden. Chang Hsin-t'ai bestätigt in seinem Buch *Short Record of Travels in Canton* dieses stereotype Bild der Verweigerinnen:

> „Ungefähr in den vergangenen zehn Jahren hat der Brauch einen neuen Weg genommen; die Schwestern werden ‚wie Bäume, die durch gemeinsame Äste verbunden sind' (d. h. Liebende). Wenn zwei dieser Frauen zusammenleben, übernimmt eine die Rolle des Ehemannes. Dieser Brauch ist offenbar im Bezirk Shun-te entstanden und hat sich später weit nach P'an Yu und Sha Chiao hinein ausgebreitet, infolgedessen nahm er so überhand, daß man ihm sogar in der Provinzhauptstadt nicht entgehen kann."[56]

Voller Mißfallen fügt der Autor hinzu:

> „Wegen Homosexualität nicht zu heiraten ist ganz sicher widernatürlich und schädlich für die Konstitution der Frauen; doch noch verbreiteter ist, daß die Frauen nicht heiraten, bis es — weil sich in ihrer Lebensplanung etwas geändert hat — dafür zu spät ist und sie dann homosexuell werden. Dies ist wirklich ein großes Problem."[57]

Zum wirklich „großen Problem" wurde jedoch die anhaltende Existenz der Eheverweigerinnen in China.

## Auswanderung aus China

Nachdem die Eheverweigerungsbewegung fast ein Jahrhundert lang in China existiert hatte, wurden die meisten ihr Angehörenden zur Emigration gezwungen — praktisch ein persönliches und politisches Exil. Obgleich von der nationalistischen Regierung verboten, scheiterten alle Versuche, die Bewegung auszulöschen.

Als die Kommunisten an die Macht kamen, wurden die Eheverweigerinnen als Frauen gebrandmarkt, die „ein trauriges und einsames Leben führten".[58] Einerseits wurden die Verweigerinnen von der Volksrepublik als Opfer angesehen, die „schreckliche Not" gelitten hatten, als die Spinnereien geschlossen und die Frauen arbeitslos wurden. Andererseits mißbilligten die Kommunisten ihre Verweigerung und betrachteten dies als von Grund auf negativ und konterrevolutionär. „Die Jungfernheime wurden nach und nach aufgelöst. Viele Frauen wurden zwangsweise in Häuser von Verwandten verbracht. Nur diejenigen, die ganz ohne Anhang waren, durften bleiben."[59]

181

Jaschok behauptet, daß es bis zur Kulturrevolution Überbleibsel der Verweigerung gab: „... Erst mit der Errichtung eines unerbittlich einheitlichen Gesellschaftssystems nach dem Sieg der kommunistischen Partei 1949 und dem Angriff auf jede Art von kulturellem Erbe während der Kulturrevolution (1966 – 1976) wurden die letzten institutionalisierten Spuren dieser Praxis in Kuangtung ausgelöscht."[60] Der Zusammenbruch der Seidenindustrie Ende der dreißiger Jahre hatte der kommunistischen Vernichtung der Verweigerungsbewegung den Weg geebnet. Denn damit gerieten Tausende von unverheirateten Frauen in eine wirtschaftlich katastrophale Lage. Einige *tzu-shu nü* und *pu lo-chia* zogen sich schon früh in ihre Jungfernheime und vegetarischen Häuser zurück. Die jüngeren, die nicht genug Geld für einen solchen Ruhestand hatten sparen können, suchten in Kuangtung und anderswo Arbeit als Hauspersonal. Viele emigrierten nach Malaysia, Hongkong und Singapur. Einige Frauen verließen China bereits früher, als die Gefahr einer Besetzung durch die Japaner Realität wurde. „Als die Japaner im Jahr 1938 Kuangtung besetzten, entgingen viele junge unverheiratete Frauen der sexuellen Ausbeutung, indem sie in vegetarischen Häusern Wohnung nahmen."[61]

Viele der Emigrantinnen arbeiteten als Hausangestellte, seit alters her der letzte Ausweg für Frauen, die ihre ökonomische Basis verloren haben. Diese Frauen wurden *amah* genannt und leisteten sämtliche Hausarbeit, einschließlich Waschen und Kochen. Topley berichtet, daß „westliche wie chinesische Arbeitgeber die Emigrantinnen den einheimischen Frauen als Hausmädchen vorziehen. Vermutlich ist ihre Neigung, ohne Bindungen zu bleiben und ein Minimum an Privatleben zu haben, der Grund für die größere Nachfrage."[62]

Nach der Bevölkerungsstatistik von 1947 waren in Singapur 42 225 Chinesinnen (20 % der gesamten weiblichen Bevölkerung ab fünfzehn Jahren) „erwerbstätig". Die meisten dieser Frauen kamen aus den Anti-Ehe-Gebieten in China, waren alleinstehend und gingen zu zweit in Stellung.

Infolge der Einwanderung einer großen Zahl heiratsunwilliger Frauen wurden viele vegetarische Häuser eingerichtet. 1955 gab es in Singapur etwa 250 bis 350 *chai t'ang*, die zu 90 % von Frauen bewohnt waren. Topleys Forschung zeigt, daß ihre Bewohnerinnen zumeist *tzu-shu nü*- und *pu lo-chia*-Frauen waren, die aus den früheren chinesischen Verweigerungsgebieten stammten. Außerdem erwähnt Topley, daß es auch Eheverweigerung unter den in Singapur geborenen Frauen gab. In der „Gruppe der Einheimischen unter den chinesischen werktätigen Frauen gibt es ebenfalls einige überzeugte Junggesellinnen".[63] Fast alle einheimischen Junggesellinnen kamen aus armen Familien. Manche hatten ihr Elternhaus im Teenageralter verlassen, weil man sie für arrangierte Ehen vorgesehen hatte.

Wenn die zur Emigration gezwungenen Frauen auch keine neue zusammenhängende Eheverweigerungsbewegung organisierten, wie es sie in ihrer früheren Heimat Kuangtung gegeben hatte, so bewahrten sie doch viel vom Geist und der Tradition des verschworenen Schwesternbundes. *Kongsi* heißt wörtlich „eine Gesellschaft", und der Ausdruck wurde für eine Reihe chinesischer Vereinigungen verwendet. Für die eingewanderten Verweigerinnen bedeutete *kongsi* eine Unterkunft, in der im allgemeinen Frauen aus derselben Region Chinas lebten. In diesen Unterkünften fanden vier bis fünfzig Frauen Platz, die aus dem gleichen Dorf oder aus der gleichen Nachbarschaft oder demselben Distrikt stammten. Die *kongsi* stellten einen angenehmen Lebensraum für alleinstehende Frauen dar. Das reichte vom Kämmerchen bis zu einer Zimmerflucht, sogar bis zu erlesenen Clubhäusern, die viele Formen der Alterssicherung und regelmäßige gesellschaftliche Veranstaltungen unterhielten.

Genau wie in den Jungfernheimen Kuangtungs hatte jeweils eine Frau — aufgrund ihres Alters, ihrer Erfahrung als Dienstmädchen oder ihrer Rolle als Organisatorin und Mieterin des *kongsi* — eine Autoritätsstellung inne. „Die Mitglieder haben eine Vereinbarung, daß keine zu einem *kongsi* gehörende Frau eine Stellung in einem Haushalt annehmen darf, aus dem ein anderes Mitglied entlassen wurde. Einige der *kongsi* kommen mit ihren Einrichtungen und Zielen einer einfachen Form von Handelszünften nahe."[64]

Ein *kongsi* war z. B. von zwei verschworenen Schwestern für dreißig Frauen eingerichtet worden. Nach der japanischen Besetzung waren die Schwestern durch die steigenden Mieten gezwungen gewesen, ihre bisherige Wohnung zu verlassen. Sie zogen dann in eine wesentlich größere Wohnung, denn sie hatten sich ausgerechnet, daß es dreißig Frauen gemeinsam schaffen würden, die Kosten für Miete, Elektrizität, Heizung und Wasser aufzubringen.

Viele *kongsi* unterhielten „Vereinigungen" oder „Clubs" zum Zweck der gegenseitigen Hilfe oder anderer sozialer Ziele. Die *kongsi* waren bemerkenswerte Beispiele freiwilliger Zusammenschlüsse, die geniale ökonomische und soziale Grundlagen für alleinstehende Arbeiterinnen schufen. Häufig gründeten diese Vereinigungen Banken, in denen ihre Mitglieder Tausende von Dollars anlegten und bei denen sie auch Kredite aufnehmen konnten.

Manchmal wurde Geld für ein bevorstehendes Fest oder eine Feier auf die hohe Kante gelegt. Berühmt war beispielsweise das Sieben-Schwestern-Fest. Für die Bewohnerinnen des *kongsi* war dies das spezielle Fest für die ehelosen Frauen aus Kuangtung. Viele *kongsi* hatten Sieben-Schwestern-Komitees, die das Fest bereits Monate im voraus planten. Die *amah* (Dienstmädchen) nähten bei dieser Gelegenheit besondere Kleider für jede Schwester und schufen damit, was wir heute Kunstgewerbe nennen würden. Jedes *kongsi* versuchte — auf friedliche Weise —, die anderen in der Dekoration und dem Festprogramm zu übertreffen.

Die Überfülle der von den unverheirateten *amah* organisierten freiwilligen Vereinigungen ist ein Zeichen und ein Erfolg ihrer sozialen und ökonomischen Erfindungsgabe. Es gab auch religiöse Clubs, die *pai an hui* oder „Vereinigungen für das Anbeten und die Verehrung des Schreins". Diese waren häufig von dem Wunsch nach Harmonie unter den Mitgliedern oder dem Erfolg ihrer diversen Unternehmungen getragen — beides wurde als spirituelle Unternehmung angesehen.

Langes-Leben-Vereinigungen *(jen shou hui)* waren Zusammenschlüsse mit dem Ziel, Geld zu sammeln, um die Unkosten für Tod, Beerdigung und sonstige Zeremonien für die verstorbenen Mitglieder decken zu können. Manchmal gaben sie auch finanzielle Hilfe an Angehörige oder Erben verstorbener Mitglieder. In einer Gesellschaft, in der man daran glaubte, daß der Mensch nach dem Tod weiteren Beistand braucht, stellten die Langes-Leben-Vereinigungen jeweils aus sechs Mitgliedern bestehende Trauergruppen zur Verfügung.

Einige unverheiratete Frauen adoptierten kleine Mädchen, doch war es nicht üblich, daß ein Paar von verschworenen Schwestern gemeinsam die Adoption vornahm. Diesen Adoptionen lag der Gedanke zugrunde, daß das Mädchen später in der Lage sein sollte, für die Adoptivmutter im Alter zu sorgen und ihr Gesellschaft zu leisten. Die Hoffnung auf wirtschaftliche Unterstützung war ebenfalls ein Beweggrund für die Adoption und wurde als eine Versicherung für späteres schwesterliches Mitgefühl angesehen. Viele unabhängige Frauen adoptierten die Mädchen auch, um eine weitere Generation von Frauen zu ermutigen, nicht zu heiraten. Die Adoptivtöchter waren jedoch nicht immer begeistert über die Erwartungen, die ihre Mütter in sie setzten.

Ein bei den unverheirateten Einwanderinnen in Singapur besonders beliebter Film zeigt die Geschichte einer Auseinandersetzung zwischen einer älteren *tzu-shu nü* und ihrer jungen Adoptivtochter. Diese lehnte die Lebensweise ihrer Adoptivmutter ab, fühlte sich jedoch gezwungen, das Anti-Ehe-Gelöbnis abzulegen. „Das Mädchen weigert sich, das *tzu-shu*-Gelübde einzugehen, und sagt ihrer Pflegemutter, es sei altmodisch und abergläubisch, die Ehe zu verweigern. Die Ehe sei heutzutage für Frauen etwas viel Besseres als in der Vergangenheit, und die Frauen sollten sich dafür einsetzen, ihren ehelichen Status zu verbessern."[65] Wegen der sich in der jüngeren Generation wandelnden Einstellungen war die Adoption von Töchtern mit der Zeit bei den Einwanderinnen immer weniger gefragt. Diese Adoptivtöchter wollten häufig heiraten und verloren das Interesse an ihren alleinstehenden Müttern. Und so wurde die Eheverweigerungsbewegung mit der Zeit immer schwächer, doch spricht einiges dafür, daß es in Singapur und Hongkong noch heute einzelne Überlebende der Bewegung gibt.

## Der politische Wert und das politische Gewicht der Eheverweigerungsbewegung

Die Einschätzung der Verweigerungsbewegung ist von der Verworrenheit hetero-bezogener Maßstäbe bestimmt. Im wesentlichen herrschen zwei Bewertungsmaßstäbe bei den wenigen Überlegungen zur politischen Bedeutung dieser Bewegung vor. Einerseits wird intensiv psychologisiert, zum anderen wird die Bewegung — simplifizierend und oft äußerst unbekümmert — als unbedeutend und apolitisch abgetan. Beide Beurteilungsweisen sind häufig miteinander verbunden.

Die Psychologisierung ist von Feststellungen wie dieser durchdrungen: „Die meisten Quellen heben die Angst vor der Ehe als den wesentlichen Impetus der Frauen hervor."[66] Die Taktik, weibliche Unabhängigkeit auf eine derartige Ursache zurückzuführen, wird seit jeher immer wieder auf viele frauen-zugewandte Frauen und Bewegungen, die sich nicht an die herkömmlichen Beschränkungen der Hetero-Beziehungen halten, angewendet. Es ist eine weithin akzeptierte Feststellung, teilweise deshalb, weil Menschen gar nicht daran denken, wie absurd es wäre, eine solche Psychologisierung auf andere Gruppen, die sich den vorherrschenden Strukturen und Systemen widersetzen, anzuwenden. So lesen wir beispielsweise nirgends, daß Menschen aus „Angst" vor dem Kapitalismus zu Sozialisten werden.

Dieses Muster der Psychologisierung ist auch in Erklärungen zu finden, die die Eheverweigerung mit einer „Abneigung gegen heterosexuelle Beziehungen" gleichsetzen. Diese Formulierung entspricht den Begründungen, die für das Zölibat der westlichen Nonnen hergenommen werden.

Wenn wir genauer hinschauen, so gab es ganz sicher eine „Abneigung" gegen Heterosexualität auf seiten der Eheverweigerinnen, genauso wie es eine „Abneigung" gegen Sklaverei auf seiten derer, die gegen sie revoltierten, gab. Das Wort „Abneigung" nimmt jedoch jeder Widerstandsbewegung ihr politisches Gewicht und rechnet diesen Widerstand einer individuellen Macke oder einem Defekt im Kollektivcharakter der Widerständler zu. Es verniedlicht die bewußte Entscheidung, die politische Einstellung und die öffentlichen Aktionen von kollektiven Bewegungen und wird stets auf Frauen angewendet, die sich für ein Leben mit Frauen entschieden haben und die Männern gegenüber indifferent sind.

Trotz der eindeutig politischen Qualität der Eheverweigerung werden die Verweigerinnen von anderen Kommentatoren als unbedeutend abgetan oder als apolitisch eingeordnet. Meine Arbeit über die Eheverweigerinnen wäre nicht möglich gewesen, gäbe es nicht Marjorie Topleys bahnbrechende und grundlegende Forschung. Deshalb bedaure ich die folgende Feststellung, die sich in Topleys Dissertation findet:

> „Keine der beiden Organisationen (die *pu lo-chia* und die *tzu-shu nü*) forderte jedoch neue Rechte für Frauen in der Ehe. *Die Anti-Ehe-Bewegung von Kuangtung kann nicht als positive, progressive Bewegung bewertet werden:* Die Frauen *verweigerten lediglich* sexuelle Beziehungen zu Männern."[67] (Hervorhebung J. R.)

Anhand der Forschungsergebnisse Topleys kann die Falschheit ihrer Einschätzung bewiesen werden. Außerdem wird hier Progressivität in hetero-bezogener Weise mit der Forderung nach „neuen Rechten" für Frauen in der Ehe gleichgesetzt. Warum sollten wir von jenen, die gegen die Ehe — sowohl in traditioneller als auch in progressiver Gestalt — sind, erwarten, daß sie den Kampf für eine Ehereform unterstützen? Letztendlich ist Topleys Einschätzung ein Beispiel dafür, wie die Verweigerinnen lediglich im Gegensatz zur Ehe, nicht aber in bezug auf eigene Strukturen einer frauenbestimmten Existenz gesehen werden. Nach den Maßstäben der Hetero-Beziehungen können wohl diejenigen, die gegen die Hetero-Realität opponieren, deshalb nicht darüber hinausgehen, weil es (nach diesen Maßstäben) „darüber hinaus" nicht gibt. Die Realität, ob nun „positiv" oder „progressiv", wird mit der Hetero-Realität gleichgesetzt.

Erstaunlich leichtfertig werden politische Bedeutung und Gewicht der Eheverweigerungsbewegung auch von Elisabeth Croll abgetan. Zwar widmet Croll in ihrem Buch *Feminismus und Sozialismus in China* dieser Bewegung immerhin eine ganze Seite, doch ist sie — ohne weitere Beweise oder tiefergehende Analyse — zu folgender Formulierung fähig: „Die Anti-Ehe-Vereinigungen waren ein Ausdruck der Opposition gegenüber den traditionellen Kräften des ,Schicksals', doch *verblieben sie auf der Ebene der Ablehnung* und stellten somit *eher eine Kraft des Eskapismus dar als eine entscheidende Kraft für Veränderung."*[68] (Hervorhebung J. R.) Wie gesagt: Solche Feststellungen dürfen gemacht werden, weil die hetero-bezogene Auslegung eine frei gewählte, organisierte und öffentlich vollzogene Abkehr von der Ehe und die kreative Schöpfung einer frauenidentifizierten Existenz mit einer apolitischen Lossagung von der Welt gleichsetzt.

Wie gehen wir mit diesem Vorwurf „Eskapismus" statt „entscheidende Kraft für Veränderung" um? Wenn wir dies lediglich auf der Ebene der vorhandenen Fakten sehen, ist Crolls simplifizierende Abwertung erstaunlich. Die Verweigerungsbewegung hinterließ ein Erbe, das enorme politische Auswirkungen auf das Leben der Frauen im heutigen China hatte. Topley zitiert die 1973 veröffentlichten Forschungen des Soziologen Graham Johnson, der in den früheren Verweigerungsgebieten etwas fand, das wir eine feministische Ökologie nennen können:

„In Shun-te müssen viele frühere Angehörige der Eheverweigerungsbewegung heute der Großelterngeneration angehören. Wir können annehmen, daß der hohe Wert, den sie stets der Bewegungsfreiheit von Frauen — und ihrer Nicht-Eingeschränktheit durch Kinder —, sowie die geringe Wertschätzung, die sie der Fortpflanzung zumaßen, heute einen Niederschlag in bestimmten Arbeitsmustern und in den ungewöhnlichen Bevölkerungsstatistiken der früheren Widerstandsgebiete finden."[69]

Als Beweis für dieses feministische Erbe führt Johnson einen verglichen mit Nicht-Widerstandsgebieten besseren Erfolg der Familienplanung, niedrige Geburtenraten und eine weitverbreitete Abtreibungspraxis im Kuangtung-Delta an. Außerdem führte die Verweigerungs-Ökologie zu einer extrem hohen Beteiligung der Frauen von Kuangtung an der kollektiven Arbeit verglichen mit dem Engagement von Frauen außerhalb der Verweigerungsgebiete.

Wir können das politische Gewicht und die politische Bedeutung der Eheverweigerungsbewegung jedoch mit frauen-zugewandten Maßstäben messen. Wir müssen das Erbe der Verweigerung nicht nur unter hetero-bezogenen Gesichtspunkten sehen — Familienplanung, Geburtenkontrolle und Abtreibungsstatistik —, sondern es vor allem nach frauen-zugewandteren, revolutionären Maßstäben bewerten. Und das bedeutet, daß wir die Verweigerung der Frauen nicht nur in von Männern definierten, revolutionären Situationen analysieren, sondern auch in anderen Kontexten, die Männer nicht für revolutionär halten. Die von Männern entwickelten Kriterien für politisches Gewicht und politische Bedeutung entsprechen häufig nur den Kriterien für Männlichkeit — dramatische Selbst- und Gruppendarstellung, kühne Taten und offene und rebellische Konfrontation mit dem Staat. Der Status des „Politischen" wird meist nur an der alten männlichen, heroischen Ethik gemessen.

Hier nun einige konkrete und spezielle Maßstäbe, nach denen frauen-zugewandte Politik eingeschätzt werden kann.

*1. Auf welche Weise opponierten die Verweigerinnen gegen männliche Vorherrschaft? Auf welche Weise widerstanden sie der Hetero-Realität?*

Die Verweigerinnen waren unerbittlich ablehnend gegenüber einer Teilnahme am Ehesystem. Selbst die *pu lo-chia*, die den eigentlichen Hochzeitszeremonien nicht entgehen konnten, wollten nicht mit ihrem Ehemann schlafen oder doch nur eine bestimmte Zeit, nach der sie eine Zukunft ohne die einengenden Beschränkungen des Ehelebens vor sich sahen. Daß sie sich nicht für eine Ehereform, sondern statt dessen für frauen-definierte Strukturen einsetzten, in denen Frauen arbeiten, Geld sparen, in den Ruhestand treten und ihre eigene Kultur haben konnten, ist ein bemerkenswerter Beweis dafür, daß ihre Bewegung außerhalb der Parameter der Hetero-Beziehungen operierte.

Die Bewegung stellte sich nicht nur — als Rückzug in die Innerlichkeit — dem chinesischen System männlicher Dominanz und Hetero-Realität entgegen, sondern organisierte Frauen aktiv und öffentlich dagegen. Aus Agnes Smedleys Bericht über die Reaktion der Männer auf die Verweigerinnen wird deutlich, daß viele Männer sie als kalt empfanden, denn sie standen für die lose Frau, die — intellektuell, wirtschaftlich, emotional und sexuell — unabhängig von Männern war. Außerdem gingen diese Frauen über den Widerstand gegen männliche Dominanz hinaus, indem sie nicht nur die Strukturen für weibliches Überleben gegen das System entwickelten, sondern Frauen somit eine wirkliche Veränderung ihres Lebens ermöglichten.

*2. Wenn Macht nicht nach männlichen Maßstäben gemessen werden kann, in welchem Ausmaß veränderten diese Frauen das Konzept und die Realität von Macht?*

Frauen miteinander werden generell als machtlos angesehen, denn sie werden als Frauen allein wahrgenommen, das heißt, als Frauen ohne Männer. Deshalb werden auch Aussagen wie die von Croll — Verweigerinnen seien „Eskapisten" gewesen, die „keine entscheidende Kraft für Veränderung" hervorbrachten — ohne weiteres akzeptiert, denn diese Frauen werden danach gewertet, was sie zur Veränderung von Strukturen geleistet und beigetragen haben, an denen Männer und Frauen zusammen teilhaben. Wieder einmal werden hier Frauen miteinander zu Frauen allein, diesmal als Frauen, die sich von der Realität absetzen. Wenn Croll ihre Maßstäbe danach bestimmt, in welchem Ausmaß die Verweigerinnen die Ehe-„Morphologie" beeinflußten, wird feministische politische Macht als Reformation von heterobezogenen Strukturen und als das „Recht" auf progressive Ehereformen definiert.

Statt dessen müßte ein wichtiger Maßstab für feministische politische Macht dadurch definiert sein, wie Frauen die Lebensqualität für sich und andere Frauen verändern konnten. Eine progressive Ehereform mag für viele Frauen wichtig sein, doch die politische Bedeutung einer Bewegung, die andere Lebensziele als die der Ehe hatte — vielmehr die Ehe öffentlich verweigerte —, an der Ehe-Elle zu messen, heißt, das umfangreiche Gebäude frauen-zugewandter Macht zu ignorieren. Die individuellen und politischen Rollen der Frauen werden immer danach beurteilt, wie sie Verantwortlichkeit für andere wahrnehmen — nämlich für Männer und Kinder. Das Ausmaß, in dem Frauen Verantwortlichkeit für sich und andere Frauen übernehmen, muß ein entscheidender Faktor bei der Neubestimmung des Konzepts und der Realität von Macht in Frauengruppen sein.

*3. In welchem Ausmaß veränderten die Verweigerinnen die Lebensqualität für sich und andere Frauen? Oder wer hat sonst von ihrem Leben und ihrer Arbeit profitiert?*

Es sind keine genauen Zahlen vorhanden, doch die Bewegung der Eheverweigerinnen umfaßte Tausende von Frauen, die ein freieres und unabhängigeres Leben führen konnten, weil die Bewegung eine gesellschaftliche und politische Macht war, die zählte. Sie gab den Frauen das Gefühl, anders, wichtig und autonom zu sein, das die meisten Chinesinnen nicht kannten, aus dem sich eine frauenidentifizierte Kultur entwickelte. Verglichen mit der allgemeinen Situation der Chinesinnen waren die Verweigerinnen die Architektinnen des eigenen Lebens, waren Geldverdienerinnen im Arbeitsleben und Aktivistinnen, die eine soziale Welt für die Frauen schufen, mit denen sie Umgang hatten. Ihr Leben war ein öffentlicher Beweis dafür, daß sich Frauen von unterdrückerischen Bedingungen befreien und Akteurinnen in eigener Sache werden konnten. Sie schufen eine Gemeinschaft für Frauen, die keine Familie hatten, und machten damit ihre lebenswichtigen Beziehungen untereinander publik. Die sozialen, kulturellen und ökonomischen Strukturen, die sie schufen, standen den nach ihnen kommenden Frauen zur Verfügung. Und schließlich unterstützten viele dieser Frauen Familienangehörige, die ohne ihre Unterstützung in Not geraten wären.

*4. Wie waren die Muster des Miteinanderumgehens, und wurden diese auch in der Gesellschaft außerhalb der Verweigerungsbewegung sichtbar?*

Eindrucksvoll — von politischem Gewicht und politischem Wert — ist nach wie vor die öffentliche Verpflichtung, die Frauen füreinander eingingen. Die Frauen-Zuneigung der Eheverweigerinnen war öffentlich und gab ihrem gesellschaftlichen und wirtschaftlichen Leben Kraft. Mit ihren Mustern der Interaktion schufen sie viele unterschiedliche Formen, die in der allgemeinen Gesellschaft wohlbekannt waren. So wurden z. B. die Rituale und die Realität von verschworenen Schwesternbünden in den Chroniken verzeichnet. Die chinesischen Zeitungen brachten häufig Berichte von derartigen Zeremonien. Viele weitere Bräuche wurden in der Öffentlichkeit zur Kenntnis genommen; z. B. daß sie in Gruppen ins Theater gingen, sich eigenen Raum und Platz schufen, indem sie sich unabhängig bewegten und verhielten, sowie ihre wirtschaftliche Unabhängigkeit, die die uralte negative Reaktion hervorrief, daß Fauen, die ihren Lebensunterhalt selbst verdienen und unverheiratet sind, „zuviel

Geld rauswerfen".[71] Ihre gesellschaftlichen und ökonomischen Organisationsformen schufen frauen-zugewandte Muster der Beziehungen untereinander und der gegenseitigen Anerkennung, die eine weibliche Lebensform darstellten, wie sie den meisten Chinesinnen unbekannt war.

*5. Lebten die Frauengruppen, z. B. die Eheverweigerinnen, in einer Geschlechtersegregation (gegen ihren Willen) oder in Geschlechtertrennung (aus freier Entscheidung)?\* (Wir müssen auch bedenken, daß bei manchen Frauengruppen die Geschlechtersegregation zur Geschlechtertrennung wurde.) Gab diese Entscheidung den Frauen Macht?*

Ich habe in diesem Kapitel auf die Dimension der *Freiwilligkeit* der Eheverweigerinnen hingewiesen — auf die Tatsache, daß die Frauen sich angesichts einer Gesellschaft, die ihre unverheiratete Existenz als Nicht-Existenz verdammte, für die Eheverweigerung entschieden. Der persönliche und politische Mut dieser Entscheidung kann nicht hoch genug eingeschätzt werden. Viele Frauen hätten sich eher umgebracht, als einer Ehe zuzustimmen. Die Trennung von der Ehe wurde jedoch bestärkt durch die Schaffung einer sozialen, wirtschaftlichen und kulturellen Existenz in erster Linie mit Frauen. Das war dann nicht mehr *nur* ein Leben der Segregation.

Die Voreingenommenheit gegen Separatismus ist — wie ich meine aus vielerlei Gründen — in vielen feministischen Schriften tief verwurzelt. Separatismus wird nicht von Segregation unterschieden. Auch wird er simplifizierend mit einem Separatismus gleichgesetzt, der unkritisch als eine eskapistische und apolitische Trennung von der Welt eingeordnet wird. Und er wird stets nur aus der Perspektive der „Trennung *von*" betrachtet und nicht aus der Perspektive der damit gewonnenen persönlichen und politischen Integrität.

Wenn Leila Ahmed über den Harem schreibt, sieht sie diese Voreingenommenheit gegen den weiblichen Separatismus in der feministischen Literatur als eine westliche Konstruktion.

„Doch unser Denken ist auf diesem Gebiet im allgemeinen immer noch durch ungeprüfte Annahmen blockiert: Daß Frauen, die von der Gesell-

---

\* Im Englischen steht *segregation* für aufgezwungene Trennung, z. B. für Rassentrennung (die lat. Wurzel des Wortes bedeutet „von der Herde wegtreiben, absondern") und *Separation* (lat. Wurzel „gesondert schaffen") für die aktive, freiwillige Trennung. Ich habe, um diesen Unterschied deutlich zu machen, im folgenden Text statt Trennung jeweils die beiden Fremdworte eingesetzt. A.d.Ü.

schaft der Männer abgetrennt und ausgeschlossen, jedoch wunderbar frei im Umgang mit anderen Frauen sind, notwendigerweise Frauen sind, denen etwas *fehlt*; daß Gesellschaften, die eine rigide Geschlechtertrennung praktizieren, notwendigerweise und per Definition in jeder Beziehung unterdrückerischer gegenüber Frauen sind, als Gesellschaften mit Geschlechterintegration."[72]

Ahmed stellt die These auf, daß innerhalb der abgeschlossenen Gruppe von Frauen − z. B. dem Harem − Frauen viele Dinge tun konnten, die westliche Frauen nur unter Lebensgefahr unternehmen konnten. Auch weil der Harem für Männer verboten war (*Harem* stammt von einem Wort, das „verboten" und „heilig" bedeutet), konnten Frauen „Lebenszeit und Lebensraum miteinander teilen, Erfahrungen und Informationen austauschen und die Welt der Männer − häufig mit Witzen, Geschichten oder Spielen − kritisch analysieren".[73] Ahmed will mit ihrer Analyse des Harems nicht naiv behaupten, diese Segregation sei ein Zaubermittel für Frauen. Es sei vielmehr ein „Raum, in den die Frauen gezwungen wurden und in dem sie eingeschlossen waren".[74] Dennoch folgert sie, daß eine solche „weibliche homosoziale Welt sowohl ein Bewußtsein von männlicher Unterdrückung als auch von weiblicher geistiger Unabhängigkeit"[75] hervorbringen kann.

Wenn sich Frauen von dem System der Hetero-Realität trennen und dabei von dem Wunsch nach einer stärker frauen-definierten Existenz, die ihre Spuren in der Welt hinterläßt, getragen sind, so ist das eine Manifestation von Weltlichkeit und nicht etwa ein Auszug aus der Welt (vergleiche Kapitel Vier, das eine ausführliche Auseinandersetzung mit einer Trennung von der Welt enthält, und Kapitel Fünf, das sich eingehend mit Weltlichkeit beschäftigt). Der Separatismus ist immer unter negativem Aspekt behandelt worden, weil es kaum Versuche gab, die Komplexität dieser Frage genau zu untersuchen. Es wird selten die Frage gestellt, in welchem Ausmaß solche ausgegrenzten Sphären den Frauen Macht geben; es wird vielmehr automatisch davon ausgegangen, daß Frauen in ihrer „Frauen-miteinander"-Existenz Macht abgeben.

Ferner: Wenn es den Kritiker/inne/n wirklich um den Aspekt der Weltlichkeit geht, muß der Tatsache höchste Aufmerksamkeit geschenkt werden, daß andere Gruppen, die sich getrennte Sphären schufen, damit stets Macht gewonnen und nicht Macht verloren haben. Ich habe beispielsweise an anderer Stelle in einem Artikel zugunsten getrennter Frauenstudienprogramme dagegen argumentiert, daß derartige Programme angeblich weibliches Wissen gettoisieren:

„Es ist höchst unwahrscheinlich, daß der traditionelle fachbezogene Inhalt und dessen Methodologie sich in einer frauenbezogeneren Richtung verändern werden, solange Frauenstudien nicht autonom und eigenständig genug sind, diese Fachbereiche nachhaltig zu beeinflussen. Die theologische Fakultät beispielsweise würde bis heute keine Religionssoziologie betreiben, hätte sich nicht eine sich selbst definierende und autonome Soziologie entwickelt, die ihre eigenen Inhalte und Methoden bestimmt."[76]

Der Trennung, die Frauengruppen gewählt haben, muß das gleiche politische Gewicht und der gleiche politische Wert zukommen wie anderen getrennten Bereichen, wenn nämlich zu beweisen ist, daß damit wirklich die Lebensqualität von Frauen verändert, Frauen Macht zuerkannt und ihnen dazu verholfen wird, ihre Spuren in der Welt zu hinterlassen.


### Verweigerinnen und Nonnen

Die Geschichte der Eheverweigerinnen ist auch die Geschichte der *Hetärokratie* — der Regel der Gefährtinnen, bei der die Frauenfreundschaft an erster Stelle steht. Wie ihr westliches Gegenstück, so schufen auch die Verweigerinnen ihren eigenen sozialen, ökonomischen und kulturellen Ort für die Institutionalisierung von Frauenfreundschaft. Da die Verweigerinnen jedoch mit keinem der herrschenden männlichen Systeme verbunden waren, dauerte ihre Hetärokratie in ihrer organisierten und systematischen Form eben nur ein Jahrhundert.

Es gibt viele Vergleichspunkte zwischen den beiden Gruppen. Beide hatten die bewußte Entscheidung getroffen, nicht zu heiraten, und hatten dies öffentlich gemacht. Das Keuschheitsgelübde bei den Nonnen und die Verträge verschworener Schwesternschaft bei den Verweigerinnen wurden durch religiöse und öffentliche Zeremonien, in denen das Versprechen gefeiert wurde, bestätigt.

Viele Verweigerinnen betonen auch die heterosexuelle Keuschheit in ihrem Leben. Ihre Tradition, nur *chai* zu essen, ist ein weiteres Zeichen für moralische Reinigung, die ursprünglich mit dem buddhistischen spirituellen Wachstum und der „Selbsterziehung" zusammenhing. Aus einer frauen-zugewandten Perspektive ist die Betonung der Keuschheit in beiden Gruppen als eine Art Machtzuwachs anzusehen, der sie vor männlicher Promiskuität und in China vor Verkauf und Erniedrigung als Prostituierte, Sklavinnen oder Haushaltkulis schützte; entscheidender noch: Sie kann auch als ein Mittel zur Integrität betrachtet werden, das ihre Regel der Hetärokratie möglich machte. In beiden Gruppen bedeutete das heterosexuelle Zölibat einen Machtzuwachs und nicht Unterdrückung.

Das religiöse Leben gab beiden Gruppen in ihrer unorthodoxen Entscheidung für ein Leben nur mit Frauen eine spirituelle und aufbauende Dimension. Ihre Spiritualität verlieh den Freundschaften Bedeutung und Dauer, in vielen Fällen währten solche Freundschaften bis zum Tode. Die Vereinigung der Seelen, die beim Ideal der klösterlichen spirituellen Freundschaft im Vordergrund stand, hatte ihr Gegenbild in der Aufmerksamkeit, die die Verweigerinnen dem gegenseitigen spirituellen Fortschritt widmeten. Das Lesen „guter Bücher" oder „kostbarer Bände" entspricht der Tradition der Meditation und des geistlichen Lesens in den Klöstern, die oft in Einsamkeit, häufig aber auch gemeinsam geschah.

Der physische Raum, den beide Frauengruppen füreinander schufen, kann gar nicht überbewertet werden. Die Gründung eines gemeinsamen Haushalts gab den Frauen den Raum, den sie für eine gemeinsame fruchtbare seelische und weltliche Existenz brauchten. Es ermöglichte ihnen, ein Zuhause und eine „Familie" für Frauen zu schaffen, die nach ihnen kamen und sich ebenfalls von einer solchen Gemeinschaft von Gleichen angezogen fühlten. Es ermöglichte ihnen, andere Strukturen zu erdenken, in denen sie ihre Arbeit und andere Aktivitäten ausführten — wie die von Nonnen geschaffenen Bildungs- und Sozialeinrichtungen und die von Verweigerinnen entwickelten Kultur- und Kredit-Vereinigungen.

In der sozialen, kulturellen, politischen und wirtschaftlichen Sphäre schufen beide Gruppen Strukturen der Macht für Frauen, die in der Welt ihre Spuren hinterließen. Im zweiten Kapitel, in dem die kulturellen, politischen und Bildungsaspekte des Klosterlebens, besonders im Mittelalter, thematisiert werden, untersuchte ich die Errungenschaften der Verweigerinnen — die einmaligen sozialen und wirtschaftlichen Einrichtungen, mit denen

Frauen ein Leben führen konnten, das es nie zuvor in der chinesischen Gesellschaft gegeben hatte. Macht jedoch ist nie absolut und ohne Probleme. Viele Kritiker/innen, die den Frauengruppen unterstellen, sie seien apolitisch, scheinen zu fordern, daß sie eine Form von absoluter Macht in der Welt ausüben sollten, eine Forderung, die selten an andere unterdrückte Gruppen gestellt wird.

Als unverehelichte Frauen, aus deren gegenseitiger Freundschaft große Errungenschaften hervorgingen, waren die Nonnen wohl kaum „überflüssige Frauen". Und auch die Verweigerinnen waren keine „Waren, die ein Verlustgeschäft bedeuten". Beide spotteten dem hetero-bezogenen Stereotyp der losen Frau als einer lüsternen Frau — eine, die frei für Männer ist — und forderten die ursprüngliche Bedeutung der losen Frau — eine, die frei für Frauen ist — wieder ein. In der Tradition der antiken *hetaira* stellten Nonnen und Verweigerinnen die Freundschaft in ihrem ursprünglichen Status wieder her, gaben ihr einen vorrangigen Zweck und Leidenschaft. Sie waren „glücklich unverheiratet".

Das bedeutete nicht, daß beide Gruppen der nach hetero-bezogenen Maßstäben vorgenommenen Verunglimpfung entgangen wären oder daß die Wissenschaft sie nicht weiterhin nach den gleichen Maßstäben beurteilt. Wann immer Frauen zusammen sind und unkonventionelle Dinge tun, werden sie als „keine richtigen Frauen" kategorisiert. Dafür steht ein reiches Repertoire zur Verfügung: Mannweiber, frustriert, ohne Sex, frigide, einsam, gebrochen, lüstern, hurenhaft, Eskapisten, apolitisch, unbedeutend. Oder ihre frauen-bezogenen Ursprünge werden als von Männern bestimmt dargestellt. So schreiben Wissenschaftler die Tatsache, daß Nonnen ins Kloster gehen und Chinesinnen die Ehe verweigern, dem Männermangel zu oder den vorherrschenden „nicht-progressiven" Ehestrukturen.

Die Wahrheit — oder die historische Darstellung der Realität — muß sich nicht pedantisch an die Tatsachen oder Zeugnisse der historischen Akteure selbst halten. Die Historiker oder andere Interpreten sind bei ihrem Blick zurück in die historische Landschaft so daran gewöhnt, vom Kanon der hetero-bezogenen Wissenschaft auszugehen, daß sogar gute feministische Wissenschaftlerinnen diesen bei ihren eigenen Forschungen anwenden. Das wirkliche Geschehen geht in der Konformität sogenannter objektiver (hetero-bezogener) Maßstäbe verloren. So pflegen Wissenschaftler beispielsweise die unabhängige Kausalität der Entscheidung von Frauen, miteinander zu leben, zu arbeiten und ihr Dasein zu teilen, nicht wahrzunehmen und sich statt dessen auf Männermangel oder Angst vor Männern zu berufen. Bestenfalls werden frauen-zugewandte Gruppen als Ausnahmeerscheinung ohne Vergangenheit und ohne Zukunft angesehen. Frauen-zugewandte Geschichtstatsachen werden nicht als „historisch", sondern lediglich als „Vorkommnisse" betrachtet, die offenbar aus dem Nichts entstehen und wieder ins Nichts entschwinden.

Die Aufgabe frauen-zugewandter Wissenschaft ist, frauen-zugewandte Frauen und Taten vor dem Vergessen zu retten – ein Vergessen, das nicht nur aus dem Mangel an Erkenntnis kommt, sondern aus der falschen Erkenntnis. Dies ist auch die Aufgabe und der Zweck dieses Buches und insbesondere dieser zwei Kapitel über lose Frauen.

Die Kritik an der Hetero-Realität und an der Darstellung von Frauen, die ihr Widerstand leisteten, heißt nicht, daß der Frauenfreundschaft keine Hindernisse mehr im Wege stehen. Die Geschichte und Kultur der Frauenfreundschaft sind übervoll von Hindernissen für Frauen-Zuneigung. Und diese Hindernisse sind beim Namen zu nennen. In der Genealogie dieses Buches sind sie jedoch nicht das letzte Wort zur Frauenfreundschaft, sondern lediglich das nächste!

# Kapitel IV

# Hindernisse für Frauenfreundschaft

Um es klar und deutlich zu sagen: Bei der Wiederkunft der Hexenverfolgung werden andere Mittel angewendet. Diesmal werden Frauen dazu abgerichtet und legitimiert, die Sache untereinander zu erledigen.
  Mary Daly
  *Reine Lust*

Freundschaft schafft die Distanz zwischen Menschen nicht ab, sie erfüllt sie mit Leben.
  Walter Benjamin
  *Über Bert Brecht*

Wenn ich nicht für mich bin, wer ist es dann?
Wenn ich nur für mich bin, wer bin ich dann?
  Rabbi Hillel
  *Sprüche der Jüdischen Väter*

Vieles steht der Frauenfreundschaft im Wege. In einer Arbeit über Frauenfreundschaft sollte das Thema nicht verklärt, sollten die Hinderungsgründe vielmehr einer eingehenden Untersuchung unterzogen werden. Sie betreffen alle Frauen — Feministinnen und solche, die sich selbst nicht als Feministinnen bezeichnen würden. Und die Hinderungsgründe zeigen bei vielen Gruppen von Frauen verblüffend ähnliche Strukturen.

Das am meisten ins Auge springende Hindernis für eine Frauenfreundschaft ist das bekannte patriarchale Sprichwort „Frauen sind sich gegenseitig die schlimmsten Feinde". Dieses Thema hat viele Variationen, und Jahrhunderte hindurch hat ein Chorus männlicher Stimmen verbreitet, was Jonathan Swift so formuliert: „Ich habe nie eine einigermaßen normale Frau erlebt, die ihr eigenes Geschlecht leiden konnte." Es wäre leicht, diesen Chorus mit Hinweis auf seine Geschlechtszugehörigkeit abzutun oder auf einen unbeabsichtigten Hinweis in Swifts Bemerkung, daß Frauen, die von Männern als „einigermaßen normal" erlebt werden, ihr eigenes Geschlecht nicht leiden könnten, näher einzugehen: Das würde nämlich bedeuten, daß Frauen deshalb die Identifikation mit anderen Frauen ablehnen, damit Männer sie „einigermaßen normal" finden.

Doch wir hören derartiges auch aus dem Mund von Frauen. In einer Untersuchung über die Einstellung von Frauen zur Frauenfreundschaft sagte eine Sekretärin: „Einer Freundschaft mit einer Frau zuviel Bedeutung beizumessen, ist unreif." Eine Programmiererin: „Das wird als latent lesbisch angesehen."[1] Wir machten es uns zu leicht, würden wir diese Stimmen damit abtun, daß Frauen eben die männliche Haltung ihnen gegenüber und gegenüber ihren Beziehungen zu anderen Frauen internalisieren. Dies mag zwar in einer Hinsicht der Grund für die antifeministische Haltung von Frauen sein, mildert jedoch nicht die schreckliche Realität des Frauenhasses von Frauen, wenn wir ihn am eigenen Leib oder gegenüber anderen Frauen erleben. Dieses Kapitel befaßt sich mit der Realität dieses Verhaltens.

Dadurch, daß sie die hetero-bezogene Botschaft „Frauen sind sich gegenseitig die schlimmsten Feinde" dauernd herausposaunten, haben Männer sichergestellt, daß viele Frauen tatsächlich einander die schlimmsten Feindinnen sind. Die Hindernisse für eine Frauenfreundschaft haben eine gute Presse. Die Botschaft ist wie eine ständige Lärmbelästigung im Leben von Frauen und ertönt aus vielen verschiedenen Ecken. Das ständige Geschrei, daß Frauen keine Frauen leiden könnten, wird ergänzt durch das historische *Schweigen* über die Tatsache, daß Frauen immer Frauen geliebt haben. Frauenhassende Frauen leben von dem Schweigen, das frauenliebende Frauen umgibt. Diese Doppelbotschaft erstickt das Wachstum der Frauen-Zuneigung. Frauen müssen sich darüber im klaren sein, in welchem Kontext diese Doppelbotschaft entsteht, und daß durch diesen Mechanismus die Evolution der Frauenfreundschaft hinausgezögert wird.

Während ich an diesem Buch schrieb, bat ich Studentinnen, Freundinnen und verschiedene andere Frauen einmal aufzulisten, was ihrer Meinung nach die Haupthindernisse für Frauen-Zuneigung seien. Es wurden lange Aufzählungen, doch alle Frauen beschreiben die Hindernisse in ähnlicher Weise. Mir wurde dabei klar, daß zwar die konkreten Hindernisse bei unterschiedlichen Gruppen von Frauen unterschiedlich aussehen könnten, daß jedoch der Kontext, aus dem sie entstehen, bemerkenswerterweise bei allen Frauen der gleiche ist. Wenn also ein Problem dadurch klarer wird, daß man es in seinem Kontext sieht, dann ist die Untersuchung des Kontextes, in dem die Hindernisse für eine Frauen-Zuneigung entstehen, ein entscheidender Schritt zur Ausmerzung der tatsächlichen Hindernisse.

Frauenfreundschaft gibt Frauen einen Punkt der Kristallisation für das Leben in der Welt.* Sie gibt dem Leben von Frauen,

---

* Ich spreche in diesem Kapitel ausführlich über die Begriffe „Welt", „Weltlosigkeit" und „weltliche Integrität", sie gehören zu meiner Vision von Frauenfreundschaft. Ich betone dabei die Notwendigkeit, daß Frauen sich in der Welt bewegen, und beschreibe drei Formen der Weltlosigkeit, die Hindernisse für Frauenfreundschaft darstellen. Deshalb will ich an dieser Stelle verdeutlichen, wie ich das Wort *Welt* verwende. Es ist bei mir folgendermaßen definiert:

1. Der irdische Zustand menschlicher Existenz; das Leben hier und heute.

2. Die Ziele und Interessen dieses gegenwärtigen Lebens; zeitliche oder weltliche Vorgänge.

3. Die Vorgänge und Bedingungen des Lebens; der Zustand menschlicher Angelegenheiten; der Zustand der Dinge.

4. Am wichtigsten hier: die Sphäre, in der sich unsere Interessen bewegen oder unsere Aktivitäten stattfinden; unsere Sphäre des Handelns und Denkens; der „Bereich", in dem wir uns bewegen oder leben.

Mir ist durchaus klar, daß *Welt* häufig gleichbedeutend mit dem Kosmos benutzt wird, und daß es in feministischer Literatur häufig so verwendet wird, weil frau gern bestimmte Verbindungen zwischen Frau und Natur herstellen möchte. Ich benutze jedoch den Terminus *Welt* für den öffentlichen Bereich. Oder im Sinne von Hannah Arendt: Die Welt liegt zwischen den Menschen. („Rede über Lessing": Von der Menschlichkeit in finsteren Zeiten, S. 7, München 1960.) Ich beschränke mich in der die keinen Staat oder kein geographisches Heimatland und auch kein Getto oder keine Diaspora als Rückhalt für ihr Handeln haben, Form, Gestalt und einen konkreten Ort. Freundschaft gibt Frauen eine gemeinsame Welt, die ihnen ihren Bezugspunkt für ihren Platz in der größeren Welt gibt. Daß sie Ansichten, Interessen und Energien teilen, gibt Frauen eine Beziehung zur Welt, mit der sie ihre Orientierung nicht verlieren können. Dadurch, daß sie ihr persönliches Leben teilen, gewinnen sie zugleich ihren Standort für ihre gesellschaftliche und politische Existenz. Und unter dem gleichen Vorzeichen wird alles, was dem Sein der Frauen in der Welt — einer weiblichen Weltlichkeit — entgegenwirkt, für eine starke Frauenfreundschaft, die politische Wirkungen hat, also für Frauen-Zuneigung, unterminierend wirken.

Leider werden viele Frauen durch ihre Lebensumstände eher zu einer Weltlosigkeit gebracht als zu der Weltlichkeit, von der ich hier spreche. Doch können unter den Bedingungen einer Abspaltung von der Welt, einer Anpassung an die Welt oder einer Opferhaltung in der Welt weder weibliche Weltlichkeit noch Frauenfreundschaft wachsen und gedeihen. Da diese Bedingungen jedoch im Leben vieler Frauen vorherrschen, entstehen die Hindernisse für eine Frauen-Zuneigung auch in ihnen selbst. Weltlosigkeit bringt Freundlosigkeit hervor. Weltverlust führt zum Freundschaftsverlust.

**Abspaltung von der Welt.**

Da Frauen seit jeher die Opfer männlicher Tyrannei waren, da das Überleben der Angelpunkt weiblicher Existenz und feministischen politischen Denkens war, da Frauen fast überall am Bau und an der Kontrolle der politischen Welt, in der wir leben, nicht beteiligt waren, und da diese Welt von Männern gemacht ist, haben viele Frauen eine weltabgewandte Haltung entwickelt. Von allen Philosoph/inn/en hat Hannah Arendt sich wohl am meisten mit dem Gedanken der Weltlosigkeit* befaßt. Arendts

Verwendung des Wortes vorläufig auf diese Parameter, da es mir in diesem Kapitel darum geht, zu beschreiben, wie Frauen von dieser Welt abgespalten sind, sich ihr anpassen oder ihre Opfer werden.
\* Der Begriff „Weltlosigkeit" ist ein Originalbegriff von Hannah Arendt, er besagt soviel wie die uns geläufigeren Ausdrücke „Weltabgewandtheit", „Weltabkehr". Da diese beiden Begriffe jedoch stark religiös besetzt sind, trifft der Ausdruck „Weltlo-

Vorstellung von Weltlosigkeit bietet, wenn sie auch ursprünglich in Zusammenhang mit der Geschichte der Juden und des Judaismus entwickelt wurde, viele Anknüpfungspunkte für Frauen und Feminismus heute.[2]

Frauen sind im allgemeinen ohne eigenes Zutun, nämlich wegen der passiven und abgeleiteten Situation, in der sie seit Beginn der Geschichte in fast allen Kulturen leben mußten, zur Weltlosigkeit gekommen. Andere, wie beispielsweise einige feministische Separatistinnen, machten die Abkehr von der Welt zu ihrem politischen Ideal und ihrer politischen Realität. In beiden Fällen besteht das Problem darin, daß, wenn diese Abkehr zum Hauptfaktor der Existenz wird — wie dort, wo Frauen den Großteil ihrer Bedeutung und Realität von ihren Ehemännern, Liebhabern, Vätern oder männlichen Chefs herleiten und die Welt selten direkt erleben, oder dort, wo sie, wie einige Separatistinnen, die Abkehr zur Voraussetzung ihrer Affinität zu anderen Frauen machen —, die weibliche Existenz vom Rest der Welt abgeschnitten wird. Im Bereich der Weltsicht kann dies zu einem äußerst engen Blickwinkel führen; im politischen Bereich macht es Frauen höchst verletzlich. Sogar die radikale und freiwillige Abspaltung von der Welt, die ursprünglich als ein notwendiger und kühner politischer Schritt unternommen wurde, kann zu einer Froschperspektive von der Welt führen, die Frauen für Angriffe verwundbar macht. Hauptfolge dieser Abkehr ist, daß Frauen nichts mehr von den Bedingungen in der „richtigen" Welt wissen und damit gegen das eigene Überleben agieren.

In einer Welt, die Frauen als überflüssig ansieht, d. h. als nicht notwendig, als unwichtig, als Randgruppen, ohne die es auch geht, bestärken Frauen eben diese Auffassungen, wenn sie sich von der Welt abkehren. Je mehr Frauen sich abspalten, desto katastrophaler die Wirkung — und desto mehr entfernen sich Frauen von ihrer Teilhabe an dem, was eine gemeinsame Welt sein sollte, das heißt, eine Welt für alle, die in ihr leben.

Ich möchte hier deutlich klarstellen, daß ich diese Abspaltung nicht etwa gleichsetze mit der Notwendigkeit, daß Frauen „an der Grenze" der hetero-bezogenen Gesellschaft leben. Wie Virginia Woolf und andere wußten, werden Frauen in dieser Kultur immer „Ausgestoßene" sein. Es gibt jedoch eine weltlose Ab-

sigkeit" besser eine nicht von religiösen Motiven bestimmte Abkehr. Der Gegenbegriff ist hier „Weltlichkeit", der ebenfalls nicht im religiösen Sinne des Gegensatzes von heilig und profan zu verstehen ist, sondern als „Weltzugewandtheit", bewußte Einmischung in die Dinge der Welt. A.d.Ü.

kehr vom Patriarchat und eine weltliche. Ich kritisiere hier nicht die Frauen, die getrennt zusammenkommen, um dann auf die „reale" Welt einzuwirken. Ich kritisiere die Abspaltung, die einen Rückzug von dieser Welt propagiert. Diese geht im allgemeinen mit einem „Abrutschen" von Geist und Geld Hand in Hand. Sie schafft häufig eine Apathie gegenüber der politischen, intellektuellen und finanziellen Existenz, sowie auch eine Apathie gegenüber der äußeren Erscheinung, die dann zum Symbol für die Verachtung der männergemachten Welt wird. Diese Haltung tut so, als seien Geld und Status Dinge, die Frauen bereits haben (oder haben könnten, wenn sie nur wollten) und die sie leicht aufgeben beziehungsweise leicht wiedergewinnen können. Sie beruft sich auf das „Patriarchat als Ausrede", als Rationalisierung der Inaktivität, etwa sich nicht um einen Job zu kümmern, nicht zur Schule zu gehen, keine wirtschaftlichen und beruflichen Schritte zu unternehmen, die einer Frau ihren Platz in der „realen" Welt ermöglichen würden.

Abspaltung schließt Frauen vom Zugang zur Welt aus. Damit schließt sie Frauen auch von Macht, Geld und der Interaktion mit anderen, der wichtigsten Grundlage von Weltlichkeit, aus. Sie gibt Frauen die Illusion, sie könnten sich ungestört in Zeit und Raum zurückziehen, wo sie sich einen Hauch von Freiheit bewahren könnten. Ein solcher Schritt führt jedoch, wie Arendt formuliert hat, zu „der Freiheit und Unverletzlichkeit einer Pariaexistenz".[3] Die politisch abgespaltene Feministin spielt die Revolutionärin in einer Gemeinschaft anderer gleichgesinnter Frauen, doch sie greift nicht wirklich in die herrschende männliche Ethik ein. Sie bleibt eine aus der Welt Ausgestoßene und ist keine Rebellin „auf der Grenze".

Andererseits wird die Abkehr von der Welt, die nicht aus bewußt definierten, feministischen Gründen gewählt wurde — sondern aus einer Interpretation der Welt, die Frauen hauptsächlich von Männern übernehmen —, dadurch verstärkt, daß Frauen zuwenig von Frauen als einer Gruppe, die ein gemeinsames Schicksal und gemeinsame Anliegen verbindet, wissen. Im Gegensatz zu anderen unterdrückten Gruppen besitzen Frauen nicht die Vergangenheit einer zusammenhaltenden und selbstbewußten Gruppenidentität mit eigenen politischen Traditionen, eigenem geistigen Leben und eigener Geschichte — oder sollte ich besser sagen, daß es sich hier um eine Vergangenheit handelt, von der die meisten Frauen wenig wissen? Die Wurzellosigkeit der Frauen in ihrer weiblichen Gruppenidentität trägt mehr als alles andere zu der weltlosen, unrealistischen und nichtpolitischen Wahrnehmung bei, die viele Frauen von der Welt haben. Diese Wurzellosigkeit ist ebenfalls verantwortlich für den Mangel an Frauenfreundschaft, einer Freundschaft, die – als politische Tugend – wahrhaft frauen-zugewandt ist. Frauen-Zuneigung kann es nicht geben, wo Frauen „das große Privileg genießen, von der Sorge um die Welt unbelästigt zu sein"[4], denn Frauen-Zuneigung ist eine politische Tugend, die politische Wirkungen zeitigt. Weibliches Leben, besonders die feministische Existenz, kann nicht außerhalb der *polis* stattfinden. Jede starke und kritische Realität von Frauenfreundschaft und jede Form der Freundschaft, die dem Wort und der Realität neue Macht verleiht, kann nicht innerhalb einer abgespaltenen Enklave von Frauen entstehen, die wenig von der größeren Welt wissen und wenig an ihr interessiert sind. Frauenfreundschaften können nicht in einem Vakuum der Abkehr von der größeren Welt entstehen. Keine Frauengemeinschaft, die sich von einem größeren Lebenszusammenhang abspaltet, kann sich selbst an die Stelle dieses größeren Lebenszusammenhanges setzen.

Die Abspaltung von der Welt bedeutet auch Abspaltung von Frauen, denn sie beschränkt Frauen-Zuneigung auf eine besondere Gemeinschaft, die erst durch diesen Rückzug entstanden ist. Und damit wird der Frauen-Zuneigung ihre politische Kraft genommen, wird sie zu einer rein privaten Angelegenheit. Frauen können zwar durch eine radikal vollzogene Abspaltung persönliche Stärke gewinnen. Doch Stärke ist – darauf weist uns Hannah Arendt hin – nicht gleich politische Macht:

> „Kraft und Macht sind nicht dasselbe... Macht ersteht nur dort, wo Menschen zusammen handeln, aber nicht, wo Menschen als einzelne stärker werden. Keine Stärke ist je groß genug, um Macht ersetzen zu können; wo Stärke mit Macht konfrontiert ist, wird sie immer erliegen."[5]

Die radikale Abkehr von der Welt ist sehr verlockend, da Frauen ja ständig mit einer Welt konfrontiert sind, die von Männern geschaffen wurde. Noch größer ist die Verlockung, die Sprachverwirrung, von der das männergemachte Babylon lebt, einfach zu ignorieren. Frauen schaden sich jedoch damit selbst.

Frauen, die sich – entweder aus freier politischer Entscheidung oder aus ihrem unfreiwilligen abgeleiteten Status heraus – von der Welt abspalten, müssen etwas an die Stelle dieser Welt setzen. Viele haben sich in den Therapismus geflüchtet.

## Therapismus: Die Tyrannei der Gefühle

An anderer Stelle habe ich den *Therapismus* als „Therapie als Lebensform" definiert.[6] Zum Phänomen des Therapismus, wie er sich unter Frauen und in der Frauengemeinschaft darstellt, gehört nicht nur, daß Frauen sich einer Therapie unterziehen — und das oft viele Jahre lang —, sondern daß sie aus ihrer Beziehung zu Frauen einen therapeutischen Kontext machen. Therapismus ist eine Überbewertung des Gefühls. Im Grunde ist es eine Tyrannei der Gefühle, die Frauen dazu gebracht hat zu glauben, daß das, was in ihrem Leben wirklich zählt, ihre „Psychologie" sei. Und da sie nicht wissen, was ihre Psychologie eigentlich bedeutet, unterwerfen sie sich einer anderen Person, die dies angeblich weiß — einer Psychiaterin, Beraterin oder Analytikerin. In diesem Sinn können wir sagen, daß der Therapismus zu einer psychologischen Hypochondrie führt, bei der hauptsächlich Frauen die emotionale Gesundheit suchen.

Natürlich gibt es Fälle, wo Frauen mit vollem Recht Hilfe in einer Therapie suchen. Ich kritisiere hier nicht dieses echte Bedürfnis. Mir scheint nur, es wird der Tatsache zu wenig Beachtung geschenkt, daß Therapie unter Frauen zur Lebensform wird und daß wir einmal fragen müssen, wo das individuelle Bedürfnis für Rat und Hilfe endet und die Tyrannei der Gefühle beginnt. Es ist erstaunlich, daß Frauen, die darüber jammern, sie hätten nicht genug Geld, um sich Bücher, kulturelle Veranstaltungen und dergleichen leisten zu können, das Geld für ihre ein- oder zweimal wöchentlich stattfindenden therapeutischen Sitzungen zusammenbringen. Feministische Therapie ist ein blühendes Geschäft. Viele Frauenkneipen, Buchläden, Gesundheitszentren und Selbsthilfeprojekte sind eingegangen oder können nur noch knapp finanziell überleben. Die feministische Therapie jedoch blüht und gedeiht. Frauen sollten zumindest untersuchen, warum das so ist.

Ein Grund ist wohl, daß Selbstenthüllungen hoch im Kurs stehen. Die Enthüllung des Selbst wurde zum Territorium der Therapie. Hier handelt es sich um eine besondere Art der Enthüllung, die von einem mechanistischen Modell von Aufbauen, Anpassen und Herumbasteln am Selbst ausgeht, als handle es sich dabei um einen reparaturbedürftigen Gegenstand. Bei dieser Art von Enthüllung wird die echte Selbsterkenntnis mit der ständigen Darstellung intimer Gefühle verwechselt. Wenn eine über etwas nicht reden will, wird das als Verdrängung angesehen, als

Verleugnung des eigenen inneren Selbst. Und so wurde die Frauenbewegung — genau wie die allgemeine Gesellschaft — sehr schnell zu einer therapeutischen Gesellschaft, in der die Selbstenthüllung als eine der höchsten Tugenden zählt. Frauen sollen alles sagen und zeigen. Kaum etwas den Körper und den Geist Betreffendes kann geheimnisvoll sein. So begeben sich Frauen in einen massiven psychologischen Striptease, der das Innenleben zerstückelt und ausbeutet. Es wird immer schwieriger, die Arbeit, die Gesundheit oder die Liebe zu verlieren, ohne deshalb in Therapie gehen zu müssen.

Gewiß müssen sich Menschen von quälenden Gefühlen, angestauten Emotionen und beängstigenden Verstrickungen befreien können. Es gibt sicher Anlässe, bei denen Frauen therapeutische Hilfe suchen müssen. Doch genau wie ein echtes Bedürfnis besteht, solche Gefühle mit anderen zu teilen, so existiert auch das Bedürfnis, sie zurückzuhalten und zu schützen. Und der therapeutische Kontext ist vielleicht nicht immer der beste Ort, solche Gefühle zu teilen. Echte Selbstoffenbarung sollte nicht mit ständigen therapeutischen Manifestationen verwechselt werden.

Therapeutische Manifestationen haben Auswirkungen, die weit über die aktuelle therapeutische Situation hinausgehen. Michel Foucault formulierte dies so:

„Auf jeden Fall ist das Geständnis... zu einer der höchstbewerteten Techniken der Wahrheitsproduktion geworden. Die Wirkungen des Geständnisses sind breit gestreut: in der Justiz, in der Medizin, in der Pädagogik, in den Familien- wie in den Liebesbeziehungen, im Alltagsleben wie in den feierlichen Riten gesteht man sein Verbrechen, gesteht man seine Sünden, gesteht man seine Gedanken und Begehren, gesteht man seine Vergangenheit und seine Träume, gesteht man seine Kindheit, gesteht man seine Krankheiten und Leiden; mit größter Genauigkeit bemüht man sich zu sagen, was zu sagen am schwersten ist...“[7]

Aus diesen Worten wird klar, daß die Psychologie einen neuen Menschentyp kreiert hat — das menschliche beichtende Tier. „Die Verpflichtung zum Geständnis... ist uns so tief in Fleisch und Blut übergegangen, daß sie uns gar nicht mehr als die Wirkung einer Macht erscheint, die Zwang auf uns ausübt; im Gegenteil scheint es uns, als ob die Wahrheit im Geheimsten unserer selbst keinen anderen ‚Anspruch‘ hegte als den, an den Tag zu treten...“[8] Selbstenthüllung wird mit Befreiung gleichgesetzt. In diesem Sinn wird die Therapie zu einer Lebensform, die unser Reden, unser Denken und unseren Umgang mit Menschen beeinflußt. Als Lebensform wird die Äußerung von Gefühlen zu einer Art Ritual, das verkündet, die bloße Äußerung — ohne Rücksicht auf die Folgen — bewirke bereits eine Veränderung des Menschen. Die bloße Äußerung entlastet, reinigt und erlöst.

In diesem Zusammenhang bezeichnen Sara Scott und Tracey Payne in der britischen radikalfeministischen Zeitschrift *Trouble and Strife* (Zank und Streit) die Therapie als „seelisches Abführmittel". Angesichts der Dauerbeschäftigung der Therapeut/inn/en mit der Vergangenheit vertreten sie die Meinung, daß uns die Therapie, „um Erklärungen für unser Leben zu finden, ständig rückwärts nach unserer vergangenen Erfahrung greifen läßt, statt hinaus zur Erfahrung anderer Frauen. Wenn Frauen diese aus der Vergangenheit stammenden ‚Blockierungen' finden und *ausdrücken*, dann sollen sie angeblich ihre ‚Ganzheit' und ihr ‚Glück' finden."[9]

Die Ironie bei all dem ist, daß in einer von der Offenbarung des Selbst besessenen Zeit wahre und tiefe Subjektivität schwer zu finden ist. Hannah Arendt hat zwei Gründe dafür angegeben. Erstens wird die tatsächlich existierende Situation durch psychologische Introspektion in eine Stimmung aufgelöst. Gleichzeitig gibt diese allem, was subjektiv ist, eine Aura von Objektivität.[10] Auf diese Weise wird das Innenleben zu einem therapeutischen Training. Therapismus verdinglicht die Subjektivität, indem sie das Innenleben aus seinen Tiefen zerrt und nach außen bringt. So wird im Handumdrehen das Innenleben zum äußeren Leben.

Zweitens verschwimmen bei der introspektiven Selbstenthüllung die Grenzen zwischen dem Intimen und dem Öffentlichen. Intimitäten werden allgemein zugänglich gemacht, und die sich weigern, an dieser öffentlichen Darstellung des Intimen teilzunehmen, werden als verstockt und verklemmt und einer psychologischen Läuterung bedürftig angesehen. Die Wichtigkeit, das eigene Gefühl zu fühlen, wird zur Norm. Das Leben bezieht seine Realität in erster Linie daraus, daß es gebeichtet und einer ständigen psychologischen Überprüfung zugeführt wird. Nicht die Emotionen selbst, sondern das Darstellen der Emotionen wird zum eigentlichen Zeichen für Realität.

Was hat dies alles mit Frauenfreundschaft zu tun? Für viele Frauen wurde die feministische Therapie ein Ersatz für Frauenfreundschaft. Ein russischer Emigrant sagte über Freundschaft in den USA: „Wenn sie Freunde brauchen, gehen die Amerikaner zu einem Psychologen."[11] In gewisser Weise kaufen Frauen, die sich in ständiger Therapie befinden, von denen, die die therapeutische Rolle spielen, Freundschaft per Stunde. Die Frauen haben oft Freundinnen, mit denen sie über ihr Intimleben sprechen. Sie behaupten jedoch, mit einer Therapeutin zu sprechen, sei etwas „anderes".

So erzählte mir eine Frau die Geschichte einer Freundin, die die Beendigung einer zehnjährigen Liebesbeziehung durchstehen mußte. Das Ende war besonders scheußlich, und einen Monat lang hörte sich meine Freundin alle Einzelheiten dieses Bruchs an, bot Rat, Trost und ihre freundschaftliche Anwesenheit. Eines Tages sagte ihre Freundin ihr, sie ginge nun zu einer Therapeutin. Meine Freundin fragte, warum sie dies für nötig hielt. Ihre Freundin antwortete, daß sie von der Therapie „Ratschläge" erwartete. „Aber wie können sich denn die Ratschläge einer Therapeutin von denen unterscheiden, die ich dir gegeben habe?" fragte meine Freundin. Ihre Freundin dachte eine Weile nach und antwortete dann: „Aber ich bezahle sie!" Meine Freundin antwortete: „Dann bezahl doch mich!"

Tracey Payne sagt von ihrer Therapieerfahrung: „Im Rückblick sehe ich nur sehr wenig, was ich nicht auch von guten Freundinnen oder in einer Selbsterfahrungsgruppe hätte bekommen können, doch damals bot mir die Therapie auch ‚Freiheit'. Speziell Freiheit von meiner Vergangenheit. Ich hatte das Gefühl, wenn ich weiter schnell genug ‚Mist schaufle', würde ich ihn wegbekommen und davon befreit sein… Ich glaubte auch, daß ‚bei mir selbst Ordnung schaffen' eine in sich gute Sache sei."[12]

In einer Beicht-Gesellschaft wird Freundschaft oft auf „bei sich selbst Ordnung schaffen" und/oder auf Mitberatung reduziert — konkret, wenn zwei Frauen dieses formale Arrangement miteinander eingehen, oder im übertragenen Sinne, wenn Frauen aus ihren Beziehungen mit anderen Frauen einen Kontext für dauernde Selbstenthüllung machen. Gefühle werden zu Tatsachen. Gefühle werden auch zum Gegenstand eines ständigen und alles andere überlagernden Forschungsinteresses. Pat Hynes drückte das so aus: Frauen werden „emotional überspezialisiert".[13] Politische Dinge werden hauptsächlich danach beurteilt, wie Frau sich „dazu verhält". Letztlich werden Freundschaften dieser Art zu einer Form von Klatsch — Klatsch über sich selbst.

Was beim Therapismus fehlt, ist der leidenschaftliche Austausch. Gefühle zu teilen rangiert vor der Erkenntnis der leidenschaftlichen Wahrheit. Mary Daly nimmt die entscheidende Trennung zwischen solchen Gefühlen und Leidenschaft vor. Sie nennt solche Gefühle die *Plastik- oder Pseudo-Leidenschaften:*

> „Im Gegensatz zu den wahren Leidenschaften... sind Plastik-Leidenschaften frei flottierende Gefühle, die zu immer größerer Beziehungslosigkeit und Zersplitterung führen. Sie sind dadurch gekennzeichnet, daß sie keine bestimmten oder benennbaren Auslöser oder ,Objekte' haben und wir uns daher mit ihnen endlos außerhalb jeglichen Kontextes oder in einem Pseudo-Kontext... befassen müssen."[14]

Als ein Beispiel für eine Plastik-Leidenschaft — im Gegensatz zu einer wahren Leidenschaft — vergleicht Mary Daly Erfüllung und Freude. Erfüllung sieht sie als „die therapeutisierte Perversion der Leidenschaft der Freude".[15] Erfüllung ist so, als seien wir durch eine äußere Quelle vollgefüllt und ausgestopft worden. Freude hingegen ist eine Bewegung, die aus dem Innern eines Menschen kommt. Eine erfüllte Frau ist von woanders her „fertiggemacht", das heißt, „mit ihr ist es aus". Die von Freude erfüllte Frau hingegen befindet sich in einer folgerichtigen selbstgesteuerten Bewegung, mit der sie näher zu ihrem tiefsten Selbst und dem Selbst ihrer Freundinnen gelangen will.

Therapie als Lebensform filtert die Leidenschaft heraus und läßt Gefühle übrig — fast, als sei die Tiefe aus einer Frau herausgefiltert worden und nur eine diffuse Gefühlsbrühe übriggeblieben. Mit Therapismus gelangen wir nur zu sehr niedrigen Intensitätsgraden. In diesem Sinn könnten wir das Gefühl als die Banalität der Leidenschaft bezeichnen. Das „Therapeutisieren" von Freundschaft gründet auf einer besonderen Form von Selbstverlust, nämlich dem Verlust des leidenschaftlichen Selbst und dem Verlust des originären Selbst, das unsere eigentliche Freundin war. Haben Frauen diese Originalität verloren, können sie miteinander nur noch un-originär, uneigentlich umgehen. Das Auseinandernehmen und Erforschen von Gefühlen wird zum Ersatz für eine leidenschaftlichere Intimität und Nähe. Wir erleben hier einen Verlust an Tiefe und somit an Intensität der Frauenfreundschaft. Der Verlust an originärer Frauen-Zuneigung zieht das Erstarken von hetero-bezogenen Mustern nach sich.

Bei einer engen Freundschaft haben beide einen Hunger nach

Wahrheit, in erster Linie nach Wahrheit über die Freundin. Im Therapismus wird Wahrheit durch eine Überdosis von selbstenthüllender Nabelschau ersetzt und der Unterschied zwischen beidem verschwimmt, so daß wahre Wahrheit mit ständiger Selbstdarstellung gleichgesetzt wird. Damit wird die Selbstenthüllung – ein wichtiger Bestandteil jeder Freundschaft – aus dem Kontext der leidenschaftlichen Enthüllung des wahrhaft gelebten Lebens einer Frau herausgenommen. Therapismus gibt vor, daß derartige Enthüllungen nur im Kontext der tatsächlichen Therapeutin-Klientin-Beziehung stattfinden können oder im informellen therapeutischen Kontext von Freundinnen, die sich wie schwesterliche Ko-Beraterinnen verhalten.

Der Nährboden für Therapismus ist der abgespaltene Kontext, in dem viele Frauen leben. Wird eine Frau von der realen Welt – auch wenn sie von Männern gemacht und korrupt ist – abgespalten, können Ereignisse und Menschen wesentlich leichter eine unangemessen proportionierte Realität annehmen. So bekommt z. B. das Selbst einer Frau – nicht ihr tiefstes Selbst, doch das Selbst, das sich als fühlend erlebt – völlig falsche Proportionen. Wenn dies geschieht, wird der Ausdruck von Gefühlen genauso groß oder größer als beispielsweise der Ausdruck von politischen Handlungen oder Ideen. Um mit Virginia Woolfs berühmten Worten zu sprechen und sie in einem anderen Zusammenhang zu benutzen: Frauen werden dann zu „Vergrößerungsspiegeln"[16], mit denen sie sich in selbstversunkener Weise auf sich selbst zurückspiegeln.

Der abgespaltene Kontext, in dem Frauen im allgemeinen leben oder der von einigen feministischen Separatistinnen freiwillig gewählt wurde, schafft eine abgespaltene „Gemeinschaft", die zu einer totalitären Umgebung werden und die darin Lebenden homogenen Normen und Werten unterwerfen kann. Wie Robert J. Lifton festgestellt hat, gelingt es der totalitären Umwelt im allgemeinen, „einen Anspruch auf totalen Besitz eines jeden Individuums in ihrem Bereich" anzumelden. „Privateigentum am Geist und an seinen Produkten – der Phantasie oder der Erinnerung – wird damit aufs höchste unmoralisch".[17] Abspaltung schafft – bei Frauen allgemein ebenso wie bei feministischen Separatistinnen – eine Art totalitärer Umwelt, die sich auf subtile Weise zu einer Apparatur zur Niederhaltung der Wahrheit und Förderung „richtigen" Verhaltens entwickelt, indem sie die totale Entblößung zur Regel macht. Frauen, die sich dieser ständigen Darstellung ihrer Gefühle – ob auf dem Kaffeeklatsch der Hausfrauen oder in der Frauengemeinschaft — entziehen, werden als defizitär betrachtet. In einer solchen Umgebung wird der Frau sowohl die äußere weltliche Information als auch die innere Reflexion vorenthalten, und beide sind notwendig, um ein Gefühl für den Ort in der realen Welt zu behalten und ein davon getrenntes Selbst zu erhalten. In einem abgespaltenen Kontext bekommt das Leben wohl leichter „Realität", wenn die eigene Intimsphäre in den fast mystischen Manifestationen der gemeinsamen Gefühle offengelegt wird. Die Beichte wird eine ständige Form der Kommunikation mit anderen Frauen. Freundschaft wird durch Therapismus ersetzt.

Therapismus gibt es auch in anderen als den abgespaltenen Kontexten von Frauen, doch sind Frauen in dieser Situation ihm ganz besonders zum Opfer gefallen. Denn die meisten Frauen sind durch die Geschlechtertrennung von den wichtigsten politischen Realitäten abgeschnitten und daher bereits von einer Abspaltung von der Welt betroffen. Rechnen wir dazu noch die anderen Ebenen der Abspaltung, beispielsweise aus politisch gewählten feministischen Gründen, so ergibt dies einen geeigneten Kontext für die Ausbeutung des Innenlebens. Die Frauenbewegung hat nicht nur dazu beigetragen, eine neue Klasse berufsmäßiger Beraterinnen unter der Bezeichnung feministische Therapeutinnen zu schaffen, sondern auch den Kontext vieler Frauenbeziehungen in eine Welt ohne Wände verwandelt. Dieses Phänomen der „Zeig-dich-und-erzähle"-Beziehungen ist, so meine ich, eine andere Form von Gewalt. Sie tut dem starken und originären Selbst der Frauen Gewalt an und ebenso den Frauenfreundschaften, denn sie hält die Frauen in Abwartestellung einander gegenüber fest, in der Haltung einer, die dauernd spüren möchte, wie sie selbst fühlt, und die damit ihre Aufmerksamkeit vom aktiven Gebrauch ihrer inneren Quellen ablenkt, weil sie ständig Energie in die Manifestationen ihrer Gefühle verschwendet. Statt enge Freundinnen zu werden, werden Frauen „Technikerinnen in menschlichen Beziehungen".

## Die Tyrannei der Beziehungen

Therapismus geht häufig mit dem einher, was ich hier als „Beziehungsmasche"* bezeichne. Beziehungsmasche ist die Verkür-

---

* Engl. *relationism*, zu deutsch wörtlich ein „-ismus der Beziehungen", analog zu

zung von Freundschaft auf Beziehungen, die ständig „überprüft" werden, mit denen ständig „umgegangen" wird, fast genauso wie Therapismus mit allen Arten von Gefühlen umgeht und sie überprüft. Die Beziehungsmasche hat auch ihre neue Klasse professioneller Experten. Sie werden als „Theoretiker der Anziehungskraft" bezeichnet, sie „sind zuständig" für das „Gebiet der Freundschaft", sie können unter anderem den Unterschied zwischen „kameradschaftlicher Liebe" und „leidenschaftlicher Liebe" technisch erklären. Wie die „Theoretiker der Anziehungskraft" machen auch „in Beziehungen" lebende Frauen häufig daraus eine technische Unternehmung, mit der sie sich „wieder und wieder befassen", bis nichts mehr zum „Befassen" übriggeblieben ist. Der persönliche Stil, der erotische Austausch, Gesten, Gesichtsausdruck — das alles ist Material, dem eine Bedeutung beigemessen wird, die die Gesten selbst übersteigt. Diese Art von Beziehungsmasche macht Frauen und ihre Beziehungen auf ähnliche Weise zum Objekt, wie Frauen im hetero-bezogenen Kontext zum Objekt gemacht werden. Frauen werden auch hier „in bezug auf" eine/n andere/n definiert.

Bei der Beziehungsmasche wird die Bedeutung des Wortes *beziehen* zu einer Sache, indem Frauen zu „Beziehungs"-Geschöpfen gemacht werden, also zu einer Klasse, die sich ständig auf etwas anderes oder eine/n andere/n „bezieht" — die also immer in Bezug zu etwas außerhalb des eigenen Selbst gesetzt wird. Viele Frauen stecken tief in einem derartigen Umgang mit Beziehungen, und dadurch verstärkt sich die Abspaltung von einer größeren Welt, die von Gewicht und voller Bedeutung ist. Eine solche Beziehungsmasche verhindert die Entwicklung tiefer Frauen-Zuneigung.

Die Beziehungsmasche existiert in unterschiedlichem Kontext. In einem hetero-bezogenen Kontext, in dem Frauen ihre Bedeutung von den Männern in ihren Leben beziehen, nimmt die Beziehungsmasche die Gestalt einer Dauerfixierung auf Männer an. Wenn Freundinnen zusammenkommen, sind häufig die Männer in ihrem Leben das Gesprächsthema. Aus derartigem Bezogensein können nur oberflächliche Freundschaften entstehen, die dadurch charakterisiert sind, daß Frauen über Männer reden und Geschichten über „gute Männer", „wirkliche Männer", „zärtliche Männer" oder die verschiedenen anderen

---

Therapismus. Da im Deutschen eine Konstruktion mit dem abwertend gemeinten -ismus nicht möglich ist, habe ich dafür „Beziehungsmasche" gewählt. A.d.Ü.

Sorten männlicher Begleiter austauschen. Viele Lesben — besonders solche, die in separatistischen Strukturen der Abspaltung von der Welt leben — fallen jedoch in bezug auf die Frauen in ihrem Leben in die gleichen Muster. Wenn eine nicht über ihre persönlichen Beziehungen sprechen will, so wird dies als Überbleibsel einer geheimniskrämerischen patriarchalen Mentalität angesehen und als eine politisch repressive Sperre, die den sozialen Umgang unter Frauen behindert. Und so versorgen beide Arten der Abspaltung die Frauen mit einem neuen Beruf, der in Wirklichkeit ein alter Beruf ist — der Beruf der „Beziehungsarbeiterin".

Als „Beziehungsarbeiterinnen" lenken Lesben oft den Hauptteil ihrer Energieströme in Beziehungen, bei denen sie häufig von einer erotischen Beziehung zur nächsten wechseln. Lesben waren und sind gegen den hetero-bezogenen Imperativ, der Frauen einredet, sie sollten sich stets in bezug auf Männer begreifen. „Für Frauen leben" kann jedoch — im verkürzten Sinn, wenn nämlich das Leben von Frauen völlig von ihren Beziehungen in Anspruch genommen ist — zur Analogie des „Mit-Männern-Lebens" werden. Die lesbische Beziehungsmasche ist nicht viel anders als die Hetero-Beziehungsmasche, wenn nämlich Frauen unter diesen Bedingungen sich ständig „in einer Beziehung" befinden müssen. Es sieht so aus, als hätten Lesben, die sich in den Klauen eines solchen „Beziehungs-Fiebers" befinden, in gewisser Weise die Männer durch Frauen als Bezugs-Objekte ersetzt. Der hetero-bezogene Spruch: „Du als Frau mußt dich einem Manne verbinden", ist modiziert zu: „Du als Frau mußt dich einer Frau verbinden". Hat eine Frau keine erotische Beziehung, so wird dies häufig als Mangel an wirklicher Persönlichkeit angesehen.

Viele Frauen — ob lesbisch oder hetero — machen in ihrer Konzentration auf Beziehungsarbeit andere zum Mittelpunkt ihres Lebens. Diese Konzentration ersetzt die notwendige Selbstbezogenheit und verhindert auch häufig eine Arbeitsbezogenheit, wenn dann eine Beziehung zerbricht, zerbricht auch alles andere. Frauen werden deprimiert, gelähmt und sind nicht mehr in der Lage, anderen Verpflichtungen — besonders in ihrem Arbeitsleben — nachzukommen. Daher ist die Beziehungsbezogenheit von Frauen ein Hindernis für Frauenfreundschaft, denn sie zieht die Energien der Frau von ihrem Selbst, ihrer originären Freundin, ab und lenkt sie immer auf andere. Eine echte Frauen-Zuneigung kann nur entstehen, wenn sie aus einem starken

215

Selbst kommt. Aus der Beziehungsmasche entsteht eine Schwächung des Selbst, sie verhindert eine positive und notwendige Selbstbezogenheit.

## Perversionen von „das Persönliche ist das Politische"

Mit der Verbreitung von Beziehungsmasche oder Therapismus verstärkt sich auch der Trend, daß Frauen ihr Privatleben vor anderen ausbreiten. In den Anfängen der Neuen Frauenbewegung wurde die Erkenntnis „das Persönliche ist das Politische" stark betont. Dies war und ist noch immer eine entscheidende feministische Erkenntnis. Sie besagt: Alles, was in die Privatsphäre einer Frau verwiesen wurde — wie Familie und Sexualität —, hat durchaus seine politische Relevanz. In dem Spruch „das Persönliche ist das Politische" liegt die Wahrheit, daß traditionell dem Privaten zugerechnete Bereiche, in denen hauptsächlich Frauen leben, nicht länger aus dem politischen Bereich ausgeklammert werden können. Bereiche wie Familie und Sexualität wurden nun gerade als Bastionen patriarchaler Macht und wichtigste Konzentrationspunkte der Geschlechterpolitik betrachtet.

Diese ursprüngliche Erkenntnis ist auf vielerlei Weise pervertiert worden. „Das Persönliche ist das Politische" erfuhr Verkürzungen und Fehlinterpretationen. So bekam für viele Frauen „das Persönliche ist das Politische" die Bedeutung von „das Persönliche ist öffentlich zugänglich". Aus dieser Sichtweise wird alles Intime, Private oder Persönliche Stoff für die Öffentlichkeit. Eine der jüngsten Formen dieser Entwicklung ist der sogenannte „lesbische Sadomasochismus" — die, wie Kathleen Barry ausführt, letzte Perversion von „das Persönliche ist das Politische".

„Wie immer deine ‚Gefühle' oder ‚Bedürfnisse' — weil du eine Frau, eine Lesbe, eine Feministin bist — sein mögen, sie geben dir nicht das Recht, sie als *politische* Rechte zu beanspruchen... Ein derartiges Denken dehnt das Konzept der Unterdrückung bis zur völligen Bedeutungslosigkeit aus... Wenn wir aus unserer persönlichen Erfahrung der Unterdrückung eine politische Strategie entwickeln, muß sich diese Strategie auf bestimmte und benannte Wertvorstellungen gründen, Wertvorstellungen darüber, was menschliches Leben fördert und Lebensqualität erhöht, gegenüber dem, was es zum Objekt macht."[18]

Sogenannter lesbischer Sadomasochismus ist dem Therapismus insofern verwandt, als er ebenfalls in einem Kontext entsteht, in dem der Ausdruck von Gefühlen die Norm ist, hier sogar die politische Norm. Derartige Gefühle zu verleugnen wird als politische Regression betrachtet. Befreiung wird hier nicht mehr nur als die Freiheit gesehen, den eigenen Gefühlen zu folgen, sondern als Kampf, aus der Veröffentlichung derartiger Gefühle eine politische Richtung zu kreieren.

Die Kritik an dem, was viele als Perversionen von „das Persönliche ist das Politische" betrachten, ist nicht in allen Fällen so scharfsinnig wie die von Kathleen Barry. Jean Bethke Elshtains Arbeit ist ein Beispiel für eine „fehlgeleitete" Kritik – eine falsch angesetzte Kritik – in ihrem Gebrauch des Terminus „Politik der Fehleinschätzung". Elshtain argumentiert: „Und so ist nichts Persönliches von der Definition, Reglementierung und Manipulation ausgenommen, weder sexuelle Intimität, Liebe oder Elternschaft... Wenn Politik Macht ist und die Macht überall ist, dann gibt es letztlich nirgends mehr Politik."[19]

Meiner Meinung nach ist das Problem nicht die Politisierung des Privatlebens. Es besteht vielmehr im totalen *Öffentlichmachen* des Privatlebens. Nichts Privates darf mehr von der öffentlichen Überprüfung ausgeschlossen bleiben. Die Verzerrung beruht auf der Tatsache, daß unter dem Vorwand, das Persönliche sei das Politische, alles, was persönlich ist, öffentlich ausgebreitet wird. Alles und jedes als „politisch" zu bezeichnen, wird so zum Trick, alles Persönliche dem öffentlichen und kollektiven Urteil der Frauengemeinschaft zu unterwerfen.

Dieses Phänomen „das Persönliche ist öffentlich" hat im Kontext bestimmter selbstidentifizierter separatistischer Gruppen, deren Politik sich auf die Abspaltung von der Welt stützt, an Boden gewonnen. Und damit werden oft alle möglichen Grenzen der Privatheit niedergerissen, und dies wird dann häufig als notwendige Voraussetzung für ein gemeinsames kollektives Leben rationalisiert. Ein Kritiker formulierte das so: „Erst fallen die Kleider, dann die oberflächlichen Gefühle, dann die wirklichen Geheimnisse und schließlich das ganze innere Selbst. Angeblich sollen wir nach diesem Seelen-Striptease eine neue Freiheit oder Gleichheit oder Offenheit oder irgend etwas erleben."[20] Und speziell Beziehungen sind ein äußerst fruchtbarer Gesprächsstoff. Eine meiner früheren Studentinnen drückte ihre Erbitterung über diese „das Persönliche ist öffentlich"-Mentalität folgendermaßen aus: „... offenbar ist das ein kategorischer

Imperativ für alle und jede, sich zu allem, was alle tun, eine Meinung zu bilden. ICH HASSE DAS."[21]

Daraus kann keine echte Frauen-Zuneigung entstehen. Auch wenn Frauen sich nicht klar darüber sind, daß sie „das Persönliche ist das Politische" fehlinterpretieren — weil sie aufrichtig glauben, Frauen sollten ihr Intimleben miteinander teilen —, so müssen wir uns doch fragen, was unter solchen Voraussetzungen eigentlich wirklich geteilt wird. Teilen sie wirklich ein tiefes Innenleben? Teilen sie die Früchte einer durchdachten und kreativen Existenz?

Frauen-Zuneigung braucht Raum und Zeit. Diese Privatheit ist etwas ganz anderes als die Abspaltung, von der Therapismus und Beziehungsmasche leben und die eine Heile-Zeit-und-Raum-Illusion, die neben der Welt existiert und zu der nur die „Beziehungen" Zugang haben, fördert. Privatheit fördert jedoch gerade die Einmischung in die Welt, weil sie dem Leben und der Auswahl von Freundinnen eine Qualität der Reflexion verleiht — was Alice Walker die „Strenge der Unterscheidungskraft" genannt hat. Mit dieser Unterscheidungskraft können wir eine Perspektive zu uns selbst und zu anderen gewinnen. Ohne diese Gewohnheit der Reflexion verlieren wir das Gefühl für unser eigenes Sein, das Gefühl der Integrität, das uns zu dem macht, was wir sind.

### Anpassung an die Welt

Das Gegenteil von Abspaltung ist die Anpassung an die Welt. Sich anpassende Frauen wollen in der Welt der Männer Erfolg haben, indem sie die Tatsache ihres Frauseins verbergen. Die Anpasserin bemüht sich, ihre weibliche Identität zu verlieren, darüber hinauszugehen und in einer Welt, die den Status einer Persönlichkeit nur Männern zuerkennt, selbst zur Persönlichkeit zu werden. Sie tut dies, indem sie sich der von Männern beherrschten Welt zu deren Bedingungen anpaßt.

Ich bin nicht dafür, daß Frauen — an ihrem Arbeitsplatz oder wo immer sie sich bewegen — ständig verkünden „ich bin eine Frau". Eine anpasserische Frau grenzt sich jedoch ständig von Frauen ab. So wird sie z. B. unterdrückerische Haltungen und Handlungen — wie sexuelle Belästigung oder die Verunglimpfung anderer Frauen —, die in ihrer Gegenwart passieren, ignorieren oder, schlimmer noch, akzeptieren. Möglicherweise beginnt sie selbst Diskussionen über antifeministische Themen, um zu beweisen, daß sie „ein Kumpel" ist. Mit anderen Worten: Wenn sie als Frau unterdrückt wird, dann reagiert sie darauf nicht wie eine Frau.

In einer Gesellschaft, die Frauen gegenüber nicht nur feindlich eingestellt, sondern von dem, was Andrea Dworkin Frauenhaß nannte, durchzogen ist, ist eine Anpassung nur möglich, wenn Frauen sich auch dem Antifeminismus anpassen. Daher zerschneiden die Anpasserinnen — explizit und implizit — die Bande zu anderen Frauen, ganz gleich, ob in Gegenwart von Männern oder von Frauen oder von beiden. Die Ironie dabei ist, daß Männer wie Frauen sie dennoch in erster Linie und vor allem anderen als Frauen wahrnehmen. Leider erkennen die Anpasserinnen diese Wahrnehmung nicht oder ignorieren sie in der Hoffnung, daß sie verschwinden wird, was jedoch niemals eintritt.

Verbreitete Formen der Anpassung sind: Frauen betonen übereifrig, sie seien keine Feministinnen, oder verkünden mit viel Aufwand, sie hätten sich über den Feminismus hinausbewegt. Im ersten Fall können Frauen durchaus bekräftigen, daß sie für gleichen Lohn für gleiche Arbeit sind, sie distanzieren sich jedoch schnell von anderen Frauen, die das gleiche meinen oder sogar weiter gehen. Im zweiten Fall tragen viele Frauen den Terminus „postfeministisch" als ein Abzeichen für Reife. In beiden Fällen führt die Anpassung zu einer Abspaltung von anderen Frauen.

Eine weitere Ironie einer solchen Abspaltung von Frauen — und speziell vom Feminismus — besteht darin, daß anpasserische Frauen häufig erstaunliche Aktivitäten entfalten, die in dem Sinn feministisch sind, als sie unübliche Fähigkeiten, Mut, Entschlußkraft und Ausdauer verlangen. Sie sind auch häufig Pionierinnen auf den Gebieten, in denen sie arbeiten. Denken wir nur an Wissenschaftlerinnen, Lastwagenfahrerinnen, Schweißerinnen und College-Präsidentinnen, die nicht nur eine hervorragende Arbeit leisten, sondern häufig scharfsinniger und menschlicher sind als die Männer auf dem gleichen Gebiet. Viele dieser Frauen würden jedoch auf Befragung jede Form von Frauen-Identifikation verneinen. Penney Kane schrieb in *Homemaker's Magazine:*

„Frauen scheinen einerseits für feministische Prinzipien einzutreten, sich jedoch andererseits von der Bewegung zu distanzieren... Viele Leserinnen drängt es dazu, uns über Diskriminierungen zu berichten oder zu erzählen, wie sie sich gewehrt haben, wenn sie herablassend behandelt wurden, oder wie sie sich gegen Widerstände durchsetzten. Und dennoch reagieren viele Frauen, wenn ich mich als Feministin vorstelle, als sei dies eine fäkale Bezeichnung."[22]

Im besten Fall identifizieren sich Anpasserinnen mit dem Feminismus „als einer Lebensform oder einer Haltung oder einem Gefühl der vagen Sympathie mit Frauen oder als einem Zeichen von Modernität".[23]

Anpassung ist das Ende jeder starken Realität von Frauenfreundschaft, ehe sie überhaupt angefangen hat. Für die Anpasserinnen zählen nur Männer und/oder männlich definierte Strukturen. Um Teil der männlich beherrschten Gesellschaft zu werden, müssen Frauen glauben oder vorgeben, daß sie sowohl Persönlichkeiten als auch Frauen sind — und zwar so, wie Männer beides für sie definiert haben. Die männlich beherrschte Kultur verlangt von den anpasserischen Frauen vor allem, daß sie sich auf eine Weise verhalten, die sie von gewöhnlichen Frauen unterscheidet — so werden sie beispielsweise ermutigt, kluge, redegewandte, aufstrebende Berufsfrauen zu sein —, gleichzeitig sollen sie jedoch annehmbare Umgangsformen und Verhaltensweisen einer männergemachten (künstlichen) Weiblichkeit, wie charmantes Benehmen und feminine Kleidung, an den Tag legen. Die anpasserische Frau hat die komplizierte psychologische Lektion gut gelernt, wie sie gleichzeitig eine Frau und doch keine Frau ist oder wie sie eine Frau ist, die die Männer immer noch als eine der ihren anerkennen, und wie sie zugleich der Frau aus dem Weg geht, die ihr Selbst und selbstbestimmte Frauen anerkennt.

Die anpasserische Frau ist das neue Androgyn. Häufig kombiniert sie die sogenannten männlichen und weiblichen Rollen oder verbindet eine „maskuline" Karriere mit einer „femininen" Ehe und/oder Mutterschaft. Sie wird häufig als „die neue Frau" bezeichnet. Diese neue Frau ist ein Verschnitt aus den sogenannten kosmischen Polaritäten von Männlichkeit und Weiblichkeit, Yin und Yang. Es wird so getan, als könne sie solche kosmischen Polaritäten in ihrer Persönlichkeit und ihrem Lebensstil überwinden. Zwei kulturell fabrizierte Hälften, Männlichkeit und Weiblichkeit, sind wieder einmal zusammengeklebt worden, um die vollständige Person zu schaffen, die Frau, die angeblich „alles hat". Die anpasserische Frau schafft die eigene Persönlichkeit nach einem hetero-bezogenen Bild, indem sie diesmal ein solches Bild der Komplementarität in sich selbst inkarniert. Daher sieht sie keine Notwendigkeit für Frauen-Zuneigung in einem Leben, das auf jede mögliche Weise nach der männlichen Definition von Vollkommenheit strebt.

## Sexuelle Befreiung

Der Weg zur Anpassung ist der Weg zum Konformismus, in diesem Fall Konformismus mit neuen Stereotypen, die zwar unter dem Deckmantel des „Befreiungs"- oder „Neue-Frau"-Geredes ihre Gestalt gewinnen, aber dennoch Konformismus sind. Diese Art von Anpassung erfolgt häufig mit dem Vokabular und äußeren Lebensstil der Befreiung, besonders der sexuellen Befreiung.

Sexuelle Befreiung kann in der Form einer freien Ehe vor sich gehen, in der beide Partner berufstätig sind und sich Hausarbeit und Kinderversorgung teilen, obgleich die Männer in den beiden letztgenannten Bereichen nur selten einen vergleichbaren Anteil übernehmen.[24] Oder sie nimmt die Form einer „Unabhängigkeit" an, in der die Frau — zu ihren Bedingungen und nach ihrer Zeiteinteilung — eine große Auswahl an Sexualpartnern hat, ohne sich jedoch an irgend jemanden zu binden. Die Befreiung der Frauen — ob lesbisch oder heterosexuell — wird nach den moralischen Kategorien der sexuellen Revolution als eine Entwicklung vom „sündhaften" oder, moderner ausgedrückt, repressiven Sex zum Ausdruck der Persönlichkeit mit Hilfe von „Ficken" gesehen. Shulamith Firestone hat dies vor langer Zeit als „die Verwechslung der eigenen Sexualität mit der eigenen Individualität"[25] bezeichnet. Sexualität wird von der „polimorphen Perversität" zur „polimorphen Rebellion" gegen alles, was als repressiv angesehen wird. Swingender Sex, schwuler Sex, Bisex, S & M — die Liste ist endlos — werden zum oberflächlichen Ersatz für sexuelle Intimität.

Was die traditionelle Frau als sexuelle Sklaverei ansah, wird von der „neuen Frau" als sexuelle Befreiung betrachtet. Diese sexuelle Befreiung bezieht ihre Werte aus der männlichen Linken oder aus der männlichen Schwulenbewegung. Eine der letzten Manifestationen dieses Denkens ist wieder der sogenannte lesbische Sadomasochismus, in dem selbsternannte Feministinnen und Lesben einen neuen Aspekt der Anpassung vorstellen — eine Anpassung an die Ethik und die Lebensform von „das Einzige, was zählt, ist der genitale Sex". Dieser Spruch wird „verfeinert" zu „was zählt, ist die Form des genitalen Sex".

Firestone war hellsichtig, als sie in „Frauenbefreiung und sexuelle Revolution" über sexuelle Befreiung schrieb und die Argumente der sehr viel später entstandenen lesbischen sadomasochistischen Richtung voraussah. „Wer einfach nur so einen Kuß haben möchte, wird in die ‚sentimentale' Ecke abgedrängt, es sei denn, es handelt sich um einen erotischen Kuß; ‚Sex' allein zählt und ist Beweis unseres feurigen Temperaments."[26] Sogenannte lesbische Sadomasochistinnen würden noch weitergehen und sagen, daß nur ein bestimmter Sex „Beweis unseres feurigen Temperaments" ist. Als Deckmantel für diese Behauptung benutzen sie das Argument, sie wollten Frauen aus ihrer traditionellen Rolle der „zärtlichen Sexualität befreien", die, wie sie behaupten, kraftlos und sentimental ist. Sogenannte lesbische Sadomasochistinnen wollen die Sexualität auf hochexplosive Geschlechtsakte begrenzt sehen und ersetzen Hinwendung und intensive Leidenschaft durch ungestüme und häufig gewaltgeladene sexuelle Spiele.

Der lesbische Sadomasochismus entsteht möglicherweise aus einem Kontext, in dem Frauen sich politisch von der größeren Welt abgespalten haben, zugleich ist er jedoch eine intensive Anpassung an eine linke und schwule männliche Welt der Sexualität. S & M gehört zur „Politik der Anpassung", weil seine Werte und Verhaltensweisen aus der männerbestimmten linken und schwulen Szene stammen. In ihrem Artikel „Sadomasochismus: Ein neuer Rückschlag für den Feminismus" hat Kathleen Barry darauf hingewiesen, daß die Frauen, die den lesbischen Sadomasochismus propagieren, links eingestellte und links-identifizierte Frauen sind, die sich mit den heterosexuellen linken Frauen verbündet haben. Miteinander bilden sie den Kern der sogenannten feministischen Pro-Pornographie-Bewegung. Aus dieser linken Perspektive verunglimpfen S & M-Exponentinnen wie Gayle Rubin radikalfeministische Anliegen wie sexuelle Belästigung, Vergewaltigung und Pornographie als unbedeutend im Gegensatz zu „wirklichen" Anliegen wie die wirtschaftliche Unterdrückung der Frauen.

Mit der sadomasochistischen Mentalität und Richtung werden Frauen einer sexuellen Befreiung angepaßt, die nichts weiter ist als das ungehemmte Ausleben eines männerbestimmten Sexualverhaltens, bei dem sexuelle Befreiung gleichbedeutend damit ist, daß jeder tun darf, wonach ihm „zumute" ist. Hier haben wir wieder die Tyrannei der Gefühle: Gefühle werden wie deterministische sexuelle Triebe behandelt, die um jeden Preis ausgelebt werden müssen. Hier handelt es sich um eine äußerst reaktionäre Mentalität, die auf ihre Weise die kulturelle Konzeption männlicher Sexualität reproduziert. Von den Männern wurde seit jeher behauptet, sie müßten „unbedingt" ihre „natürlichen" sexuellen Triebe ausleben, Der sogenannte lesbische Sadomasochismus spricht den Frauen das Recht zu, ähnlich aufgefaßte „natürliche" sexuelle Triebe zu äußern, indem er Frauen die volle „Gleichheit" ungehinderten sexuellen Auslebens gestattet.

Die Propagandistinnen des lesbischen Sadomasochismus übernehmen noch auf einem weiteren Gebiet Denken und Aktivitäten der männlichen Schwulenbewegung. Schwule Männer als Trendsetter in der Damenmoden-Industrie haben Mode und Make-up mit masochistischem Anstrich für Frauen erschaffen. Schwule Männer haben außer dem Rückgriff auf die Schwarze-Leder-Mode der fünfziger Jahre ihre Garderobe noch mit Peitschen, Ketten, Stachelarmbändern, nagelbeschlagenen Kragen und Hakenkreuzen versehen und damit ein veritables Waffenarsenal sadomasochistischen Stils geschaffen. Sogenannte lesbische Sadomasochistinnen haben sich diesem Stil sehr schnell angepaßt und ihn kopiert. John Stoltenberg hat darauf hingewiesen, daß wir „eine Annäherung dessen, was einst als ‚schwule Sensibilität' galt, an das, was man einst für ‚heterosexuelle Sensibilität' hielt (beobachten). Diese Annäherung ist eine deutliche männliche Sensibilität, und jetzt enthüllt sich, daß sie voll auf dem Boden weiblicher Erniedrigung gedeiht."[27] Im schwulen männlichen Sadomasochismus übernimmt einer der Partner „vorübergehend die Rolle des Unterlegenen". Stoltenberg sagt weiter:

„Entsprechend ihrem in der Gesellschaft privilegierten Status können die Partner — da sie dem männlichen Geschlecht angehören — privat nach Belieben ihre Rollen tauschen, ohne dabei auf irgendeine Weise ihren Status in unserer Kultur zu gefährden. Zwischen zwei homosexuellen Männern besteht also die Möglichkeit, daß die ‚Einwilligung' in den Sadomasochismus einen Sinn hat: Der Sinn besteht in der vorher getroffenen Vereinbarung, sich gegenseitig ihre Männlichkeit zu bestätigen."[28]

Frauen sind keine „phallisch Ebenbürtigen". Ihre „Einwilligung" in sogenannten lesbischen Sadomasochismus kann ihren

„Sinn" nur aus ihrem Status als in der Opferrolle Ebenbürtige beziehen, von denen eine lediglich die Rolle des Mächtigen spielt.

> „Die lesbische Sadistin erspielt sich privat mehr Macht, als sie in der herrschenden Kultur hat...
> Ein männlicher Homosexueller kann einem anderen, vielleicht gewalttätigeren, homosexuellen Mann Machtlosigkeit vorspielen; eine Lesbe kann einer anderen, masochistischeren Frau Macht vorspielen. Beide Spielarten ändern nichts an der objektiven Realität, daß in der Gesellschaft im allgemeinen die Männer mit Gewalt ihre Macht über und gegen Frauen durchsetzen, und beide Spielarten sind erotische Manifestationen eben dieser Realität."[29]

Schwule Männer verbreiten die Botschaft, Sadomasochismus bedeute eine sexuelle Befreiung, die „geschlechtsübergreifend" sei. Wie viele von Männern definierte Versionen des Übergreifenden wird auch diese aufgepfropft. Hier wird einer Beziehung zwischen Frauen lediglich eine Art des „Fickens" aufgepfropft, die von Männern entwickelt wurde und auf Männer hin orientiert bleibt.

Das *Oxford English Dictionary* gibt als Hauptdefinition von *assimilation* (Anpassung): „Die Handlung, etwas gleich zu machen oder gleich zu werden; der Zustand, so zu sein... Gleichheit, Ähnlichkeit." Eine der untergeordneten Bedeutungen ist ebenfalls erhellend: „An etwas angepaßt werden; Konformität mit... Verwandlung in die gleiche Substanz." Indem sie die männliche Objektivierung von Frauen übernehmen, übernehmen Frauen die Haltung, sich gegenseitig als Objekte zu behandeln.

Starke und liebende Frauen-Zuneigung zerbricht das sexuelle Subjekt-Objekt-System. Sogenannte lesbische Pornographie hingegen — d. h. von Männern entwickelte Pornographie, in der Frauen in angeblichen lesbischen Positionen dargestellt werden — reduziert Frauen auf ein Objekt-Subjekt-Verhältnis. Und so ist lesbischer Sadomasochismus wieder einmal eine Form, in der Frauen auf ihren Platz als sexuelle Objekte zurückgestellt werden. Diesmal machen Frauen sich gegenseitig zu Objekten.

Unter dem Banner der sexuellen Befreiung wird die Abschaffung repressiver Sexualität verkündet. Begebt euch in die repressive Toleranz!

## Die Tyrannei der Toleranz

Die Propagandistinnen des S & M haben ihren Gegnerinnen vorgeworfen, sie entwickelten einen Dogmatismus in bezug auf das, was für Feministinnen richtig oder falsch sei. Häufiger lautet die Anschuldigung, daß jene, die gegen den Sadomasochismus sind, starre politische Richtlinien aufstellen. Wir haben hier eine merkwürdige Umkehrung. Wer hier wohl dogmatisch ist?

Die Frauenbewegung ist von einem Dogmatismus der Toleranz infiziert worden. Das Dogma der Toleranz lautet, daß über nichts ein Werturteil gefällt werden dürfe. Indem sie sich dem Gerede, anderen keine Werturteile aufzuzwingen, anschließen, übernehmen Frauen ein gefährliches Denken, mit dem sie sich der Fähigkeit zum moralischen Urteilen entledigen. Ihnen ist nicht klar, daß in allem Werte enthalten sind und sich durchsetzen. Wenn Frauen sich nicht dafür verantwortlich fühlen, sich über die eigenen Werte zu einigen, sie zu schaffen und sie zu vertreten, dann werden sie zur leichten Beute für die Tyrannei der von anderen entwickelten Werte. Die Tyrannei der Toleranz fördert einen Verlust an feministischer Willensäußerung — dem Willen, die Geschichte in einer von Werten bestimmten Weise zu formen.

Wie die „Tyrannei der Strukturlosigkeit", so hat auch die Tyrannei der Toleranz einer Ethik der Wertfreiheit Vorschub geleistet, die bei bestimmten Gruppen von Frauen als unhinterfragtes Prinzip gilt. Von einem unhinterfragten Prinzip zu einem unhinterfragten Leben ist es nur ein kleiner Schritt.

Diese Ethik der Wertfreiheit hat verschiedene Quellen: Die natürliche Reaktion von Frauen auf die Tyrannei absoluter und unbeugsamer patriarchaler Werte; der Widerstand gegenüber der Form der Kontrolle, die Männer anhand dieser Ethik über das Leben von Frauen ausübten; die unkritische Übernahme linkslastiger Werte der Wertfreiheit; und die Gleichsetzung von Moral mit Moralismus. Feministinnen halten sich mit Recht den Moralismus — traditionell ein Reservat für Frauen — vom Leibe. Denn, wie Andrea Dworkin sagt, „Moralismus ist jener mechanisch auswendig gelernte Satz von Regeln, der Frauen gefangen hält, so daß sie mit ihrer Intelligenz nie direkt auf die Welt losgehen können".[30] Moralismus engt Werte ein und hält Frauen davon ab, sich in sinnvollen ethischen Aktivitäten zu engagieren und echte moralische Entscheidungen zu treffen. Im Gegensatz dazu werden durch die von Dworkin als „moralische Intelligenz" bezeichnete Haltung Werte geschaffen. „Moralische Intelligenz ist aktiv; sie kann nur entwickelt und verfeinert werden, wenn sie im Bereich realer und direkter Erfahrung angewendet wird. Moralische Aktivität ist der Gebrauch dieser Intelligenz, ist die Anwendung moralischer Unterscheidungskraft."[31]

Die Anpassung an die Wertfreiheit als ein Leitprinzip hält viele Frauen in einem neuen Dogmatismus gefangen, der auf seine Art genauso rigide wie der alte ist — nämlich das Dogma, daß moralisches und ethisches Urteilen an sich unterdrückerisch und konterrevolutionär sei und die Antithese zu politischem Handeln bilde. Da der Wertfreiheit verpflichtet, hatten viele feministische Gruppen größte Schwierigkeiten, solche Prioritäten zu setzen, Ziele zu artikulieren und Grundlagen für politisches Handeln zu definieren, die in einem kritischen Verhältnis zu den Prioritäten und Zielen anderer Frauen standen. Frauen fiel es nicht schwer, Urteile zu fällen, die sich gegen die allgemein akzeptierten, vorherrschenden männlichen Werte richteten. Doch gerieten die Urteile und Handlungen in Konflikt mit denen anderer Frauen — vor allem Frauen aus den Reihen derer, die vermutlich der gleichen Sache dienten —, setzte die Lähmung ein.

Im Namen einer äußerst verschwommen definierten feministischen Gemeinschaft werden Werturteile sowie die Absicht, sich mit deren Umsetzung in Gegensatz zu anderen Frauen zu setzen, als spaltend angesehen. Doch welche Übereinkunft kann denn auf der fehlenden Bereitschaft, Urteile zu fällen, aufgebaut werden? Das soziale und das politische Leben entsteht aus Werten, Entscheidungen und Handlungen, die klar definiert und mit Engagement ausgeführt werden. So haben z. B. viele Frauen vage das „Gefühl", daß der sogenannte lesbische Sadomasochismus falsch ist, doch sie nehmen davon Abstand, dieses „Gefühl" in eine deutliche Haltung und oppositionelle Handlungen zu übersetzen. Niemand, so sagen sie, hat das Recht, das Verhalten der anderen zu beurteilen oder die eigenen Wertvorstellungen durchzusetzen. Die Philosophin Hilde Hein hat gesagt:

„In einer Zeit, in der das menschliche Potential zu ‚sich um die eigene Sache kümmern' degeneriert ist, wollen wir nicht als moralische Kreuzzüglerinnen abgestempelt werden. Wir haben gelernt, auf Obszönitäten von nationalem Umfang und Perversitäten von universaler Größe mit höflichen Bemerkungen und zynischen Witzen zu reagieren. Wir sind so abgestumpft, daß wir Grausamkeit und Verzweiflung als etwas ganz Vertrautes empfinden. Sadomasochismus ist nur eine weitere Absurdität, die mit leerem Blick zur Kenntnis genommen wird. Doch wenn wir dies tun, so lassen wir einen weiteren Angriff auf unsere Würde zu... Wir können nicht vor dem liberalen Dogma kapitulieren, das die willentlich ausgeführte Erniedrigung und Demütigung eines Menschen durch einen anderen als normal und neutral behandelt.“[32]

Die Tyrannei der Toleranz bringt Frauen vom illusionslosen Denken, von der Verpflichtung, anderen zu widersprechen, und vom Willen zum Handeln ab. Schlimmer noch: unterdrückerische Werte können wieder aufkommen, ohne im Keim erstickt zu werden.

In einer Zeit des ethischen Relativismus vergessen Frauen, daß eine Wahrheit, auch wenn sie relativ sein mag, sich dennoch in einem bestimmten Rahmen von Werten befindet. Auch die Wertfreiheit ist eine Wertsetzung. Es gibt keinen reinen Relativismus. Alles wird mit den Augen der Betrachter gesehen — und zwar unter einem von vielen möglichen Gesichts- und Bezugspunkten. Die Tatsache, daß Wahrheit relativ sein kann, sollte nicht zu der Meinung verführen, daß sich alle Werte auf der gleichen Ebene befinden. Denn von welchem rein relativistischen Standpunkt aus könnte dieses Urteil gefällt werden, da es eben doch ein Urteil und damit genauso wenig rein relativistisch wie jedes andere Urteil ist.

Durch die Tyrannei der Toleranz werden nicht nur Individuen, sondern auch politische Bewegungen ihrer Fähigkeit zur Unterscheidung beraubt. Sie entzieht dem feministischen politischen Handeln die moralische Leidenschaft und das Ziel. Sie nimmt den Machtfragen die ethische Dimension, so daß dann nur zu oft Entscheidungen beispielsweise lediglich aufgrund einer Kosten-Nutzen-Analyse oder einer Berechnung der Folgen getroffen werden. Wird Politik von ethischen Maßstäben abgekoppelt, so reduziert sie sich häufig auf Strategie. Die feindselige Einstellung gegenüber Werten und die Fassade der Toleranz entziehen der Frauenbewegung ihren Radikalismus. Aktive Kühnheit wird zur passiven Toleranz domestiziert.

Toleranz ist eine von Grund auf passive Haltung.[33] Marcuse hat dies als „repressive Toleranz“ bezeichnet, da sie, indem sie Werte neutralisiert, in erster Linie dazu dient, das Gewebe, das die Gesellschaft zusammenhält, zu schützen. Was als Wertfreiheit ausgegeben wird, mag als sensible und respektvolle Haltung anderen gegenüber erscheinen, macht die Menschen jedoch in Wirklichkeit passiv und unkritisch. „Toleranz wird von einem aktiven in einen passiven Zustand überführt, von der Praxis in eine Nicht-Praxis."[34]

Die Tyrannei der Toleranz hat einen ganz besonders negativen Einfluß auf Frauen-Zuneigung. Damit löst sich nämlich die „Strenge der Unterscheidungskraft" in Nichts auf. Die dadurch hervorgerufene Passivität und unkritische Geisteshaltung veranlaßt die Frauen, den gleichen Mangel an Maßstäben bei der Auswahl von Freundinnen walten zu lassen. Frauen, denen die „Strenge der Unterscheidungskraft" fehlt, schließen wahllose Freundschaften.

Aus der Perspektive der Tyrannei der Toleranz wird diese Unterscheidungskraft häufig als elitäres Denken angesehen. Die Schriftstellerin und Fotografin Joreen bemerkt in ihrem klassischen Essay „Die Tyrannei der Strukturlosigkeit": „Elitär ist vermutlich das am meisten mißbrauchte Wort in der Frauenbewegung. Es wird so häufig — und aus den gleichen Gründen — benutzt wie ‚pinko'* in den fünfziger Jahren."[35] Frauen geben ihre Unterscheidungskraft auf, weil sie fürchten, als „elitär" abgestempelt zu werden. Die Tyrannei der Toleranz setzt Unterscheidungskraft mit elitärer Haltung gleich und schafft damit eine Geisteshaltung und einen sozialen Kontext, wo Unterschiede nivelliert werden und die Gleichheit vorherrscht.

In ihrem bemerkenswerten Essay „*Ein* Kind für sich allein" gibt Alice Walker farbigen Frauen diesen Rat:

„Farbige Frauen mußten lernen zu unterscheiden, welche eine wirkliche Feministin war und welche nicht, und nur dann Energie in feministische Projekte zu stecken, wenn die Gefahr, sie dort zu verschwenden, gering war. Die Strenge dieser Unterscheidungskraft wird unvermeidlich auch weiterhin farbige Frauen auf sich selbst zurückwerfen, wo es ja nun wirklich noch so viel feministische Arbeit zu tun gibt."[36]

Diese Sätze lassen sich umschreiben und auf Frauenfreundschaften anwenden. Das könnte dann so klingen:

„Freundinnen müssen lernen zu unterscheiden, welche eine richtige Freundin ist und welche nicht, und nur dann Energie in die Entwicklung von Freundschaften stecken, wenn die Gefahr, sie dort zu verschwenden, gering ist. Die Strenge der Unterscheidungskraft wird unver-

* Amerikanischer Slang, bedeutet soviel wie „rosa angehaucht", also leicht prokommunistisch. A.d.Ü.

228

meidlich auch weiterhin Frauen auf ihr Selbst zurückwerfen, wo sie ihre originäre Freundin finden werden."

Es ist bedeutsam, daß Walker von der *Strenge* der Unterscheidungskraft spricht. Dieses Wort weckt Assoziationen mit strikt, scharf, penibel, genau und gewissenhaft — Assoziationen, mit denen Frauen sich nicht gern identifizieren. Verstehen wir jedoch Unterscheidungskraft als eine Geistes- und Herzenshaltung, besonders als eine Haltung der Reflexion, die im besten Sinn des Wortes rigoros ist und damit keine einfache oder passive Haltung wie Toleranz, so werden wir ein besseres Verständnis für unsere Freundschaften gewinnen. In diesem Zusammenhang sind Ciceros Worte lehrreich: „Wir sollten lieben, nachdem wir eine Beurteilung vorgenommen haben; wir sollten die Beurteilung nicht vornehmen, nachdem wir geliebt haben."[37] Damit soll nicht gesagt werden, daß der Gebrauch der Urteilskraft immer die richtigen Freundinnen garantiert. Doch kann auf diese Weise eine vernünftige Einschätzung der Möglichkeiten und auch des Mißlingens von Frauenfreundschaft erreicht werden.

Mangelnde „Strenge der Unterscheidungskraft" bestärkt die Auffassung, der Feminismus mache alle Frauen zu Freundinnen. Damit wäre nicht nur die kritische Urteilskraft ausgeschaltet, sondern auch das vernünftige Denken verletzt. Denn damit wird Frauenfreundschaft sentimentalisiert, indem Frauen suggeriert wird, der Feminismus könne ihnen etwas geben, wofür er nie gedacht war. Wenn alle Frauen Freundinnen sein können, dann können keine Frauen wirklich Freundinnen sein.

Viele Frauen haben den Fehler gemacht, sich aufgrund gewisser Gemeinsamkeiten — tolle Ideen, politisches Engagement, professionelle Ziele — als Freundin einer anderen Frau zu fühlen. All diese Qualitäten stellen einen Rahmen für Freundschaft dar, doch sie können kaum die Realität schaffen. Unterscheidungskraft ist eine Gewohnheit, eine Haltung, und wie jede Haltung braucht sie Zeit und muß so angewendet werden, daß sie alles umfaßt, was zu einer Freundschaft gehört.

Die Gewohnheit/Haltung der Urteilskraft lehrt uns, unserem Selbst gegenüber loyal zu sein, unseren Erkenntnissen zu vertrauen und diese als eine Fähigkeit der Überprüfung bei unseren Interaktionen mit anderen anzuwenden. Unterscheidungskraft ist nicht narrensicher und kann auch nicht garantieren, daß eine Freundschaft ewig hält. Sie liefert uns jedoch Einsichten — sogar Einsichten in die eigenen Fehler.

## Anpassung an das Schweigen

Ein äußerst verbreitetes Mittel, Frauen an die männlich beherrschte Welt anzupassen, ist ganz einfach das Schweigen, das die Realität der Frauen-Zuneigung umgibt. Zu Beginn dieses Kapitels habe ich gesagt, daß das ständige Geschrei, Frauen könnten keine Frauen leiden, verknüpft ist mit dem historischen Schweigen darüber, daß Frauen schon immer Frauen geliebt haben. Mit diesem ständigen Schweigen wird die Tatsache ausgelöscht, daß Frauen einander schon immer die besten Freundinnen, unterstützende Verwandte, hingebungsvolle Liebende und dauerhafte Gefährtinnen waren. Dieses Schweigen webte ein Trauergewand, das sich in verschiedenen Ausprägungen zeigt.

Das vielleicht größte Schweigen umgibt die direkte Erfahrung, die viele Frauen mit Frauenfreundschaft machen. Und damit wird Frauenfreundschaft zum Schweigen gebracht, ehe sie überhaupt die Chance eines Beginns hatte. Für andere Frauen wird die direkte Erfahrung von Freundschaft dadurch zerstört, daß man ihnen über den Charakter von Frauenfreundschaft Sand in die Augen streut — sie also als teenagerhaft, unreif und/ oder latent lesbisch darstellt. Die feministische Schriftstellerin und Aktivistin Julie Melrose meint, damit werde „die erfahrene Realität (d. h. ‚mit anderen Frauen in positiver Weise zusammenzusein gibt ein gutes Gefühl‘) der männlichen intellektuellen Realität (d. h. Frauen können/sollten keine Freundinnen sein) untergeordnet".[38] Und so überlagert die männliche Version von Frauen-Zuneigung die direkte und positive Erfahrung, die Frauen damit gemacht haben. Die direkte weibliche Erfahrung wird durch die männliche, nicht von Erfahrung getragene Verkündigung ersetzt.

Es ist wichtig zu sehen, daß es nicht immer um das *totale* Schweigen geht. Das Schweigen nimmt vielmehr subtilere und häufig nur Teilaspekte abdeckende Formen an. Wie die Beziehungen von Frauen untereinander eingeordnet werden, stellt eine aufregende Strategie des Zum-Schweigen-Bringens dar, die ihre Kategorien nicht aus der Sache selbst, sondern aus dem Umfeld bezieht. Diese Kategorisierungen verändern die Beschreibung und die Gestalt von Frauen-Realität, besonders, wenn sie professionell vorgenommen werden. Als beispielsweise die Freud'sche Psychologie die Frauenfreundschaft dem Bereich von „Krankheit", „verzögerter Entwicklung" und „Unreife" zuordnete, wurde damit für viele Frauen die direkte Erfahrung der

Frauenfreundschaft zum Schweigen gebracht — indem sprachlich ihre Existenz oder die Möglichkeit ihrer Existenz ausgelöscht und als Kategorie die Realität falsch bezeichnet wurde. Frauenfreundschaft — im nachfreudianischen Zeitalter von Frauen erfahren und interpretiert — wird zum abweichenden Verhalten.

Durch die Kategorisierung entsteht Verkürzung. Wenn eine Frau die Frauen-Zuneigung als verkürzende Kategorie sieht, empfindet sie sich selbst als verkürzt. Kategorisierung schafft zugleich Abspaltung und Anpassung. Sie bringt die Frauen dazu, sich von der hier herabsetzend definierten Kategorie abzuspalten und sich den akzeptierten hetero-bezogenen Kategorien anzupassen.

Eine der Möglichkeiten, Frauenfreundschaft durch bestimmte Kategorisierungen zum Schweigen zu bringen, ist, sie als „besonders" zu bezeichnen. So wird beispielsweise in Joseph Lash's ausführlicher und informativer Biographie von Helen Keller und Annie Sullivan die tiefe Freundschaft zwischen den beiden Frauen als „besonders", als „Ausnahme", also als selten bezeichnet. Das ganze Buch hindurch geben der Autor und verschiedene Personen, die in der bemerkenswerten Geschichte vorkommen, ihre Kommentare über die völlige Einmaligkeit der Freundschaft zwischen diesen beiden Frauen ab. „Das Band zwischen dir und unserer lieben Annie ist so eng, wie überhaupt ein Band nur sein kann. Ich denke mir, daß dir schon viele Leute gesagt haben, so etwas habe es in der Geschichte oder in der Literatur noch nie gegeben."[39] Daß es „in der Geschichte oder in der Literatur" noch keine solche Freundschaft gab, kann man wohl behaupten! Das Besondere an diesen beiden Frauen war jedoch nicht die Intensität ihrer Freundschaft. Viele Frauen haben die tiefe Zuneigung, die die beiden verband, erlebt. Einmalig war die Art, wie Annie Sullivan für Helen Keller die Vermittlerin des Wissens von der Welt und des Gefühls für die Welt wurde. Nur wenige Frauenfreundschaften sind überhaupt beschrieben worden, und diese gewann die Aufmerksamkeit der Öffentlichkeit wohl wegen Helen Kellers ungewöhnlicher Reise von der Dunkelheit zum Licht und Annie Sullivans erstaunlicher Rolle bei der „Erschaffung einer Seele".[40]

Natürlich sind Frauenfreundschaften etwas Besonderes, wenn mit *besonders* gemeint ist, daß sie besser sind als der Durchschnitt und abweichend von der Norm — der Norm der Hetero-Beziehungen. Wird jedoch Frauen-Zuneigung auf die Weise, wie ich sie hier kritisiere, dargestellt, dann soll damit meistens der Eindruck erweckt werden, daß Frauenfreundschaften selten sind, das heißt, sie sind nicht die Norm und außerhalb der Möglichkeiten im Leben der meisten Frauen. So werden viele Frauen durch die Lektüre über die tiefe und be-geisternde Beziehung zwischen Helen Keller und Annie Sullivan dahingebracht zu glauben, daß den meisten Frauen eine solche Freundschaft verwehrt bleiben muß. Selbst die wunderbarsten Botschaften über Frauen-Zuneigung werden dadurch, daß sie als „Ausnahme" dargestellt werden, zum Schweigen gebracht. Die Kategorie „Ausnahme" dient dem Zweck, Frauen davon abzulenken, wie verbreitet solche Freundschaften unter Frauen zu allen Zeiten und in fast allen Kulturen waren.

In gleicher Weise wurde alles, was den Rahmen der Hetero-Beziehungen sprengt oder von diesen Normen abweicht, bei Frauen als Ausnahme kategorisiert. Bauarbeiterinnen, Wissenschaftlerinnen, Gewichtheberinnen, Karate-Expertinnen und Lesben werden als Ausnahme bezeichnet, weil sie aus den vorgeschriebenen Hetero-Rollen aussteigen. Es gibt viel mehr Gewichtheberinnen und Lesben (die unharmonische Zusammenstellung der Kategorien ist beabsichtigt), als die Männer und einige Frauen glauben! Weil diese Frauen jedoch dem Auge der Hetero-Beziehungen verborgen bleiben, werden sie als Ausnahme klassifiziert. Die verworrene Logik der Hetero-Beziehungen hat sogar die Kategorie „Ausnahme" zu einem Kompliment für Frauen gemacht.

Eine andere Form des Verschweigens ist, daß alles, was Frauen an Ungewöhnlichem tun, in eine hetero-bezogene Kategorie gesteckt und ihm damit die frauenidentifizierte und von Frauen hervorgebrachte Kraft genommen wird. So schaffen Männer sogenannte lesbische Pornographie, indem sie heterosexuelle Posen und Positionen verwenden. Und Frauen, die Gewichte heben, werden dazu angeregt, wie Linda Evans, die Krystle aus der Klamotte „Denver", auszusehen — stark, doch durch eine männergemachte Feminität gebändigt. Viele Bücher und Broschüren mit Anweisungen zum Gewichtheben für Frauen zeigen, wie sie ihre — relativ gesprochen — Stärke aufbauen können, ohne dabei „unschöne" Muskeln zu entwickeln. Frauen werden nicht ermutigt, ihre Muskeln zu trainieren, sie sollen vielmehr eine feste, geschmeidige Figur entwickeln, die sie für Männer anziehender macht.

Alles, was Frauen an Außergewöhnlichem tun, wird zunehmend in hetero-bezogene Kategorien gezwängt. Auch der Feminismus wird einer solchen Anpassung unterzogen. Eine bekannte Feministin wurde als „die Feministin, die Männer mag" tituliert. Da die meisten Feministinnen als Frauen dargestellt werden, die keine Männer mögen, wird hier die Botschaft vermittelt, daß jede richtige Frau und auch jede richtige Feministin Männer mag. Den Frauen, die derartige Beschreibungen lesen, wird der frauen-definierte Feminismus verschwiegen.

Dann gibt es noch das Schweigen, das Virginia Woolf so klar in „Ein Zimmer für sich allein" beschrieben hat. „,Chloe liebte Olivia...' Werden Sie nicht rot. Lassen Sie uns in unserer eigenen Gesellschaft zugeben, daß solche Dinge gelegentlich vorkommen. Manchmal lieben Frauen Frauen."[41] Viele Frauen fühlen sich in ihrem Innern zu anderen Frauen hingezogen. Frauen geben dies auch auf einer bestimmten Ebene zu, wenngleich sich diese Ebene erstaunlich weit von dem Anziehungspunkt hinwegbewegt.

Dann gibt es Frauen, die durch jeden deutlichen Ausdruck der Anziehungskraft in Verlegenheit gebracht werden. Diese Verlegenheit, das „Rotwerden", kommt aus der Befürchtung, daß ihr am besten gehütetes Geheimnis — und damit sie selbst — preisgegeben wird. Im nachfreudianischen Zeitalter liegt diesem Rotwerden bei vielen Frauen die Furcht zugrunde, Frauenfreundschaft könne als Lesbianismus interpretiert werden. Viele Frauen geben sich die größte Mühe, jede Möglichkeit einer solchen Interpretation zu vermeiden.

Ich glaube jedoch, daß Mary Daly das, was auf einer tieferen Ebene in den Herzen und Köpfen vieler Frauen vor sich geht, angemessen ausgedrückt hat, wenn sie von dem Tabu gegen „frauen-berührende Frauen" spricht. Daly zitiert Freud, der über den Charakter des „Tabus" sagte:

> „Das Verbot erstreckt sich nicht nur auf die direkte Berührung mit dem Körper, sondern nimmt den Umfang der übertragenen Redensart: *in Berührung kommen*, an. Alles, was die Gedanken auf das Verbotene lenkt, eine *Gedankenübertragung* hervorruft, ist ebenso verboten wie der unmittelbare leibliche Kontakt..."[42] (Hervorhebung J. R.)

Daly fügt hinzu: „Alles, was die Gedanken einer Frau auf das Verbotene, ihre Selbst, lenkt, was eine Gedankenberührung mit ihrer geistigen Berührungskraft hervorhebt, ist ebenso verboten wie der unmittelbare leibliche Kontakt mit einem anderen weiblichen Selbst. Diese Ausdehnung findet sich in dem Totalen Tabu gegen frauen-berührende Frauen."[43] Das Tabu gegen frauen-berührende Frauen ist in der Tat sexuell gemeint, doch es ist mehr als das. Es ist ein „Totales Tabu", das verhindern soll, daß wir Frauen den ganzen ausgedehnten Bereich unseres originären Selbst und des Selbst anderer Frauen berühren.

Es gibt natürlich auch den Fall, daß Frauen nicht erst durch ihr Hingezogensein zu anderen Frauen in Verlegenheit gebracht werden, sondern bereits durch die Tatsache der Anwesenheit anderer Frauen in ihrer Umgebung. So sagte mir eine Frau, daß Männer sich davor scheuen, Frauen, die sich zu zweit oder in größeren Gruppen befinden, anzusprechen. Sie meinte, ein Hindernis für Frauenfreundschaft sei noch von Erfahrungen — beispielsweise bei Schulfesten in der Mittelstufe der Oberschule — bestimmt, als sich die Mädchen „zielgerichtet von ihren Freundinnen trennten, denn die Jungs waren zu schüchtern, uns um einen Tanz zu bitten, wenn wir mit anderen Mädchen zusammen waren: Warst du allein, so warst du eher ‚zugänglich'."[44] Viele Frauen vermeiden auf vielfältige Weise Frauenfreundschaft, um sich den Männern „zugänglich" zu machen.

Die „Schulfest"-Szenarien sagen uns viel über die Hindernisse, die Frauenfreundschaft im Wege stehen. Wenn Frauen zu mehreren, also in Quantitäten, zusammen sind, hält das — mal abgesehen von der Qualität — die Männer auf Abstand. Werden bereits viele Frauen auf einem Haufen von den Männern als unzugänglich angesehen, wieviel mehr gilt dies dann für Frauen, die aus freier Entscheidung und in leidenschaftlicher Bindung zueinander gefunden haben. Meiden bereits einige Frauen die rein zahlenmäßige Anwesenheit von Frauen, um dafür die hetero-bezogenen Tête-à-têtes mit Männern einzutauschen, wieviel mehr Frauen werden die qualitative Energie der Frauen-Zuneigung meiden, wenn sie sich vor dem „Totalen Tabu" der „frauen-berührenden Frauen" fürchten.

Häufig vermeiden Frauen die Gesellschaft anderer Frauen, weil sie glauben, Frauen seien langweilig. Die Hetero-Beziehungen haben ja auch wirklich den Abenteuergeist der Frauen absorbiert, Frauen sind vom Patriarchat gezähmt worden. Und Frauen, deren Lebendigkeit durch die „Bohrokratie"* gebändigt wurde, sind ja leider wirklich langweilig. Die Studentin der Kommunikationswissenschaften, Denice Yanni, hat darauf hin-

* Vgl. dieses Wortspiel in Mary Dalys „Reine Lust". A. d. Ü.

gewiesen, daß die Meinung, Frauen seien langweilig, durch die hetero-bezogenen Massenmedien verstärkt wird, die Frauen als „nur *eindimensionale*" Persönlichkeiten darstellen.[45] Diese Eindimensionalität, wie sie in den Fernsehklamotten ausgestrahlt wird, besonders bei Frauentypen wie Sue Ellen und Pam in „Dallas", ist die von Frauen, die letztlich nur für Männer existieren. (Wenn Sue Ellen wieder einmal zu J. R. zurückkehrt!) „Cagney und Lacey" ist vermutlich eines der wenigen zur besten Sendezeit ausgestrahlten Fernsehprogramme, die von dieser Darstellung eindimensionaler Frauen abweichen, doch auch hier ist man peinlich darauf bedacht, die Abenteuer der beiden durch Laceys Harvey und Cagneys wiederholte Affären mit männlichen Freunden zu bändigen. Hier lautet die Botschaft: Diese beiden Frauen sind zwar hervorragende und abenteuerlustige Polizistinnen, dennoch sind sie normale hetero-bezogene Frauen, die genauso sind wie andere Frauen — also hetero-bezogen.

Das Schweigen über das Abenteuer der Frauen-Zuneigung verhindert, daß die Zähmung der vielen Frauen beim Namen genannt wird. Im Schweigen über das Abenteuer der Frauen-Zuneigung versinkt die Wahrheit, daß Frauen nur von dem gelangweilt sind, was Männer zwangsweise aus ihnen gemacht haben. Frauen sind nur von sich selbst und anderen Frauen gelangweilt, wenn sie kein originäres und unabhängiges Selbst und nichts Eigenes haben, womit sie die Gefühle von Frauen wecken, sie erregen könnten.

Daß Freundinnen andere Frauen erregen, ist eine Wahrheit, die Frauen aussprechen müssen, denn sie ist von ihrem Gegenteil erstickt worden. Es heißt, daß der Mann derjenige ist, der eine Frau auf jede Weise erregt. Erregt nun also eine originäre Frau eine andere Frau, so wird sie als „keine Frau" abgestempelt. Man bezeichnet sie als „Mannweib". Es ist jedoch wichtig zu begreifen, daß Mannweib in diesem Kontext für das steht, was der Mann für sich selbst reserviert hat. Da die Männer die Erregung von Frauen für sich gepachtet haben, wird einer Frau, die andere Frauen tief erregt, ein Verhalten „wie ein Mann" zugeschrieben, während genau das Gegenteil zutrifft. Denn sie verhält sich wirklich am meisten wie eine Frau, da ihr originäres Selbst erwacht und in der Lage ist, die gleiche Originalität in anderen Frauen hervorzurufen. Wenn die Männer den Frauen kein Geld, keine Kreativität und Unabhängigkeit zugestehen, warum sollten sie ihnen dann die Zuneigung von Frauen zugestehen? Wenn der Mann beschließt, daß nur er allein den Frauen Geld, ein paar kreative Almosen und ein Quentchen quasi-unabhängiges Leben bieten kann, dann ist es wohl kaum verwunderlich, daß er auch die Zuneigung der Frauen für sich selbst pachten will. Hetero-Beziehungen zähmen die Originalität und die Fähigkeit von Frauen, die Originalität in sich selbst und in anderen Frauen zu erregen.

Diese Zähmung beginnt schon früh im Leben eines kleinen Mädchens. Frauen übernehmen häufig — als „Alibi-Folterknechte" — die Rolle der Zähmenden. Ob es nun darum geht, den Körper eines kleinen Mädchens durch Klitoridektomie tatsächlich zu verstümmeln, oder darum, die aktive körperliche Bewegung einzuschränken oder die starke weibliche Körpersprache durch das Antrainieren neckischer weiblicher Haltungen und Gesten zu ersetzen oder eine sportliche Entwicklung zu verhindern, oder ob der abenteuerlustige Geist eines kleinen Mädchens, ihre Neugier und die unabhängige Suche nach Selbsterkenntnis eingeschnürt wird — wenn Frauen die Mutter oder andere weibliche Verwandte als „Zähmerinnen" erleben, gehen sie häufig den Weg der Abspaltung von Frauen, weil sie nicht weiter gezähmt werden oder sich in der Gesellschaft der „Gezähmten" bewegen wollen.

Das Zähmen von Frauen geschieht auch auf einer breiten gesellschaftlichen und politischen Ebene. „36 Millionen Frauen pro Jahr können unter Tranquilizer gesetzt werden, und die Nation bemerkt es nicht einmal, vermißt nicht ihre Energie, Kreativität, ihren Witz, Intellekt, ihre Leidenschaft, ihr Engagement... so wichtig ist ihre Kraft."[46] Die Ironie dieser Worte ließe sich potenzieren angesichts von Vergewaltigung, Pornographie, Prügel, Reproduktionstechnologien (neue und alte) und angesichts der Art, wie sie die selbstbestimmte und autonome Existenz von Frauen zähmen. Ist jedoch das hetero-bezogene Ideal das einer gebändigten und zahmen Frau, wie könnte dann überhaupt jemand etwas bemerken, kommentieren, Widerspruch einlegen? Präziser: Warum sollten inmitten einer gezähmten weiblichen Bevölkerung ausgerechnet die *Frauen* die verlorenen Möglichkeiten einer lebendigen und energievollen Frauenfreundschaft bemerken, kommentieren, vermissen? Das Zähmen der Frauen stellt sicher, daß viele Frauen nicht nur „Indifferenz gegenüber dem Schicksal anderer Frauen", sondern auch Indifferenz gegenüber der Freundschaft anderer Frauen versprechen.

Die Anpassung der Frauen geschieht durch die hetero-bezogene Ideologie, die Männer seien das größte Abenteuer einer Frau.

Frauen lernen, eine spannende Zukunft nicht von Frauen zu erwarten; die Zukunft, das sind die Männer — die eschatologischen Erlöser, auf die Frauen nur warten müssen. „Mehr oder weniger verschleiert, verbraucht sich ihre Jugend im Warten. Sie wartet auf den Mann."[48] Der heranwachsende Junge geht aktiv und voller Abenteuerlust seinen Weg zum Erwachsensein. Das junge Mädchen wird dazu abgerichtet, darauf zu warten, daß die Zukunft ihr widerfährt. Viele Frauen verbringen ihr ganzes Leben mit Warten, Warten nicht nur auf den versprochenen Mann, sondern auch auf das hetero-bezogene gelobte Land. „Die Fernsehklamotte versieht die wichtigste Lebenssituation einer Frau, nämlich das Warten, mit exquisitem Vergnügen: ob sie nun wartet, daß ihr Telefon klingelt, daß das Baby endlich einschläft oder daß die Familie sich kurz nach der letzten Fernseh-Serie des Tages wieder versammelt, nachdem die Familie auf dem Bildschirm weiterhin gegen ihre Auflösung kämpft."[49] Solche Klamotte endet nie. „Schalten Sie morgen wieder ein" — doch das Morgen schafft wieder mehr Warten. Wird Horace darauf kommen, daß seine Frau eine Affäre mit seiner ehemaligen Geliebten hat? (Eine solche Vorstellung macht für einen Augenblick sogar die Klamotte interessant!) Die unendlich vielen Formen, in denen Frauen warten, kommen einer „Warte-Krankheit" gleich.

Auch die Abrichtung der Frauen auf das Warten stellt eine Behinderung von Frauenfreundschaft dar. Häufig warten Frauen darauf, daß andere Frauen Frauen-Zuneigung offenbaren, ohne daß sie selbst die Initiative ergreifen. Sie haben Angst davor, den ersten Schritt zu tun. Hier passen sich Frauen dem hetero-bezogenen Muster an, nach dem Frauen ständig warten — auf einen Anruf, einen Heiratsantrag, auf eine Andeutung, daß sie bevorzugt werden, auf das Angebot eines Vertrages, eines Jobs, einer Zukunft. Warten kann jedoch tödlich sein, denn es führt zur Passivität und entmutigt das Eingehen von Risiken. Letztlich überzeugt es Frauen davon, daß sie für ihre Zukunft nicht verantwortlich sind.

Frauen müssen dieses Haupthindernis für Frauen-Zuneigung dadurch überwinden, daß sie alle möglichen Aktivitäten miteinander initiieren — Zuneigung, Denken und gemeinsame Aktionen. Das Geschenk von Frauenfreundschaft ist, daß sie Selbst-Bewegung hervorruft. Ist eine Frau eine Freundin ihres Selbst und anderer Frauen, so wird ihr klar, daß sie „die Bürde der Zeit" nicht abschütteln kann, indem sie auf eine Zukunft wartet, in der irgendwer — diesmal eine Frau — ihr das verlorene Selbst zurückgeben wird.

Die Hetero-Beziehungen beruhen auf der Fiktion, Frauen müßten mit „großen Aussichten" auf den versprochenen Mann und sein gelobtes Land warten. Frauen-Zuneigung muß auf der aktiven Initiation von Frauenfreundschaft beruhen. Hier handelt es sich um eine Form der Freundschaft, die aktiv gesucht und nicht passiv abgewartet werden muß. Viele Frauen glaubten, daß, als sie Feministinnen wurden, Frauenfreundschaft die automatische Folge sei. So warteten die Frauen und erwarteten, daß die Freundschaft mit anderen Frauen das natürliche Ergebnis von gemeinsamer Selbsterfahrung, gemeinsamen politischen Zielen und kollektiver Organisation sein würde. Doch dies wurde wieder nur zu einer anderen Form des Wartens.

Wie jede echte Bewegung muß Frauenfreundschaft aktiv erregt werden. Frauen müssen sich gegenseitig zu den Möglichkeiten von Freundschaft erwecken, besonders im Kontext einer hetero-bezogenen Welt, in der Frauen gelernt haben, daß nur Männer Frauen erregen und aufregen können. Männer haben Frauen zu ihrer „beweglichen" Habe gemacht, ihnen aber keine echte Bewegung gestattet. Frauenfreundschaft kann Frauen lehren, daß das, was sie fälschlicherweise innerhalb des Rahmens von Hetero-Beziehungen für Bewegung hielten, lediglich ein „Berühren" war. Wie Mary Daly sagt, sind alle Frauen im Patriarchat eine „Kaste der Berührbaren"[50]. Frauen-Zuneigung verspricht eine tatsächliche Bewegung und eine tiefe Berührung — oder mit dem berühmten Satz von Virginia Woolf: „Nur Frauen regen meine Phantasie an."

Da sie sich nach Abenteuern sehnen, fühlen sich Frauen oft von anderer Frauen Unfähigkeit abgestoßen, Risiken einzugehen. Zu dem hetero-bezogenen Argument, Frauen seien langweilig, gehört die Meinung, alle Frauen seien gleich, gleich in der Ängstlichkeit ihrer Lebensführung. „Daß er Risiken auf sich nimmt, gibt ihm seine Macht."[51] Elizabeth Janeway bezog diese Worte zwar nicht darauf, daß Frauen andere Frauen als ängstlich wahrnehmen, dennoch sind sie in diesem Kontext wichtig. Bei hetero-bezogenen „Abenteuern" haben Frauen jedoch häufig keinen Unterschied gemacht zwischen männlichem Risiko und männlichem rücksichtslosen Leichtsinn und der Art und Weise, wie Männer das Risiko in rücksichtsloses Verhalten verwandeln, ein Verhalten, hinter dem häufig nekrophile Besessenheit steht.

Wirkliches Risiko, nämlich existentielles Risiko, wird von den Frauen eingegangen, die den Hetero-Beziehungen die Stirn bieten und den Mut haben, ihre originären Selbst und ihre Freundinnen für sich zu beanspruchen. An der Wurzel des Verlustes von Frauenfreundschaft steht die Weigerung oder die Unfähigkeit, das Risiko der Frauen-Zuneigung auf sich zu nehmen. Das Risiko der Frauenfreundschaft nicht einzugehen, grenzt die Möglichkeiten weiblichen Lebens in jeder nur vorstellbaren Weise ein. Es schließt frauenbezogene Phantasie aus. Gehen Frauen jedoch das Risiko ein, Frauen-Zuneigung zu schaffen, so verändern sie die Bedingungen unserer Existenz in dieser Welt. Frauen-Zuneigung stürzt die Hetero-Beziehungen in erster Linie dadurch, daß sie nicht mehr an die Männer und an eine männerdefinierte Existenz für Frauen glauben.

Das hetero-bezogene Dogma: „Die Männer sind das große Abenteuer der Frauen", kann nur weiterbestehen, wenn Frauen nicht das Risiko eingehen, die Wahrheit dieses Satzes herauszufordern. Indem sie ihn widerlegen, beweisen Frauen, daß das, auf das sich Frauen häufig mit Männern einlassen, kein echtes Abenteuer, sondern lediglich ein Reiz ist.

Je ausgeklügelter die hetero-bezogene Zähmung desto mehr schrumpft die Fähigkeit von Frauen, ihr Selbst und frauen-bestimmte Abenteuer zu erleben. In dieser anästhesierten Gesellschaft werden immer mehr äußerliche männer-bestimmte Stimuli notwendig, um Frauen das Gefühl zu geben, sie seien lebendig. Stimulation ist jedoch eine Form der Flucht. Weil sie keinen Zugang zum originären frauenbestimmten Selbst haben, füllen Frauen diese Leere auf. Hetero-Beziehungen werden zu einem leichten Fluchtmittel, dem eigenen originären Selbst und dem anderer Frauen zu entgehen. Frauen, die unter der Mangelkrankheit der Hetero-Beziehungen leiden, suchen die Ablenkung. Unglücklicherweise halten solche Frauen die Krankheit für die Heilung. Frauen suchen immer neue hetero-bezogene Stimulation. Eine solche Stimulation ist bestenfalls von kurzer Dauer und schlimmstenfalls zerstörerisch für das Selbst und andere. Sie schläfert die Fähigkeit von Frauen ein, kreativ zu leben, schaltet die Phantasie aus und fördert letztlich die Anpassung von Frauen an eine Welt, die sie nicht geschaffen haben.

Viele Männer sprechen über ihre Angst, von Frauen gezähmt zu werden. Dieses hetero-bezogene Gerede ist so stark, daß es zum Dogma der hetero-bezogenen Psychologie geworden ist — die Furcht vor der „Kastration durch die Mutter (die Frau)".

Damit wird die eigentliche Zerstörung der Hetero-Beziehungen verschleiert — daß Frauen nämlich von Männern kastriert* worden sind und daß Frauen von Frauen gezähmt werden, die ihrerseits von Männern gezähmt wurden. Das Schweigen hinter all diesem Geschrei über den männlichen Kastrationskomplex besagt, daß Frauen von der hetero-bezogenen Frau gezähmt werden. Natürlich haben nicht die Mütter (Frauen) von sich aus mit dem Zähmen der Töchter (anderer Frauen) angefangen. Männer und Hetero-Beziehungen haben mit dem Zähmen der Mutter als Mentorinnen begonnen (vgl. den Abschnitt „Mütter und Töchter" auf den folgenden Seiten dieses Kapitels).

Frauen sehnen sich nach Abenteuer, doch in der hetero-bezogenen Welt geben sie sich mit Reizen zufrieden. Durch Reizmittel wird die Klarheit des Geistes, die Willensstärke, der Gesichtskreis und die Weltbeherrschung einer Frau stumpf. Das wirkungsvollste aller Reizmittel ist eine ständige Dosis Hetero-Beziehungen.

## Viktimisierung** in der Welt

„Viktimismus" stellt einen dritten Kontext dar, in dem die Hindernisse für Frauenfreundschaft wurzeln. Mit „Viktimismus" meine ich ein Milieu, in dem die vorrangige weibliche oder feministische Identität einer Frau auf dem allen Frauen gemeinsamen Zustand beruht, von Männern zu Opfern gemacht worden zu sein. In ihren Beziehungen miteinander betonen solche Frauen das Erbe des gemeinsam erfahrenen Schmerzes, wenn sich auch die Art und Weise, in der die verschiedenen Frauen zu Opfern gemacht wurden, nach Alter, Klasse und anderen Faktoren unterscheidet.

Kathleen Barry hat beschrieben, auf welche Weise mit Hilfe des Viktimismus aus der Realität des Opfer-Seins eine Rolle und ein Status geschaffen werden.

---

* Wie Mary Daly vor langer Zeit betont hat, bedeutet „kastrieren" eigentlich, eine Person ihrer Lebenskraft, ihrer Kreativität und ihrer Fähigkeit zur Kommunikation zu berauben.
** Da sich Jan Raymond hier auf die Gedanken von Kathleen Barry in „Sexuelle Versklavung der Frauen" stützt, übernehme ich für die englischen Begriffe *vicitimization* und *vitimism* (wörtlich etwa: zum Opfer gemacht werden bzw. die Geisteshaltung des zum-Opfer-gemacht-worden-seins) aus der im sub rosa (Orlanda) Frauenverlag erschienenen deutschen Übersetzung die Bezeichnungen *Viktimisierung* und *Viktimismus*. A.d.Ü.

„Die Abstempelung als ‚Opfer' erzeugt einen Gemütszustand, der Mitleid und Bedauern auslöst. Viktimismus... schafft für andere einen Rahmen, sie nicht als Person, sondern als Opfer zu kennen, als jemanden, der Gewalt angetan wurde... Die zugewiesene Bezeichnung ‚Opfer', die ursprünglich die Erfahrung sexueller Gewalt ins Bewußtsein rücken sollte, wird zu einem Etikett, das die Identität der betreffenden Person bestimmt."[52]

Durch den Viktimismus wird die historische und kulturübergreifende Realität der von Männern bewerkstelligten Viktimisierung der Frauen in eine psychosoziale Identität umgewandelt, wodurch Frauen den Status des Opfers als vorrangige Selbstbeschreibung und Rolle annehmen. Wenn dies geschieht, werden Frauen als angesichts männlicher Tyrannei hilflose Personen betrachtet. So wird der Viktimismus sowohl in politischer als auch persönlicher Hinsicht die erste und einzige Beschreibung von Frauen. Viktimismus fördert die Ansicht, das Selbst einer Frau und von Frauen als Gruppe sei auf ewig an ihre Geschichte des Leids und der Unterdrückung gekettet.

In diesem Kontext geht es mir darum, daß Viktimismus nicht zur Basis für Selbstverständnis und Entmächtigung einer Frau werden darf. Gewisse selbsternannte feministische Gruppen haben eine derartige Kritik aufs gröbste mißbraucht, und deshalb ist es wichtig, daß ich deutlich mache, wie sich meine Bedenken von den ihren unterscheiden. So haben z. B. FACT (*Feminist-Anti-Censorship-Taskforce:* feministische Aktionsgruppe gegen Zensur) und andere die Anti-Pornographie-Gesetzesentwürfe attackiert, die von der Schriftstellerin Andrea Dworkin und der Rechtsanwältin Catharine MacKinnon initiiert und von zahllosen schwarzen Gruppen und Gruppen aus Sanierungsgebieten, von farbigen und jüdischen Frauengruppen, von Lesben, Prostituierten und Exprostituierten unterstützt wurden, sowie von Hunderten von Frauen, die öffentliche Kritik und Angriffe riskierten, weil sie sich für diese Gesetzesentwürfe einsetzten. Die Gegnerinnen behaupten, mit dieser Gesetzgebung würde das Stereotyp der Frau als Opfer geschaffen.

„... diese Verordnung schreibt ein Stereotyp von der Frau als hilflosem Opfer, als unmündig und schutzbedürftig fest... Mit dieser Stereotypisierung von Frauen als ohnmächtigen Opfern wird die Fähigkeit von Frauen, bewußt zum eigenen Schutz zu handeln, unterminiert."

Doch nicht die Anti-Pornographie-Verordnung schreibt das Stereotyp der Frau als Opfer fort, das tut vielmehr die Pornographie und das tut auch die verdrehte Unterstützung von Pornographie durch FACT, indem sie sich auf ein nicht existierendes Verordnungsstereotyp von der Frau als Opfer beziehen. Sie sind es, die Frauen weiterhin in der Opferrolle halten – gebunden und gebeugt.

Frauen zeigen den Viktimismus auf unterschiedliche Weise, subtil und weniger subtil. In der subtileren Form sind die Beziehungen von Frauen untereinander häufig von ihrer Opferrolle bestimmt, wenn sie nämlich aus dem Anlaß gemeinsamen Leidens zusammenkommen und betonen, daß das, was sie verbindet, einzig oder in erster Linie dieses gemeinsame Leiden ist. Die ständige und eindimensionale Ausrichtung auf das gemeinsame Leiden kann Frauen von starken Frauenfreundschaften abhalten, da dadurch die historische Realität verdunkelt wird, daß Frauen auch auf andere als auf schwesterlich leidende Weise füreinander da waren und da sein können. Die Betonung des Viktimismus stärkt auch die Überzeugung, daß Frauenfreundschaft nur aus negativen Anlässen entstehen kann: weil eben die Männer so schlimm sind, oder als Reaktion auf die Greuel einer frauenhassenden Kultur. In diesen Fällen wird Frauenfreundschaft als Resultat der Unterdrückung der Frauen gesehen, und demnach würde also eine bessere Welt, eine, in der die Männer sich „anständig benehmen", keine Frauenfreundschaft brauchen.

Frauen, die sich als Opfer verbinden, verbringen oft viel Zeit damit, sich ihre Erfahrungen der Viktimisierung zu erzählen. Dies ist notwendig und nützlich als Katalysator für gemeinsame Stärke, die häufig aus den vielen Situationen des Greuels, denen Frauen in einer frauenhassenden Welt unterworfen sind, entsteht. Und es ist ein wichtiger Schritt, mit dem Frauen sich von dem Eindruck entfernen, ihre schrecklichen Erfahrungen seien allein ihnen zugestoßen oder, schlimmer noch, von ihnen selbst verschuldet. Doch das ständige „Sich-Befassen" mit der Erfahrung des Leidens – ob nun in der Therapie oder in den Beziehungen von Frauen untereinander – hält Frauen davon ab, sich aus dem endlosen Kreislauf hinauszubewegen, in dem – häufig mit anderen, die gleiches oder ähnliches erlebt haben – nicht nur die Erfahrung, sondern die Erfahrung der Erfahrung wiederholt wird.

Dies führt zu einer gewissen „Beziehungsmasche", bei der Frauen unverhältnismäßig viel Energie darauf verwenden, solche

Greuel anderen Frauen zu erzählen und Verbindungen zu Frauen zu kultivieren, die auf dem gemeinsamen Status als Opfer aufbauen. Viktimismus wirkt der Frauen-Zuneigung entgegen, da eine solche Beziehung aus einer Dauererzählung von Leiden besteht. Frauen, die sich unter dem Zeichen der Viktimisierung zusammenfinden, ermuntern in Wirklichkeit Frauen dazu, zum Zweck der Aufrechterhaltung der auf dieser Basis geknüpften Verbindungen Opfer zu bleiben.

Dies wird noch deutlicher, wenn Frauen sich aufeinander als Opfer beziehen, indem sie aus ihrem Versagen einen Kult machen. Viele Frauen sind fabelhaft, wenn es ihnen dreckig geht, doch nicht mehr dann, wenn sie Erfolg haben. Ich spreche hier nicht von dem sogenannten Angst-vor-Erfolg-Syndrom, das Martina Horner als erste beschrieben hat. Ich meine vielmehr das Mißtrauen oder sogar offene Ressentiment, das oft in Frauengruppen laut wird, wenn eine der ihren auf bemerkenswerte Weise Erfolg zu verzeichnen hat. Häufig wird sie, wenn sie dem Kreis der Unterdrückten entkommt, zur Paria.

Alice Walker geht dieses Problem in einem Essay an, der ursprünglich als Antwort auf Robert Stapleys Artikel, in dem er die „wütenden schwarzen Feministinnen" Ntozake Shange und Michele Wallace angreift, im *Black Scholar* erschienen ist.

> „Versuch doch mal, nicht dran zu denken, wie erfolgreich sie sind. Versuch zu vergessen, wieviel Geld Shange gemacht hat. Sei nicht sauer darüber, wie wunderbar sie schreibt, mit welchem Mut und welcher Verletzlichkeit. Widersteh der Versuchung, ihr ihre riesige Zuhörerschaft von Marin und Scarsdale übelzunehmen. Wenn du kannst, denke daran, daß sie nicht wußte, daß sie alle kommen würden. Denke großzügig."[53]

Diese Worte könnten an viele Frauen gerichtet sein, die Opfer der Strategie des Viktimismus werden, indem für sie Fehlschläge in der Welt der Männer oder der soziale Abstieg die einzigen Zeichen für „reine" feministische Strategie sind. Diese Frauen verwechseln Weltlichkeit mit Anpassung an die Welt.

Die dauernde und eindimensionale Betonung des Viktimismus reduziert die Geschichte und die Zusammenschlüsse von Frauen auf einen ewigen Zustand von Greuel, über den Frauen nie eine Gegenkontrolle ausüben konnten. Unter diesem Blickwinkel sind Geschichte und Zusammenschlüsse von Frauen durch von außen kommende männerbeherrschte Kräfte bestimmt, die die Existenz von Frauen prägen. Hier handelt es sich um eine Form behavioristischer politischer Theorie, die die deterministische Allmacht der Umwelt betont, in diesem Fall die Umwelt des Patriarchats.

Es ist notwendig, daß Frauen die Vorherrschaft und Zählebigkeit des Antifeminismus über historische Zeitalter und kulturelle Grenzen hinweg erkennen, doch sollte die Notwendigkeit dieser Erkenntnis Frauen nicht zu der Schlußfolgerung verleiten, die Kraft des Antifeminismus sei fast etwas Natürliches und nehme nie ein Ende — so überwältigend, daß jeder Anlauf zu feministischem Handeln und Frauenfreundschaft vergeblich ist.

Viktimismus negiert letztlich die Selbstbestimmung und Eigenverantwortlichkeit in der Welt. Wenn Frauen sich nicht jenseits der Leidensrolle definieren, entscheiden sie sich damit für die von Männern gemachte Welt. Da besteht dann nur wenig Neigung, eine andere Welt zu schaffen. Viktimismus bedeutet, von der Welt überwältigt sein. Er macht Frauen zu Weltleidenden statt zu Weltgestalterinnen. Frauen werden damit auf negative Weise in diese Welt eingebunden. Die Gemeinsamkeit der Frauen wird auf die uns gemeinsame Unterdrückung reduziert. Das geschieht unter der nicht ausgesprochenen und hoffentlich auch nicht beabsichtigten Voraussetzung, wir Frauen könnten unsere feministische Identität verlieren, wenn der Antifeminismus aus der Welt verschwindet. Ein Feminismus, der die Unterdrückung von Frauen offenlegt und sich an den ganz realen weltlichen Problemen und Realitäten orientiert, die das Leben von Frauen betreffen — beispielsweise Abtreibung, Mißbrauch der Reproduktion, Vergewaltigung und dergleichen —, wird dennoch von Viktimismus aufgesogen, wenn er seinen Impetus und seinen Zweck auf diese Greuel beschränkt.

Frauen sind wirklich von Männern gebrochen worden. Doch Männer drehen es gern so, als seien sie selbst durch Frauen geschädigt worden. So beschuldigen sie beispielsweise Mütter, die ihnen zuviel oder zuwenig Zuwendung gaben, oder Ehefrauen, die ihnen zu dominant oder zu unselbständig sind. Männer haben immer die Rolle des Verwundeten beansprucht. Wichtig für den Prozeß der Frauenfreundschaft ist, die Gebrochenheit der Frauen zu überwinden und zugleich den Anspruch der Männer zurückzuweisen, sie seien gebrochene Geschöpfe, die die regenerierende Kraft der Frauen brauchen.

Frauen als Gesamtgruppe können ihren Zusammenhalt und ihre Bewegung in der Welt nicht dadurch finden, daß sie sich in erster Linie durch einen gemeinsamen Feind oder eine negative

Identität als Opfer verbunden fühlen. Nur im Rahmen von Frauenfreundschaft kann eine Frau als Frau leben und für eine veränderte Welt arbeiten, ohne sich im Kampf gegen den Frauenhaß zu verausgaben oder an der überwältigenden Größe dieser Aufgabe zu verzweifeln.

## Mütter und Töchter

Adrienne Rich schreibt: „Vor dem Gefühl, Schwestern zu sein, gab es das Wissen — flüchtig, fragmentarisch vielleicht, aber echt und entscheidend — von Mutter- und Tochterschaft."[54] Nancy Richard fügt hinzu: „Die erste Beziehung einer Frau ist die zu ihrer Mutter. Unsere Beziehung zu anderen Frauen ist von dieser Beziehung und von unserer Reaktion auf diese Urbindung bestimmt."[55] Die Mutter-Tochter-Beziehung stellt zwar keine endgültige Prüfung für das Schließen von Freundschaften mit Frauen dar, doch hat sie einen überzeugenden Einfluß auf die Entwicklung von Frauen-Zuneigung.

Über die Mutter-Tochter-Beziehung ist schon sehr viel geschrieben worden, und es liegt mir fern, dieses Thema noch einmal auszuwalzen. Wir müssen uns hier jedoch insofern mit der Mutter-Tochter-Beziehung beschäftigen, als diese sich als Haupthindernis für Frauen erwiesen hat, miteinander enge Freundschaften zu schließen, und dazu noch unseligerweise dem Wachstum des weiblichen Viktimismus den Boden bereitet hat. Ich habe nicht die Absicht, wieder einmal in die übliche Kerbe der Schuldzuweisung an die Mütter zu schlagen, ich will vielmehr untersuchen, auf welche Weise die Mutter-Tochter-Bindung — oder ihr Fehlen — sich auf Viktimismus gründet, nämlich auf die Viktimisierung der Mutter durch ein hetero-bezogenes Leben und die Viktimisierung der Tochter durch Mütter, die ihren Töchtern eine Tradition der Abspaltung von Frauen weitergeben.

Wir kennen die Belastung der Mutter-Tochter-Beziehung, wie sie innerhalb der Parameter der Hetero-Beziehungen beschrieben wird: Die Tochter erlebt die Mutter, die ihr nicht helfen kann oder will; die Mutter, die möglicherweise nicht nur die tatsächliche Vergewaltigung der Tochter durch den Vater oder Vaterfiguren ignoriert, sondern auch die „Vergewaltigung" durch eine frauenhassende Kultur; die Mutter, die ihre Tochter auffordert, sich zu unterwerfen, zu schweigen, sich dressieren zu lassen; und die Mutter, die sich zur Rebellion aufschwingt, doch für ihren Widerstand bezahlen muß.* Selbst wenn die Mutter sich gegen die Hetero-Beziehungen stellt, so nimmt die Tochter doch wahr, wie die Mutter deswegen viktimisiert wird. Der historische Prototyp dafür sind die Töchter, die gezwungen wurden zuzuschauen, wie ihre Mütter als Hexen von der Inquisition verbrannt wurden. Die historischen Beispiele vervielfachen sich, wenn wir an die Töchter denken, die zusehen mußten, wie ihre abweichenden Mütter „verbrannt" wurden durch Schläge, Wahnsinn, Einweisung in Heilanstalten, Therapie, Drogen und die allgegenwärtige weibliche Domestizierung von Körper und Geist.

Natürlich vermitteln Mütter, die wegen der Abweichung von hetero-bezogenen Maßstäben „verbrannt" wurden, ihren Töchtern mehr Stärke als Mütter, die sich nicht gegen Hetero-Beziehungen gestellt haben. Dennoch ist das auf einer praktischen Ebene wenig tröstlich, da der Tochter durch die mütterliche Abweichung häufig die Anwesenheit der Mutter entzogen wird. Auf einer existentiellen Ebene bekommt die Tochter aber ein wenig von der Mutter als Mentorin mit.

Mentoren vermitteln Bildung und Wissen von der Welt. Das Wort *Mentor* hat eine lateinische Wurzel, die „erinnern, denken, beraten" bedeutet. Die Erziehung, die Töchter innerhalb der Begrenzungen der Hetero-Beziehungen von ihren Müttern mitbekommen, vermittelt jedoch nicht das Wissen der Erinnerung — Erinnerung an die originäre Frau, die das eigene Selbst schafft. Es ist kein originäres oder frauen-bezogenes Wissen. Es vermittelt den Töchtern nicht den Rat und die Beratung einer frauen-zugewandten Weltlichkeit und Macht.

Nach der Rollenverteilung in den Hetero-Beziehungen darf die Mutter für ihre Tochter keine Mentorin sein. Bestenfalls ist sie eine irregeleitete Mentorin; das heißt, die Ratschläge, die sie geben kann, sind gut gemeint, jedoch fehlgeleitet.

„In einer Welt der Hetero-Beziehungen, in der Frauen in erster Linie für Männer da sind, lehrt die Mehrheit der Mütter ihre Töchter, ebenfalls

---

* Ich will damit nicht sagen, daß dies das einzige Erbe ist, das Mütter ihren Töchtern hinterlassen. Es gibt viele andere kraftspendende Traditionen, die alle möglichen Mütter allen möglichen Töchtern vermittelt haben. Ich hoffe, daß dieser Punkt an anderen Beispielen in diesem Buch deutlich wird. In diesem Kapitel versuche ich, die Mutter-Tochter-Beziehung lediglich in bezug auf ihre Funktion als Hindernis für Frauenfreundschaft darzustellen. Ganz sicher war das nicht immer oder in erster Linie ihre Funktion, dennoch geschah es so oft, daß eine Analyse gerechtfertigt ist.

für Männer da zu sein. Das heißt, ‚sicher‘ in der Welt der Hetero-Beziehungen zu leben…
Wenn sie ihre Töchter lehren, für Männer da zu sein, versäumen sie es, ihnen auch mitzuteilen, zu welchem Preis. Das wissen sie oft selbst nicht…
Mütter ‚schützen‘ ihre Töchter vor Gewalt in einer Welt, die Männer ‚geschaffen‘ haben.“[56]

Nancy Richard, die diese Worte schrieb, schildert die Mutter als eine Frau, die Beschützerinstinkte ausagiert, ohne die Macht zu haben, wirklich zu schützen. So wenden sich die Frauen an Männer, um dort zu bekommen, was sie für „richtigen“ Schutz, „richtiges“ Wissen und „richtige“ Macht halten.

Um zu wissen — wirklich zu wissen — in welcher Weise Frauen durch Hetero-Beziehungen gebändigt werden, wäre eine eindeutige frauen-zugewandte Erziehung der Töchter durch ihre Mütter notwendig. Doch nur zu oft werden Frauen die „Töchter von gebildeten Männern“.

Hannah Arendt verbindet Wissen mit der Suche nach Wahrheit.[57] Frauen-zugewandtes Wissen würde Frauen die Wahrheit über Hetero-Beziehungen lehren, sowie das, was Frauen wissen müssen, um wahrhaftig zu leben. Es wäre ein vertrauenswürdiges Wissen, das von einer erfahrenen und vertrauenswürdigen Beraterin, einer wahren Mentorin, käme. Es wäre ein derartiges Wissen, wie es Sido an Colette vermittelte.

„Was Colette so an Sido liebte, war eine besondere Art weiblicher Stärke. Sie liebte, was ihre Mutter von der Welt wußte — in welcher Richtung der Wind wehte, wo es regnete. Sido war der Natur nahe und kannte die Zeichen. Sie stellte aus Hafer Barometer her und konnte aus der Zahl der Häute einer Zwiebel vorhersagen, ob es einen kalten Winter geben würde oder nicht. Das waren alte weibliche Künste, das Wissen der Schamanen und Hexen, und sie wurden in einer Kultur praktiziert, die sie weder ablehnte noch zähmte.
Sido lebte offenbar nicht im Patriarchat. Oder Colette nahm sie nicht so wahr. Mutter und Tochter teilten eine milde Verachtung für männliche Autorität und hielten sich von ihr fern.“[58]

Hier haben wir eine gründliche Beschreibung der Mutter als Mentorin. Sie ist jedoch aus zweiter Hand. Wir haben Colettes Worte zu der Abwesenheit hetero-bezogener Einschränkungen bei der Mutter-Tochter-Beziehung: „Keine halbgaren männlichen Wesen irgendwo, keine Spur eines Mannes… Der tiefe

Friede eines Harems unter dem Maienstern und der sonnen-
durchleuchteten Glyzinie... Und die Hände meiner Mutter in
meinem Nacken, die schnell und gewandt meine Zöpfe floch-
ten.''[59]

Die beste Erziehung, die Mütter ihren Töchtern geben können, ist das Beispiel des eigenen Lebens. Könnten doch alle
Töchter von ihren Müttern sagen: ,,Ich bin die Tochter einer
Frau... die selbst ein dreiviertel Jahrhundert lang immer wieder
neu erblühte.''[60] Das ist echte Mentorinnenschaft.

> ,,Die Vorstellung vom Mentor als einem erfahrenen und vertrauenswür-
> digen Berater ist fast verschwunden. Der Berater wurde zum Therapeu-
> ten/zur Therapeutin, die versuchen, dort, wo die Mutter-Tochter-Bezie-
> hung ,versagt' hat und die Mentorin nicht verfügbar ist, die authentische
> Beziehung zu ersetzen. Sie oder er wird zur vermittelnden Person zwi-
> schen Mutter und Tochter. Frauen verbringen genauso viel, wenn nicht
> mehr Zeit mit ihren Berater/inne/n, als sie je in der authentischen Bezie-
> hung mit ihren Müttern verbracht haben – versuchen aufzuarbeiten, mit
> der Verwirrung zwischen Liebe und Haß zu ihren Müttern umzugehen
> und mit dem Gefühl, von ihren Müttern aufgefressen und zugleich aus-
> gestoßen zu werden.''[61]

Eine unbelehrte Tochter ist eine unterernährte, schlecht ver-
und umsorgte Tochter, unterernährt in bezug auf die Kraft, die
sie braucht, um als originäre Frau in dieser Welt zu überleben.
Verglichen mit Söhnen in einer hetero-bezogenen Familie werden Töchter in jeder Beziehung von ihren Müttern unterversorgt
und viel zu früh unter Druck gesetzt, Ernährerinnen und Versorgerinnen von anderen – meistens Männern – zu werden. In diesem Kontext geschieht also, was Denice Yanni so formuliert
hat: ,,Die eigenen Bedürfnisse der Frau, umsorgt zu werden,
werden zum Schweigen gebracht, indem sie selbst zur vorrangigen Versorgerin anderer gemacht wird.''[62] Da Nähren (im Sinn
von Hegen und Pflegen, Versorgen und Umsorgen, A.d.Ü.) ,,die
für Frauen anerkannteste Verhaltensweise ist, der am meisten
akzeptierte Stil ihrer Beziehungen, neigen Frauen dazu, sich in
erster Linie als Versorgerinnen anzubieten – oder zurückgewie-
sen zu werden''.[63]

Dieses Zuwendungssyndrom betrifft Frauen auf vielerlei Weise, in mancher Hinsicht äußerst subtil. Mir ist oft aufgefallen,
daß in den Kursen von Frauenstudien Studentinnen große
Schwierigkeiten haben, ihre gegenseitigen Meinungen und Urtei-

le kritisch miteinander zu diskutieren. Einige sind zögernd, unsicher und ganz allgemein unvertraut mit diesem neuen und fremden Gebiet kritischen Urteils. Andere halten sich bewußt jedem kritischen Schlagabtausch fern, weil sie es mit einer männlichen Haltung des Gegenpositionen-Einnehmens gleichsetzen, die als direkter Angriff empfunden wird. Viele Studentinnen nehmen in ihrem Umgang miteinander das herkömmliche Pflegeverhalten an und überdecken kritische Auseinandersetzungen und Analysen in den Seminaren mit Gesten der Sympathie und Zuwendung. Die eigentlichen Fragen sowie deren inhaltsvolle und scharfsinnige Analyse gehen dabei häufig unter. Studentinnen bewegen sich nicht über die Rolle der Versorgerin und Ernährerin hinaus, obgleich sie das in einem intellektuellen, analytischen Kontext unbedingt wollen. Sie möchten jedoch keine offenen und direkten kritischen und manchmal unerfreulichen Auseinandersetzungen mit anderen Frauen riskieren.

Die fehlende Mentorschaft durch die Mutter kann eine Frau ihr Leben lang verfolgen. Im „Sicherheitsnetz" der Hetero-Beziehungen gefangen, geben Frauen an ihre Töchter — die dann wiederum Mütter oder Lehrerinnen, Beraterinnen und Freundinnen anderer Frauen werden — einen Grabschbeutel an Überlebenstaktiken weiter. Diese können jedoch nicht zu einem solchen „Überleben" beitragen, wie es uns die Frauen-Zuneigung ermöglicht, „nicht nur im Sinn von ‚Weiterleben', sondern im Sinne von Darüber-hinaus-Leben"[64] — in diesem Fall über die Hetero-Beziehung hinaus. Denn bei jenen Taktiken handelt es sich ja um die Überlebenstaktiken von Frauen, die immer noch Opfer der Hetero-Beziehungen sind, und sie vermitteln den Frauen die Fähigkeit, zu leiden und zu ertragen und/oder sich sicher und geschickt durch die Welt, die die Männer ihnen gegeben haben, hindurchzulavieren. Daraus kann jedoch keine Frauen-Zuneigung und keine starke frauen-zugewandte Existenz entstehen. Und häufig werden damit auch Schuldgefühle aus ganz falschen Anlässen geschaffen.

*Die Strategie der Schuldgefühle und der Schuldzuweisungen*

Ideologie und Lebensform des Viktimismus gehen oft mit Schuldgefühlen und Schuldzuweisungen einher. Schuldgefühle stellen eine Identifikation mit unterdrückten Menschen und Gruppen her, die sich häufig auf Mitleid und Kummer über ihre

Notlage gründet. Schuldgefühle sind wie ein Kniereflex, der fast pawlowsch ist; das heißt: Hier wird ohne nachzudenken und häufig unkritisch auf etwas reagiert, das als Unterdrückung wahrgenommen wird. Daraus ist manchmal bei Frauen das Bedürfnis entstanden, die Handlungen bestimmter Menschen und Gruppen unkritisch zu akzeptieren, weil sie einer unterdrückten Klasse angehören. Kathleen Barry zeigt das am Beispiel:

„Als ich die sexuelle Versklavung von Frauen in Europa und in den USA untersuchte, stieß ich auch auf einige Fälle von lesbischen Zuhälterinnen — also Lesben, die andere Frauen sexuell versklaven und auf den Strich schicken. Sie waren mindestens so gemein, unterdrückerisch, ausbeuterisch gegenüber ihren Frauen wie die männlichen Zuhälter. Offenbar gab es nur einen Unterschied: Sie wurden von den Strafverfolgungsbehörden, die peinlich darauf achten, männliche Zuhälter zu ignorieren oder ihnen nicht in die Quere zu kommen, wesentlich härter angefaßt. Es stimmt zwar, daß lesbische Zuhälterinnen weder für Lesbianismus noch für Zuhälterei typisch sind. Das bedeutet jedoch nicht, daß *jede* Form der Zuhälterei ignoriert werden sollte oder Feministinnen sich besonders um lesbische Zuhälterinnen kümmern sollten, weil sie als Lesben von der Verfolgungsbehörde härter angefaßt werden. Die gleiche Logik trifft meines Erachtens auch auf den Vorwurf zu, der Notruf-für-vergewaltigte-Frauen sei rassistisch, weil schwarze Männer vom herrschenden System härter angefaßt werden. Die Tatsache patriarchalen Rassismus entschuldigt weder vergewaltigende schwarze Männer, noch enthebt es Feministinnen der Verantwortung, sicherzustellen, daß mehr weiße Männer wegen Vergewaltigung gefaßt und vor Gericht gestellt werden."[65]

Ich habe so ausführlich zitiert, weil ich meine, daß hier das unkritische Akzeptieren von Unterdrückung und darüber hinaus die schwerwiegend falschen Schlußfolgerungen, zu denen eine Strategie der Schuldgefühle führt, gut analysiert werden. Aus Hetero-Sexismus und Rassismus werden von Frauen Schlußfolgerungen gezogen, die durch fehlendes Urteilsvermögen und einen Mangel an „Strenge der Unterscheidungskraft" erheblich beeinträchtigt sind. Schuldgefühle trüben hier die kritische Wahrnehmung und die Fähigkeit, echten Rassismus von dem, was beispielsweise als Rassismus sentimentalisiert wird, zu unterscheiden.

Schuldgefühle produzieren auch Schuldzuweisungen. Das zeigt sich in Frauengruppen, wenn einige Frauen andere Frauen

wegen Rassismus, Klassismus und/oder Hetero-Sexismus be-
schimpfen. Dies fördert eine Strategie und einen Stil antirassistischen, antiklassistischen und/oder antihetero-sexistischen Bewußtseins und Verhaltens, die darauf beruhen, andere Frauen
sowohl intellektuell als auch sozial zu terrorisieren. Schuldzuweisungen werden im allgemeinen negativ ausgedrückt, beispielsweise sagt eine Frau, eine andere besitze „kein analytisches Gefühl für die Rassenfrage", statt daß sie eine pädagogische und
aufbauende Stellungnahme in der Rassenfrage abgibt.

Die von den Schuldzuweisungen Betroffenen wie die von
Schuldgefühlen Beladenen flüchten sich häufig in die Unsichtbarkeit, d. h. sie bekennen ihre Schuld vor einem öffentlichen
Forum. Nietzsche hat gesagt: „Viel von sich reden kann auch
ein Mittel sein, sich zu verbergen."[66] Indem sie sich zwischen
den „Unterdrückern" verstecken, schlagen sich die von Schuldgefühlen wie die von Schuldzuweisungen Betroffenen an die
eigene Brust und gestehen die eigene Geschichte unterdrückerischen Verhaltens. Sie gehen von der Annahme aus, daß sie,
wenn sie sich selbst als Unterdrückerinnen bezeichnen, nicht der
Unterdrückung bezichtigt werden können. Dahinter steckt möglicherweise ein Bedürfnis nach Sicherheit und leichtem Davon-
kommen.

In Frauenkreisen ist häufig das Wichtigste, daß Frauen ihre
Schuld *zugeben*. Das Zugeben von Schuld wird dann oft zum
Freibrief, über andere zu Gericht zu sitzen.

> „Der begeistert und aggressiv Beichtende gleicht dann der Gestalt von
> Camus, dessen Dauerkonfession sein Mittel ist, über andere zu Gericht
> zu sitzen: ‚(Ich)… übe mich in der Rolle des Schuldigen, um schließlich
> Richter werden zu können… Je mehr ich mich selbst anklage, desto
> größer wird mein Recht, über euch zu Gericht zu sitzen.'"[67]

Aus einer solchen Identifikation mit dem Viktimismus entsteht
außerdem das Muster, daß Frauen andere beschwichtigen, indem
sie sich selbst anklagen. Das ist wie ein Ritual, bei dem die
Schuld nicht wirklich ausgetrieben — wie es zumindest in den
religiösen Sühne-Ritualen geschah —, sondern unter den von
Schuldgefühlen und den von Schuldzuweisungen Belasteten um-
gewälzt wird. Das hat dann wiederum zur Folge, daß sich Frau-
en veranlaßt sehen, sich auch in anderen Lebensumständen als
Unterdrückte zu verhalten oder Opfer zu spielen. Und damit
sind Frauen, die sich stark verhalten, die nicht deprimiert oder

kopfhängerisch sind, verdächtig. Vielen Frauen fällt es wesentlich leichter, sich miteinander im Unglück aus einer gemeinsamen Schwäche des Geistes heraus und als Opfer zu verbinden.

Eine Haltung dauernder Selbsterniedrigung oder Schuldbeteuerungen gegenüber Lesben, armen, farbigen, behinderten und/oder alten Frauen ist weder mutig, noch schafft sie Veränderungen. Statt dessen wird der Kreislauf des Viktimismus vergrößert, indem Frauen diesmal selbst die Identität und das Verhalten von Opfern bestärken. Frauen mit Unterscheidungskraft sollten einer solchen Unterwürfigkeit gegenüber genauso skeptisch sein, als wenn ein solches Verhalten von Männern käme. Mit der Strategie der Schuldgefühle und der Schuldzuweisungen wird keiner Frau etwas Gutes getan.

Die Energien, die darin investiert werden, Schuld zu tragen und zu bekennen oder anderen Schuld zuzuweisen, führen zu keiner konstruktiven Handlungsweise gegenüber Unterdrückung. Sie produzieren vielmehr statt dessen eine bekennerische Stagnation, weil die Schuld selbst das vorherrschende Thema wird. Wenn Frauen die Schuld untereinander aus- und umverteilen, besonders, wenn sie dabei mit Schuldzuweisungen arbeiten, vergessen sie darüber den „Hauptfeind".[68]

Die gemeinsamen Schuldgefühle können vielleicht eine Zeitlang eine Illusion von Gemeinsamkeit schaffen, doch daraus entsteht keine stärkere Verbindung, die über das gemeinsame Teilen des Schmerzes hinausgeht.

Hanna Arendt zufolge hat die Menschlichkeit der Beleidigten und Verletzten die Stunde der Befreiung noch nie mehr als eine Minute überlebt, was nicht heißt, daß dies keine Bedeutung hätte, denn es macht in der Tat die Beleidigungen und die Verletzung erträglich; doch es heißt, daß es vom politischen Standpunkt aus absolut irrelevant ist.[69]

In anderen Worten: Leiden, Ertragen, Viktimisierung und die Schwesterlichkeit der Unterdrückten schaffen nichts über sich selbst hinaus.

Die Strategie der Schuldgefühle und der Schuldzuweisungen an andere Frauen wird immer häufiger dazu benutzt, bestimmten Frauen, die eine mehrfache Opfergeschichte vorweisen können — also Unterdrückung aufgrund ihrer Geschlechts-, Klassen- und Rassenzugehörigkeit und/oder die unendlich vielen anderen Formen der Unterdrückung in einer patriarchalen Kultur — oder die ihre Geschichte als vielfache Unterdrückerin bekennen, eine Art Insider-Status zuzuweisen. Jene, die weder einen noch meh-

252

rere aus einer Vielzahl von Unterdrückungszuständen für sich beanspruchen können oder wollen, werden in eine Außenseiterinnenrolle verwiesen. Und so schaffen Frauen auf äußerst reale Weise unter uns selbst eine Abart von Virginia Woolfs ,,Gesellschaft von Außenseitern". Statt daß wir in positiver Weise mit der Vielfalt der Unterdrückung arbeiten, wird sie zu einem negativen Keil, der zwischen die Frauen getrieben wird.

Pat Hynes hat als erste darauf hingewiesen, daß in diesem Zusammenhang eine ,,Arithmetik der Unterdrückung" entsteht, ,,deren Richtigkeit daran gemessen wird, ob sie die richtigen Additionsfaktoren enthält".[70] Diese Methode der Addition kann niemals der unendlichen Vielfalt spezifischer Unterdrückungstatbestände gerecht werden, denn es werden dabei nie alle Glieder der Summe erfaßbar sein. Statt dessen, so meint Hynes, ist es ,,zwingend notwendig, daß der radikale Feminismus... die Sprache und Theorie findet, die in genauen Einzelheiten jede Form von Verdächtigung und Abspaltung, die die Leidenschaft für eine Gemeinschaft der Frauen getrübt hat, beschreibt".[71] Es ist von entscheidender Wichtigkeit zu erkennen, wie die Rassen-, Klassen- oder lesbische Situation dem Leben zahlloser Frauen einzigartige viktimisierte und auf vielfache Weise unterdrückerische Bedingungen aufzwingt. Wenn eine Frau durch bestimmte und unterschiedliche Bedingungen unterdrückt wird, muß sie darauf nicht nur als Frau, sondern als schwarze, jüdische, alternde, lesbische Frau reagieren. Auch dürfen sich Frauen, die nicht in dieser Weise unterdrückt worden sind, von diesen Umständen nicht distanzieren. Frauen können nicht einfach fröhlich so tun, als seien wir alle auf gleiche Weise Frauen. Unterschiedliche Unterdrückungen müssen einzeln erkannt und angegangen werden, per se, nicht weil sie automatisch eine ,,Sonderstellung" zuweisen, sondern weil sie die Einsicht sowohl in die verschiedenen Umstände von Frauenunterdrückung und die Möglichkeiten unterschiedlicher Freundschaften unter Frauen vermitteln. Lucy Dawidowich drückt das am Beispiel des Holocaust so aus:

> ,,Wenn der Mord an den sechs Millionen Juden als *spezifisch*, als *einmalig* bezeichnet wird, so ist das nicht der Versuch, die Katastrophe, die sie überkam, zu übertreiben oder Tränen und Mitleid hervorzulocken. Es ist nicht beabsichtigt, den Tod von Millionen Nicht-Juden zu bagatellisieren... (er) ist etwas anderes... nicht, weil die einzelnen Opfer irgendein spezifisches Schicksal erlitten hätten, sondern wegen der *dif-*

*ferenzierenden Absicht* der Mörder und der *einmaligen Folge* der Morde... Die Ausrottung der sechs Millionen Juden hat mit unwiderruflicher Endgültigkeit die tausend Jahre alte Kultur und Zivilisation der aschkenasischen Juden beendet und damit die Kontinuität jüdischer Geschichte zerstört."[72]

Feministinnen können es sich nicht leisten, jede unterdrückerische Situation unter die umfassende Kategorie weiblichen Leidens zu subsumieren. Wir dürfen die Unterschiede einer Viktimisierung durch Rassen- und Klassenzugehörigkeit oder durch irgend etwas anderes nicht verwischen und dabei die politische und moralische Verantwortlichkeit für die Folgen dieser durchaus unterschiedlichen unterdrückerischen Bedingungen des Lebens vieler Frauen ablehnen. Doch unter dem gleichen Vorzeichen dürfen wir nicht zulassen, daß diese entscheidenden Unterschiede unsere Gemeinsamkeit als Frauen, die als Frauen unterdrückt sind und sich als Frauen zusammenschließen, auslöschen oder zunichte machen.

Wir kommen zu dem Schluß, daß das Erkennen der Unterschiede und die Verantwortlichkeit für vielfache Formen der Unterdrückung von dem getragen sein muß, was Bonnie Atkins eine „Strategie der Identität" genannt hat.[73] Alice Walker nennt für diese „Strategie der Identität" ein gutes Beispiel:

> „In den USA wird die Zahl der weißen Frauen, die wirklich Feministinnen sind − und für die Rassismus daher an sich schon eine Unmöglichkeit ist −, weit übertroffen von der weißen *Durchschnitts*-Amerikanerin, für die der Rassismus, soweit er weiße Privilegien sichert, eine akzeptierte Lebensform ist. Bestimmt segeln heute viele Frauen, nur weil sie ‚in‘ sein wollen, unter der feministischen Flagge, da das jetzt der Ort ist, an dem frau sich sehen lassen muß."[74]

In diesem Zusammenhang stellt Walker die bereits erwähnte Forderung nach der „Strenge der Unterscheidungskraft". Walker fügt hinzu:

> „In dem Maße, in dem schwarze Frauen sich von der Frauenbewegung abspalten, geben sie ihre Verantwortung gegenüber Frauen in der ganzen Welt auf. Dies ist eine schwerwiegende Abkehr und ein Mißbrauch von radikaler schwarzer frauengeschichtlicher Tradition: Harriet Tubman, Sojourner Truth, Ida B. Wells und Fannie Lou Hamer hätten sehr viel dagegen gehabt. Ich auch."[76]

Andrea Dworkin hat uns eine der besten antirassistischen Analysen gegeben, die aus einer feministischen „Strategie der Identität" kommt. Sie analysiert, wie schwarze Frauen in der Pornographie benutzt werden:

> „Jedes Stückchen Haut, das sie zeigt, zeigt zugleich ihre Möse. Darin besteht die besondere sexuelle Bedeutung der schwarzen Frau in der Pornographie der Vereinigten Staaten, einer rassistischen Gesellschaft, die fanatisch darauf versessen ist, die schwarze Haut sexuell zu entwerten, indem sie sie ausschließlich als Sexualorgan und Ausdruck von Sexualität wahrnimmt. Keine Frau irgendeiner anderen Rasse trägt in diesem Land diese besondere Last. Bei keiner anderen Frau ist Haut gleich Sex, gleich Möse an und für sich – ihr Wesen, das von ihr ausgehende Ärgernis."[77]

Hier ist es nicht möglich, den Faktor Rasse unter die allgemeine Kategorie des Feminismus zu subsumieren. Wir haben hier vielmehr eine scharfsichtige Analyse der Verbindungen, die Frauen als Frauen herstellen müssen, wenn die Analyse und die Handlungen gegen die vielfachen Formen der Unterdrückung ein Ausdruck feministischer Integrität sein sollen. Die Arbeiten von Alice Walker und Andrea Dworkin sind ausgezeichnete Beispiele antirassistischer Analyse und Aktion, die aus einer „Strategie der Identität" kommen.

Feministinnen müssen sich nicht schuldig fühlen oder sich Schuld zuweisen lassen für die Entstehung der Bandbreite unterdrückerischer Bedingungen, unter denen viele Frauen leben. Wir müssen Frauen bekämpfen, die sich selbst mit Schuld beladen, denn diese Schuld ist für den feministischen Geist ebenso zerstörerisch wie die Schuldgefühle eines jungen Inzestopfers, das überzeugt ist, sie trage die Schuld an dem Verbrechen, das ihr Vater gegen sie verübt hat. Frauen übernehmen oft die Schuld, die eigentlich den Vätern zukommt.

Wenn Frauen sich in Schuldgefühlen verzehren und aus dieser Motivation handeln oder wenn Schuldzuweisungen geschehen, sind die Möglichkeiten für Frauenfreundschaft äußerst gering. Die Strategie der Schuldgefühle und Schuldzuweisungen verstärkt die Vorstellung, Frauen könnten nur im Bewußtsein gemeinsamen Leidens zusammenkommen, und damit wälzen wir das Leiden wieder einmal nur unter uns um. Wenn eine Frau als ihre primäre Identität die der Unterdrückten annimmt – oder die, in gewisser Weise selbst Unterdrückerin zu sein –, dann frönen Frauen dem Leid.

Eine „Arithmetik der Unterdrückung" macht Frauen miß-
trauisch gegenüber Frauen, die beispielsweise nicht der gleichen
Rasse, der gleichen Volksgruppe angehören oder sich nicht im
gleichen unbehinderten Körperzustand befinden. Frauen kommen dann dazu, nur Frauen der eigenen Art zu vertrauen. Gewiß besteht eine tatsächliche Notwendigkeit, zunächst einmal
den Frauen zu vertrauen, die eine ähnliche Geschichte teilen.
Frauen dürfen Frauenfreundschaft nicht simplizifieren oder
frauen-zugewandte Harmonie als eine Sache ansehen, die uns in
den Schoß fällt. Frauenfreundschaft — besonders Freundschaft,
die über Grenzen der Verschiedenheit und Unterschiedlichkeit
geschlossen wird — ist ein komplexer, empfindlicher und an-
strengender Prozeß. Wir können es uns nicht leisten, Frauenfreundschaft zu romantisieren oder uns einzubilden, wir könnten die Grenzen der Unterschiede überspringen und direkt bei
Frauen-Zuneigung landen. Wir können es uns allerdings leisten,
die Schuldgefühle und die Schuldzuweisungen hinter uns zu lassen und uns auf die Möglichkeiten von Freundschaft auszurich-
ten.

*Die Entfremdung der Frauen von persönlicher und politischer
Macht*

Viktimisierung schafft eine komplexe Beziehung zwischen
Frauen und Macht. Einerseits neigen viele Frauen zu einer ambi-
valenten Einstellung der Macht gegenüber, sehen sie als etwas,
das zu vermeiden ist, das korrumpiert, das stets über und gegen
andere verwendet wird. Andererseits haben viele Frauen, die
den Perversitäten von Männermacht ausgesetzt waren, im Widerstand dagegen selbst Macht für sich und andere Frauen ergriffen.
Frauen haben eine zweifache Beziehung zur Macht. Doch hat
sich die Vorstellung: Macht muß vermieden werden, als Hindernis für Frauen-Zuneigung herausgestellt. Viele Frauen haben patriarchale Macht als Opfer erlebt und gehen nun unkritisch davon aus, daß Macht an sich korrumpiert. Diese Einstellung geht
häufig mit einer Entfremdung vom eigenen Gefühl für persönliche Macht einher — die Paul Tillich als „Macht des Seins" bezeichnet hat — und einer Entfremdung von anderen Frauen, die
ihre individuelle Macht des Seins in Frauengruppen geltend machen.

Macht kann auf vielerlei Weise definiert werden. In jüngster Zeit wurde sie häufig nur als politische Macht verstanden. Wenn wir uns jedoch Macht außerhalb ihrer korrumpierenden Nuancen vorstellen, so müssen wir mit der Macht des Seins beginnen und über die ontologische Begründung aller anderen Formen von Macht, besonders politischer Macht — sprechen.

> „Die Selbstbejahung eines Seienden trotz dem Nichtsein ist der Ausdruck seiner Seinsmächtigkeit. Hier sind wir an den Wurzeln des Begriffs der Macht. Macht ist die Möglichkeit der Selbstbejahung trotz innerer und äußerer Verneinung. Sie ist die Möglichkeit, das Nichtsein zu besiegen. Menschliche Macht ist die Möglichkeit des Menschen, das Nichtsein ohne Begrenzung zu besiegen."[78]

Meiner Meinung nach beginnen alle Probleme, die Frauen mit Macht haben, mit der Entfremdung der Frauen von ihrer Macht des Seins.

Diese Entfremdung manifestiert sich in verschiedenen Formen. Häufig wird in Frauengruppen Kollektivismus als die beste Form zur Strukturierung einer Gruppe automatisch und unkritisch akzeptiert und gefordert. Dazu gehört ein Beharren auf „nichthierarchischen" Strukturen. Zwar ist der Wunsch, sich kollektiv zu organisieren, eine verständliche Reaktion auf die Erfahrung von Frauen mit unterdrückerischen, institutionellen und patriarchalen Hierarchien, er kann sich jedoch in irritierende Richtungen bewegen, die der Entwicklung und Vertiefung von Frauenfreundschaft nicht förderlich sind.* Dieses Bestehen auf kollektiven Strukturen ebnet häufig die wahren Unterschiede von Frauen in bezug auf Kompetenz, Engagement und Fähigkeiten ein. Wenn sich Unterschiede in der Begabung oder in Führungsfähigkeiten zeigen, macht das Frauen, die sich weniger mächtig fühlen, Angst. Sherry McCoy und Maureen Hicks schildern in ihrem Artikel „Eine psychologische Retrospektive auf die Macht in der gegenwärtigen lesbisch-feministischen Gemeinschaft" ein treffendes Beispiel:

---

* Ich will damit nicht sagen, daß Kollektive nie erfolgreich gewesen seien. Ich weiß, daß es einigen Kollektiven gelungen ist, die Probleme, von denen ich hier spreche, zu vermeiden. Doch sie sind die Ausnahme, nicht die Regel. Es gibt daher kein normatives Muster positiven Kollektivismus, das mich glauben läßt, Kollektive würden all das erfüllen, was von ihnen erwartet wird oder daß sie die alternativen Strukturen seien, in denen Autorität und Verantwortlichkeit beschrieben werden.

„Ein ethischer Grundsatz, der in vielen feministischen Gruppen akzeptiert wird, besagt: ‚Wenn die Frau A. Macht in einer Weise ausübt, die die Frau B. sich machtloser fühlen läßt, dann muß A. einen Fehler gemacht haben.' Da bleibt wenig Raum für das Einbringen von Kraft oder Führungsqualitäten, weil frau ständig davor auf der Hut sein muß, daß ihre Bemühungen, eine Richtung anzugeben und Anregungen anzubieten, nicht als Aneignung der Macht einer weniger wortgewandten Frau angesehen wird."[79]

Die eigentliche Frage ist hier, warum ergreifen die Frau B. und andere ihr ähnliche Frauen nicht die eigene Macht, statt andere Frauen anzuklagen, daß sie sie ihnen raubten.

Viele Frauen übernehmen deshalb keine Macht, weil ihre Geschichte der Viktimisierung zu einer stark verringerten Macht des Seins geführt hat. Da ihnen diese persönliche Macht fehlt, entwerten solche Frauen andere Frauen, die eine Macht des Seins ausdrücken. Frauen, die Individualität oder Leitungsqualitäten zeigen, werden sogar beschimpft, sie würden sich außerhalb der Gruppe stellen. Unter den Schlagworten „kollektiv", „nichtrivalisierend" und „gleich" werden Frauen, die etwas erreichen, die ehrgeizig sind und die mit dem, was sie leisten, Erfolg haben, in den Status einer Paria verwiesen. Da sie nicht von der Gruppe „ausgeschlossen" werden wollen, besänftigen also die stärkeren Frauen die schwächeren, indem sie ihr Selbst und ihre Leistung herabsetzen oder schmälern. Oder sie verlassen die Gruppe und sind von Frauen desillusioniert. Die Entfremdung der Frauen von persönlicher und politischer Macht stattet die kollektive Gruppe oder die Gemeinschaft mit falscher Macht aus.

„Für viele Frauen wurde die Gemeinschaft (der Frauen) zu einem Gebilde mit einem Eigenleben. Und als solches bekam sie die Macht, eine urteilende Instanz zu sein und gewann — als eine neugegründete Heimat für die Heimatlosen — eine enorme Bedeutung... Frauen wurde traditionell der Zugang zu ‚legitimer' (männlicher) Macht und Autorität versperrt... Wenn Frauen erwachsen werden, haben sie oft kaum eine Vorstellung davon, wie sie es anstellen sollen, direkte persönliche Macht zu gewinnen, ganz abgesehen davon, was sie damit tun sollten, wenn sie sie hätten... Da Frauen nicht aus erster Hand die Anhäufung und Nutzung von Macht erlebt haben, bleibt uns nichts anderes übrig, als eigene Vorstellungen zu entwickeln, was Macht ist, was sie sein sollte und wie sie funktioniert. Wenn die Gemeinschaft als eine Bastion der Allmacht vorgestellt wird, so zeigt das die Unreife unserer Erfahrung im Umgang mit Macht."[80]

Nichthierarchische Strukturen ermutigen oft einen bestimmten Typ parasitärer Persönlichkeit, die ihre eigene „Macht" daraus gewinnt, daß sie von der Macht anderer zehrt. Diese Frauen verwenden häufig das Schlagwort der Gleichheit als ein Mittel, um anderen Frauen, die – um mit Tillich zu sprechen – „die Möglichkeit der Selbstbejahung trotz innerer und äußerer Verneinung" demonstrieren, Schuldgefühle einzujagen. Jede Demonstration persönlicher Macht durch eine andere wird als implizite Kritik der eigenen Unzulänglichkeit empfunden.

Mit der feindseligen Reaktion gegenüber jedweder Demonstration von Macht oder Leistung durch eine Frau geht häufig eine unkritische Ablehnung jeglicher Gruppenanforderungen oder Ordnung einher. Alle notwendigen Ordnungsmaßnahmen werden als elitär, unterdrückerisch und/oder als Machtdemonstration empfunden. Natürlich gibt es – wie Joreen schon vor langer Zeit in *The Tyranny of Structurelessness* (Die Tyrannei der Strukturlosigkeit) bewiesen hat – überhaupt keine strukturlose Gruppe. Sogenannte nichthierarchische Strukturen führen häufig zur Entstehung von mehr unstrukturierten Hierarchien – verdeckte Machtdemonstrationen und Einschränkungen –, die schließlich wesentlich rigider werden als die meisten offen strukturierten Gruppen. „Nichthierarchische" Gruppen kennen zumeist keine akzeptierten Formen, unstrukturierte Hierarchien, die sich unvermeidlicherweise bilden, zu widerlegen.

Das Dogma der Nichthierarchie kann sich insofern schädigend auf frauen-zugewandte Kraft auswirken, als es – wenn verschiedene Frauen in der Gruppe keinen Mittelpunkt individueller Kraft haben, auf dem sie aufbauen können – zu einer falschen Sichtweise von „Gleichheit schaffender politischer Macht" führen kann. So entsteht häufig die Situation, daß Frauen entweder die gemeinsame Kraft der Gruppe oder die Kraft starker Persönlichkeiten in der Gruppe absaugen oder daß sie ihre unangemessenen Gefühle gegenüber der Macht an anderen Frauen auslassen, die diese Macht für sie manifestieren.

„... Gleichheit schaffende Macht muß nicht unbedingt in jeder Gruppe das richtige Ziel sein. Womöglich ist ein automatisches Bestehen auf ‚nichthierarchischen' Strukturen eine Überreaktion auf unsere Erfahrung mit unterdrückerischer, ungleichgewichtiger, institutionalisierter

259

Macht. Wahre Unterschiede in Kompetenz, Verantwortung und Engagement müssen erkannt und anerkannt werden. So kann größere Autorität an die Gruppenmitglieder delegiert werden, die bereit sind, sie zu akzeptieren.“[81]

Der unkritische Imperativ, Gruppen auf kollektiver Grundlage zu bilden, kann sich sogar reaktionär auswirken, das heißt, als eine Reaktion auf unseren Status als Opfer patriarchaler Macht. „Unsere Machtstrukturen müssen danach beurteilt werden, ob sie die Fähigkeit von Menschen, ihr Potential zu verwirklichen, fördern oder nicht, und nicht danach, ob einige Frauen zu einem bestimmten Zeitpunkt eine größere Autorität bekommen.“[82]

Ein weiterer Fluch nichthierarchischer Gruppen besteht in der indirekten Macht, die zu entwickeln Frauen ermutigt werden. Im allgemeinen sind Frauen gewohnt, nicht ihre direkte persönliche Macht einzusetzen, sondern sich in die indirekte Macht zu flüchten. Sie schleusen ihre Ideen und Wünsche durch Männer ein, häufig indem sie die Männer manipulieren, das zu tun, was sie von ihnen wollen. Im kollektiven Rahmen wird dieser indirekte Machtgebrauch häufig nachgeäfft. Wo die Werte der Gruppe nicht die direkte Macht des Seins hervorrufen, wird Indirektheit zum Verhaltensmaßstab. Frauen werden dann ihren Einfluß auf Umwegen geltend zu machen versuchen. Den direkten Eindruck des eigenen Selbst oder der eigenen Werte zu vermitteln, wird nicht als „politisch korrekt“ angesehen. Mit der Gruppe „verschmelzen“ ist besser, als „hervorzustechen“. Die Qualitäten, die eine Frau auszeichnen, sind nicht gefragt, und ihre besondere Kraft wird unsichtbar gemacht. Dennoch kann die Gruppe immer noch von einzelnen Frauen manipuliert werden, die bereit sind, die Macht mit indirekten Mitteln zu ergreifen.

Durch das unkritische Akzeptieren eines nichthierarchischen Modells, kann eine ganze Reihe verschiedener Ungerechtigkeiten entstehen. Wie viele Kritikerinnen bereits festgestellt haben, verleitet der Kollektivismus Frauen dazu, interne Ziele – was wir innere Angelegenheiten nennen könnten – zu verfolgen auf Kosten der Effizienz und zu Lasten notwendiger, dringend erforderlicher äußerer Aufgaben – Aufgaben, die eine größere umfassendere Gruppe betreffen. Statt dessen stehen die Dynamik der Gruppenprozesse, die Interaktionsformen innerhalb der Gruppe und die Probleme der Kommunikation unter den Gruppenmitgliedern im Mittelpunkt und werden manchmal endlos durchgekaut und breitgetreten. Solche internen Angelegenheiten können „zu Tode diskutiert" werden oder, passender, können ein falsches „Leben" bekommen.

Falsches Leben ist keine wirkliche Kraft/Macht. In der Enklave einer solchen Gruppe können sich die Frauen sehr wohl in der Illusion befinden, daß sie die Strukturen der patriarchalen Macht herausfordern. Doch eine Gruppe, die aus einem falsch verstandenen Geist der Gruppensolidarität ihre besten und gescheitesten Stimmen zum Schweigen bringt, kann keine echte Kraft/Macht entwickeln. Und unter Frauen, die keine Macht des Seins haben, können bestimmt keine starken Freundschaften entstehen. Wenn, wie Aristoteles sagte, „der Freund das andere Selbst ist", muß das Selbst ihre Macht des Seins kennen. Sie muß ihre eigene Freundin sein.

### Wenn Frauen letztlich Frauen zu Opfern machen

Frauen sind wahrhaft von Frauen verraten/betrogen worden — von Frauen, von denen sie annahmen, daß sie vom gleichen feministischen Geist und der gleichen Vision beseelt waren, und von Frauen, die sie einst Freundinnen nannten. Frauen hatten aber auch unrealistische Erwartungen an ihre Freundinnen, so daß, wenn sich die Erwartungen nicht erfüllten, die Frauen sich desillusioniert und im Stich gelassen fühlten. Es ist wichtig, zwischen wirklichem Verrat und unrealistischen Erwartungen zu unterscheiden, obgleich beides häufig zum gleichen Resultat führt — zum Unmut gegenüber anderen Frauen.

Die aus dem Kampf gegen alle Formen männlicher Tyrannei geborene Schwesterlichkeit bedeutete nicht, daß Frauen automatisch Freundinnen wurden oder daß sie über diesen Kampf hinaus eine gemeinsame Welt teilten. Viele Frauen, die hart für die gemeinsame Sache des Feminismus kämpften, hatten erwartet, daß dies ihnen mehr geben würde, als es dann der Fall war. So waren sie schließlich „ausgebrannt". Kate Stimpson meinte, dieses „Ausgebranntsein" sei in Wirklichkeit eine andere Form von Zorn. Zorn worauf? Ich würde antworten: Zorn auf Frauen, die enttäuschten oder verrieten. Zorn über das, was frau in andere Frauen investiert hat. Zorn, mehr gegeben zu haben, als frau zurückbekam. Zorn über die Unfähigkeit, unversöhnbare Differenzen und Trennungen zu überwinden. Zorn über den Mangel an Anerkennung, Respekt oder Rücksichtnahme, den Frauen sich gegenseitig zeigten. Zorn über den Verlust eines Glücks, das Frauen mit anderen Frauen zu finden hofften. Viele Frauen, die in den sechziger und siebziger Jahren Feministinnen wurden, wurden von Frauen, die sie für Freundinnen hielten, abserviert – und das manchmal in Form öffentlicher Denunziation, in der Frauen wegen irgendeiner „politisch nicht korrekten" Haltung angeprangert wurden. Häufiger geschah der Bruch nicht öffentlich. Da Frauen nicht darauf vorbereitet waren, Verrat und Illoyalität von Frauen zu erleben – besonders nicht von Frauen, denen sie vertraut hatten –, kamen sie oft zu dem Schluß: „Frauen sind auch nicht besser als Männer." So waren viele Frauen von Frauen enttäuscht und wandten sich von der Frauen-Identifikation ab. Im letzten Jahrzehnt entfremdeten sich zahllose Frauen von anderen Frauen und vom Feminismus. Mary Daly nennt dies eine „Krise des feministischen Glaubens", in der Frauen schließlich glauben, „die ‚Illusion' sei der Feminismus selbst".[83]

Dieses Phänomen kann auf vielerlei Weise analysiert werden. Es ist lehrreich, daß Frauen mit ihrer Abwendung von Frauen und Frauen-Identifikation offenbar sagen wollen: Von einer Frau verwundet zu werden bedeutet gewissermaßen, ein „endgültiges Opfer" zu sein. Da Frauen die Viktimisierung durch Männer kennen, erwarten sie sie erfahrungsgemäß aus dieser Richtung – und nicht von anderen Frauen. Doch geschah genau dies, und zwar häufiger als viele von uns wahrhaben möchten. Sich aber infolge von horizontaler Gewalt und horizontalem Verrat von Frauen abzuwenden, ist wie eine öffentliche Bekanntgabe, daß niemand einer Frau tödlichere Schläge versetzen kann als eine andere Frau. Was in gewisser Beziehung sogar stimmt. Denn da wir von Frauen viel mehr erwarten, können Frauen auch viel tiefer verwunden. Dennoch ist dies nur die halbe Wahrheit. Halbwahrheiten können sehr bestrickend sein, das Dumme daran ist nur, daß es keine ganzen Wahrheiten sind. Die ganze Wahrheit ist, daß Frauen in einer frauenhassenden Welt Antifrauen-Werte und -Verhalten verinnerlichen und auch wieder nach außen bringen. Was können wir Frauen nun bestenfalls daraus machen? Wir sollten genau wissen, daß dieses Verhalten vorkommt, und diesem Wissen frontal ins Gesicht sehen (vielleicht, wichtiger noch, ins Herz) und trotz oder gerade wegen dieses mit Kopf und Herz erfaßten Wissens uns auf frauenzugewandte Weise verhalten.

Die Stärke unseres Engagements für Frauen erfährt ihren Härtetest in schlimmen Zeiten — sogar wenn Frauen uns die Frauenfreundschaft aufkündigen. Als Frauen mit Realitätssinn müssen wir all die Mächte kennen, die da gegen uns aufmarschiert sind, einschließlich der schrecklichen Macht der frauen-verratenden Frauen. Wir müssen dieses Wissen verstehen, erspüren und dann weitergehen — zu anderen Frauen. Dies verlangt Ausdauer und Durchhaltekraft — die Kraft, bei Frauen zu bleiben.

Wenn Frauen sich von Frauen abwenden, entscheiden sie sich für eine andere Art der Viktimisierung. Im Grunde sagen sie damit, daß sie bereits zu verwundet sind, um sich noch einmal — diesmal von Frauen — verwunden zu lassen. Mit dieser Haltung werden jedoch Frauen zu denen gemacht, die eigentlich den Frauen Wunden zufügen. Natürlich sind sich Frauen nicht bewußt, daß sie sich einer subtileren Art von weiblichem Viktimismus anheimgeben. Doch genau das ist hier der Fall.

Die Abwendung von Frauen bringt eine nihilistische Haltung gegenüber Feminismus und Frauenfreundschaft hervor. In der Mitte des zwanzigsten Jahrhunderts, besonders in der Post-Holocaust- und Post-Atombomben-Ära, waren männliche Dichter und Philosophen unendlich fasziniert von der Bedeutung des Nichts. Andrea Dworkin sagt über diesen Nihilismus: ,,Sie romantisieren diese Entfremdung und müssen damit keine Verantwortung für das übernehmen, was sie tun und was sie sind."[84] Frauen sind von einer ähnlichen Entfremdung infiziert, allerdings nicht in dem Ausmaß, daß sie die Abwendung von Frauen romantisieren würden, doch immerhin so weit, daß sie die Verantwortung für die eigenen unrealistischen Erwartungen gegenüber Frauen meiden und eine gewisse Sentimentalisierung des Frauenbündnisses nicht zugeben, mit der sie zuviel erwarteten und, als sich die Erwartungen nicht erfüllten, sich dann zurückzogen.

Dieses Sentimentalisieren äußert sich womöglich in unkritischem Vertrauen in Frauen im allgemeinen oder im besonderen in Frauen, die sich selbst als Feministinnen bezeichnen. Vertrauen in Kategorien — genau wie Wahrheit in Kategorien — muß scheitern, und damit scheitern auch jene, die dieses Vertrauen hegen — und zuallererst die Frauenfreundschaft. Das Vertrauen in Kategorien macht Freundschaft, wie Emerson sagt, ,,zu schön, um wahr zu sein". Irgendwem — auch ehrenhaften Frauen — unkritisch zu vertrauen, ist einfach dumm.

Es ist nicht falsch, wenn Frauen von anderen Frauen viel erwarten. Wir sollten erwarten, daß Fauen sich nicht so verhalten wie seit jeher die Männer. Auch wenn wir viel erwarten, können wir doch nicht erwarten, daß Frauen in jeder Hinsicht eine Steigerung sind — moralischer, vertrauenswürdiger, freigiebiger, intelligenter. Und wir können vor allem nicht erwarten, daß Frauen in der Beziehung eine Steigerung sind, als daß sie bei Frauen, die sie verrieten und im Stich ließen, weniger nachtragend sind.

Nihilistische Abwendung ist der einfachste Ausweg. Die sichersten Opfer unserer Enttäuschung und Wut sind die des eigenen Geschlechts. Es ist einfach, unsere früheren Werte des Feminismus und der Frauenfreundschaft zu negieren. Es ist schwieriger, sich der Desillusionierung zu stellen und mit Kopf und Herz zu entschließen, sich wieder für Frauen zu entscheiden.

Abwendung von Frauen muß durch eine realistischere Frauen-Zuwendung ersetzt werden. Wir müssen dem Gedanken Widerstand leisten, wir seien „zur ewigen Viktimisierung durch ,das Andere' verdammt: erst das Patriarchat — nun andere Frauen".[85]

## Schlußfolgerung

Die Hindernisse, die der Frauenfreundschaft im Weg stehen, sollten uns schließlich stets daran erinnern, daß der Prozeß der Freundschaft weitergeht. Uns Frauen zuzuneigen heißt, daß wir weiterhin anderen Frauen zugeneigt sind, auch wenn tiefe Freundschaften in die Brüche gegangen sind. Oder daß wir die Hindernisse aufarbeiten in der Hoffnung, daß eine Freundschaft doch halten wird.

Freundschaft ist ein Prozeß des „immer neu vollzogenen Handelns". In diesem Sinn ist Freundschaft ein Verhalten, dem auch Verrat, Brüche und Abwendung von Frauen nichts anhaben können. Es ist ein kreatives Verhalten; es — um Mary Dalys Worte in einem anderen Kontext zu benutzen — „geschieht nicht durch Wunschdenken, sondern vielmehr durch mühsame Praxis, durch immer neu vollzogenes Handeln".[86] Akte der Freundschaft müssen immer neu vollzogen werden, trotz der „verlorenen Paradiese" früherer Freundinnen.

Wir können enorm viel praktische Weisheit über Freundschaft sowohl aus ihrem Scheitern als auch aus ihren Erfolgen beziehen. Im Fall des Scheiterns sind wir immer in Versuchung zu fragen: „Ist/war es das denn wert?" War es die Zeit, die Energie, die Intensität des Gefühls und die Hingabe des Selbst wert?

Wenn Frauen-Zuneigung wirklich eine politische Tugend mit politischen Auswirkungen ist, müssen diese Fragen aus einem anderen Blickwinkel, möglicherweise mit anderen Fragen, beantwortet werden.

Wenn eine Freundschaft in einer Frau die Möglichkeiten eines tieferen Erlebens weckt und sich diese Möglichkeiten innerhalb der Freundschaft nicht erfüllen, war/ist es das dann wert? Wäre es besser gewesen, sich von einer bestimmten Freundschaft nicht anrühren zu lassen, selbst wenn diese Freundschaft nicht gehalten hat? Alice Walkers Worte, die sie im Kontext der Bürgerrechtsbewegung äußerte, die sich aber auch sehr gut auf die Krisen von Frauenfreundschaft anwenden lassen, sollten uns Mut machen:

> „Ein Teil dessen, was Existenz für mich bedeutet, ist, den Unterschied zu kennen zwischen dem, was ich heute bin, und dem, was damals war. Es heißt auch, daß ich in der Lage bin, mich selbst intellektuell wie finanziell zu versorgen. Es heißt, daß ich sagen kann, wenn mir Unrecht geschieht und durch wen... Es bedeutet, daß ich Teil der Weltgemeinschaft bin, daß ich *genau darauf achte,* welchem Teil ich mich angeschlossen habe, daß ich weiß, wie ich zu einem anderen Teil überwechsle, wenn dieser mir nicht mehr paßt. Wissen heißt existieren."[87]

Wenn Frauenfreundschaft irgend etwas davon bewirkt — auch wenn ihr Gewebe manchmal zerfetzt und zerrissen ist —, dann hat sie sich gelohnt.

Die Hindernisse, die Frauenfreundschaft im Weg stehen, haben vielen Frauen einen Grund gegeben, sich von anderen Frauen zurückzuziehen, weil sie meinen, die Frauen-Zuneigung gäbe zu wenig her. Sie sehen nicht, welche Geschenke uns die Frauenfreundschaft gebracht hat. Frauenfreundschaft hat uns die Erfahrung miteinander gebracht und das Geschenk des Selbst. Sie hat unserem Leben eine Richtung gegeben und uns gezeigt, daß wir für Frauen da sein können. Sie hat die Fassade der Hetero-Beziehungen eingerissen, die uns voneinander und von unserem Selbst fernhalten. Sie hat uns eine Geschichte gegeben, aus der wir lernen, daß Frauen seit jeher Frauen geliebt haben. Sie hat uns verstehen gelehrt, daß ein Leben, das lediglich Überleben ist, für den Geist nicht ausreicht. Sie hat uns die Fähigkeit gegeben, unsere Liebe für Frauen auf verschiedene Weise auszudrücken. Sie hat uns Leben gegeben, das von Frauen berührt wird, womit „das universelle patriarchale Tabu gegen die frauen-be-

rührenden Frauen" gebrochen wurde. Sie hat uns das gegeben,
was uns „am strengsten verboten ist". Es geht nicht darum, daß
sie uns dies nicht für immer und ewig oder mit den Freundinnen, mit denen wir begannen, gegeben hat. Denn sie hat uns die
Aussicht und die Möglichkeit gegeben, daß sie uns immer neu
widerfährt.

# Kapitel V

# Eine Vision von Frauenfreundschaft: Zweifache Sicht

Der Raum für uns jetzt
ist weder hier noch dort,
sondern zwischen der Gestalt der Welt
und dem Seelenfunken.
Hier bedeutet die Ecken von Scharfem, Hartem,
Vollgefülltem und Engem
wie Notizbücher, Punkte, Reihen, Titel,
und der Himmel zwischen riesighohen Häuserwänden.
Dort bedeutet an der Ecke des Lichts.
Nagle deine Zunge und Füße und Finger
fest in den Raum
nicht hier, nicht dort,
was genausoviel ist wie
in keinem oder beidem zu diesem einen Zeitpunkt.
    Catherine Barry, „The Space", in:
    *Views from Intersection*

Mama ermunterte uns Kinder bei jeder Gelegenheit, „zur Sonne zu springen". Wenn wir auch nicht auf der Sonne landeten, so kamen wir doch immerhin vom Erdboden los.
    Zora Neale Hurston
    *Dust Tracks on a Road*

Ich habe in meinem Leben Träume geträumt, die mich dann immer begleitet und meine Vorstellungen verändert haben; sie haben mich ganz und gar durchdrungen, so wie sich Wein mit Wasser vermischt, und haben die Farbe meiner Seele verändert.
    Emily Brontë
    *Sturmhöhe*

Die Möglichkeiten von Frauenfreundschaft gründen sich auf eine Vision. Vor dem Hintergrund der Tatsache, daß der Frauenfreundschaft Hindernisse im Weg stehen und ihr Gewebe immer wieder durch Meinungsverschiedenheiten, Spaltungen und Streit zerrissen wird, ist es um so wichtiger, über Visionen zu sprechen.

Für Vision gibt es verschiedene Interpretationsmöglichkeiten, doch jede Bedeutung des Wortes ist mit einer gewissen Spannung geladen. Diese Spannung ist in der zweifachen Definition des Wortes Vision* in den Lexika zu spüren — auch bei jedem Versuch, eine Vision zu leben. *Vision* kann „die Ausübung des normalen Sehvermögens" sein, aber auch „etwas, das offensichtlich anders als durch das normale Sehvermögen erfaßt wird".[1] Wir können diese Spannung auch mit der Frage ausdrücken: Wie ist es denn möglich, mit dem gewöhnlichen Sehvermögen zu sehen — d. h. den notwendigen Realismus über die Bedingungen der Existenz beizubehalten — und zugleich über diese Bedingungen hinauszusehen, also „die Realität zu überspringen"? Oder anders gesagt: Wie können Frauen in der Welt, wie sie von Männern gestaltet worden ist, leben und zugleich die Welt so schaffen, wie Frauen sie sich vorstellen?

Männer haben die Muster der Sprache und der Begriffe geschaffen, innerhalb derer das Akzeptieren des gegenwärtigen Zustands als „realistisch" und die Versuche, eine feministischere oder stärker von Frauen bestimmte Welt zu schaffen, abschätzig als „utopisch" bezeichnet werden. So wird Frauen, die die Notwendigkeit einer Vision betonen, leicht der Vorwurf gemacht, sie würden die Aufmerksamkeit anderer Frauen von den wahren Problemen der Frauenunterdrückung abziehen. Sie werden beschuldigt, auf romantische Weise zu simplizieren und zu sentimentalisieren. Jede, die über Visionen sprechen möchte, wird zur Zeit durch die „Vision" — oder sollte ich sagen „das Gespenst" — eingeschüchtert, sie könnte als leicht schwachsinnig abgestempelt werden.

Ein wichtiger Aspekt zu Beginn der Neuen Frauenbewegung

---

* Im Englischen hat *vision* neben „Vision" auch noch die Bedeutung von „Sicht" im physikalischen Sinn, beispielsweise als Vermögen des menschlichen Auges. A.d.Ü.

271

war seine visionäre Kraft. Feministinnen sind – in Freud' und Leid – in ihren Bestrebungen „reifer" geworden. Das geht so weit, daß Reife häufig mit einer Ablehnung von Visionen und mit einem hartgesottenen Realismus gleichgesetzt wird, der eine Vorstellung von der feministischen Zukunft für nichtig erklärt, noch ehe sie sich überhaupt als Denkmöglichkeit entfalten kann. Feministische „Reife" scheint zu bedeuten, daß die Ideale einer früheren feministischen „Pubertät" zusammen mit der Sprache einer frauenzentrierten Zukunft an den Nagel gehängt werden.

Bei dieser „Reife", die feministisches Schreiben, Forschen und Handeln erlangt haben, erleben wir ein Phänomen, wie wir es auch auf anderen Gebieten finden: Denker/innen entledigen sich der Verantwortlichkeit, Ideale zu schaffen. So entwickelte z. B. die Soziologie des 19. Jahrhunderts Vorstellungen, wie Gesellschaft aussehen könnte. Seitdem ist die Soziologie jedoch zu einer Disziplin geworden, die sich vor allem mit dem Messen und Analysieren dessen, was ist, beschäftigt. Keith Melville hat den Soziologen vorgeworfen, eine Wissenschaft der Zukunft zu schaffen, „die sich nicht mit dem beschäftigt, was sein sollte, sondern mit der Formulierung von Voraussagen über das, was wahrscheinlich sein wird".[2] Kritischer Idealismus und visionäres Denken wurden durch quantifizierbare Kalkulationen und computerisierte Voraussagen – durch harten Futurismus – ersetzt. Die gleiche Wende können wir im Bereich der Philosophie feststellen. Philosophie – speziell die Themen und Fragen, die die Metaphysik stellt – ist in erster Linie analytisch geworden, indem sie Fragen des Seins auf eine Analyse der Sprache reduziert, einer Sprache, die die Sinnfrage noch weiter auf mathematische Symbole und Gleichungen einengt.

Idealismus war schon immer suspekt. Ganz besonders heute, da die wirklich realen Fragen der Gesundheit, Bildung und sozialen Sicherheit gerade von den wirklich bedürftigen Frauen – und das ist die Mehrheit der Frauen – abgekoppelt werden. Ein Wirtschaftswissenschaftler stellte fest: „In den Vereinigten Staaten gibt es keine männliche Armut mehr. Wir haben nur noch weibliche Armut."[3] Oder wie in einer Titelgeschichte über Armut im *Boston Globe* zu lesen war:

„Unter gleichbleibenden Bedingungen ... würde, wenn der Anteil der Armen, die sich in Familien mit weiblichem Haushaltsvorstand befinden, im gleichen Maße ansteigt wie von 1967 auf 1977, ihr Anteil im Jahr 2000 hundert Prozent der Armen umfassen.

... In der öffentlichen Meinung werden die siebziger Jahre im allgemeinen für eine Dekade des Fortschritts für Amerikas Frauen gehalten... Es hat realen und geschichtlichen Fortschritt gegeben. Doch in Wirklichkeit haben nur sehr wenige davon profitiert.

... Mit anderen Worten: Frauen als Gruppe geht es schlechter als noch vor zehn Jahren.

... Der Bericht des nationalen Beirats für wirtschaftliche Chancengleichheit 1980 kam zu dem Schluß: ,Soweit es in den siebziger Jahren Sieger im Krieg gegen die Armut gab, waren sie männlich — und in erster Linie weiß... Daß Männer wesentlich schneller von der Armut loskamen, bedeutet, daß sich die Ungleichheit der Lebenschancen zwischen Männern und Frauen in den vergangenen Jahren erheblich vergrößert hat.'"[4]

Die immer noch von äußerster Bedrängnis sprechenden materiellen Bedingungen im Leben vieler Frauen sind folgende:
— Zwei Drittel der Analphabeten der Welt sind Frauen.[5]
— Frauen verdienen 59,4 % dessen, was Männer verdienen.[6]
— Die Arbeitslosigkeit unter Frauen ist wesentlich höher als unter Männern. Während Frauen mehr als 50 % der erwachsenen Weltbevölkerung stellen und ein Drittel der Werktätigen, leisten Frauen fast zwei Drittel aller Arbeitsstunden und verdienen nur ein Zehntel des Welteinkommens. Frauen gehört weniger als ein Prozent des Weltbesitzes.[7]
— Alle sieben Minuten wird eine Frau in den Vereinigten Staaten vergewaltigt.[8]
— Alle achtzehn Sekunden wird eine Frau geschlagen.[9]

In diesem Kontext kommt vielen allein schon die Erwähnung einer Vision von Frauenfreundschaft „unwirklich" vor.

Frauen können es sich jedoch nicht leisten, die visionäre Aufgabe zu mißachten und aufzugeben, vor allem nicht die Aufgabe, mit mehr als dem gewöhnlichen Sehvermögen zu sehen. Auch können wir nicht zulassen, daß wir aus Verzweiflung — weil der Zustand der gegen Frauen verübten Greuel so überwältigend schrecklich ist — in der männergemachten Welt steckenbleiben. Eine wirklich kritische Haltung muß von einer Vision getragen sein, die über den Horizont der „realen Welt" hinausgeht. Die Welt ist mehr als das, was Männer daraus gemacht haben. Doch müssen Frauen zugleich die Möglichkeit haben, effektiv und affektiv in der männergemachten Welt zu leben.

Eine umfassende Vision beruht auf einer *zweifachen Sichtweise — einer Nah- und einer Fernsicht.* Dies ist die *eigentliche Spannung* des Feminismus. Sie ist bei jedem Aspekt im Leben von Frauen anwesend. Frauen müssen lernen, mit und in dieser Spannung zu leben. Das bedeutet, daß wir nicht unter dem Widerspruch zwischen dem, was die Welt ist, und dem, wie sie sein sollte, zusammenbrechen.

Zu dieser zweifachen Vision gehört einerseits ein scharfer Durchblick in bezug auf die Bedingungen weiblicher Existenz in einer männergemachten Welt. Das bedeutet eine akute „Nahsichtigkeit", die mit Hilfe des normalen Sehvermögens den klaren Durchblick hat. Andererseits gehört zum Realismus bezüglich der Welt, wie Männer sie geschaffen haben, ein über das normale hinausgehende Sehvermögen — wir können es feministische Weitsichtigkeit nennen —, das jedoch nicht eskapistisch wird oder zu weit greift. Zwar kann uns Realismus bezüglich der Bedingungen der Frauenunterdrückung und der männlichen Manipulation weiblicher Existenz in dieser Welt über die hetero-bezogenen Strukturen hinaustragen, doch bedarf es zugleich eines weitsichtigen Denkens und Handelns, das uns zeigt, wohin wir gehen.

Frauen müssen die falsche Vision und Sentimentalität der Hetero-Beziehungen genau deshalb ablehnen, weil sie eine verzerrte Sicht von unserem Selbst geben. Das bedeutet jedoch nicht, daß Frauen Visionen an sich ablehnen sollten. Es heißt vielmehr, daß wir Frauen unserer Vision Gestalt geben, damit wir uns nicht nur von den Männern befreien, sondern auch die Bedingung für Frauenfreundschaft schaffen können.

Dieses Buch ist von der Überzeugung getragen, daß es für Frauen nicht möglich ist, frei zu sein oder den Zustand weiblicher Existenz in einer männergemachten Welt realistisch zu sehen oder gegen die Kräfte zu kämpfen, die sich gegen uns alle richten, oder zu gewinnen, wenn wir nicht erkennen, wie unermeßlich groß die Möglichkeiten sind, füreinander dazusein, und dabei zugleich begreifen, wie tief Männer diese Möglichkeiten vor uns verborgen haben.

Zweifache Sicht schafft Spannung, aber nicht Gegensatz. Der Realismus bezüglich der Bedingungen der von Männern gemachten Existenz muß von einer Vision feministisch handelnder Phantasie erleuchtet werden. Und die feministische visionäre Aufgabe ist, sich selbst in der realen Welt zu verwurzeln, denn sonst wird sich — wie Pat Hynes sagt — die ungerichtete Energie wie ein nicht geerdeter elektrischer Strom in alle Richtungen verteilen.[10] Virginia Woolf drückte das so aus: „Energie wurde freigesetzt — doch in welche Formen soll sie fließen?"[11]

274

## Zweifache Sichtweise: ihre Formen

*Materialismus und Idealismus*

Mit und in zweifacher Sichtweise zu leben ist ein Balanceakt für Frauen, denn diese Spannung nimmt vielerlei Formen an. Da haben wir einmal die Spannung Idealismus — Materialismus. Zuviel „Materialismus" (d. h. die Weltsicht, die nur sinnlich Erfahrbares und materielle Existenz als das „wirklich Reale" gelten läßt) kann in bezug auf die männergemachte Welt dazu führen, daß wir in ihr steckenbleiben. Das hat unterschiedliche Folgen. Frauen können so wütend werden, daß die Wut nicht zielgerichtet wird und sich schließlich gegen das eigene Selbst und gegen andere Frauen kehrt. Oder Frauen werden durch die im Patriarchat herrschenden Bedingungen gelähmt, und dann müssen diese Bedingungen als Ausrede für ihr mangelndes Engagement in der realen Welt herhalten, weil sie nicht darüber hinaussehen können.

Dann haben wir eine Form des Materialismus, der, weil ihm jeglicher Idealismus fehlt, die Notwendigkeit für Phantasie und Weitblick grundsätzlich zurückweist. Aus diesem Standpunkt heraus wird oft behauptet, die Brot-und-Butter-Fragen im Leben von Frauen seien die einzig realen Dinge, und es sei fast eine Beleidigung, von der Notwendigkeit zu sprechen, daß Frauen „mit mehr als dem normalen Sehvermögen" sehen sollten. Diese Haltung will einfach nicht anerkennen, daß viele Frauen nicht vom täglichen Brot allein leben wollen. Ohne eine tiefere „Realität" verblassen die materiellen Brot-und-Butter-Realitäten.

Zu wenig „Materialismus" in bezug auf die männergemachte Welt hingegen führt zu einer schwächlichen, leeren und eskapistischen Sichtweise, die die himmelschreiende Tatsache des Frauenhasses übersieht und Frauen dahin bringt, keinerlei Reaktion zu zeigen, mögen die Situationen weiblicher Greuel noch so extrem und dringend abhilfebedürftig sein. Die Frage der Frauenunterdrückung wird hier fast als peinlich empfunden, als sei die Beschäftigung damit unreif, pennälerhaft und das Produkt eines morbiden politischen Bewußtseins. Auf diese Weise haben viele Frauen die Tiefe dieser Greuel aus ihrem Bewußtsein verbannt.

Zu wenig „Materialismus" fördert auch ein nach innen gewandtes, spiritualisiertes oder abstraktes Bewußtsein, das von den „realen" Bedingungen im Leben der Frauen ablenkt. „Mit mehr als dem normalen Sehvermögen sehen" würde damit, wie Karl Jaspers sagt, zu einem Schleier, der sich über die harte Realität der Existenz legt. Es verführt zu einem selbstgenügsamen Leben in der Welt der Bilder und Gedanken.[12] Die feministische Zukunft stellt sich stets sonniger dar, als die hetero-bezogene Realität. Dies hat einige Frauen veranlaßt, die Welt nur noch in bezug auf die Zukunft oder auf den Bereich der Natur zu definieren. Viele sehen die Welt der Institutionen und der künstlichen Schöpfungen als unwirklich an – als das Endprodukt männlicher Hybris. Doch die Welt ist mehr als der Bereich der Natur. Institutionelle Strukturen, auch wenn sie künstlich und aus zweiter Hand und häufig korrupt sind, gehören zur realen Welt.

Die zweifache Sichtweise steht für die fundamentale Bewegung zwischen Materialismus und Idealismus, gleichgültig, welcher Pol zum Ausgangspunkt genommen wird. Wenn Frauen vom Bewußtsein ausgehen und den Primat der Werte und Ideen geltend machen, so gelangen sie an den Punkt, wo sie dieses Bewußtsein „materialisieren" müssen. Ist der Ausgangspunkt durch die materiellen Bedingungen im Leben von Frauen bestimmt, dann müssen sich Frauen von einem gewissen Punkt an in die Richtung des „Idealisierens" bewegen, wenn nämlich die Materie sich selbst bewußt wird – ihrer Warums und Weshalbs, ihrer Bedeutung und ihrer Tiefe. Selbst viele Marxisten, besonders einige der Frankfurter Schule, hatten eine Vision von Hoffnung, die wir insofern transzendent nennen können, als damit die Theorie über den materiellen Bereich objektiver Möglichkeit zu Horizonten jenseits dieses Bereichs hinausgehoben wurde.

Ich werde manchmal aufgefordert, meinen philosophischen Standpunkt zu beschreiben. Die Antwort lautet: Ich bin kritische Idealistin und kritische Materialistin zugleich. Engstirnige Materialistinnen bringen mich dazu, daß ich von Idealismus durchtränkt aus der jeweiligen Diskussion hervorgehe. Und vor dogmatischen Idealistinnen flüchte ich mich in die materiellen Bedingungen der Existenz von Frauen. Der Prozeß von Frauenfreundschaft bewegt sich ständig zwischen Materiellem und Ideellem hin und her. Wir haben die ideellen Bedingungen, unter denen Frauen-Zuneigung blüht, und die materiellen Bedingungen, unter denen Frauen-Zuneigung existiert. Das Ziel ist, beide zusammenzubringen. Kritischer Idealismus projiziert seine Ideale nicht in die Zukunft, sondern findet deren Ursprünge in der Vergangenheit und Gegenwart von Frauen. Jedes Ideal der

Freundschaft muß sich sein Fundament in der existierenden Realität der Frauen schaffen.[13]

Idealismus ist jedoch nicht einfach nur eine Restauration der Vergangenheit oder die Erhebung alter Materie zu einer neuen Schöpfung. Wir können beispielsweise die Eheverweigerinnen oder die Nonnen nicht als reale Lebensmodelle für heute nehmen. Sie sind vielmehr instruktive Beispiele für die Formen, die Frauenfreundschaft annehmen kann. Idealismus hat eine Kraft, die Kraft der Erwartung und Möglichkeit, mit der die materiellen Bedingungen des Lebens von Frauen transformiert werden können. Doch die Bewegung zwischen beiden Polen wird stets erneut die Herausforderung durch das Materielle bestätigen — nämlich das Ideal zu konkretisieren, ,,etwas, das mit mehr als dem normalen Sehvermögen gesehen wird'', in den Alltag zu übertragen.

So sind beispielsweise Güte und Wahrheit Ideale, die in einer Freundschaft gesucht werden. Es ist unmöglich, abstrakte Güte und Wahrheit zu finden, doch ist es ebenso unmöglich, in einer Person den tatsächlichen Ausdruck von Güte und Wahrheit zu finden, wenn es kein Ideal gibt, anhand dessen Güte und Wahrheit erkannt werden können. Wir brauchen Ideale von Güte und Wahrheit, doch nicht getrennt von der Lebenswirklichkeit von Frauen.

Um ein anderes Beispiel zu bemühen: Bei allem, was über Frauenfreundschaft geschrieben wird, ist es wichtig, daß von dem Ideal der Leidenschaft gesprochen wird. Wenn jedoch die materielle Geschichte der Leidenschaft von Frauen füreinander nicht dargestellt wird, so hat Leidenschaft wenig Realität. Idealismus darf seine Suche nach ,,Güte'', ,,Wahrheit'', ,,Leidenschaft'' oder ,,Freundschaft'' nicht aufgeben. Idealismus braucht theoretische Unabhängigkeit, doch er hat keine materielle Unabhängigkeit, die von der tatsächlichen Existenz von Frauenfreundschaft und von der Lebenswirklichkeit von Frauen, in der wir unsere Freundschaften Tag um Tag leben, abgeschnitten ist.


## Optimismus und Pessimismus

Nachdem wir viele der Hindernisse, die Frauenfreundschaft entgegenstehen, betrachtet haben, erkennen wir, daß eine Vision von Frauen-Zuneigung unausweichlich zur Spannung zwischen

Optimismus und Pessimismus führt. Besser gesagt: Die Hoffnung drückt die richtige Spannung zwischen den beiden aus. Spannung ist nicht immer eine klare dialektische Bewegung zwischen zwei Gegensätzen, aus denen dann eine dritte Realität hervorgeht (These — Antithese — Synthese), noch ist sie ein „Androgyn", welches einstige Gegenpole vereint. Hoffnung geht vielmehr über den Optimismus oder Pessimismus hinsichtlich Frauenfreundschaft hinaus und korrigiert die schiefe Sichtweise beider. Hoffnung ist eine Bewegung, die zwischen Optimismus und Pessimismus entsteht und dann die beiden übersteigt. Sie gibt Frauen die Durchhaltekraft, damit sie nicht vom Gegensatz zwischen dem, was die männergemachte Welt ist, und dem, was sie sein sollte, zerrieben werden. Ernst Bloch definiert Hoffnung als das, was weder der Verzweiflung anheimfällt, noch in ein quietistisches Vertrauen versinkt.[14]

Wenn die Dinge glattgehen, wenn wir — wie es im ersten Stadium der Neuen Frauenbewegung der Fall war — in einer Euphorie über die gemeinsamen Möglichkeiten von Frauen leben, dann brauchen wir keine Hoffnung. Doch sind viele Frauen aus der Bewegung der sechziger und siebziger Jahre erschöpft hervorgegangen, „abgetörnt" und durch andere Frauen desillusioniert. Häufig erwiesen sich Frauen, die „anders hätten sein sollen", als „genauso schlimm wie Männer, wenn nicht noch schlimmer". Noch dazu erzeugte auf der politischen Ebene die Gewalt gegen Frauen häufig horizontale Gewalt. Selbst so etwas wie die Niederlage der ERA* hat (für den Augenblick) den Geist der Gemeinsamkeit betäubt. All dies kann einen tiefen Pessimismus gegenüber Frauenfreundschaft zur Folge haben. Schlimmer noch: Es kann zu einem düsteren Zynismus führen, der sich nachdrücklich und beharrlich darüber ausläßt, wie unfähig Frauen sind, Frauen-Zuneigung zu entwickeln und aufrechtzuerhalten.

Hoffnung und Freundschaft sind einfach, wenn die Dinge gut vorangehen. Hoffnung ist weniger leicht aufrechtzuerhalten, aber erst recht erforderlich, wenn die Dinge nicht mehr so gut laufen, wie wir es erwartet haben, wenn Schwesterlichkeit nicht mehr so kraftvoll ist, wie sie es einmal war oder wie wir es einst annahmen. Die Fehlschläge der Freundschaft können jedoch nicht die Tatsache, daß sie in unserem bisherigen Leben vorhan-

---

* ERA — *Equal Rights Amendment.* Verfassungzusatz für die Gleichberechtigung der Frau, der nicht die notwendige Zahl von Zustimmungen von den US-Bundesstaaten erreichte, um Verfassungsrang zu bekommen. A.d.Ü.

den war, und noch viel weniger ihre zukünftigen Möglichkeiten zerstören.

Eine hoffnungsvolle Vision von Frauenfreundschaft gründet sich nicht auf irgendeinen ontologischen Wesenskern weiblicher Energie oder Vitalität, der Frauen von Natur aus — aufgrund einer differenzierteren Fähigkeit zu Liebe, Fürsorge und Achtung vor anderen — eigen ist. Sie ist vielmehr in den historischen, kulturellen und materiellen Bündnissen verankert, die Frauen trotz des ,,Staates/Zustands der Greuel" für unsere Selbst geschaffen haben. Die Hindernisse, die Frauenfreundschaft im Weg stehen, und die Trennungserscheinungen, die häufig unsere Unterschiedlichkeit begleiten, dienen als Korrektive gegenüber einer flachen Sentimentalität bezüglich der Affinität von Frauen zu Frauen. Diese Schwierigkeiten zeigen uns, daß es falscher Optimismus wäre, der sich am Ende selbst entlarvt, würden wir Frauen-Zuneigung an irgendeiner natürlichen Bündnisfähigkeit von Frauen untereinander festmachen. Unangebrachter Optimismus und schale Sentimentalität sind zwei Seiten der gleichen Münze.

Eine feministische Vision wird die Hindernisse gegenüber Frauenfreundschaft realistisch einschätzen. Sie ist sich auch aufs Schärfste des ,,Staates/Zustands der Greuel" bewußt, in dem viele Frauen leben. Die Dinge mit dem ,,normalen Sehvermögen sehen" oder in der Welt, wie Männer sie geschaffen haben, leben, bedeutet zu wissen, daß die visionäre Kraft derartige Fakten weiblicher Existenz nicht zum Verschwinden bringen kann. Die gleiche Vision jedoch — wenn sie etwas sieht, ,,das offensichtlich anders als durch normales Sehvermögen vermittelt wird" — weiß, daß jener Realismus nicht die ganze Sichtweise ausmacht. Vision ist — genau wie Nah- und Fernsichtigkeit — weder falscher Optimismus noch desillusionierter Pessimismus. Frauenfreundschaft allein kann nicht die Unterdrückung von Frauen besiegen, noch kann sie garantieren, daß Freundschaft ewig hält. Sie kann jedoch inmitten einer Welt, die Frauen-Zuneigung unterdrückt, Hoffnung schaffen und aufrechterhalten.

Eine solche Vision gibt Frauen ,,die Hoffnung, daß der irdische Schrecken nicht das letzte Wort behält".[15] Was immer dieser ,,irdische Schrecken" ist — ob es sich um den ,,Staat/Zustand der Greuel" handelt, in dem viele Frauen ihr Leben verbringen, oder das Erlebnis, daß eine Freundschaft zerbricht —, die Hoffnung sagt uns, daß der gegenwärtige Zustand nicht endgültig ist und daß es Alternativen gibt. Hoffnung garantiert uns auch, daß Frauen angesichts der Hindernisse für Frauenfreund-schaft nicht kapitulieren und sich eine nihilistische und konservative Haltung zulegen werden, die zerbrochene Freundschaft im Rückblick als verschwendete Zeit und Energie einordnet.

Hoffnung stärkt unsere Ablehnung der männergemachten „Ordnung". Bilder von einer feministischen Zukunft und das ständige Bemühen, diese Zukunft in der Gegenwart zu realisieren, werden von der Fähigkeit zu hoffen gespeist. Hoffnung verspricht, daß Vergangenheit und Gegenwart nicht absolut sind. Hoffnung muß sich jedoch auf eine Vergangenheit und Gegenwart gründen, die das Handeln der Frauen auf eine Realisierung der Zukunft lenken.

Ein Teil feministischer Literatur und Kultur gründet sich auf einen flachen und sentimentalen Optimismus, der sich kaum von Wunschphantasien unterscheidet. Er ist im schlechtesten Sinn des Wortes „utopisch". Sicher kann sich Hoffnung in Träumen, Phantasien und utopischen Romanen ausdrücken, doch handelt es sich dabei um Hoffnung nur insofern, als der Inhalt auf echte Zukünftigkeit hindeutet.[16] Zwischen visionärem Denken, das die Qualität einer echten Zukünftigkeit besitzt, und der oft farbigen, aber dennoch abstrakten Flüchtigkeit einiger feministischer Zukunftsphantasien ist scharf zu trennen.

Historisch gehören Vision und Hoffnung ins Gebiet der Religion. So haben beispielsweise der Judaismus und das Christentum stets viel von „Verheißung" gepredigt. Zum größten Teil haben patriarchale Religionen jedoch die Hoffnung der Frauen erstickt und ihnen die Fähigkeit vorenthalten, eine selbstbestimmte, frauenorientierte Zukunft zu schaffen. Oder sie haben weibliche Hoffnung auf verschiedene männliche Erlöser, Gurus oder Eschatologien verlagert. Die Verheißung des Selbst der Frauen kam nie zum Tragen. Die patriarchalen Kirchen wurden — zusammen mit allen möglichen patriarchalen Verheißungen (Himmeln) — zu Auslegern und Wächtern der Zukunft der Frauen. Und selbst die an sich schon fade Zukunft, die die patriarchalen Religionen verhießen, durfte lediglich herbeigesehnt werden.

Patriarchale Religion ist nicht gleichbedeutend mit Religion, genausowenig wie faschistische Politik gleichbedeutend mit Politik ist. Daher ist meine Vision von Frauenfreundschaft spirituell oder religiös, trotz der Verengung und Verzerrung, die beide Worte in manchen feministischen Kreisen erfahren haben. Leider hat Spiritualität die Züge eines Kultes angenommen und wurde damit zu einem Produkt reduziert, statt ein Prozeß zu bleiben. Viele Frauen scheinen sich auf ihrem feministischen Weg Spiritualität als Produkt anzueignen, in einer Weise, die Theologen „unverdiente Gnade" nennen würden. Wie Kinder Autoreifenschläuche zum Schwimmen benutzen, so scheinen manche Frauen Spiritualität zu „tragen", um aus ihrer Umwelt heraus- und wieder hineinpaddeln zu können. Im Gegensatz dazu hat Spiritualität als Prozeß verschiedene Ausgangspunkte, die zu anderen Ankunftspunkten führen, und die ganze Reise ist in der realen Welt feministischen Handelns und der Existenz von Frauen in dieser Welt geerdet.

Frauen sind nicht die einzigen, die religiöse Realität reduzieren. Patriarchale Religionen und spirituelle Bewegungen haben sich auf diesem Gebiet weit Schlimmeres geleistet. Trotz dieser Verfälschung des Geistes und spiritueller Realität ist meine Vision von Frauenfreundschaft spirituell und religiös. Für mich erheben sich mit Frauenfreundschaft Fragen „letzter Gültigkeit" und Bedeutung für Frauen. Es ist daher teilweise eine religiöse Suche, die über die Identifikation patriarchaler Religion mit Gott, Göttern oder religiösen Organisationen hinausgeht. Eine Vision von Frauenfreundschaft ist im tiefsten Sinn religiös — abgeleitet von der lateinischen Wurzel *religare* — was heißt „binden" oder „verbinden". Ein Autor hat das so kommentiert: „Die Rolle der Religion im menschlichen Leben ist nicht, etwas hinzuzufügen, sondern das, was bereits da ist, zu einigen und zu lenken. Das religiöse Verlangen... steht in einem Zusammenhang mit allen anderen Verlangen, ist das umfassende Verlangen, das sie alle miteinander verbindet."[17]

In diesem Sinn bezeichne ich eine Vision von Frauenfreundschaft als religiös oder spirituell. Ich bin der Meinung, daß Frauen-Zuneigung die Kraft hat, dazu beizutragen, daß das Leben von Frauen zusammengeknüpft wird, daß Verbindungen hergestellt werden, die es bislang nicht gab, und daß sie einen einigenden und lenkenden Einfluß auf alle anderen Bereiche von Frauenexistenz in dieser Welt ausüben kann. Frauenfreundschaft schafft ein Netzwerk von Sinnstiftung, das die Vergangenheit von Frauen, unser Alltagsleben und unsere Gegenwart transzendiert.

Die Realität von Frauen-Zuneigung geht auf eine Reise in eine „Andere Welt", sie ist, wie es Mary Daly beschrieben hat, „sowohl Entdeckung als auch Erschaffung einer Welt, die anders ist als die patriarchale".[18] Die Wahrnehmung von Frauenfreundschaft als „Reise in die Andere Welt", als „mehr als", verleiht ihr auch religiöse Bedeutung. Die transzendenten Möglichkeiten von Frauenfreundschaft können als Illusion oder als „wirklich real" betrachtet werden; das hängt davon ab, ob wir Frage in Antwort, Abwesenheit in Anwesenheit verwandeln. Einer der Unterschiede zwischen jenen, die Feminismus — neben seiner politischen und intellektuellen — auch als spirituelle Kraft ansehen, und denen, die das nicht tun, ist „nicht ein Streit über Fakten, sondern eine Unvereinbarkeit in der Art, wie Dinge erfahren, erlebt werden".[19]

Meine Vision von Frauen-Zuneigung sieht in der Frauenfreundschaft offenbarende Kraft und eine Realisierung von Transzendenz, die für Frauen immer neue Möglichkeiten für ihre diesseitige Existenz schafft. Die „anders-weltliche" Kraft von Frauenfreundschaft belebt die Kraft von Frauen in ihrem Miteinander in der realen materiellen Welt weiblichen Lebens. Frauenfreundschaft stellt Frage und Verheißung eines weit entfernten Seins dar und erdet Frauen zugleich in der realen Nachbarschaft von frauen-zugewandtem Sein — eines, das unsere Selbst im Zusammenwirken miteinander schaffen.

Die visionäre Reise jeder unterdrückten Gruppe strebt Erlösung an, „eine Evolution auf seiten der Gesellschaft zu einem höheren Bewußtsein, auch wenn die Gesellschaft das nicht schafft. Selbst wenn die Gesellschaft gerade dabei ist, sie wegen ihrer Vision umzubringen."[20] Vision ermöglicht der Hoffnung, vom Geist Besitz zu ergreifen. Hoffnung arbeitet *für* Frauenfreundschaft, trotz Fehlschlägen in Freundschaften. Durch sie soll Frauenfreundschaft allgegenwärtig werden. Wir haben keine Gewißheit, daß wir die volle Vision von Freundschaft je verwirklichen werden, wir haben lediglich Hoffnung.


*Theorie und Praxis: Denken und Handeln*

Eine weitere Spannung, die der Frauenfreundschaft innewohnt, ist die zwischen Theorie und Praxis. Sowohl in der Geschichte der Philosophie als auch in der Neuen Frauenbewegung wurden Theorie und Handeln fälschlicherweise auseinandergehalten.

In jüngster Zeit ist ein Mißtrauen gegenüber Theorie entstanden. Auch Feministinnen sind — als negative Reaktion auf sterilen Rationalismus und abstraktes patriarchales Denken — für dieses Mißtrauen anfällig. Das Wort Theorie kommt jedoch vom griechischen *theorein,* was wörtlich übersetzt „sehen" bedeutet. Sie ist daher ein unverzichtbarer Bestandteil der Vision.

> „Unsere Tradition politischer Philosophie begann, als Plato entdeckte, daß eine Abwendung von der gemeinsamen Welt menschlicher Angelegenheiten im Wesen philosophischer Erfahrung zu liegen scheint. Als von dieser Erfahrung nichts mehr übrig war als der leere Gegensatz zwischen Denken und Handeln, der das Denken seiner Realität und das Handeln seines Sinnes beraubt, also beide nichtig werden läßt, nahm diese Tradition ihr Ende."[21]

Hier bestätigt Hannah Arendt die fundamentale Bewegung zwischen Theorie und Praxis — und zwar nicht so sehr, um sie zusammenzukleistern, sondern um die Integrität dessen, was nie hätte getrennt werden dürfen, wiederherzustellen.

Klafft zwischen Theorie und Handeln ein Abgrund, so bleibt Denken ohne Konsequenz und Handeln ohne bewußte Tiefe. Denken ist eine Tätigkeit, und Handeln ist ein „Denkvorgang". Wenn die Einheit zwischen den beiden wiederhergestellt ist, dann werden die Leute zweimal nachdenken, ehe sie sagen, Theorie habe „keine Auswirkung auf die Praxis", oder Theorie sei „einfach, Praxis jedoch schwierig". Wer so von Theorie und Praxis spricht, huldigt einem naiven Dualismus. Theorie ist das Reservoir der Praxis. Sie ist die belebende Quelle ihrer Zweckhaftigkeit. Sie sollte ebenso in der Praxis anwesend sein, wie die Praxis in der Theorie anwesend sein sollte. Die Einheit der beiden ist notwendige Voraussetzung für die Integrität jedes einzelnen Gliedes. Viele haben sich mit der Notwendigkeit beschäftigt, von der Theorie zum Handeln zu kommen. Wesentlich weniger häufig wurde betont, daß es ebenso wichtig ist, sich nach dem Handeln oder auch mitten im Handeln wieder zur Theorie zurückzubegeben. Die Integrität von Theorie und Praxis wird stets Spannung schaffen, doch sollte Spannung nicht mit Trennung gleichgesetzt werden.

Die Integrität von Denken und Handeln, Theorie und Praxis ist die Integrität von Philosophie und Politik. Diese Integrität bewirkt eine *denkende Teilnahme* an der Welt. Sie befähigt Frauen, in die Welt als die Geschöpfe, die denken, einzutreten. Denken war für Intellektuelle häufig eine Flucht aus der Welt, und in Reaktion darauf haben sich viele Frauen von der Theorie abgewendet und dies als politischen Akt deklariert. Richtiges und rigoroses Denken gibt jedoch den Frauen erst ihren Platz in der Welt. In einer frauen-zugewandten Welt ist die Abwesenheit von Denken undenkbar. Gedankenlosigkeit, Klischees, oberflächliche Aktionen und eine Gleichförmigkeit des Verhaltens — das alles resultiert aus dieser Absage ans Denken.

Die Notwendigkeit, zu denken, wird durch die Suche nach Sinn be-geistet. Denken sollte daher niemals teilnahmslos sein. Ein Hinweis darauf ist, wie Hannah Arendt sagt, daß der Ausdruck *vita activa* (aktives Leben) von denen erfunden wurde, die „ein kontemplatives Leben führten und alles Seiende von diesem Standpunkt aus betrachteten".[23] Andrea Dworkin hat es etwas anders ausgedrückt:

> „Der kreative Geist ist Intelligenz im Handeln an der Welt... Die Welt ist überall dort, wo das Denken Folgen hat... Denken ist Handeln, genau wie Schreiben, Komponieren, Malen; kreative Intelligenz kann in der materiellen Welt dazu genutzt werden, bestimmte Produkte von sich zu schaffen. Doch kreative Intelligenz ist mehr als das, was sie produziert. Kreative Intelligenz ist forschende Intelligenz: sie ... will die Welt kennenlernen."[24]

Zwischen der Theorie und der Praxis von Frauenfreundschaft besteht eine fundamentale Integrität, die stets betont werden muß. Frauenfreundschaft muß eine gewisse „Denklandschaft" schaffen, in der Denken ein entscheidender Teil der realen Welt und Handeln durch und durch von Denken bestimmt ist. Freundschaft muß Frauen für die Aktivität des Denkens und die Nachdenklichkeit des Handelns ausrüsten. Ich will damit nicht sagen, daß die Praxis der Freundschaft stets mit den theoretischen Idealen von Freundschaft wird Schritt halten können. Wenn sie dies jedoch nicht tut, ist meist die Spannung zwischen Theorie und Praxis verlorengegangen. Ein Grund für den Niedergang von Praxis und Handeln einer Freundschaft kann im Aussetzen des tätigen Nachdenkens liegen. Möglicherweise wird die Freundschaft als selbstverständlich hingenommen und ist nicht mehr von der Lebendigkeit des Denkens angereichert. Oder das Denken kann schal werden, weil die Praxis der Freundschaft durch eine Art denkerischen Rückzug vom täglichen Durchleben der Freundschaft verlorenging oder gemindert wurde.

Viele Frauen glauben in ihrem Abscheu vor abstraktem und sinnlosem männlichen Rationalismus, daß alle Theorie von fundamentaler Falschheit ist. Weil zwischen uns Frauen und unserer Erfahrung so viele konzeptionelle Filter geschaltet wurden, werden nun Begrifflichkeit, Denken und Theorie überhaupt vermieden. Das Resultat ist ein Widerstand gegen Denken in jeder Form. Dale Spender sagt, daß „das Patriarchat es für nützlich hielt, uns vom Intellektuellen fernzuhalten".[25] Und Mary Daly meint: „Da zur *Intellektualität* im umfassenden Sinne auch gehört, das eigene Denken und Wollen zu kennen, beeinträchtigt die Geringschätzung ihrer Intellektualität alle Lebensbereiche einer Frau, läßt ihre psychische und emotionale Energie zusammenschrumpfen, engt ihren Horizont ein."[26] Frauen „wenden sich ab" von der Intellektualität, weichen vor ihr zurück, und damit verzerren sie die feministische Vision, die ursprünglich davon geleitet war, nicht etwa den Intellekt anzugreifen, sondern vielmehr den maskulinistischen und phallokratischen Rationalismus als einzige Möglichkeit des Wissens zu entthronen. „Wir müssen Theorie und Theoretiker/innen neu definieren; wir dürfen Theorie nicht als etwas sehen, dem wir Widerstand leisten müssen, sondern sollten sie in unserem eigenen Interesse nutzen. Und wir müssen sehen, daß Männer kein Monopol auf Theorie haben; Theoretisieren ist ein Handeln, an dem sich *alle* menschlichen Wesen beteiligen."[27]

Aus der reaktionären Haltung von Frauen gegenüber Denken und Theorie hat sich ein Anti-Intellektualismus entwickelt, der der Praxis ohne Theorie den Vorzug gibt. Doch wird jede Aktion von Frauen oder jede feministische Aktion, der die Komplexität des Denkens fehlt, oft zur reinen Rhetorik. Rhetorisches Handeln ist — genau wie rhetorisches Reden — ohne tieferen Sinn. Die Rhetorik mag gewitzt und farbig sein und ihre Kraft aus der Fähigkeit beziehen, unser Gefühl anzusprechen, statt uns zum Denken anzuregen. Diese Form des Phrasendreschens wirft uns Sätze wie „Worte sind absolute Scheiße" an den Kopf.[28] Solche Sätze haben häufig Erfolg, weil sie „das Denken beendende Klischees" anwenden. Robert Jay Lifton hat uns Einblick in die von ihm so bezeichnete Technik „die Sprache aufladen" gegeben, die besonders im totalitären Umfeld verwendet wird.

„Die weitreichendsten und komplexesten menschlichen Probleme werden in kurze, höchst verengte, endgültig klingende Sätze gepreßt, die leicht auswendig zu lernen und wiederzugeben sind. Sie werden dann Ausgangspunkt und Endziel jeder ideologischen Analyse. Zum Beispiel werden mit dem Ausdruck ‚bürgerliche Mentalität' viele für gewöhnlich unbequeme Probleme — etwa die Suche nach Ausdruck der eigenen Persönlichkeit, das Verfolgen alternativer Ideen und das Bemühen um Perspektive und Ausgeglichenheit im politischen Urteil — abgedeckt und kritisch verworfen. Und zusätzlich zu ihrer Funktion als interpretative Abkürzungen werden diese Klischees noch zu den von Richard Weaver so bezeichneten ‚Letzten Begriffen‘: Entweder ‚Gott-Begriffe‘, die für das ein für allemal Gute stehen, oder ‚Teufels-Begriffe‘, die für das ein für allemal Böse stehen... ‚Fortschritt‘... ‚Befreiung‘, ‚proletarischer Standpunkt‘... fallen in die erste Kategorie; ‚Kapitalist‘, ‚Imperialist‘... in die zweite. Totalitäre Sprache ist also in ständigen Wiederholungen auf eine alles umfassende Sprachregelung ausgerichtet... Ständig unbarmherzig urteilend und für alle — außer ihren gläubigsten Befürwortern — todlangweilig: mit Lionel Trillings Worten ‚die Sprache des Nicht-Denkens‘.“[29]

Rhetorik drückt sich jedoch nicht nur in Worten aus. Ohne Theorie wird die Praxis zu einer Art rhetorischem Handeln, dem die Komplexität fehlt. Für viele Frauen ist Theorie gleich Rhetorik. Auf einen Großteil patriarchaler Theorie und auch auf bestimmte feministische akademische Kreise trifft das sicher zu. In Wirklichkeit gilt jedoch genau das Gegenteil — Rhetorik blüht gerade dann, wenn es am Denken mangelt. Rhetorik wird zum Denkersatz. Und jede nicht von feministischer Theorie durchdrungene feministische Praxis ist lediglich rhetorisch, sie reduziert das Handeln auf eine Reihe künstlicher Floskeln und demonstrativer Gesten.

Statt die Realität der Frauen auszuweiten, wird sie durch rhetorische Praxis eingeengt. So nehmen z. B., wie ich bereits bemerkte, Frauen oft die Rhetorik/Praxis der Freundschaft an, indem sie darüber reden und sich endlos mit ihren persönlichen Beziehungen zu Frauen „befassen“. Ich habe dies als „Beziehungsmasche“ bezeichnet, bei der das tiefere Gespräch zwischen zwei Menschen, das zu einer guten Freundschaft gehört, fehlt. Derartige Beziehungen erinnern uns daran, wie Nadežda Mandel' stam in „Generation ohne Tränen“ den rhetorischen Stil derer beschreibt, die die „korrekte Linie“ des russischen Kommunismus verkündeten. Sie und ihr Mann stellen auf einer Reise, auf der sie Funktionäre beobachten, fest, daß diese sich überhaupt nicht unterhielten, nicht miteinander sprachen, sondern sich lediglich „produzierten“.[30] Diese Beobachtung hat natürlich ihre Implikationen weit über Frauenfreundschaft hinaus. In vielen Bereichen des Lebens und der Literatur — ob feministisch oder anders — finden wir rhetorische Praxis statt durchdachtes Handeln:

- Anmaßung statt Stärke
- Strategie statt Kraft
- Egozentrik statt Individualismus
- Posieren statt Handeln
- „Frohgemüt" statt „Glücklichsein"
- Gesten statt Bewegung
- Reiz statt Leidenschaft

Vielem, was als feministische Theorie bezeichnet wird, fehlt ebenfalls das Denken. Statt dessen liegt dort häufig der Schwerpunkt auf Esoterika oder auf dem, was männliche Wissenschaft als „wirkliche" Theorie bezeichnet. Akademische Feministinnen haben sich übertrieben auf Semiotik, Strukturalismus und psychoanalytisches Denken konzentriert. Was innerhalb der Universitäten als feministische Theorie akzeptiert wird, ist selten von Frauen hervorgebracht und definiert. Statt dessen stehen Theoretiker/innen, deren Arbeiten nach den männlichen Paradigmen des Marxismus, der Psychoanalyse und/oder des Strukturalismus — um nur drei Beispiele zu nennen — bewertet werden können oder die sich vornehmlich auf diese theoretischen Traditionen beziehen, im Mittelpunkt der theoretischen Analyse und der Seminare und Kurse zur feministischen Theorie. So sind, um ein Beispiel zu geben, die Kurse über französische feministische Theorie an amerikanischen Universitäten von den Theorien psychoanalytischer Feministinnen oder von Semiotik bestimmt. Die radikalfeministische Theorie einer Christine Delphy wird selten herangezogen. Dies ist durchaus nicht außergewöhnlich, gleiches geschieht in Kursen über amerikanische feministische Theorie. In vielen dieser Kurse beginnt und endet die radikalfeministische Theorie mit Shulamith Firestone, und das, worum es radikalfeministischer Theorie geht, wird total verkürzt.

Es gibt also Theorie und Theorie! Die Theorie, die ich in diesem Abschnitt befürworte, ist eine *durchdachte* Theorie — eine, *die dem Denken die Nachdenklichkeit/die Achtsamkeit zurückgibt.* Oder besser noch: Denken ist eine Theorie; Nachdenklichkeit/Achtsamkeit ist die Praxis.

## Die Bedingungen für Frauenfreundschaft

### Achtsamkeit

Denken ist eine notwendige Bedingung für Frauenfreundschaft. Ich befürworte hier ein Denken, das besser mit dem Wort *thoughtfulness\** beschrieben ist. *Thoughtfulness*, wie ich es hier verwende, ist einerseits von der Fähigkeit, logisch zu denken und vernünftig zu urteilen, und andererseits von Rücksichtnahme und Denken an andere bestimmt. Es handelt sich um eine Achtsamkeit, die für Frauen-Zuneigung notwendig ist. Die allgemein akzeptierte Definition von *thoughtfulness* ist Interesse für andere, Aufmerksamkeit für die Bedürfnisse von anderen und Rücksichtnahme auf andere. Zunächst aber hat es die wörtliche Bedeutung „voller Gedanken sein". Andere Bedeutungen sind „in Gedanken versunken, meditativ" oder „durch genaues und vernünftiges Denken ausgezeichnet". Das Wort *thoughtfulness* hat also eine zweifache Bedeutung und stellt damit eine weitere Spannung dar. Ich behaupte, daß seine beiden Bedeutungen sich in Frauen-Zuneigung verbinden und ausdrücken müssen.

*Gedankenlosigkeit* (thoughtlessness) hat sehr viel zu den Trennungen und Abspaltungen unter Frauen beigetragen. Joan Schwartz schrieb einen bissigen, treffenden, poetischen Kommentar über Gedankenlosigkeit in der Frauengemeinschaft. In einem Gedicht mit dem Titel „Auf der Suche nach einer warmen Feministin: Ein unpoetisches Gedicht über ein poetisches Problem" schreibt sie über die Begegnung mit „einer berühmten Feministin", die eingeladen worden war, vor einer College-Gemeinschaft zu sprechen.

> „Sie begegnet uns in unserer Isolation
> Sie spricht über unsere Verluste — und unsere Gewinne
> Sie spricht unsere Worte in unserer Sprache,
> die wir dennoch nicht kopieren können (wie gerne, wie gerne täten
> wir das)

---

\* *Thoughtfulness* hat zwei Bedeutungen. Zum einen „Nachdenklichkeit, Beschaulichkeit, Gedankentiefe etc.", zum anderen „Rücksichtnahme, Bedachtsamkeit Achtsamkeit". In dem von Janice Raymond hier gemeinten Sinne schien mir das Wort „Achtsamkeit" beide Bedeutungen am besten zu umfassen. Es enthält den Gedanken „auf etwas achten", was mit denken zu tun hat, und zugleich den Hinweis auf Rücksichtnahme. Wo es J. R. um eine Erklärung des englischen Wortes geht, habe ich den englischen Begriff stehenlassen. A.d.Ü.

Sie kitzelt uns mit ihren Metaphern
Sie neckt uns mit ihrer Ironie
Sie verhöhnt uns wegen unserer Mängel
    wegen unseres bürgerlichen Lebens
        (wie banal, doch wir sind nicht immun)
    unseren anderen Krankheiten
        (gegen die wir nicht mit einer Dosis von
    SDS*-Serum geimpft wurden
    jener Nadel der linken Bakterien
        verdünnt und geschwächt doch
        notwendig als Antikörper gegen unsere Körper)
        Uns selbst
Ihre Herkunft aus der Arbeiterklasse
    (wir sind natürlich alle
    Mittelklasse noch aus der Zeit
    vor Betty/Simone/Morgendämmerung
        Selbst unsere Vorfahren, russische Bauern,
            zählen nicht
        Selbst unsere ersten Jobs — elfjährig —
            mit vierzig Cent pro Stunde entlohnt
            womit die Stromrechnung der Familie bezahlt wurde.
        Wir sind noch immer in äußerer Dunkelheit.)
Ihre Arbeiterklassen-Wut
        (Scher dich nicht um die Wut der Kellnerin
        die durch uns — die unwürdigen Reichen,
        die Feministinnen, die wir für unsere Sünden
        und auch für die ihren verantwortlich sind —
        zu einer Schimpftirade gereizt wurde)
Unser Provinzialismus
    (Wir zahlen ihr
    für ihre Lesung
    einen Wochenlohn
    doch bieten ihr eine kalte Umgebung
        und schäbige Möbel
aus unserem Kaufhaus des Überflusses
    und erwarten dennoch
    daß wir als menschliche Wesen betrachtet werden)
Plätscherndes Gelächter über unser gemeinsames Leid

---

\*   SDS, *Students for a Democratic Society*, entspricht unserem SDS, des zur Zeit der Studentenrevolte tätigen sozialistischen Studentenbundes, der auf marxistischer Grundlage arbeitete. A.d.Ü.

Tosendes Gelächter, wenn sie sich über uns lustig macht
  unsere lächerlichen Gaben
Wir zahlen
  nicht in Klo-Gebührenmarken
  obgleich wir das tun könnten
  da wir Eimer voll Schuldgefühle scheißen
  sondern in
  selbstzerfetzendem Gelächter über unsere Sünde
    daß wir in der akademischen Gemeinschaft leben
Überhaupt keine Gemeinschaft
Sie reißt uns fort indem sie uns haßt
Sie reißt uns fort indem sie uns ködert
  Sie die würdige Arme
  Wir die unwürdigen Reichen
    (die täglich unsere Paradefrauen verlieren)
Sie reißt uns fort indem sie uns betrügt
  nicht so sehr um Geld
    (obgleich auch das)
sondern um den Trost einer warmen Feministin."

Viele Frauen haben schon ihre Enttäuschung und ihre Frustration darüber zum Ausdruck gebracht, wie wenig Achtsamkeit in vielen Frauengruppen herrscht und daß Frauen dies als eine natürliche Erscheinung in feministischen Beziehungen und Zusammenkünften zu akzeptieren scheinen.

Andererseits sind viele Frauen dahin sozialisiert worden, fast instinktiv auf Bedürfnisse anderer Menschen — in erster Linie Männer und Kinder — zu reagieren. Frauen wurden durch eine Form von Achtsamkeit/Rücksichtnahme, der wirklich das Denken fehlt, ausgelaugt — eine unterschiedslos allen entgegengebrachte Rücksichtnahme, ohne dabei über die Bedingungen nachzudenken, unter denen sie gegeben wird, und über die Tatsache, daß in allen Zusammenhängen nur Frauen sie üben. Hier fehlt der Achtsamkeit das Denken, so daß Frauen geben und geben, sich selbst ständig ausbeuten und sich immerfort mit den Bedürfnissen anderer befassen, was manchmal fast zu einer weiblichen Zwangshandlung wird. Die Achtsamkeit, zu der die meisten Frauen in einem hetero-bezogenen Kontext erzogen wurden, ist nicht aus eigenständigem Denken geboren. Viele Frauen schuften wie „Roboter in Beziehungsarbeit", um alle möglichen Bedürfnisse anderer zu erfüllen. Für derartige Achtsamkeit haben Frauen mit der Auslöschung ihres Denkens bezahlt.

Die Vision der Frauenfreundschaft gibt der Achtsamkeit das Denken wieder. Gleichzeitig gibt sie dem Denken wieder Achtsamkeit, d. h. Respekt und Rücksichtnahme für die Bedürfnisse der anderen. Nur Achtsamkeit — in ihrer weitgefaßteren Bedeutung — kann Frauenfreundschaft erhalten und ihr das tägliche Leben geben. Eine denkende Freundschaft muß zu einer achtsamen Freundschaft im vollen Sinn des Wortes Achtsamkeit werden. Viele Frauen sind vielleicht brillante Denkerinnen, doch dieses Denken muß von echter Rücksichtnahme und echtem Respekt vor anderen Frauen begleitet sein, damit Frauenfreundschaft blühen kann. Andererseits mögen viele Frauen voller Rücksichtnahme und Sorge um andere sein, doch wenn solcher Achtsamkeit ein eigenständiges Denken fehlt, das „uns stets aufs neue darauf vorbereitet, uns dem zu stellen, was immer uns in unserem täglichen Leben begegnet"[31], dann verstärkt das nicht die Frauenfreundschaft, sondern die anerzogene Feminität. Das Wort *thoughtfulness* vermittelt die Bedeutung einer denkenden Rücksichtnahme und eines rücksichtsvollen Denkens. Es ist kein Zufall, daß das Wort diese zweifache Bedeutung hat. Eine Frau, die wirklich denkt, ist darüber hinausgehend in vielen Bereichen voller Gedanken (also *thought-ful*, A.d.Ü.).

Was heißt es, zu denken? Philosophen haben Denken häufig mit intellektueller Tätigkeit gleichgesetzt. Aristoteles hat die Fähigkeit zur Freundschaft auf die Intelligenz des *Mannes* und seine Denkfähigkeit zurückgeführt. In der klassischen westlichen Tradition männlicher Philosophie über Freundschaft galten Frauen wegen ihrer angeblich geringeren Denkfähigkeit als zur Freundschaft unfähig. Diese Betonung der männlichen Denkfähigkeit ließ Aristoteles ebenfalls verkünden, Freundschaft könne nur zwischen Menschen gleicher Intelligenz gedeihen. Wo eine solche Qualität besteht, meint er, wächst der Geist und kann immer zum gemeinsamen Fundus von Gedanken beitragen, der für eine gehaltvolle Freundschaft notwendig ist.

Hannah Arendt hat — aus einem anderen Gesichtswinkel — ein ganzes Buch über *Das Leben des Geistes* geschrieben, in dem sie über ein Denken spricht, das intellektuelle Tätigkeit einschließt, sich aber zugleich von ihr unterscheidet. Bei ihr beschäftigen sich Denken und Intellekt nicht mit den gleichen Dingen. Denken orientiert sich am Sinn, während der Intellekt nach Wahrheit sucht, einer Wahrheit, die, wie Arendt meint, in heutiger Zeit zu einer Kette von Einzelwahrheiten transformiert, beziehungsweise verkommen ist.[32] Mit anderen Worten: Der Intellekt reduziert häufig Wahrheit an sich auf eine Materialsammlung von Wahrheiten oder Wissen, während das Denken deren Bedeutung verstehen möchte. Schmalspurige Intellektuelle beschäftigen sich mit bestimmten Tatsachen oder Wahrheiten, während Denker nach der Bedeutung/dem Sinn von bestimmten Tatsachen oder Wahrheiten suchen. Dieser Unterschied zwischen Wissen und Denken ist im Kontext von Vision besonders bedeutsam. Ein Mensch ohne Vision wird das Know-how (das Gewußt-wie) über das Wissen-warum stellen. Ein solcher Mensch wird sich schließlich mit einem Wissen ohne Sinn zufriedengeben.

Arendt bestätigt mit ihrer Auffassung, daß Denken eine vorrangige Bedingung für Frauenfreundschaft ist. Obgleich meine Auffassung des Wortes *thoughtfulness* über Arendts Überlegungen zum Denken hinausgeht, stimme ich mit vielen ihrer Grundauffassungen über Denken überein und baue auf diesen auf. Wie sie vertrete ich die Meinung, daß Denken nicht das Vorrecht einiger professioneller Denker ist. Es ist

> „eine stets bereitliegende Fähigkeit jedes Menschen; entsprechend ist die Denkunfähigkeit nicht ein Mangel an Hirn bei den vielen, sondern eine stets bereitliegende Möglichkeit bei jedem — auch bei Wissenschaftlern, Gelehrten und anderen geistigen Spezialisten. Bei jedem kann es dazu kommen, daß er jenem Verkehr mit sich selbst ausweicht."[33]

„Verkehr mit sich selbst" ist sowohl für die Vorstellung vom Denken als auch für die Vorstellung von Freundschaft wichtig, denn hier treffen sich beide. Im Denken leiste ich sozusagen mir selbst Gesellschaft, dort finde ich meine originäre Freundin. Es ist Zurückgezogenheit, nicht Einsamkeit; in Gesellschaft mit mir selbst bin ich allein, doch nicht einsam. Im Denken bin ich bei mir zu Hause, wenn ich mich — aus welchen Gründen auch immer — von der Welt zurückziehe. „Der Partner, der lebendig wird, wenn man hellwach und allein ist, der ist der einzige, dem man nie entrinnen kann — es sei denn, man hörte auf zu denken."[34] Dies ist einer der Hauptgründe, warum Frauen ihr Selbst verloren haben: Sie haben aufgehört zu denken. Eine Person verliert die originäre Freundschaft mit ihrem Selbst, wenn sie nicht denkt. Mit Hilfe des Denkens kann eine Person entdekken, daß sie wirklich sie selbst sein kann. Und dann wird ihr auch klar, daß das Gespräch, das in der Zweisamkeit der Denk-

tätigkeit stattfand — also in der Zweisamkeit von „ich mit mir",
von „zwei-in-einer" oder „die eine, die fragt, und die andere, die
antwortet" —, daß dieses persönliche Zwiegespräch auch das Gespräch mit anderen ermöglicht. Und hier erwacht die Frauenfreundschaft, mit der die Suche nach anderen, die meinem
Selbst gleichen, beginnt.

Wie ich bereits sagte, behauptet Aristoteles, „der Freund ist
das andere Selbst". So lange jedoch das eigene Selbst keine
Freundin ist, können Frauen oft schwer ihrer Kraft, Freundschaften zu schließen und zu erhalten, vertrauen. Das Gespräch
der Freundschaft mit anderen ist nur denen zugänglich, die gelernt haben, mit sich selbst zu denken, sich selbst Gesellschaft
zu leisten. Arendt setzt am anderen Ende an: „... man spricht
zunächst mit anderen, ehe man mit sich selbst spricht und sich
über den Gegenstand des vorigen Gesprächs Gedanken macht,
worauf man entdeckt, daß man ein Zwiegespräch nicht nur mit
anderen, sondern auch mit sich selbst führen kann."[35] Ich meine, die Bewegung ist dialektisch. Eine Frau muß gleichzeitig
eine Freundin ihres originären Selbst und für andere sein. Was
an erster Stelle steht, ist schwer zu entscheiden. Klar ist, daß
Denken und Freundschaft Hand in Hand gehen.

Die klassische Tradition der Freundschaft war eng mit Denken verbunden. Adolf Harnack hat darauf hingewiesen, daß die
Geschichte der griechischen Philosophen zugleich eine Geschichte der Freundschaft ist.[36] Die Philosophen des alten Griechenland haben die Idee der Freundschaft in eine intellektuelle Richtung entwickelt. Für Sokrates z. B. war Freundschaft sowohl
Bedingung für als auch Inhalt von Bildung und gebildetem Denken. Anders gesagt: Die Beziehung zwischen Lernendem und
Lehrendem war ein Band der Freundschaft, während Freundschaft zugleich Gegenstand der Bildung war. D. h. sie wurde der
philosophischen Analyse unterzogen und ihre Herkunft, ihr Wesen und ihre Entstehungsmöglichkeiten wurden untersucht.

Arendt folgt dieser Tradition, indem sie Freundschaft und
Denken zusammenbringt. In der Art, wie sie beides verbindet,
hat sie einen entscheidenden und originären Beitrag zur Geschichte des Denkens geleistet, speziell indem sie die Suche nach
Sinn klärt und das Denken als das Gespräch sieht, das „zwischen
mir und mir" stattfindet. Ich glaube jedoch, daß es bei der speziellen Analyse von Frauenfreundschaft notwendig ist, Arendts
Vorstellung von Denken — so, wie ich diese bereits definiert habe — auf Achtsamkeit hin zu erweitern. Denken nimmt im Le-

ben von Frauen, die denken, Gestalt an, also bei Frauen, die den Sinn in ihrem Leben suchen, aber gleichzeitig wissen, daß dieser Sinn auch einen Gegenstand hat. Nach meiner Auffassung materialisiert sich Denken in der Achtsamkeit von Frauenfreundschaft. Achtsamkeit ist nicht vom Denken zu trennen, sondern sie gibt ihm die Substanz. Das stets gefährdete Gleichgewicht zwischen der Welt des Denkens und der Welt des Handelns wird durch die Achtsamkeit von Frauenfreundschaft stabilisiert.

*Leidenschaft*

Frauenfreundschaft ist von Achtsamkeit, aber auch von Leidenschaft bestimmt. Freundschaft ist eine Leidenschaft, jedoch — in meiner Vision — eine achtsame Leidenschaft. Hinter ihr steht ein denkendes Herz.

Die Spannung zwischen Denken und Fühlen, wie sie sich im Ausdruck „achtsame Leidenschaft" zeigt, liegt bereits in der Etymologie des Wortes *passion* (Leidenschaft). Passion hat altfranzösische und lateinische Wurzeln, die „Leiden, Schmerz oder eine andere Störung von Körper oder Geist" bedeuten. Es bedeutet weiterhin „von einem äußeren Anlaß affiziert". Doch Etymologien sind häufig vieldimensional, und so finden wir auch die Definition „jede Art von Gefühl, das den Geist mächtig affiziert oder bewegt... das heftige Hinausschwingen des Geistes auf etwas hin". *(Oxford English Dictionary)*

Eine leidenschaftliche Freundschaft hält die Integrität zwischen Denken und Leidenschaft aufrecht. In einer leidenschaftlichen Freundschaft ist beides nicht getrennt. Es geht nicht so sehr darum, daß sie sich verbinden, sondern daß sie von Anfang an nicht getrennt waren. Emily Dickinson hat die Integrität zwischen Denken und Leidenschaft mit der ihr eigenen Prägnanz ausgedrückt:

> „Das Herz ist die Hauptstadt des Geistes —
> Der Geist ist ein einzelner Staat —
> Das Herz und der Geist zusammen
> Ergeben einen ganzen Kontinent —"[37]

Wir haben uns so an den Dualismus von Denken und Leidenschaft gewöhnt, daß der Gedanke einer achtsamen, gedankenvollen Leidenschaft, bei der das Denken die Leidenschaft nicht regiert, sondern vielmehr durchdringt (in diesem Fall die Leidenschaft der Freundschaft), eine seltsame Vorstellung scheint.

Das war nicht immer so. Die Wichtigkeit von Freundschaft als eine Urleidenschaft und ihre Verbindung mit Denken war Teil der griechischen Tradition der Freundschaft. In vorchristlichen Zeiten wurde das Band der Freundschaft als die höchste Form der Kommunikation zwischen zwei Menschen — hier immer zwei Männer — angesehen und nicht etwa die Ehe. Freundschaft war, wie wir sahen, eine homo-bezogene Angelegenheit.[38]

Innerhalb dieser klassischen Tradition der Freundschaft wurden Frauen als Wesen angesehen, denen die Leidenschaft, Individualität und Teilnahme an einer gemeinsamen Welt und die Weltlichkeit, die die Voraussetzungen für Freundschaft sind, fehlen. Schlimmer als diese Mängel war jedoch die angebliche Unfähigkeit der Frauen zu denken — da Denken eine unabdingbare Voraussetzung für die griechische Vorstellung von einer guten Freundschaft war. Montaigne als modernerer Philosoph teilt die griechische Ansicht, Frauenfreundschaften hätten keine Tiefe, da der Frauen Seele nicht „stark genug (scheint), um die Spannung eines so fest geknüpften und so dauerhaften Bandes zu ertragen".[39] Die Griechen waren vom männlichen Aspekt der Leidenschaft der Freundschaft, die Männer zu hehren Gedanken und Taten anfeuern konnte, so beeindruckt, daß sie sie über die Liebe des Mannes zur Frau stellten. Wie Aristoteles sagte, war der männliche Freund „ein zweites Selbst".[40]

Wird der Mann, der eine tiefe Beziehung zu einem anderen Mann herstellt, als „zweites Selbst" betrachtet, so wird die Frau, die eine tiefe und leidenschaftliche Freundschaft mit einer anderen Frau eingeht, als „narzißtisch" bezeichnet.* Besonders die Psychologie Freuds lehrte, daß Intimität unter Frauen oberflächlich und sentimental sei, lediglich ein Vorspiel zum erwachsenen und reifen Stadium hetero-bezogener Entwicklung. Enge Freundschaften zwischen Frauen seien kindische Schwärmereien, Relikte aus vergangenen Zeiten der Unreife, als Frauen noch nicht der Welt der Frauen entwöhnt worden waren. Die Welt der Männer sei die Welt des Denkens und Handelns. Der Welt der Frauen fehle Denken und wahre Leidenschaft. Die Philosophin de Beauvoir äfft den psychologischen Jargon nach, wenn sie in „Das andere Geschlecht" sagt, enge Freundschaft

---

* Dabei wird stets die mythologische Tatsache übersehen, daß Narzissus ein Mann war!

unter Frauen hätte den Beigeschmack von „fader Reinheit" aus
Mädchentagen und sei narzißtisch.[41] Unglücklicherweise glauben viele Frauen das noch immer.

Ich habe die griechische Tradition der Freundschaft hier deshalb so betont, weil sie in ihrer Auffassung, Freundschaft sei ein höherer Bund und habe mit Denken zu tun, eine Alternative zur Ehe bietet. Sie sanktioniert auch den Ausdruck der Leidenschaft zwischen zwei Freunden, sogar bis hin zum sexuellen Ausdruck. Damit will ich nicht sagen, daß dies ein Modell für Frauenfreundschaft sei, sondern lediglich, daß in der Geschichte eine Würdigung von Freundschaft als vorrangige Leidenschaft, die etwas mit Denken zu tun hat, existierte.

Die Tatsache, daß in der griechischen Tradition Freundschaft als eine Urleidenschaft gewertet wurde, zu der Denken gehörte, ist für die Vision einer Frauenfreundschaft als achtsame Leidenschaft wichtig. Nicht daß die Griechen etwa eine einheitliche Vorstellung oder Realität von Freundschaft als achtsamer Leidenschaft gehabt hätten, doch können Freundinnen die Bedeutsamkeit von Freundschaft als einer Leidenschaft sowie ihre Bedeutung für das Denken und die Entwicklung der Philosophie und für alle anderen Institutionen der griechischen Gesellschaft bedenken, ausweiten und auf unterschiedlichste Weise ausleben.

Eine achtsame, leidenschaftliche Freundschaft ist Freundschaft in ihrer aktivsten Form. Sie hält die Leidenschaft aktiv und läßt sie nicht zu ihren passiveren Formen degenerieren. Konkreter: Sie kann zwei Frauen dabei helfen, zu ihrer Persönlichkeit zu finden. Eine achtsame Leidenschaft trägt in sich eine dynamische Integrität der Existenz, die sentimentaleren Freundschaften fehlt. Eine von achtsamer Leidenschaft getragene Freundschaft schützt davor, daß eine Freundin in der vertieften Wahrnehmung und Verbindung zu einer anderen Frau ihr Selbst verliert.

Der Verlust des Selbst innerhalb von Liebesbeziehungen kommt sehr häufig vor. Und Leidenschaft wird in der Tat meist mit Liebenden verbunden, nicht mit Freundinnen oder nicht mit Freundinnen, die kein Liebespaar sind. Es ist viel über die Leidenschaft in einer Liebesbeziehung gesprochen worden, doch wenig über Freundschaft in der Liebe. Ich bin der Meinung, wenn eine Liebende merkt, daß sie in der vertieften Wahrnehmung und Verbindung zu einer anderen Frau in einer sexuell leidenschaftlichen Liebesbeziehung ihr Selbst verliert, wird die Freundschaft problematisch. Entweder war die Freundschaft von Anfang an nicht stark, oder sie wurde von der sexuellen Leidenschaft der Liebesbeziehung absorbiert. So verkommt die Leidenschaft zu ihrer eher passiven Form; sie vernachlässigt jene Achtsamkeit der Freundschaft gegenüber, die sie zum Überdauern und Gedeihen braucht, und damit versinkt auch die Freundschaft.

In jeder Liebesbeziehung sollte die, die wir lieben, auch unsere beste Freundin sein. Und wenn unsere beste Freundin die ist, die wir lieben, dann sollte sie auch die Urleidenschaft im Leben der sie Liebenden sein. Ein wirklich leidenschaftliches Liebesleben sollte jedoch vor allem von einer achtsamen Leidenschaft bestimmt sein. Eros' Schwingen sind rasch geknickt, besonders wenn Eros sich als Begehren zeigt. Eros' Schwingen werden, wenn sie von den Wurzeln der Achtsamkeit abgetrennt sind, zu Schwingen lediglich des Vergnügens, der kurzlebigen sinnlichen Freuden oder des oberflächlichen Gefühls. Eine Liebesbeziehung, die auch eine leidenschaftliche Freundschaft ist, muß eine klare Zuneigung sein.

Freundschaft wird im allgemeinen nicht mit Leidenschaft assoziiert. Nun könnten wir fragen, ob sich meine Vorstellungen von leidenschaftlicher Freundschaft ebenfalls auf Liebende beschränken. Die Antwort ist nein, doch zeigt sich die Leidenschaft am umfassendsten, wenn Liebende Freundinnen sind, und umgekehrt, wenn Freundinnen Liebende sind.

Natürlich herrschen in jeder tiefen Freundschaft starke Gefühle — Leidenschaft. Die Unterscheidung zwischen Leidenschaft und Empfindung würde ich auch in einer leidenschaftlichen Freundschaft sehen, in der die Freundinnen keine Liebenden sind. Wir müssen außerdem zwischen leidenschaftlichen und sentimentalen Freundschaften unterscheiden. Bei den letzten trägt ein solches Gefühl — so eine passive Leidenschaft könnte ich sagen — zu einem Fehlen sowohl des intensiven Gefühls als auch des tiefen Denkens bei. Wir haben es hier mit einer Emotion zu tun, die vom „sich selbst fühlen fühlen" bestimmt ist. Eine sentimentale oder romantische Freundschaft ist ein Beispiel für das, was ich als *Banalität der Leidenschaft* bezeichne.

Genau wie die Freundschaften Liebender soll auch eine Freundschaft, bei der die Freundinnen keine Liebenden sind, von Denken durchzogen sein, damit die Leidenschaft ihre Tiefe behält und sich nicht an der Oberfläche von Sentimentalität und passiver Romantik bewegt. Freundschaft als achtsame Leidenschaft ist eine Bewegung, die die Leidenschaft nicht abtreibt, sondern sie zu größeren Höhen und Tiefen bringt. Die Fähigkeit zu denken, um die Realität einzuordnen, bestimmt den Unterschied zwischen einer leidenschaftlichen und einer sentimentalen Freundschaft. Eine sentimentale Freundschaft gründet sich auf eine zwar intensiv romantische, doch flache Verbindung. Daher verläuft ihr Weg in der orientierungslosen und ungeordneten Vagheit der Gefühle, häufig getarnt durch eine Aktivität, der die Bewegung nach vorn fehlt. Schließlich wird eine sentimentale Freundschaft von einem starken Gefühl bestimmt, das vom Denken abgetrennt ist. Hier haben wir es mit einem gedankenlosen Gefühl zu tun.

Mit meinem Gebrauch des Begriffs Frauen-Zuneigung soll sowohl die politische, als auch die leidenschaftliche Dimension der Zuneigung erweitert werden. Mit anderen Worten: Meine Vision von Frauenfreundschaft beschränkt den Ausdruck von Leidenschaft nicht auf eine Liebesbeziehung, in der die Leidenschaft auf sexuelle/genitale Weise Ausdruck findet.

Einige werden vielleicht bezweifeln, daß es eine leidenschaftliche Freundschaft geben kann, bei der die Freundinnen nicht zu Liebenden werden. Einige Frauen setzen leidenschaftliche Gefühle für eine andere Frau mit dem „Bedürfnis", solche Gefühle auch in sexueller/genitaler Form auszudrücken, gleich. Hier wird Leidenschaft offenbar deterministisch gesehen, und das Denken unterliegt oder ertrinkt in der Kraft der Leidenschaft. Leidenschaft ist so oft als Ausrede, keine Entscheidungen zu treffen, benutzt worden. Oder genauer, einige Frauen bedienen sich nicht ihrer Denkfähigkeit, wenn sie in eine leidenschaftliche Freundschaft verstrickt sind, und verzichten darauf, mit Urteilskraft zu entscheiden, welche Form unter ihren gegenwärtigen Lebensumständen eine solche Freundschaft annehmen soll — beispielsweise Verpflichtungen gegenüber Dritten oder die Übereinstimmungen oder Gegensätze in Persönlichkeit und Zielen, die zwischen den beiden Frauen bestehen könnten.

Leidenschaft ist nicht deterministisch, es sei denn, jemand würde sie unter einem äußerst passiven Aspekt sehen. Wir können uns auch entscheiden, leidenschaftliche Freundinnen zu sein, ohne die Leidenschaft in sexueller/genitaler Form auszuüben. Damit soll nicht gesagt werden, daß zwei Frauen, die leidenschaftliche Freundinnen sind, nicht gewisse Spannungen erleben, die sie vielleicht dahin ziehen, zu Liebenden zu werden.

Wie die Spannung innerhalb einer Vision ist die Spannung einer leidenschaftlichen Freundschaft möglicherweise keineswegs einfach. Wo jedoch die achtsame Leidenschaft vorherrscht, wo Denken die Leidenschaft begleitet, sind die Möglichkeiten von Frauen-Zuneigung erweitert und vertieft.

Dies ist keine „verwässerte" Version von Liebe. Wird Leidenschaft nicht in sexueller/genitaler Form ausgedrückt, so wird sie dadurch nicht immateriell oder unbedeutend. Leidenschaftliche Freundschaft hat ihre eigene Tiefe und Intensität und ist von starken Gefühlen und häufig physischer Zuneigung begleitet. Sie ist auch von einem angemessenen *Timing* und einer angemessenen *Temperatur* gekennzeichnet. Ist eine Freundin keine Liebende, besteht aber eine intensive Leidenschaft, mag die Temperatur anfangs schwierig einzuschätzen sein. Manchmal setzen wir die Temperatur zu hoch an, wenn das Gesamtklima der Freundschaft dafür nicht geeignet ist — oder zu tief, wenn wir nicht die Intensität und Tiefe einsetzen, die diese Freundschaft verdient. Wir hoffen, daß wir aus unseren Fehlern lernen.

Frauen innerhalb der Parameter der Hetero-Beziehungen haben dort eine Temperatur registriert, die für Frauen zu niedrig ist. Frauen-Zuneigung durfte weder in ihrem politischen noch in ihrem leidenschaftlichen Sinn expandieren. Die Fähigkeit von Frauen, andere Frauen zu bewegen, zu erregen und zu beeinflussen, wurde stark eingeschränkt. Innerhalb anderer Kreise von Frauen wurde die Temperatur zu hoch angesetzt. In einigen lesbischen Gruppen gilt die Ethik, daß jede intensive Leidenschaft für eine andere sich stets in einer sexuellen/genitalen Beziehung manifestieren müsse — daß Leidenschaft sozusagen von Natur aus dem Zwang unterliege, sexuell zu werden. Werde sie nicht sexualisiert, sei die Leidenschaft fälschlicherweise unterdrückt — durch patriarchale Ideale und Normen der Monogamie, aus Verklemmtheit und/oder dadurch, daß zwischen Freundinnen und Liebenden unnötig unterschieden wird. Bei dieser Argumentation wird ignoriert, daß das Gefühl der Leidenschaft nicht von den anderen Lebensumständen einer Frau isoliert werden kann. Eine Frau muß sich Zeit nehmen, ihren ganzen Lebenszusammenhang zu überdenken, ehe sie sich in irgendeiner Weise der Leidenschaft hingibt. Leidenschaft findet innerhalb der Gesamtumgebung des Lebens einer Frau statt. Sie hat zwar ihr eigenes Ökosystem, kann jedoch nicht außerhalb eines größeren Umfelds von Verknüpfungen überleben.

Dazu braucht es Zeit und Timing — eine genaue Einschätzung der freundschaftlichen Wetterlage über Tage, Monate, sogar Jahre hinweg. Zeit ist notwendig, um sich Weisheit darüber anzueignen, wie wir in einer leidenschaftlichen Freundschaft vorgehen. Zeit wird zu einem entscheidenden Faktor in der Freundschaft, denn sie versieht uns mit praktischer Weisheit, sozusagen einer Umsicht, welche Form für die Freundschaft wünschenswert wäre. Sie befähigt zu einer gewissen Achtsamkeit in bezug auf die Freundschaft, einer Umsicht, die sorgfältig die Umstände und möglichen Folgen der Leidenschaft bedenkt. Hier handelt es sich jedoch um eine aktive und kreative Umsicht, die nicht auf traditionelle weibliche Weise mit Warten vertan wird. Sie ist vielmehr damit beschäftigt, eine Freundschaft zu bilden, die durch eine achtsame Leidenschaft sowohl gestützt als auch selbst stützend ist. Sie enthüllt schließlich, wie tief die Leidenschaft wirklich ist.

Zeit läßt auch dem inneren Urteil seinen Spielraum, so daß in der Leidenschaft die Urteilskraft zu ihrem Recht kommt und — anstelle von verausgabten Emotionen — zu sinnvollen Entscheidungen in der Freundschaft führt. Wo die Leidenschaft möglicherweise zur sofortigen Vereinigung strebt, gibt uns Zeit die Möglichkeit, zu überlegen und daran zu denken, daß Freundschaft nicht sofort zu haben ist. Sie ist ein ständiger Prozeß. Freundschaft muß in der Zeit und durch die Zeit gestützt werden.

Freundschaft verlangt auch richtiges Timing. Bestimmte Lebensumstände einer Frau können dagegen sprechen, eine leidenschaftliche Freundschaft einzugehen. Freundschaft hat ihre Zeiten. Für die eine Partnerin in der Freundschaft mag die Stunde richtig sein, für die andere falsch.

Leidenschaften sind „keine statischen unerklärlichen Klumpen von Gefühlen". Sie sind „in Wissen wurzelnde Bewegungen".[42] An den Wurzeln der Leidenschaft ist das Wissen und die Offenbarung der Wahrheit, der Wahrheit über unser wahres Selbst. Im hetero-bezogenen Kontext haben Frauen Leidenschaft geheuchelt — mit ihren Körpern und mit ihrem Geist, in dem einen Fall spielten sie einen Orgasmus vor und in dem anderen Dummheit. Wahllosigkeit in der Leidenschaft ist jedoch kein geeignetes Gegenmittel für ein Leben in unterdrückter Leidenschaft, wie es Frauen innerhalb der Grenzen der Hetero-Beziehungen führen. Leidenschaft muß wahrhaftige Konsequenzen haben. Sie kann nicht, wie eine Definition von Wahllosigkeit/Promiskuität besagt, „unkritisch", „ohne Unterscheidung oder Ordnung", „ohne Rücksicht auf Form, Ablauf oder Anzahl getan oder angewendet werden". Leidenschaft darf nicht zufällig oder ohne Unterscheidungskraft sein. Wir Frauen dürfen nicht wieder einmal mit unseren Körpern und unserem Geist lügen, diesmal Frauen belügen.

Eine leidenschaftliche Freundschaft verlangt aktive, kühne und rigorose Unterscheidungskraft. Zu einer achtsamen Leidenschaft gehört, was Mary Daly „kreative Umsicht" genannt hat. Obgleich sie die folgenden Sätze nicht zur Beschreibung leidenschaftlicher Freundschaft verwendete, treffen sie doch auf diese zu.

> „Es handelt sich um einen Prozeß kreativer Umsicht, und der kann dann beginnen, wenn sich eine Frau dafür entscheidet, e-motional zu wissen — das heißt, in Feuer zu denken und zu leben. Er kann beginnen, wenn sie — mit dieser pyrosophischen Ausgangsbasis — ihre Kraft daran setzt, ihr Wissen bis zur äußersten Peripherie vorzutreiben, den kosmischen Kontext der Umstände zu erkennen."[43]

Natürlich kann nicht jede Freundschaft dieses intensive Gefühl der Leidenschaft haben, das ich in diesem Abschnitt beschreibe. Jede Form der Zuneigung unter Frauen muß jedoch auf einer umfassenderen feministischen Leidenschaft beruhen — die Leidenschaft, andere Frauen zu bewegen, zu erregen, zu beeinflussen und anzurühren. Um es zu wiederholen: Die eigentliche Bedeutung von Frauen-Zuneigung ist, daß Frauen sich gegenseitig anrühren, bewegen, erregen und zu voller Kraftentfaltung bringen.

Bei einigen Frauen wird die Freundschaft von tiefen und achtsamen Gefühlen begleitet sein. Frauen müssen dann darauf achten, wohin sich dieses Gefühl entwickelt. Bei anderen Frauen wird sich Freundschaft in der Form zeigen, daß sie leidenschaftlich für Frauen und für die Verwirklichung feministischer Vision arbeiten.

Die Philosophen behaupten seit Aristoteles, Freundschaft sei nur unter Gleichen möglich. Gleichheit ist jedoch ein problematischer Begriff, da er so stark von quantitativen Bedeutungen besetzt ist. Seine eigentliche Bedeutung ist „Maß, Quantität, Menge". Nach meiner Auffassung ist es sinnvoller, die Möglichkeiten von Frauenfreundschaft nach einer anderen Bedeutung von Gleichheit zu beurteilen — „fähig, den Anforderungen einer Situation oder einer Aufgabe gerecht zu werden".* Werden

---

* Engl.: *equal* (gleich) *to the task*, A.d.Ü.

Freundinnen „der Aufgabe gerecht"? Welcher Aufgabe? Der Aufgabe, eine kreative und verantwortungsvolle Freundschaft aufzubauen; der Aufgabe, in zwei Sichtweisen zu sehen; der Aufgabe, eine frauenzentrierte Existenz aufzubauen.

Es gibt zwei Möglichkeiten, der „Aufgabe gerecht zu werden", unterschiedliche Formen, in denen sich Leidenschaft ausdrücken kann, sowie unterschiedliche Formen von Freundschaft. Genau wie Frauenfreundschaft befindet sich Leidenschaft in einem Kontinuum. Eine Leidenschaft für Frauen drückt sich in vielfältiger Weise aus, doch ist sie immer „etwas, bei dem inmitten einer Reihe von unerkennbaren oder unbestimmten Variationen ein grundlegender gemeinsamer Wesenszug erkennbar ist".[44] Frauen, die vielleicht nicht unbedingt intensive Gefühle füreinander hegen, können sich doch im leidenschaftlichen Engagement für Frauen treffen. Frauen-Zuneigung kann gedeihen oder bestehen ohne eine Leidenschaft für Frauen, welche die Phantasie, die Erinnerung, das Denken und/oder das Gefühl auf irgendeine Weise anregt. Die Leidenschaft der Freundschaft ist am tiefsten, wo die persönlichen und die politischen Dimensionen der Zuneigung zusammentreffen und in der gleichen Sphäre wohnen. Die Leidenschaft der Frauenfreundschaft besteht jedoch im wesentlichen darin, einer gemeinsamen Leidenschaft für Frauen „gerecht zu werden".

Eine gemeinsame Leidenschaft für Frauen befähigt Frauen dazu, in der Welt, wie Männer sie geschaffen haben, zu leben, während sie die Welt schaffen, wie Frauen sie sich vorstellen. Wenn eine Frau keine Liebe zur Welt hat, warum sollte sie sie dann verändern wollen? Die Leidenschaft der Frauenfreundschaft ist die nährende Flamme für die Weltlichkeit der Frauen.


*Weltlichkeit*

Wir kehren zur Frage zurück: Was ist die Welt? Was ist die Welt, der gegenüber Frauen sowohl realistisch, als auch weitsichtig sein müssen?

Wie ich bereits definiert habe, ist die Welt „die Sphäre öffentlicher Tätigkeit", wo Gedanken konkretisiert werden und Handeln Bedeutung bekommt. Die Welt, das sind die „Angelegenheiten und Bedingungen des Lebens" oder „der Zustand menschlicher Angelegenheiten". Offensichtlich haben Männer diese Welt für sich gepachtet. Sogar das Wort *Welt* hat als eine

Wurzel das lateinische *vir*, Mann — die Welt also als Sphäre der Männer. Ich stelle in diesem Kapitel die Forderung, daß die Sphäre öffentlicher Aktivität wieder von Frauen in Anspruch und in Besitz genommen werden muß.

Eine Sparte feministischer Literatur spricht von der Welt als dem größeren Kosmos, „das System aller geschaffenen Dinge", oder als dem Universum, „die Erde und alle auf ihr existierenden Dinge". Ich bin der Meinung, daß diese Weltsicht extrem wichtig ist — da das Patriarchat die Welt in Einzelteile zerlegt hat, wobei nur das zählt, was Menschen schaffen und erhalten, eine abgetrennt anthropozentrische Perspektive —, meine jedoch, daß es für Frauen ebenso wichtig ist, uns nicht von der Welt der öffentlichen Angelegenheiten abzuschneiden. Ich entdecke in feministischen Schriften einen beunruhigenden Trend zur Weltmüdigkeit oder gar Weltverachtung. Hier wird der „Zustand der menschlichen Angelegenheiten" und die „öffentliche Sphäre" als korrupt und unwiderruflich patriarchal betrachtet. Als Resultat wird dann häufig betont, Frauen hätten einzig zur Natur eine Verbindung. Gewiß dürfen wir Frauen nicht — wie das Patriarchat dies tat — unsere Verbindung mit der Welt der Natur oder des Kosmos aus dem Auge verlieren. Ein großer Teil meiner Arbeit ist diesem wichtigen Thema gewidmet — wir könnten es eine „öko-feministische" Perspektive nennen. Dieser Schwerpunkt darf jedoch nicht auf Kosten unserer Zuwendung zur Welt der menschlichen Angelegenheiten gehen oder zu einer Romantisierung der Welt der Natur führen, indem die letztere gegen die erstere ausgespielt oder die Welt der öffentlichen Institutionen oder menschlichen Schöpfung als von vornherein patriarchal dargestellt wird.

Ein ausgezeichnetes Beispiel für eine Frau, deren Liebe zur Welt sich sowohl in der Liebe zur Natur als auch in der „Sphäre menschlicher Angelegenheiten" ausdrückte, war Rachel Carson. Was sie schrieb, kam aus ihrer bemerkenswerten Naturliebe und zugleich aus einer profunden Kenntnis der Welt menschlicher Angelegenheiten.

„Carson benutzte die Naturwissenschaft aus Liebe zur Natur als Mittel für Protest und Reform. Sie schrieb wissenschaftlich mit einem Gewissen. Ihr Werk atmet Leidenschaft und Poesie und damit ,durchbrach sie die Langeweile-Schwelle wissenschaftlichen Schreibens'. Aus Liebe zur Natur wie zur Welt appellierte sie an die Welt zugunsten der Natur und damit letztlich zugunsten der Welt — einer Welt, die den Sinn für Schönheit, Wunder, Ehrfurcht und Geheimnis, den die Natur in uns erweckt, braucht. Sie war schließlich, was die Macht der Industrie und ihrer Lobbies in der Regierung anbetrifft, eine enorm realistische Frau.''[45]

Carsons berühmtestes Werk „Der stumme Frühling" verbindet ihre Liebe und ihr Wissen von der Welt der menschlichen Angelegenheiten und der Welt der Natur. Sie erweckt damit ein Verständnis dafür, daß die Welt durch die räuberische Gier des Menschen in seiner Verwendung von Pestiziden, allen voran DDT, völlig zerstört wird. Sie dokumentiert ausführlich die wissenschaftlich feststellbaren Wirkungen der Pestizide und enthüllt zugleich immens kenntnisreich, wie die chemische Industrie mit der Regierung kungelt, um ihren Willen durchzusetzen. Sie war die erste, die spezifische konkrete Maßnahmen zur Kontrolle dieser Pestizide vorschlug, und — wie Pat Hynes dokumentiert hat — ihre Arbeit gab den Anstoß zur Schaffung der *Federal Environmental Protection Agency* (Umweltschutzbehörde auf Bundesebene).[46] „Der stumme Frühling" sowie ihre Bücher über das Meer („Geheimnisse des Meeres" und „Am Saum der Gezeiten") und ihr Werk „The Sense of Wonder" sind von einem „elementaren" Sinn für die Wunder der Natur durchzogen. Da bei Carson jedoch die Liebe zur Welt, aus der heraus sie schreibt, „dem Kosmos" wie „der Sphäre menschlicher Angelegenheiten" gilt, trifft auf ihr Werk zu, was Ynestra King eine „rationale Wiederverzauberung" der Welt genannt hat.[47] Carson hat sich nicht vom wissenschaftlichen Rationalismus abgewandt, hat ihn jedoch mit einer philosophischen Tiefe versehen, die verlorengegangen und ausgelöscht worden ist. Henry Beston sagte über ihre Arbeit, sie „mischt wissenschaftliches Wissen mit dem Geist poetischer Wahrnehmung".[48]

Die Welt ist, was Frauen daraus machen. Dieser Punkt ist entscheidend: Wir müssen etwas daraus machen. Das bedeutet, wir brauchen einen Ort in der normalen Welt menschlicher Angelegenheiten, von denen viele von Männer geschaffen sind. Freundschaft schafft einen Punkt der Kristallisation, um in der normalen Welt leben zu können, und nicht eine Ausrede, um sie zu verlassen. Freundschaft verschafft zwar nicht automatisch die Mittel, um in der Welt zu leben oder Frauen zu Weltgestalterinnen zu machen, doch sie ist ein Aufenthaltsort in der Welt.

Frauen-Zuneigung ist nicht nur persönlicher Raum, sie ist auch ein politischer Raum, eine weibliche Enklave, die durch bewußte weibliche Anstrengung in einer männergemachten Welt geschaffen wurde. Freundschaft ist ein grundlegend politischer Akt, eben weil sie nur dort entstehen kann, wo Frauen sich unserem Selbst und einander zeigen, wo es endlich eine Aufnahmebereitschaft für weibliche Schöpfung gibt und wo sich Frauen-Zuneigung nicht länger verstecken oder als anormal brandmarken lassen muß. Denn sie bedeutet nicht nur die Schaffung einer Welt, in der ein wirklich feministisches Leben an den Grenzen der männergemachten Welt gelebt werden kann, sondern auch die Erschaffung der Welt, wie Frauen sie sich vorstellen. Frauen-Zuneigung ist der weite Raum, in dem eine Frau als Frau leben kann — unter Frauen, unter Männern.

Dieser Satz wird manchen merkwürdig vorkommen. Doch er soll genau das bedeuten, was er aussagt. Lebt eine Frau als originäre Frau — unter Frauen, unter Männern —, so stellt sie gleichzeitig die männergemachte Welt in Frage, doch sie spaltet sich nicht von ihr ab, paßt sich ihr nicht an oder gestattet ihr nicht, sie als ein Opfer dieser Welt zu bezeichnen. Sie beansprucht ihren Platz darin als eine Frau, deren enge Beziehungen Frauen gelten. Sie führt die Existenz derer, die Mary Daly wohl eine „widerspenstige Abweichlerin" nennen würde. Hannah Arendt würde sie wahrscheinlich als „bewußte Paria" bezeichnen, und Virginia Woolf hätte sie vermutlich in die „Gesellschaft der Außenseiter" aufgenommen. Ich ziehe den Ausdruck *drinnen lebende Außenseiterin* vor, da daraus die dualistische Spannung von Frauen hervorgeht, die die männergemachte Welt als das erkennen, was sie ist, und dennoch in ihr mit weltlicher Integrität existieren, zugleich aber über sie hinaus etwas anderes sehen und darauf hinarbeiten. Der Ausdruck wirft auch ein Schlaglicht auf die Realität von Frauen, die wissen, daß sie nie zu wirklichen „Insidern" werden können, jedoch das Risiko der abgespaltenen Außenseiterin erkennen.

Die drinnen lebende Außenseiterin existiert in der Welt mit weltlicher Integrität, sie webt dabei die Stränge feministischer Weisheit in das Gewebe der Welt und ebnet den Weg für den Eintritt von Frauen als Frauen — das heißt, Frauen zu unseren eigenen Bedingungen — in die Welt. Die Arbeit einer Frau als drinnen lebende Außenseiterin ist von der Spannung zwischen ihrem Feminismus und ihrer Weltlichkeit bestimmt. Ihre Weltlichkeit hängt von ihrer feministischen Vision ab, doch ihre feministische Vision wird an ihrem weltlichen Ort verwirklicht. Zora Neale Hurston beschreibt diese Spannung äußerst anschaulich:

„Schiffe, die in der Ferne zu sehen sind, sind mit den Wünschen der Menschheit beladen. Für einige kommen sie mit der Ebbe ans Ufer. Für andere segeln sie auf ewig am Horizont dahin, immer in Sichtweite, doch niemals an Land kommend, bis der Beobachter seine Augen in Resignation abwendet, seine Träume durch die Zeit zu Tode verspottet. Das ist das Leben der Menschen.

Jetzt vergessen Frauen alles, an das sie sich nicht erinnern wollen, und erinnern sich an alles, was sie nicht vergessen wollen. *Der Traum ist die Wahrheit. Dann handeln sie* und gestalten die Dinge entsprechend."[49] (Hervorhebung J.R.)

Frauenfreundschaft erdet die drinnen lebende Außenseiterin. Weil es Frauenfreundschaft gibt, kann sie eine Existenz führen, die nicht von der Spannung überwältigt wird, in einer männergemachten Welt zu leben und zugleich für eine Welt zu arbeiten, wie Frauen sie sich vorstellen. Frauen-Zuneigung bietet ihr das Umfeld der Verwurzelung, von dem aus sich gegenüber der Welt und über die Welt hinaus orientieren, die Realität erfassen und sie verändern, Geschichte erfahren und machen kann. Weltlosigkeit kann eine Folge von Freundlosigkeit sein. Ohne Freundinnen haben Frauen keinen Ort unter uns selbst und damit keinen Ort in der Welt, denn wir können viel eher Vertrauen verlieren, als irgendeinen Sinn in dieser Welt schaffen, wenn da niemand ist, der diesen Sinn bestätigt.

Die Situation von Frauen, die gezwungen sind, für Männer da zu sein, ist, daß sie sich gegenseitig vergessen und zu schnell vergessen. Hetero-Beziehungen berauben Frauen einer bestimmten Form der Sprache, die durch eine Integrität der Reaktionen, durch einfache Gesten und einen unbefangenen Ausdruck der Gefühle füreinander bestimmt ist. Frauen verlieren ihr originäres Selbst und die originäre Welt der anderen, die wie sie selbst sind. Dies bedeutet einen Bruch sowohl im privaten als auch im öffentlichen Leben. Frauen verlieren sich aus den Augen und verschwinden als Frauen aus der Welt. Infolgedessen läuft der Auftritt der Frauen in der Welt nur nach dem Drehbuch der Männer ab. Manchmal wird dieser Auftritt völlig von Männern übernommen, so, wenn das Genie einer Frau von männlichen Schöpfungen aufgesogen wird. Das großen Schriftstellerinnen, Philosophinnen, Künstlerinnen, Musikerinnen, Wissenschaftlerinnen gebührende Verdienst ist häufig von ihren „brillanten" Brüdern, Vätern, Ehemännern oder beruflichen Mitarbeitern usurpiert worden. Rosalind Franklin, deren DNS-Forschung von James Watson und Maurice Wilkins „absorbiert" wurde, ist nur ein Beispiel.[50] Statt dessen hat man es oft als „Verdienst" der Frauen bezeichnet, wenn ihre „brillanten Söhne" sich zum Schlimmen entwickelten. Wie viele Mütter beispielsweise wurden für die pervertierten Vergewaltiger und Mörder dieser Welt verantwortlich gemacht oder haben sich, schlimmer noch, selbst die Schuld gegeben.

Die praktische Frage ist jedoch: Wie und wo partizipieren Frauen an der Welt? Wenn ich von Weltlichkeit spreche, meine ich damit nicht unbedingt, daß Frauen sich in der Anti-Kernkraft-Bewegung, der Gesetzgebung oder dergleichen weltlichen Aktivitäten zu *deren* Bedingungen engagieren sollten. Die Bedingungen, unter denen solche Bemühungen stattfinden, sind selten frauenbestimmt oder frauenorientiert. Sollten wir uns in dergleichen weltlichen Aktivitäten mit weltlicher Integrität engagieren, dann muß diese Partizipation zu unseren Bedingungen geschehen — nicht in einem absoluten Sinn, doch auf eine Weise, die es frauenidentifizierten Frauen gestattet, in diesen Welten mit Integrität zu arbeiten und mit der Möglichkeit, Veränderungen herbeizuführen; mit anderen Worten: als drinnen lebende Außenseiterinnen zu arbeiten.

Bedeutet Integrität „das, dem nichts genommen werden kann"[51], haben wir aus der feministischen politischen Vergangenheit einige Lektionen zu lernen. Historisch waren Frauen weltweit die Hauptstützen der Bewegung zur Abschaffung der Sklaverei, der Friedensbewegungen und anderer Bewegungen für Menschenrechte und soziale Gerechtigkeit. In all diesen Bewegungen wurde die feministische Frage selten beleuchtet. Die Folge: Frauen nahmen an solchen Bewegungen nicht zu unseren Bedingungen teil, eine weltliche Integrität fehlte. Natürlich gibt es da Ausnahmen, ich spreche von der generellen Situation.

Vielleicht ist es hilfreich, einige konkrete Beispiele dafür zu nennen, wie eine Frau auf einer bestimmten Ebene als eine drinnen lebende Außenseiterin fungiert. Wie lebt und handelt eine Frau mit weltlicher Integrität? Einzelne Frauen und Frauengruppen sind ausdrücklich der Sache der Frauen verpflichtet. Sie arbeiten beispielsweise in Organisationen, die sich speziell geschlagener Frauen annehmen, oder in der feministischen Kampagne gegen Pornographie oder in verschiedenen Dienstleistungsorganisationen, die für die Bedürfnisse von Frauen entstanden sind. Oder als einzelne verteidigen sie vielleicht Frauen vor Gericht, bereiten Gesetzesvorhaben gegen Vergewaltigung oder für gleiche Entlohnung vor oder bauen diskriminierende und unterdrückerischen Strukturen ab, in denen viele Frauen in ihrem häuslichen Bereich und am Arbeitsplatz leben. Oder sie geben feministische Bücher und Zeitschriften heraus, unterhalten Frauengesundheitszentren und/oder lehren im Bereich Frauenforschung. All diese Formen feministischer Arbeit haben in der männergemachten Welt eine enorme Wirkung gezeitigt, haben z. B. das Gesicht patriarchaler Gesetzgebung, Gesundheitsfürsorge und Bildung verändert sowie mehr frauenzentrierte institutionelle Strukturen geschaffen.

Wir wollen als weiteres Beispiel für Frauen, die sich wie drinnen lebende Außenseiterinnen verhalten, die Anti-Kernkraft-Bewegung betrachten. Hier stehen Frauen seit Jahren an herausragender Stelle. Helen Caldicott ist wahrscheinlich die bekannteste Frau in der US-Bewegung, und sie hat sich auch zur Stellung der Frau in der Bewegung geäußert. Viele ihrer Aussagen gehen jedoch von einer Frau aus, die sie in ihrer „natürlichen" Rolle als Friedensstiftende zu sehen scheint. An den Anti-Kernkraft-Demonstrationen haben viele sympathisierende Frauengruppen teilgenommen. Diese Gruppen, wie beispielsweise die lesbischen Sympathisantinnen-Gruppen, haben getrennte Enklaven innerhalb der größeren Koalition gegen Nuklearismus gebildet. Diese sympathisierenden Gruppen sind Versuche, sich innerhalb einer größeren Bewegung zu den von Frauen gesetzten Bedingungen zu bewegen. Auf diese Weise haben sie vielen Frauen, die Feministinnen und tief beunruhigt über die entsetzlich zerstörerische Potenz nuklearer Waffen und Kernkraft sind, die Teilnahme an einer solchen Bewegung ermöglicht.

Bei der Beteiligung von Frauen in derartigen Bewegungen fehlt jedoch häufig, daß Beziehungen deutlich gemacht und ausgesprochen werden, im Fall der Anti-Kernkraft-Bewegung die Beziehungen zwischen Militarismus, Nuklearismus und Männerbündelei. Das eigentlich Gefährliche an der militaristischen nuklearen Mentalität ist die Männerbündelei, auf die sie sich stützt: nicht nur, daß Männer alle möglichen Formen des Tötens erfunden und produziert haben, obendrein basieren diese darauf, wie Männer innerhalb des Systems der Homo-Beziehungen ihre Männlichkeit vor andern Männern beweisen müssen.

Die Marxisten haben keinen Augenblick gezögert, die Rolle des Kapitalismus beim Schaffen und Aufrechterhalten von Militarismus und Kernwaffen deutlich herauzustellen. Sie haben diese Verbindung außerhalb von spezifisch als Marxisten ausgewiesenen Gruppen hergestellt, haben in dem größeren Kontext der Anti-Kernkraft-Bewegung gearbeitet. Feministinnen müssen darüber hinausgehen und aufzeigen, was Joan Sully so formuliert hat:

> „Männerbündelei ist die eigentliche Quelle des Militarismus. Gleichzeitig legitimiert, schützt, unterstützt und verstärkt der Militarismus die Männerbündelei. So entsteht ein sich selbst in Gang haltender Kreislauf von Militarismus zur Männerbündelei und wieder zurück... Zu erwarten, eine echte Abrüstung sei unter Beibehaltung der Herrschaft der männlichen Klasse möglich, ist naiv und absurd."[52]

John Stoltenberg hat darauf hingewiesen, daß, auch wenn sich der Militarismus nicht in den „heißen" oder „kalten" Kriegen der Welt aktualisieren würde, die Strategie der nuklearen Abschreckung an sich eine andere Form der Männerbündelei ist.

> „Die nukleare Rüstung ist eine Ausdehnung der sadistischen Potenz der Männer. Nukleare Rüstung stellt die Möglichkeit für den endgültig letzten, maskulinitätsbestätigenden Fick dar. Sie füllt die Phantasie jener, die sie haben, und jener, die sie nicht haben. Und jetzt wird durch die Tatsache, daß immer mehr Staaten diese Möglichkeiten gewinnen, der homoerotische Waffenstillstand zwischen den Staaten destabilisiert."[53]

Wenn Frauen die Verbindungen zwischen Männerbündelei und Militarismus, zwischen Männerbündelei und Abrüstungsstrategien deutlich machen, dann können sie in einem wichtigen Aspekt mit weltlicher Integrität in die Welt des Anti-Nuklearismus eintreten und auf die Realität, die der nuklearen Mentalität zugrundeliegt und die den Militarismus stützt, einwirken. Die Anti-Kernkraft-Bewegung nennt sich eine radikale soziale und politische Bewegung. Feministinnen müssen dies testen, indem sie die Verbindungen zwischen Männerbündelei und Nuklearismus aufzeigen, wo immer sich eine offizielle Gelegenheit dazu bietet. Ich will damit nicht sagen, daß radikale Bewegungen Musterbeispiele für feministisches Bewußtsein oder auch nur der feministischen Richtung freundlich gesonnen seien. Da diese Bewegungen jedoch behaupten, „anders" zu sein, sollten Frauen die verkündeten Unterschiede testen, um herauszubekommen, welche feministische Realität dort Platz hat.

Die Welt der Männer muß so gezeigt werden, wie sie ist, nämlich auf Homo-Beziehungen aufgebaut, von ihnen gestützt. Homo-Beziehungen sind durchweg ein derart vorherrschender Teil dieser männergemachten Welt, daß nur eine Frauenfreundschaft, die politisch und mit weltlicher Integrität in der Welt selbst aktualisiert ist, überhaupt echte Nicht-Angriffspakte hervorbringen kann, die nicht weiterhin Aggressionen gegen alle Frauen enthalten.

Viele Frauen wiederum wählen nicht die weltliche Aktivität der Anti-Kernkraft-Bewegung, auch nicht die Arbeit in Frauengruppen oder an spezifischen feministischen Aufgaben als ihren „Fulltime-Job". Dennoch bewegen sie sich Tag für Tag an ihrem Arbeitsplatz mit einer weltlichen Integrität, die konsequent frauenidentifiziert ist. Diese Frauen — auch wenn sie keine explizit feministischen Aussagen machen oder feministische Strategien artikulieren — tragen dazu bei, die Künstlichkeiten einer männergemachten Welt zu demontieren, wenn sie nämlich das, was sie tun, aus einem frauenzentrierten Bewußtsein heraus tun. Beispielsweise als College-Professorinnen sind sie sich dessen bewußt, daß sie nicht ein übliches Instrument der Humanwissenschaften in einer Universitätsstruktur sind, in der Humanismus bisher stets männerzentriertes Denken bedeutet. Als Naturwissenschaftlerinnen z. B. nehmen sie nicht an der Herstellung einer zerstörerischen Wissenschaft und Technologie teil, sie fördern auch keine Forschungen, bei denen Frauen die Last der „Nebenwirkungen" zu tragen haben. Ihre Arbeit läuft möglicherweise ohne Aussagen darüber ab, wie sie mit Frauen oder dem Feminismus verbunden sind. Sie manifestieren ihre Frauen-Zentriertheit jedoch genau in der Arbeit, die sie tun, und in dem Bewußtsein, warum sie das tun.

Natürlich gibt es auch viele Frauen und einige Männer, die ebenfalls humane und sensible Arbeit in der Welt leisten, doch vielleicht nicht wissen, warum sie es tun, außer einem vagen Gefühl, es sei „das Richtige". Die Frauen, die ich in den vorangegangenen drei Beispielen beschrieben habe, arbeiten jedoch in der Welt, weil sie glauben, ihre Arbeit würde die Muster der Männerbündelei in einer männergemachten Welt brechen und die Macht der Frauen installieren, und weil sie letztlich glauben, daß die Arbeit, die sie tun, für und von Frauen getan werden muß. Insofern sind sie exemplarisch für eine bestimmte feministische weltliche Integrität. Als „Exemplare" zeigen diese Frauen anderen Frauen, daß die Arbeit von Frauen Folgen haben kann, daß Frauen aktiv in der Welt sein können, daß sie Entscheidungen treffen können, die den Lauf der Welt beeinflussen, und daß sie eine Kraft und eine Macht sind, mit der zu rechnen ist.

Andrea Dworkin schreibt: ,,Kreative Intelligenz... beansprucht ihr Recht, Folgen zu zeitigen... Sie will immer Anerkennung, Einfluß und Macht; es ist eine Intelligenz, die etwas bewirken will.''[54] Tag für Tag mit weltlicher Integrität in der Welt arbeitende Frauen sind der lebende Beweis dafür, daß feministisches Denken, feministische Intelligenz ,,Folgen'' hat. Ihre Arbeit zeigt deutlich, daß Frauen physische Aufgaben, Ideen, Kultur und die weitere Welt meistern können. Es ist eine Arbeit, die etwas bewirkt und ihre kreativen Wurzeln in einer Welt hat, wie Frauen sie sich vorstellen, denn sie bricht Frauen aus der Welt, in der Männer die Macht und Arbeit der Frauen eingeschränkt haben, heraus. Es ist Arbeit, die durch direktes Erleben an der Komplexität der Welt beteiligt ist. Weltliche Integrität stellt sich der Welt auf deren *Feld*, jedoch nicht zu deren *Bedingungen.*

Abspaltung, Anpassung und Viktimismus sind falsche Formen des In-der-Welt-Seins. Alle drei fördern bei Frauen eine Weltlosigkeit. Echte Weltlichkeit, die von weltlicher Integrität gespeist ist, arbeitet auf irgendeiner Ebene kreativ für Frauen.

Letztlich ist Weltlichkeit die Materialisierung von Doppelsicht, von zweifacher Sichtweise. Für die Befreiung ist es notwendig, daß wir ,,mit mehr als dem normalen Sehvermögen'' sehen, doch zugleich auch ,,mit dem normalen Sehvermögen''. Während die Vision die existierende männergemachte Welt radikal umstürzt, muß sie an einem Punkt auch der Entstehung übereinstimmender Gruppen, dauerhafter Strukturen und den Mustern weltlicher Aktivität Raum schaffen. Vision muß beunruhigen, muß aber auch stabilisieren. Es muß auch an den Strukturen, in denen Frauen in der Welt leben, gebaut werden.

,,Für soziale politische Bewegungen gilt die Tatsache, daß Radikalismus eine Bewegung nicht erhalten kann. Damit eine Bewegung überdauert, muß ihre breite Basis und weitgestreuter Einfluß gesichert werden. Radikalismus ist jedoch *entscheidend wichtig* für das Leben einer Bewegung, da er der Bewegung die kompromißloseste Kritik an der falsch eingesetzten ausbeuterischen Macht, die die Bewegung unterminieren und überwinden will, liefern kann. Nur die Anwendung radikaler Kritik stellt sicher, daß sich die Bewegung nicht zur simplen Reform entwickelt — zum Flickwerk an einem ausbeuterischen, korrupten und skrupellosen Machtgebäude.''[55]

Frauen müssen diesen Radikalismus benutzen, um die Existenz der Frauen in der realen Welt neu zu gestalten. Ohne Struktur und Stabilität wird Radikalismus jedoch krampfhaft, zwar vor Energie berstend, jedoch kurzlebig. In diesem Prozeß müssen wir die Spannung zwischen Bewegung und Stillstand halten. Feministische weitsichtige Vision ist bedeutungslos, wenn sie nicht von einem nahsichtigen Realismus begleitet ist, der ihr Gestalt und Standfestigkeit gibt. Sie ist ebenfalls bedeutungslos, wenn sich eine solche zweifache Sichtweise nicht in Glück übersetzen läßt – einem Glück in dieser Welt.

## Glücklichsein

In der Frauenbewegung wird nicht viel über Glücklichsein geschrieben oder gesprochen. Es scheint fast, als erwarteten Feministinnen, daß das Glück sich erst in einem zukünftigen Leben ereignen könnte, nachdem der Kampf gewonnen und die Revolution vorbei ist. Malraux sagte einmal, daß die sogenannten Intellektuellen im 20. Jahrhundert in der Revolution das gefunden hätten, was andere früher im ewigen Leben suchten, d. h. die Revolution „erlöst diejenigen, die sie machen".

Viele Frauen haben den Feminismus nur in politischen Begriffen formuliert und den Kampf gegen männliche Tyrannei betont. Sie haben versäumt zu erkennen, daß, gerade weil der Feminismus eine Strategie des Risikos und des Widerstandes ist, er den Frauen jetzt auch irgendein Glücksversprechen anbieten muß. Organisierte Schwesterlichkeit gegen die Bedingungen weiblicher Unterdrückung und der feministische Kampf gegen alle Zustände der Greuel gegen Frauen dienen als mächtiges Bollwerk gegen die Mächte und Strukturen des Patriarchats. Ein rein politischer Feminismus, der nur Konflikt und Widerstand betont, ähnelt jedoch zu sehr den religiösen Eschatologien (Theologien von der Zukunft), die die Frauen glauben machen wollen, das wahre Glück sei erst in einem zukünftigen Leben zu haben.

Was ist Glücklichsein? Wir benutzen den Begriff heute mehr in seiner psychologischen Bedeutung – als Disposition, als Gefühl oder als Seinszustand, den ein Mensch erlebt. Ursprünglich hatte der Begriff jedoch eine ethische Bedeutung. In der frühesten philosophischen Erörterung hatte Glücklichsein etwas mit moralischen Zielen, mit Teleologie zu tun. Glücklichsein wurde in Erfüllung einer Tätigkeit, eines Lebensziels gefunden. Aristoteles sagt, Glücklichsein sei eine Aktivität der Seele, der Kontemplation. In Kombination dieser Bedeutungen wurde Glücklichsein auch als das Gefühl definiert, das die Tätigkeit des ganzen Selbst begleitet, oder als Gefühl der Selbstverwirklichung. Damit bedeutet Glücklichsein das harmonische Leben als solches.

Meine Definition von Glücklichsein verschmilzt diese Bedeutungen und formuliert sie neu. Einerseits ist Glücklichsein, wie ich es sehe, das Streben nach dem vollen Gebrauch der eigenen Kräfte. Es wird erlangt, wenn wir bestimmte Aufgaben und Ziele erfüllen. Andererseits muß Glücklichsein erlebt werden. Es ist daher ein Zustand, der, wie ich glaube, am besten unter Nadežda Mandel'stams Übersetzung des russischen Wortes *djisneradostny* als „lebensglücklich" zusammengefaßt werden kann. Wörtlich meint sie: glücklich im Leben, über das Leben, mit dem Leben sein. „Lebensglücklichsein" gibt dem *happiness* eine bestimmte Tiefe und Substanz, kurz gesagt, bedeutet *happiness* dann das Streben nach dem vollen Gebrauch der eigenen Kräfte, die uns „lebensglücklich" machen.

Ich will hier nicht so über Glücklichsein sprechen, als sei dies eine Alles-oder-nichts-Situation. Eine Frau kann beispielsweise in ihrer Arbeit glücklich, doch zu Hause unglücklich sein. Zum Glücklichsein gehört jedoch, daß wir ständig nach der Integrität des Selbst suchen und daß es sich dabei um einen Prozeß handelt. Es ist, wie gesagt, ein Streben. Doch je mehr diese Bemühung ins Leben umgesetzt wird, desto „lebensglücklicher" sind wir. Es sollte nicht, wie Charlotte Brontë festgestellt hat, eine Aufgabe sein. Sie meint, daß für sie keine Spötterei der Welt so hohl geklungen habe wie die Aufforderung, das Glücklichsein zu kultivieren. Was habe solcher Rat zu bedeuten? Glücklichsein sei keine Kartoffel, die man in ein Beet pflanzt und mit Kompost pflegt.[56]

Frauenfreundschaft gibt Frauen den Kontext, in dem sie „lebensglücklich" sein können. Sie schafft eine private und öffentliche Sphäre, in der Glücklichsein zur Realität werden kann. Sie schafft Ermutigung und Umfeld für den vollen Gebrauch unserer Kräfte. Und da das Bekenntnis zur Freundschaft heißt, daß die, die einer anderen Freundin ist, im allgemeinen ein größeres Interesse am Glücklichsein ihrer Freundin als an dem anderer Menschen hat, geht das Streben von Freundschaft auf die volle Entfaltung der Kräfte der Freundin.

Nach der vollen Entfaltung der eigenen Kräfte zu streben heißt, ein Leben voll zielbewußter Energie zu führen. Es ist die Suche, das Leben in seiner Fülle zu erleben. Innerhalb der Grenzen der Hetero-Beziehungen sind die Kräfte der Frauen aufs Äußerste eingeschränkt worden. Die Möglichkeiten, die eigenen Kräfte voll zu entfalten, blieben den Männern vorbehalten. Frauen wurde die Erfahrung der Intensität eines selbstbestimmten Lebens — die so wichtig für Glücklichsein ist — vorenthalten. Das Glück der Frau wurde stets in Beziehung zum Glück des Mannes gesehen. Ihre Aufgabe war es, ihn und ihre Kinder glücklich zu machen. Die Existenz von Frauen „allein", also jenen, die sich nicht an Männer gebunden haben, wurde nur insofern wahrgenommen, als sie in diesem Zustand für *nicht glücklich* gehalten wurden. Der Ausdruck „alte Jungfer" bezeichnet unglückliche, unerfüllte Frauen. Aus hetero-bezogener Sicht führt eine „Lesbe" ihr Leben am „Quell der Einsamkeit" oder, schlimmer, am Rande von Verworfenheit und Verzweiflung. Nonnen wurden stets so dargestellt, als seien sie ins Kloster gegangen, weil sie nicht der „glücklichmachenden" Gesellschaft und Fürsorge der Männer teilhaftig werden konnten. Eine Frau ohne Mann oder ohne einen hetero-bezogenen Kontext wird als unglücklich angesehen — worauf der fröhlich feministische Spruch antwortet: „Eine Frau ohne Mann ist wie ein Fisch ohne Fahrrad." Lose Frauen sind glücklich unverheiratet.

Frauenfreundschaft ist das „lebensglückliche" Testament, das die noch immer lebendige hetero-bezogene Lüge, „lose Frauen" seien unglücklich, zurückweist. Sie fördert die volle Entfaltung der Kräfte einer Frau. Sie macht Frauen „lebensglücklich" und nicht lebensunglücklich. Hier gibt es keinen „Halbwert".

Kehren wir zu einer früheren Definition von Glücklichsein als Kontemplation zurück, so ist Frauenfreundschaft in gewissem Sinn die Tätigkeit, über das weibliche Selbst und andere wie sie selbst nachzudenken. Dies bedeutet, die Vision ernstzunehmen — womit wir wieder den Bogen zur Vision geschlagen hätten.


**Das Sehen ernst nehmen**

Die Notwendigkeit, eine Vision zu haben, ist zugleich die Notwendigkeit, daß Frauen sich gegenseitig wirklich sehen. Der Zustand der Greuel gegenüber Frauen präsentiert *eine* Sichtweise von der Frau — das Gespenst der Frau, die nach dem Bild, das der Mann von ihr hat, geformt worden ist. Der Zustand der Frauenfreundschaft präsentiert eine *andere* Sichtweise von der Frau — die Vision von Frauen, die ihr Selbst erkannt haben, die anderen Frauen zu deren selbst-bestimmtem Bild verhelfen und gesehen haben, „daß es gut war". Daß das Sehen im Mittelpunkt steht, ist hier nicht nur eine Metapher.

Der Blick der Frauen wurde historisch auf Männer dressiert. Simone de Beauvoir meint, daß der Blick der Frauen die Männer deshalb so geformt habe, weil der Mann nur, wenn er durch den Blick anderer Personen fixiert ist, glauben kann, daß er selbst eine Person ist.[57] Welch wichtige Rolle der Blick der Frauen bei der Formung des männlichen Ego spielt, hat auch Virginia Woolf ausgedrückt, und zwar mit ihrem berühmten Satz: „Frauen haben über Jahrhunderte hinweg als Spiegel gedient mit der magischen und köstlichen Kraft, das Bild des Mannes in doppelter Größe wiederzugeben."[58] Woolf geht noch weiter und bringt die Konstruktion der verschiedenen Formen männlicher Realität damit in Verbindung, daß stets der Blick der Frauen auf die Männer gerichtet wurde.

„Spiegel sind für alle gewalttätigen und heroischen Handlungen unentbehrlich. Deshalb bestehen Napoleon und Mussolini beide so nachdrücklich auf der Unterlegenheit der Frauen, denn wenn sie nicht unterlegen wären, würden sie aufhören zu vergrößern. Das hilft teilweise zu erklären, warum Frauen für Männer oft so notwendig sind. Und es hilft zu erklären, wie sehr sie von ihrer Kritik beunruhigt werden... Denn wenn sie anfängt, die Wahrheit zu sagen, schrumpft das Spiegelbild; seine Lebenstüchtigkeit schrumpft zusammen... *Das Spiegelbild ist von äußerster Wichtigkeit, weil es die Lebenskraft auflädt; es stimuliert das Nervensystem.*"[59] (Hervorhebungen J.R.)

Für Männer ist es also der Blick der Frauen, der ihnen Subjektivität verleiht. Natürlich blicken Männer auch auf Frauen oder, um es genauer auszudrücken, glotzen oder starren sie oft lüstern an. Mit diesem Starren wird die von Männern gemachte Frau geformt. Und das Starren der Männer macht die Frauen zum Objekt, nicht zum Subjekt.

Das auf den Mann gerichtete Auge der weiblichen Beobachterin gibt dem Mann das Gefühl, in der Welt und an der Welt zu handeln. Frauen wurde eingetrichtert, sich auf Männer zu konzentrieren. Die Augen der Frauen formen die Männer, da sich die Männer des ständigen Blicks der Frauen versichert haben.

Noch dazu wird in einer Welt, in der Frauen dazu gedrillt wurden, die Männer an- und zu ihnen aufzuschauen, auch die Männerbündelei durch den Blick der Frauen gefestigt. Frauen wurde die Rolle der ewigen Zuschauerinnen bei den Ritualen der Homo-Beziehungen zugewiesen. Homo-Beziehungen können nur in einer Welt stark bleiben, in der die Frauen in die Rolle der passiven Zuschauerinnen gezwungen worden sind — Zuschauerinnen bei den Dingen, die Männer mit anderen Männern tun, die Kraftakte und Heldentaten von Mann zu Mann oder die Schulbuben-Tricks, die ihre Wirkung nur aus der Aufmerksamkeit von Frauen beziehen. Das Schauspiel der Männerbündelei kann nur in der realen oder phantasierten Anwesenheit von Frauen ausgeführt werden. Die realen Körper von Frauen werden vergewaltigt, häufig in einem „Gruppen-Fick". Susan Brownmiller beschreibt, wie „Männer in Kriegen… mit einer ausschließlich männlichen Armee im Rücken, zu der sie eine starke männliche Verbundenheit fühlen, mit Vorliebe in Gruppen vergewaltigen, in denen sie anonym sind. Auch bei zivilen Gruppenüberfällen setzt sich die Männerallianz durch."[60] Mit Interviews belegt Brownmiller, wie Männer, die wegen Gruppenvergewaltigung verhaftet worden waren, davon redeten, als seien „die sexuellen Gefühle während der Vergewaltigung weitgehend eine Beziehung zwischen den Jungen und weniger eine Beziehung zwischen den Jungen und den betroffenen Mädchen (gewesen)".[61] Hinzu kommt, daß durch die realen Körper von Frauen, wie sie die Pornogrpahie in ihren von Männern phantasierten Stellungen zeigt, die Männerbündelei konsolidiert wird — in Autogaragen, Männercubs und bei den heranwachsenden Burschen, die ihre Sexualität nicht nur durch das Lesen solcher Pornohefte erfahren, sondern auch im Einklang mit anderen Gleichaltrigen, wenn sie lüstern den Mädchen nachglotzen. Die Handlungen der Männer werden dadurch konsolidiert, daß Frauen ihnen zuschauen. Männer beweisen die Tatsache, daß sie es sind, die diese Welt gestalten, nur im Gegensatz zur Passivität derer, die ihnen dabei zuschauen und auf diese Weise be-handelt werden. Doch Frauen, die einfach nur zuschauen, sind nie wirklich passiv. Indem sie das Schauspiel der Männerbündelei konsolidieren, sind sie durchaus aktiv. Ohne zuschauende Frauen könnten viele Formen männlicher Aktivität als das erkannt werden, was sie wirklich sind — Passivität.

Wenn Frauen ihre Augen von den Männern abwenden, werden die Männer sich gegenseitig als das erkennen müssen, was sie wirklich sind. Dies könnte der Beginn der Erlösung der Männer oder ihrer endgültigen Selbstzerstörung sein. Wichtiger noch: Wenn Frauen ihre Augen auf ihr Selbst und andere Frauen richten, rücken sie die Welt in die richtige Perspektive. Die Unsichtbarkeit der Frauen füreinander war die Situation der Frauen in einer hetero-bezogenen Gesellschaft und bewirkte den totalen Verlust des Gefühls der Frauen für sich selbst und für andere Frauen. Frauen können sich für ihre Sichtweise entscheiden. Frauen können sich dafür entscheiden, sich gegenseitig zu sehen.

Frauenfreundschaft nimmt unsere originäre Sicht von uns selbst und voneinander ernst. Es handelt sich dabei stets um eine zweifache Sichtweise, die nur unter Spannung erlebt wird, jedoch auch mit Achtsamkeit und Leidenschaft. Anna-Natalia Malachowskaja, eine russische Feministin, die jetzt in Australien lebt, beschreibt sehr genau, was geschieht, wenn der Blick der Frauen sich auf das eigene Selbst und auf andere Frauen richtet:

> „Nein, Liebe ist nicht blind, wie sie behaupten: ... der liebende Blick idealisiert nicht, im Gegenteil, er reißt die Hülle der Pseudo-Realität auf... der liebende Blick sieht nicht nur, er schafft auch neu, projiziert ins tägliche Leben, was er in Augenblicken der Erleuchtung gesehen hat... Du formst mich mit deinem Blick, unter seinen Strahlen *kann ich nicht länger die bleiben, die ich war*... du hast mich auf die Sonnenseite geführt, wo *Wachstum eine Selbstverständlichkeit ist.*"[62]

# Anmerkungen

*Einleitung*

1 Der Satz stammt von Kate Clinton. Ihre erste Platte mit dem Titel „Making Light" ist bei den „Making Light Productions", P.O.Box 93, Cazenovia, NY 13035 erschienen. Clinton überschreitet die Grenzen hetero-bezogenen Humors und kehrt zum wahren weiblichen Witz zurück. Sie ist nicht nur Praktikerin, sondern auch Theoretikerin in Sachen Humor. Vgl. Kate Clinton: „Making Light: Another Dimension, Some Notes on Feminist Humor". In: „Trivia: A Journal of Ideas", Heft 1, Herbst 1982, S. 37-42.

2 Lily Tomlin: „On Stage", Arista Records 1977.

3 Olga Carlisle: „In Praise of Old Nantucket". In: „New York Times Magazine", 8. August 1982, S. 28.

4 Douglas Johnson: „Managing the Great Man's Memory". Besprechung von Simone de Beauvoir: „Zeremonie des Abschieds". In: „New York Times Book Review" vom 6. Mai 1984, S. 11.

5 Virginia Woolf: „Ein Zimmer für sich allein". Frankfurt 1981, S. 94.

6 Diesen Ausdruck verwendet Mary Daly in „Gyn/Ökologie — eine Meta-Ethik des radikalen Feminismus", München 1981, um damit aufzuzeigen, auf welche Weise Frauen unserer Geschichte und Tradition beraubt wurden und wie man sie durch „die patriarchale Auslöschung unserer Tradition" zum Vergessen aufforderte. So, wie der weibliche Körper verstümmelt wurde, geschah es auch mit der Erinnerung der Frauen an unser Erbe.

7 Jan Raymond macht hier eine Bemerkung zur im Englischen unüblichen Großschreibung des Wortes „Selbst", mit der sie sich an Mary Dalys Schreibweise anlehnt. Daly benutzt „self" kleingeschrieben für das von Männern gemachte feminine Selbst und „Self" großgeschrieben für das authentische Selbst, das Frauen neu erschaffen. Bei Daly habe ich das erstere als das Selbst gelassen und das letztere als *die* Selbst bezeichnet. Hier bei Raymond habe ich mich an den bei uns üblichen Sprachgebrauch *das* Selbst gehalten, da der Gebrauch von *die* Selbst ohne den bei Daly gegebenen ausführlichen Zusammenhang im Deutschen irritierend und verwirrend wäre. (A.d.Ü.)

8 Doris Faber: „The Life of Lorena Hickock, E.R.'s Friend". New York 1952, S. 330-32.

9 Simone de Beauvoir: „Das andere Geschlecht". Reinbek 1951.

10 Toni Morrison: „What the Black Woman Thinks About Woman's Lib". In: „New York Times Magazine", 22. August 1971, S. 63.

11  Alix Dobkin und Kay Gardner: „The Woman in Your Life Is You".
    Auf der Schallplatte: „Lavender Jane Loves Women", Ladyslipper
    Music, Box 3124, Duham, NC 27705. Dobkin ist eine der ersten femi-
    nistischen, lesbischen Sängerinnen, die Frauenmusik schrieb und sang.
    Sie ist eine der übriggebliebenen feministischen Musikerinnen und
    schreibt noch immer starke frauen-zugewendete Texte, die eine per-
    sönliche und eine politische Botschaft enthalten.

12  Michael Walzer: „Radical Priniciples". New York 1980, S. 13.

13  Nancy Arnold: „Toward a Personal Feminist Theory". Wissenschaftli-
    che Arbeit an der Universität von Massachusetts, 1983, S. 3.

14  Andrea Dworkin: „Pornography: Men Possessing Women". New York
    1981, S. 61.

15  Mary Daly, „Gyn/Ökologie", S. 85.

16  Mary Catherine Bateson: „With a Daughter's Eye: A Memoir of Mar-
    garet Mead and Gregory Bateson". New York 1984, S. 34.

17  In meinen Studienkursen über Frauen und Gesundheit habe ich meine
    Studentinnen oft gefragt, welche von ihnen sich die Anwesenheit ihrer
    Mutter bei der Geburt ihres möglichen Babys wünschten. Nur sehr we-
    nige wollten das.

18  de Beauvoir, „Das andere Geschlecht", S. 78.

19  de Beauvoir, „Das andere Geschlecht", S. 11.

20  Alice Walker verwendet dieses Wort auf verschiedene Weise. In seiner
    Hauptbedeutung wendet sie es auf schwarze Frauen an, „im allgemei-
    nen in bezug auf außergewöhnliches, kühnes, mutiges oder hartnäcki-
    ges Verhalten. Ernst." In seiner Zweitbedeutung definiert Walker „wo-
    manist" als „eine Frau, die andere Frau sexuell und/oder nicht-sexuell
    liebt. Sie liebt und bevorzugt Frauenkultur, die emotionale Flexibili-
    tät von Frauen... und die Stärke der Frauen." Aus: „In Search of Our
    Mothers Gardens: Womanist Prose". New York 1983. S. XI/XII.

21  Raymond beschreibt hier, warum sie — analog zu Mary Daly — Lesbe
    im Englischen dann groß schreibt, wenn es sich um frauenidentifizier-
    te Lesben handelt, und klein, wenn es sich um Lesben handelt, die,
    obgleich sie genitale Beziehungen zu Frauen haben, von dem, was Ray-
    mond hetero-bezogene Maßstäbe nennt, geleitet werden. Im Deut-
    schen ist diese Unterscheidung durch unterschiedliche Schreibweise
    nicht nachvollziehbar. (A.d.Ü.)

22  Barbara Smith: „Forderungen an eine schwarze feministische Litera-
    turkritik". In: „Mit verschärftem Blick". München 1987.

23  Adrienne Rich: „Zwangsheterosexualität und lesbische Existenz". In
    Dagmar Schultz (Hg.): „Macht und Sinnlichkeit". Berlin 1983, S. 158.

24  Rich, „Zwangsheterosexulaität", S. 158.

25 Blanche Wiesen Cook: „Female Support Networks and Political Activism: Lillian Wald, Crystal Eastman, Emma Goldman". In: „Chrysalis", Heft 3, Frühjahr 1987, S. 48.

26 Vor einigen Jahren erfand ich den Ausdruck „lesbisches Kontinuum" als Bezeichnung der frauenidentifizierten Beziehung, die Rich, Smith und Cook beschreiben. Ich war damals der Ansicht, daß eine sich im lesbischen Kontinuum befindliche Freundschaft mit der von den genannten Autorinnen dargestellten lesbischen Bedeutung durchzogen ist. Heute jedoch ziehe ich den Ausdruck Frauen-Zuneigung vor, da er meiner Meinung nach angemessener alle damit zusammenhängenden Komplexitäten beschreibt.

27 Gespräch, Juni 1981.

28 Gespräch mit Pat Hynes in Cloucester, Mass., März 1981.

29 Das Werk von Michel Foucault war insofern hilfreich, als es klarmacht, was Genealogie eigentlich ist und tut. Ein großer Teil der Geschichtsphilosophie Foucaults gründet sich jedoch auf eine „philosophierte" pornographische Weltsicht. In Kapitel 1 beschreibe ich ausführlich die Frauenverachtung Foucaults, die sich hinter seinen Theorien über Sprache und Geschichte verbirgt und wesentlich deutlicher in seiner Bewunderung von Sade und Bataille zum Ausdruck kommt.

30 Dale Spender: „Women of Ideas and What Men Have Done to Them". London 1982, S. 14.

31 Vgl. Michel Foucault: „Von der Subversion des Wissens". Hsg. von Walter Seitter. Reihe Hanser 150, München o.J.

32 Michel Foucault: „Nietzsche, die Genealogie, die Historie". In „Von der Subversion des Wissens", S. 83-109.

33 Vera Brittain: „Testament of Friendship: The Story of Winifred Holtby". London 1974, S. 2.

34 Vgl. Elizabeth Gould Davis: „Am Anfang war die Frau". München 1977.

35 Vgl. Robin Morgan, Hg.: „Sisterhood is Global". New York 1984.

**Kapitel 1**
*Die Ursprünge der Frauenfreundschaft: Am Anfang war die Frau*

1 Durkheim, Emile: „Über die Teilung der sozialen Arbeit". Frankfurt 1977.

2 Weininger, Otto: „Geschlecht und Charakter". München 1980.

3 Paula Giddings: „When and Where I Enter: The Impact of Black Women on Race and Sex in America". New York 1984, S. 108.

*Kapitel 1*

4 Giddings, „When and Where...", S. 109.

5 Giddings, „When and Where...", S. 111.

6 Ich danke Pat Hynes, die mich auf dieses Muster des weiblichen „akademischen Stammbaums" aufmerksam gemacht hat.

7 Vgl. Margaret Rossiter: „Women Scientists in America: Struggles and Strategies to 1940". Baltimore 1984, S. 18 ff. Rossiter legt ihr Hauptgewicht auf verheiratete Wissenschaftlerinnen, obwohl die von ihr verwendeten Statistiken zeigen, daß im Zeitraum ihrer Untersuchungen nur ein kleiner Teil der Wissenschaftlerinnen verheiratet waren. Es wäre zu erwarten gewesen, daß sie ihr Augenmerk auf die Mehrheit richtet — ausnahmsweise einmal alleinstehende Frauen. Hier wären wichtige Fragen zu stellen gewesen, beispielsweise: Welche Strategien verwendeten diese Frauen, um beruflich zu überleben und Erfolg zu haben? Mit wem verbündeten sie sich? Mit wem gingen sie in Pension? Hatten sie Kolleginnen, Freundinnen und/oder Liebhaberinnen, die ihr berufliches Leben beeinflußten? Statt dessen verwendet Rossiter viele Seiten und statistische Übersichten darauf zu dokumentieren, wer — von dem kleinen Prozentsatz der Verheirateten — wen geheiratet hat und welchen prozentualen Anteil welche Wissenschaftsgebiete bei dem kleinen Anteil verheirateter Wissenschaftlerinnen hatten. In einer Übersicht „Bemerkenswerte Wissenschaftler-Ehepaare vor 1940" führt sie die Ehepaare nach dem Wissenschaftsgebiet der Frau auf. Es ist voller Ironie, dort Ruth Benedict und Margaret Mead mit ihren jeweiligen angetrauten Wissenschaftlern aufgeführt zu sehen, *jedoch nicht miteinander,* denn ihre Verbindung währte weitaus länger als Benedicts Ehe mit Stanley Benedict und überdauerte sogar alle drei Ehen von Margaret Mead. Zwar ist Rossiters Buch vor den 1984 von Mary Catherine Bateson und Jane Howard verfaßten Mead-Biographien erschienen, doch war diese Information bestimmt vielen vor Veröffentlichung dieser beiden Werke bekannt und hätte mit der gleichen Sorgfalt und Präzision, mit der Rossiter die Beziehungen der verheirateten Wissenschaftlerinnen erforschte, recherchiert werden können.

8 Vgl. Edward Hyams: „Soil and Civilization". New York 1976.

9 Vgl. beispielsweise Robert Briffault: „The Mothers: A Study of Sentiments and Institutions". New York 1927, und Lewis Henry Morgan: „Ancient Society". New York 1963.

10 Vgl. H. J. Mozans: „Women in Science". Cambridge 1974.

11 Mozans, „Women in Science".

12 Raymond Williams: „Culture and Civilization". In: „The Encyclopedia of Philosophy". New York 1972, 2:273.

13 Frauenkultur ist nicht in gleicher Weise gewürdigt und erforscht wor-

den wie viele ethnische und rassische kulturelle Traditionen. Jüngste feministische Versuche, dies nachzuholen, wurden mit dem abwertenden Begriff „kultureller Feminismus" belegt.

14 Debra Seidman: „Die Stimmen überlebender Frauen: Der Holocaust, Frauen und Widerstand". Division III Thesis, Hampshire College 1982, S. 87.

15 Seidman, „Stimmen", S. 96.

16 Seidman, „Stimmen", S. 89.

17 Seidman, „Stimmen", S. 86.

18 Seidman, „Stimmen", S. 71 f.

19 Seidman, „Stimmen", S. 102 f.

20 Seidman, „Stimmen", S. 103 f.

21 Alice Walker: „Die Farbe Lila". Reinbek 1984.

22 Walker, „Die Farbe Lila".

23 Walker, „Die Farbe Lila".

24 Gespräch mit Anne Dellenbaugh, Gloucester, Mass., Oktober 1980.

25 Vgl. Carroll Smith-Rosenberg: „The Female World of Love and Ritual: Relations Between Women in Nineteenth Century America". In: „Signs: Journal of Women in Culture and Society", 1, Herbst 1975.

26 Toni Morrison: „Sula". Reinbek 1980, S. 90.

27 Morrison, „Sula", S. 87.

28 Vgl. Nina Auerbach: „Communities of Women: An Idea in Fiction". Cambridge 1978, S. 63.

29 Vgl. Michel Foucault: „Die Archäologie des Wissens". Hsg. von Angèle Kremer-Marietti. Frankfurt/Berlin/Wien 1976.

30 Dale Spender: „Women of Ideas and What Men Have Done to Them". London 1982, S. 12.

31 Gespräch mit Pat Hynes, Gloucester, Mass., November 1980.

32 Gilles Deleuze/Michel Foucault: „Der Faden ist gerissen". Berlin 1977, S. 27 f.

33 Michel Foucault: „Schriften zur Literatur". Frankfurt/Berlin/Wien 1979, S. 96 f.

34 Michel Foucault: „Vorrede zur Überschreitung". In: „Von der Subversion des Wissens". Hsg. von Walter Seitter. Reihe Hanser 150, München o.J., S. 36.

35 Andrea Dworkin: „Pornography: Men Possessing Women". New York 1981, S. 70.

36 Foucault, „Überschreitung", S. 46 f.

37 Foucault, „Überschreitung", S. 47.

38 Sigmund Freud: „Einige psychische Folgen des anatomischen Geschlechtsunterschieds". Ges. Werke, Frankfurt 1966, Band 14, S. 23.

*Kapitel 1*

39  Freud, „Psychische Folgen", S. 26.

40  Dorothy Dinnerstein: „Das Arrangement der Geschlechter". Stuttgart 1979.

41  ebda.

42  ebda.

43  ebda.

44  ebda.

45  ebda.

46  Helene Deutsch: „Psychologie der Frau". Zitiert nach: Nancy Chodorow: „Das Erbe der Mütter". München 1985, S. 247.

47  Chodorow, „Erbe", S. 249.

48  Chodorow, „Erbe", S. 182.

49  Chodorow, „Erbe", S. 183.

50  Chodorow gibt an dieser Stelle eine Interpretation von Freud. Sie zitiert seinen Essay „Über die weibliche Sexualität" und sagt: „Freud weist darauf hin, daß Frauen in heterosexuellen Beziehungen die Beziehung zu ihrer Mutter wiederaufzunehmen versuchen. Er vermutet, daß auch nach dem ‚Objektwechsel' von der Mutter zum Vater die Mutter das primäre innere Objekt bleibt, so daß oft die Themen, die in der inneren Beziehung zur Mutter von Bedeutung sind, auf die Beziehung zum Vater und später zu anderen Männern übertragen werden. In ihren Männerbeziehungen suchen sie nach Befriedigungen, die sie sich von einer Frau erwünschen." Chodorow, „Erbe", S. 151 f.

51  Chodorow, „Erbe", S. 252.

52  Chodorow, „Erbe", S. 252. Verfolgen wir diesen Gedanken weiter, so könnten wir fragen, wie viele Frauen eigentlich den Mann, den sie angeblich lieben, wirklich kennen. Dieser Mangel gewinnt in de Beauvoirs Bemerkungen zur Unaufrichtigkeit dessen, was ich Hetero-Beziehungen nenne, deutlichere Konturen. Sie meint, daß sich Mann und Frau und sogar Ehemann und Ehefrau bis zu einem gewissen Grad immer etwas vorspielen und daß dies ganz besonders die Frauen tun: mit einer über allen Verdacht erhabenen Tugendhaftigkeit, mit Charme, Koketterie, Kindlichkeit oder Genügsamkeit. Nie, so meint de Beauvoir, kann sie in Abwesenheit ihres Ehemannes oder Liebhabers völlig sie selbst sein. Vgl. „Das andere Geschlecht".

53  Chodorow, „Erbe", S. 255.

54  Chodorow, „Erbe", S. 255.

55  Dworkin, „Pornography", S. 151.

56  Chodorow, „Erbe", S. 258.

57  Chodorow, „Erbe", S. 259.

58  Adrienne Rich: „Zwangsheterosexualität", S. 157 f.

59  Chodorow, „Erbe", S. 263.

60  Chodorow, „Erbe", S. 269.

61  Chodorow, „Erbe", S. 280.

62  Dinnerstein, „Arrangement".

63  Angesichts der Tatsache, daß viele Männer keine Vorstellung von und keine Ausbildung für beständiges und verantwortungsvolles Kinderaufziehen haben, könnten die Frauen jetzt, da sie nicht mehr als einzige die Elternrolle spielen sollen, in die Situation kommen, nunmehr die Männer zur männlichen Elternschaft „erziehen" (bemuttern) zu müssen.

64  Die Worte „sichtbar" und „direkt" sind von mir bewußt gewählt. Mütter sind zwar die sichtbaren und direkten Vermittlerinnen der Hetero-Beziehungen, haben jedoch nicht die entscheidende Vermittlungsfunktion. „… sowohl aus Fallberichten als auch aus sozialpsychologischen Forschungsergebnissen geht eindeutig hervor, daß Väter ihre Kinder im allgemeinen bewußter als Mütter geschlechtlich entsprechend des traditionellen Geschlechtsrollenverständnisses typisieren und heterosexuelle Verhaltensweisen bei ihren jungen Töchtern verstärken." (Chodorow, „Erbe", S. 155.) Die Verstärkung der Hetero-Beziehungen durch die Väter ist jedoch deshalb häufig weniger sichtbar als die der Mütter, weil die ersteren meistens die distanzierteren und weniger sichtbaren Elternteile sind.

65  de Beauvoir, „Geschlecht", S. 362.

66  Duncan, zitiert nach de Beauvoir, „Geschlecht", S. 362.

67  ebda.

68  Bruno Bettelheim: „Kinder brauchen Märchen". München 1986, S. 219.

69  Phyllis Chesler: „Frauen – das verrückte Geschlecht?". Wien o. J., S. 46.

70  Shere Hite: „Hite Report". München 1977.

71  „60 000 Women Tell Ann Landers Sex Is Not Fullfilling". In: „Greenfield Recorder", 15. Januar 1985, S. 1.

72  „60 000 Women", S. 12. Natürlich haben „Experten" darauf reagiert und behauptet, die Befragung durch Landers sei „gefährlich", „irreführend" und „drohe uns in viktorianische Zeiten zurückzuführen". Vgl. „Sex Experts: Landers Reader Poll Dangerous". In: „Greenfield Recorder", 16. Januar 1985, S. 8.

73  Ich befürworte die Entwicklung und die Anwendung dieser Technologien nicht. Ich habe mich vielmehr in meinen sonstigen Veröffentlichungen und Aktivitäten gegen ihre Anwendung und Entwicklung gewandt. Ich widerspreche dem Argument, die so-genannte natürliche Reproduktion sei „natürlich" und biologisch gesetzt. Ich behaupte, dieses Argument ist durch die Existenz dieser Technologien außer Kraft gesetzt.

74  Dworkin, „Pornography", S. 187.

75  Barbara Deming: „We Cannot Live Without Our Lives". New York 1974, S. 55.

76  Deming, „We Cannot Live", S. 57.

77  Charlotte Brontë, Einführung: „The Poems of Emily Jane Brontë and Anne Brontë". Hsg. von Thomas J. Wise und J. Alex Symington, Oxford 1934, S. XXII.

78  Charlotte Brontë: „Biographical Notice of Ellis and Acton Bell". In: Hsg. William M. Sale: „Emily Brontë: Wuthering Heights: An Authoritative Text with Essays in Criticism". New York 1963, S. 7.

79  de Beauvoir, „Geschlecht", S. 167.

80  Mary Catherine Bateson: „With a Daughter's Eye", S. 102.

81  Barbara MacDonald und Cynthia Rich: „Look me in the Eye: Old Women, Aging and Ageism". San Francisco 1984, S. 19.

82  Lillian Faderman: „Surpassing the Love of Men: Romantic Friendship and Love Between Women from the Renaissance to the Present". New York 1981, S. 351.

83  Zitiert in Kathleen Barry: „The Network Defines Its Issues: Theory, Evidence and Analysis of Female Sexual Slavery". In: „International Feminism: Networking Against Female Sexual Slavery", hsg. von Kathleen Barry, Charlotte Bunch und Shirley Castley. New York 1984, S. 48.

84  K. J. Dover: „Greek Homosexuality". New York 1987, S. 20.

85  Dover, „Homosexuality", S. 172.

86  ebda.

87  ebda.

88  Demosthenes, zitiert nach Dolores Klaich: „Woman + Woman: Attitudes Toward Lesbianism". New York 1979, S. 130 f.

89  Klaich, „Woman + Woman", S. 134.

90  ebda.

91  Dover, „Homosexuality", S. 183 f.

92  Zitiert in Klaich, „Woman + Woman", S. 134.

93  ebda.

94  de Beauvoir, „Geschlecht", S. 199.

95  Havelock Ellis und John Addington Symonds: „Sexual Inversion". 1897, Nachdruck New York 1975, S. 101.

96  Die Motive für derartige von Männern durchgeführten Forschungsarbeiten werden deutlich in Frank Caprios Arbeit: „Female Homosexuality: A Psychological Study of Lesbianism". (Weibliche Homosexualität: Eine psychologische Studie über den Lesbianismus.) New York 1954, S. 93: „Wir brauchen weniger moralische Verurteilung und mehr wissenschaftliche Kenntnisse der menschlichen Schwächen...

Wir müssen uns sexkundig machen. Wissen ist Macht. *Wir gewinnen nur dann größere Macht, wenn wir versuchen, das, was unter Kontrolle gebracht werden muß, zu verstehen.*" (Hervorhebung J. R.)

97 Harold Greenwald: „The Call Girl: A Social and Psychoanalytic Study". New York 1958, S. 134.

98 ebda.

99 Caprio, „Female Homosexuality", Einleitung.

100 Socrates, zitiert in Fernando Henriques: „Prostitution and Society". New York 1962, S. 23.

101 Sozomen, zitiert ebda.

102 Mary Daly gebraucht in „Gyn/Ökologie" den Ausdruck „loose women" (dort als „freie Frauen" übersetzt, vgl. Fußnote S. 76, A.d.Ü.), indem sie Gyn/Ökologie definiert als die Wissenschaft „von ,freien Frauen', die Subjekte und nicht nur Objekte der Forschung sein wollen... Das heißt, es handelt vom ent-decken und ent-wickeln des komplexen Netzes der lebendigen/liebenden Beziehungen *unserer eigenen Art.*" (S. 31)

## Kapitel 2
*Vielfalt der Frauenfreundschaft: Die Nonne als lose Frau*

1 Brief von Martin Luther vom 6. August 1524 (zitiert nach Julia O'Faolain und Laura Martines, Hg.: „Not in God's Image: Women in History from the Greeks to the Victorians". New York 1973).

2 Lina Eckenstein: „Women Under Monasticism". 1896, Nachdruck New York 1973, S. 3. Dies war eine höchst wertvolle Quelle. Es handelt sich um eine ausführliche Geschichte der Nonnen und Klöster von den Jahren 500 bis 1500 und ist äußerst originell geschrieben.

3 Eileen Power: „The Position of Women". In: „Women: From the Greeks to the French Revolution". Stanford 1973, S. 168.

4 Eckenstein, „Women...", S. 4.

5 Marcia Guttentag und Paul F. Secord: „Too Many Women? The Sex Ratio Question". Beverly Hills 1983, S. 65.

6 ebda.

7 Ich habe im April 1984 die Beginenhöfe in Brügge besucht. Diese Häuser sind in ihrer einfachen Konstruktion elegant und sind offensichtlich mit der Vorstellung einer gesunden Mischung von Privatheit und Gemeinschaftsleben gebaut. Sie bilden einen geschlossenen Stadtteil in Brügge.

8 Dayton Phillips: „Beguines in Medieval Strasbourg: A Study of the

Social Aspect of Beguine Life". Stanford 1941, S. 227.

9 Zitiert in Rufus M. Jones: „Studies in Mystical Religion". London 1909, S. 197.

10 R. W. Southern: „Western Society and the Church in the Middle Ages". Baltimore 1970, S. 321.

11 Southern, „Western Society", S. 328 f.

12 ebda.

13 Jones, „Studies...", S. 207.

14 Eckenstein, „Women...", S. 5.

15 Zitiert in Eckenstein, „Women...", S. 32 f.

16 ebda.

17 Kenneth Scott Latourette: „The Thousand Years of Uncertainty". In: „A History of Christianity", Vol. 2, New York 1938, S. 397.

18 Latourette: „Thousand Years", S. 365.

19 Guttentag und Secord: „Too Many Women?", S. 70.

20 Sara Maitland: „A Map of the New Country: Women and Christianity". London 1983, S. 49.

21 Ellis und Symonds: „Sexual Inversion", S. 101.

22 Edmond und Jules de Goncourt: „The Woman of the Eighteenth Century". New York 1927, S. 10 f.

23 Guttentag und Secord, „Too Many Women?", S. 58.

24 John McNeill: „Makers of Christianity". New York 1935, S. 72.

25 Guttentag und Secord, „Too Many Women?", S. 63.

26 Guttentag und Secord, „Too Many Women?", S. 64.

27 Eckenstein, „Women...", S. 478.

28 Guttentag und Secord, „Too Many Women?", S. 61.

29 Guttentag und Secord, „Too Many Women?", S. 63.

30 Eckenstein, „Women...", S. 165.

31 Eckenstein, „Women...", S. 161.

32 Zitiert nach Eckenstein, „Women...", S. 161.

33 Mary Daly, „Gyn/Ökologie", S. 23.

34 Louise Seymour Houghton: „Women's Work in the Church". In: „The New Schaff-Herzog Encyclopedia of Religious Knowledge". 1912.

35 Eleanor Commo McLaughlin: „Equality of Souls, Inequality of Sexes: Women in Medieval Theology". In: „Religion and Sexism: Images of Women in the Jewish and Christian Traditions". New York 1974, S. 237.

36 ebda.

37 Houghton, „Women's Work", S. 416 ff.

38 Pie de Langogne: „Abbesses". In: „Dictionnaire de Theologie Catholique". 1909, S. 55.

39 ebda.

40  Houghton, „Women's Work", S. 416.

41  Elsie Thomas Culver: „Women in the World of Religion". New York 1967, S. 87.

42  Douglas Roby: „Introduction in Aelred of Rievaulx: Spiritual Friendship". Kalamazoo 1977, S. 37.

43  ebda.

44  Jean Leclerq: „The Love of Learning and the Desire for God: A Study of Monastic Culture". New York 1961, S. 106.

45  Aelred, „Spiritual Friendship", S. 72.

46  Aelred, „Spiritual Friendship", S. 93.

47  Aelred, „Spiritual Friendship", S. 95.

48  Aelred, „Spiritual Friendship", S. 92.

49  Aelred, „Spiritual Friendship", S. 84.

50  R. W. Southern: „Saint Anselm and His Biographer: A Study of Monastic Life and Thought 1059—c.1130". Cambridge 1963, S. 69.

51  Anselm, zitiert nach Southern, S. 72.

52  ebda.

53  Lillian Faderman, „Surpassing", S. 84.

54  Roby, „Introduction", S. 21 f.

55  Sisters of Mercy: „Constitutions of the Institute of the Religious Sisters of Mercy of the Union in the United States of America". Bethesda 1955, S. 64.

56  „Weg zur Vollkommenheit". In: „Die sämmtlichen Schriften der heiligen Theresia von Jesu", hsg. von Gallus Schwab. Sulzbach 1852, S. 26.

57  „Weg zur Vollkommenheit", S. 48.

58  Sisters of Mercy: „Customs and Guide to the Institute..." (vgl. Anm. 55). Bethesda 1957, S. 226.

59  „Weg zur Vollkommenheit", S. 25.

60  Sisters of Mercy, „Constitutions", S. 40.

61  Suzanne Campbell-Jones: „In Habit: A Study of Working Nuns". New York 1978, S. 86.

62  Derwas J. Chitty: „The Desert a City: An Introduction to the Study of Egyptian and Palestinian Monasticism Under the Christian Empire". Oxford 1966, S. 66.

63  ebda.

64  Roby, „Introduction", S. 17.

65  McLaughlin, „Equality...", S. 252 f.

66  M. Basil Pennington: „Aelred in the Tradition of Monastic Friendship". Kalamazoo 1977, S. 40.

67  Erasmus: „Colloquis". Chicago 1965.

68  Vita Sackville-West: „The Eagle and the Dove". New York 1944, S. 19.

*Kapitel 2*

69 „Weg zur Vollkommenheit", S. 49.

70 Jane F. Becker: „Overcoming Problems in Friendship". In: „Sisters Today". 49, Mai 1978, S. 605.

71 ebda.

72 ebda.

73 ebda.

74 ebda.

75 ebda.

76 John Calvin: „Opera". 19:92, 125. Diese Meinung Calvins wurde von seinem eifrigen Schüler John Knox geteilt.

77 Vgl. beispielsweise Southern, „Western Society", S. 310 ff.

78 Eckenstein, „Women...", S. 193.

79 ebda.

80 Eckenstein, „Women...", S. 198.

81 Houghton, „Women's Work", S. 416.

82 Gespräch mit Pat Hynes, Gloucester, Mass., Mai 1981.

83 Eckenstein, „Women...", S. 202.

84 ebda.

85 Zitiert nach Fernando Henriques: „Prostitution in Europe and the Americas". New York 1968, S. 38.

86 Zitiert nach Eckenstein, „Women...", S. 200.

87 Faderman, „Surpassing...", S. 333.

88 Houghton, „Women's Work". S. 416 f.

89 Calvin, „Opera", 28:149.

90 Houghton, „Women's Work", S. 417.

91 Zitiert nach Henriques, „Prostitution", S. 38.

92 ebda.

93 Eckenstein, „Women...", S. 433.

94 ebda.

95 Zitiert nach Eckenstein, „Women...", S. 468.

96 Geoffrey Baskerville: „English Monks and the Suppression of the Monasteries". New Haven 1937, S. 217.

97 Eckenstein, „Women...", S. 452.

98 Zitiert in Eckenstein, „Women...", S. 468.

99 Eckenstein, „Women...", S. 473 f.

100 The Protestant Truth Society: „The Ruin of Girls in Convent Schools". o.J.

101 Eckenstein, „Women...", S. 483.

102 Maitland, „Map...", S. 56.

103 „Klösterliche Werte und lesbische Ethik: Gespräch mit Janice Raymond und Patricia Hynes". In: „Die ungehorsamen Bräute Christi:

Lesbische Nonnen brechen das Schweigen". Hsg. von Rosemary Curb und Nancy Manahan. München 1986, S. 361.

104 ebda.

105 Hester Brown: „Get Thee to the Mother House". In: „Heresies: A Feminist Publication of Art and Politics". Heft 2, Frühjahr 1979, S. 78.

106 Kathleen Barry: „Die sexuelle Versklavung von Frauen". Berlin 1983, S. 302.

107 ebda.

108 Audre Lorde: „Vom Nutzen der Erotik: Erotik als Macht". In: „Macht und Sinnlichkeit". Hsg. von Dagmar Schultz, Berlin 1983, S. 188.

109 Ortega y Gasset, zitiert nach Robert A. Nisbet: „Community and Power". London 1953, S. 61.

110 Lucinda San Giovanni: „Ex-Nuns: A Study of Emergent Role Passage". Norwood 1978, S. 101.

111 „Klösterliche Werte", S. 363.

112 ebda.

## Kapitel 3
*Mehr freie Frauen: Die chinesischen Eheverweigerinnen*

1  Leila Ahmed: „Western Ethnocentrism and Perceptions of the Harem". Feminist Studies 8, Nr. 3, Herbst 1982.

2  Susan Mann: „Suicide and Chastity: Visible Themes in the History of Chinese Women". Vortrag auf der 6. Berkshire Conference on the History of Women. Smith College, Northampton, 1984.

3  Marjorie Topley: „The Organisation and Social Function of Chinese Women's *Chai T'ang* in Singapore". Dissertation, Universität London 1958, S. 161. Ohne Topleys bahnbrechende Arbeit über Eheverweigerung hätte dieses Kapitel nicht geschrieben werden können.

4  Francis L. K. Hsu: „Under the Ancestor's Shadow". New York 1948, S. 2.

5  E. A. Wrigley: „Population and History". New York 1969, S. 90.

6  Maxine Hong Kingston: „Die Schwertkämpferin". Frankfurt/Berlin 1982, S. 56.

7  Hong Kingston: „Schwertkämpferin", S. 58.

8  Su Hua Ling Chen: „Ancient Melodies". London 1969, S. 201.

9  Arthur Smith: „Village Life in China: A Study in Sociology". New York 1899, S. 287.

10  Hong Kingston, „Schwertkämpferin", S. 36.

11  Hong Kingston, „Schwertkämpferin", S. 24.

12  Hong Kingston, „Schwertkämpferin", S. 25.

13  Ich danke Charlotte Boynton, daß sie mich auf diese Alltagskultur aufmerksam gemacht hat.

14  Elisabeth Croll: „Feminism and Socialism in China". London 1978, S. 39.

15  Croll, „Feminism...", S. 40.

16  Croll, „Feminism...", S. 64.

17  Croll, „Feminism...", S. 66.

18  Zitiert nach Croll, „Feminism...", S. 68 f.

19  ebda.

20  Ch'iu Chin: „To the Tune ‚The River Is Red'". In: „The Orchid Boat: Women Poets of China". New York 1972, S. 83.

21  Ch'iu Chin: „Two Poems to the Tune ‚Narcissus by the River'". In: „The Orchid Boat", S. 82.

22  Zitiert nach Robert K. Douglas: „Society in China". London 1984, S. 215.

23  Maria H. A. Jaschok: „On the Lives of Women Unwed by Choice in Pre-Communist China: Research in Progress". In: „Republican China", Herbst 1984, S. 42 f.

24  ebda.

25  Zitiert nach Topley, „Organisation...", S. 177.

26  Zitiert nach Marjorie Topley: „Marriage Resistance in Rural Kwangtung". In: „Women in Chinese Society", hsg. von Margery Wolf und Roxane Witke. Stanford 1975, S. 75.

27  ebda.

28  Benjamin Henry: „Ling-Nam or, Interior Views of Southern China". London 1886, S. 68.

29  Topley, „Organisation...", S. 179.

30  Susan Mann sagt in „Suicide and Chastity", daß die „‚örtlichen Chroniken' *(Difang zhi)*... in der Tat halboffizielle Geschichtsschreibung der Bezirke im gesamten chinesischen Reich sind... die Chronisten lieferten Stoff über ‚örtliche Bräuche'... Frauen erscheinen in Kapiteln mit der Überschrift ‚Vorbildliche Frauen' unter zwei Hauptüberschriften: ‚treue Witwen' *(jiefu)* und ‚keusche Jungfrauen' *(zhengnu)*". Die Chronisten haben offenbar die Zeremonien der verschworenen Schwestern unter die Überschrift „keusche Jungfrauen" subsumiert.

31  Zitiert nach Topley, „Resistance", S. 76.

32  Topley, „Organisation...", S. 180.

33  Zitiert nach Topley, „Resistance", S. 76.

34  Topley, „Resistance", S. 83.

35 Zitiert nach Mrs. E. T. Williams: „Some Popular Religious Literature of the Chinese". In: „Journal of the China Branch of the Royal Asiatic Society", Nr. 33, 1900—1901.

36 Topley, „Organisation...", S. 169.

37 Smith, „Village Life", S. 287 f.

38 Topley, „Organisation...", S. 40.

39 ebda.

40 Mann, „Suicide...", S. 11.

41 Douglas, „Society", S. 215.

42 Topley, „Organisation...", S. 43.

43 Topley, „Organisation...", S. 39.

44 Lady Hosie (Dorothea Sothill): „The Pool of Ch'ien Lung". London 1948, S. 157.

45 Hosie, „Pool", S. 158.

46 Hosie, „Pool", S. 160.

47 Topley, „Organisation...", S. 45 f.

48 ebda.

49 Agnes Smedley: „Portraits of Chinese Women in Revolution". Old Westbury 1976, S. 105.

50 Smedley, „Portraits", S. 107 f.

51 ebda.

52 ebda.

53 ebda.

54 Topley, „Organisation...", S. 46.

55 Topley, „Resistance", S. 76.

56 Zitiert nach Ch'en Tung-yuan: „Chung-kuo fu-nü sheng-huo shih" (Geschichte des Lebens der Chinesinnen). Shanghai 1928, übersetzt von Charlotte Boynton.

57 ebda.

58 Topley, „Resistance", S. 85.

59 ebda.

60 Jaschok „Lives", S. 43.

61 Topley, „Resistance", S. 85.

62 Topley, „Organisation...", S. 52.

63 Topley, „Organisation...", S. 55.

64 Topley, „Organisation...", S. 64.

65 Topley, „Resistance", S. 85.

66 ebda.

67 Topley, „Organisation...", S. 183. Hier sollte festgehalten werden daß Topley in ihrem Buch „Marriage Resistance in Rural Kwangtung", in dem sie ihre Dissertation vermutlich auf dem neuesten Stand zu-

sammenfaßt, die Widerstandsbewegung politisch positiver beurteilt.

68 Croll, „Feminism...", S. 44.
69 Topley, „Resistance", S. 88.
70 Graham E. Johnson: „Rural Chinese Social Organization, Tradition and Change". In: „Pacific Affairs", Nr. 46, Winter 1973/4.
71 Dieser Vorwurf wird den losen Frauen seit ewigen Zeiten bei jeder Gelegenheit gemacht. So zitiert beispielsweise Margaret Rossiter in ihrer Arbeit „Women Scientists in America" (Anm. 7, Kap. 1) eine Untersuchung der Universität Nebraska aus dem Jahre 1928, in der die Gewohnheiten des Geldausgebens von 29 unverheirateten, an der Universität lehrenden Frauen mit denen von 155 verheirateten Universitätslehrern verglichen werden, von denen die meisten wohl Männer waren. Das Ergebnis: alleinstehende Frauen „gaben einen doppelt so hohen Prozentsatz ihres Einkommens für Rücklagen, Geschenke, Kirchenbeiträge, Wohltätigkeit, Freizeit und Reisen aus" wie die 155 Verheirateten. Die beiden Autorinnen der Untersuchung schlossen daraus, daß das unverheiratete weibliche Lehrpersonal mehr Geld als die Verheirateten für „Luxus" ausgab, und meinten, der Genuß derartigen Luxus' sei wohl eine „Kompensation dafür, daß sie keine Familien haben". Schließlich behaupteten sie, daß gleicher Lohn für gleiche Arbeit die unverheirateten Frauen ungerecht bevorzugen würde und daß das Gehalt an den Universitäten durch die Zahl der von dem Gehaltsempfänger abhängigen Personen bestimmt sein sollte.
72 Ahmed, „Western Ethnocentrism", S. 528 f.
73 ebda.
74 Ahmed, „Western Ethnocentrism", S. 531 f.
75 ebda.
76 Janice G. Raymond: „Women's Studies: A Knowledge of One's Own". In: „Union Seminary Quarterly Review", Nr. 35, Herbst/Winter 1979/80.

**Kapitel 4**
*Hindernisse für Frauenfreundschaft*

1 Zitiert nach Joel Block: „Friendship". New York 1980, S. 33.
2 Ich bin Hannah Arendt sehr zu Dank verpflichtet für ihre Typologien der Abspaltung von der und Anpassung an die Welt, die sie in vielen ihrer Werke in bezug auf die Juden und den Judaismus entwickelt. Vgl. beispielsweise „Die verborgene Tradition. Acht Essays". Frankfurt 1976.

3  Arendt, „Tradition", S. 72.

4  Hannah Arendt: „Rede über Lessing: Von der Menschlichkeit in finsteren Zeiten". Hamburg 1960, S. 22.

5  Arendt, „Lessing", S. 37.

6  Janice G. Raymond: „The Transsexual Empire". Boston 1979. Vgl. besonders Kapitel 4: „Therapy as a Way of Life".

7  Michel Foucault: „Der Wille zum Wissen: Sexualität und Wahrheit I". Frankfurt 1977, S. 76 f.

8  ebda.

9  Sarah Scott und Tracey Payne: „Underneath We're All Lovable: Therapy and Feminism". In: „Trouble and Strife", Nr. 3, Sommer 1984.

10  Hanna Arendt: „Rahel Varnhagen". München 1959.

11  Interview im „Boston Globe", 26. August 1984.

12  Scott und Payne: „Underneath", S. 24.

13  Gespräch mit Pat Hynes, Montague, Mass., Juli 1984.

14  Mary Daly: „Reine Lust: Elemental-feministische Philosophie". München 1986, S. 252.

15  Daly, „Reine Lust", S. 256.

16  Woolf, „Zimmer", S. 43.

17  Robert Jay Lifton: „Thought Reform and the Psychology of Totalism". New York 1961, S. 426.

18  Kathleen Barry: „‚Sadomasochism': The New Backlash to Feminism". In: „Trivia: A Journal of Ideas", Heft 1, Herbst 1982.

19  Vgl. Jean Bethke Elshtain: „Feminists Against the Family". In: „The Nation", 17. November 1979, S. 497.

20  Thomas J. Gottle: „Our Soul-Baring Orgy Destroys the Private Self". In: „Psychology Today", Oktober 1975.

21  Persönliche Korrespondenz mit Jan Raymond 1978.

22  Zitiert nach Paula Caplan: „Barriers Between Women". New York 1981, S. 125 f.

23  Andrea Dworkin: „Right-Wing Women". New York 1983, S. 227.

24  Judy Foreman: „Men Are Resisting Sweeping Changes". In: „Boston Globe", 23. Dezember 1980.

25  Shulamith Firestone: „Frauenbefreiung und sexuelle Revolution". Frankfurt 1975, S. 166.

26  Firestone, „Frauenbefreiung", S. 163 f.

27  John Stoltenberg: „Sadomasochism: Eroticized Violence, Eroticized Powerlessness". In: „Against Sadomasochism", hsg. von Ruth Robin Linden et al., Palo Alto 1982, S. 125.

28  Stoltenberg, „Sadomasochism", S. 127 f.

29  ebda.

30  Dworkin, „Right-Wing Women", S. 52.

31  ebda.

32  Hilde Hein: „Sadomasochism and the Liberal Tradition". In: Linden, „Against Sadomasochism", S. 88.

33  Vgl. Raymond, „Transsexual Empire", besonders S. 175 ff. über „‚Repressive Toleranz' und Sensibilität".

34  Herbert Marcuse: „Repressive Toleranz". In: Wolff, Moore, Marcuse: „Kritik der reinen Toleranz". Frankfurt 1966, S. 94.

35  Joreen: „The Tyranny of Structurelessness". In: Koedt, Levine und Rapone: „Radical Feminism". New York 1973, S. 287.

36  Alice Walker: „*One* Child of One's Own". In: „In Search of Our Mothers' Gardens: Womanist Prose". New York 1983, S. 379.

37  Cicero: „De Amicitia", 1.85.

38  Persönlicher Briefwechsel, Julie Melrose an Janice Raymond, 23. Mai 1984.

39  Joseph P. Lash: „Helen and Teacher: The Story of Helen Keller and Anne Sullivan Macy". New York 1980, S. 332.

40  Lash, „Helen and Teacher", S. 295.

41  Woolf, „Zimmer", S. 91 f.

42  Freud zitiert nach Daly, „Reine Lust", S. 316.

43  Daly, „Reine Lust", S. 317.

44  Persönlicher Briefwechsel, Julie Melrose an Janice Raymond.

45  Persönlicher Briefwechsel, Danice Yanni an Janice Raymond, April 1984.

46  Dworkin, „Right-Wing Women", S. 159.

47  Dworkin, „Right-Wing Women", S. 25.

48  de Beauvoir, „Geschlecht", S. 314.

49  Tania Modelski: „Loving with a Vengeance: Mass-Produced Fantasies for Women". Hamden 1982, S. 88.

50  Daly, „Reine Lust", besonders S. 293 ff.

51  Elizabeth Janeway: „The Powers of the Weak". New York 1980, S. 144.

52  Barry, „Versklavung", S. 58.

53  Alice Walker: „To the Black Scholar". In: „In Search of Our Mothers' Gardens", S. 322.

54  Adrienne Rich: „Von Frauen geboren". München 1979, S. 217.

55  Nancy Richard: „Mothers and Daughters". Advanced Seminar Paper in Women's Studies, University of Massachusetts, Fall 1982, S. 1.

56  ebda.

57  Hannah Arendt: „Vom Leben des Geistes". München 1979. Vgl. besonders Band I: „Das Denken".

58  Louise Bernikow: „Among Women". New York 1980, S. 66.
59  Colette: „Earthly Paradise". Hsg. Robert Phelps, New York 1966, S. 35 f.
60  Colette: „Die Freuden des Lebens". Wien 1961, S. 6.
61  Richard, „Mothers", S. 12.
62  Persönlicher Briefwechsel, Danice Yanni an Janice Raymond.
63  ebda.
64  Daly, „Gyn/Ökologie", S. 29.
65  Barry, „Sadomasochism", S. 81.
66  Friedrich Nietzsche: „Jenseits von Gut und Böse". Gesammelte Werke Band 15, München o.J., S. 104.
67  Lifton, „Thought Reform", S. 427.
68  Dies ist ein Ausdruck von Christine Delphy. Vgl. „The Main Enemy". In: „Close to Home: A Materialist Analysis of Women's Oppression". Amherst 1984, S. 57 ff.
69  Arendt, „Lessing".
70  H. Patricia Hynes: „On Racism and Writing". In: „Sinister Wisdom", Nr. 15, Herbst 1980.
71  ebda.
72  Lucy Dawidowich: „The Holocaust and the Historians". Cambridge 1981, S. 13 f.
73  Bonnie Atkins. Feminist Theory class paper, University of Massachusetts, Herbst 1983.
74  Walker, „One Child", S. 379 f.
75  ebda.
76  ebda.
77  Dworkin, „Pornography", S. 217.
78  Paul Tillich: „Liebe, Macht und Gerechtigkeit". Tübingen 1955, S. 41.
79  Sherry McCoy und Maureen Hicks: „A Psychological Retrospective on Power in the Contemporary Lesbian-Feminist Community" In: „Frontiers: A Journal of Women's Studies", Nr. 4, Herbst 1976.
80  McCoy und Hicks, „Retrospective", S. 66 ff.
81  ebda.
82  ebda.
83  Daly, „Reine Lust", S. 142.
84  Dworkin, „Pornography", S. 67.
85  Renate Duelli Klein: „Rethinking Sisterhood: Unity in Diversity". In: „Women's Studies International Forum", Nr. 8, 1985.
86  Daly, „Reine Lust", S. 330.
87  Walker: „The Civil Rights Movement: What Good Was It?". In: „In Search of Our Mothers' Gardens", S. 125 f.

**Kapitel 5**
*Eine Vision von Frauenfreundschaft: Zweifache Sicht*

1 Enthält eine Auseinandersetzung mit einer uns nicht zugänglichen Kritik an Marilyn Fryes Werk. (A.d.Ü.)

2 Keith Melville: „Communes in the Counter Culture: Origins, Theories, Styles of Life". New York 1972, S. 30.

3 Lester Thurow, zitiert in „Second Century Radcliffe News", April 82.

4 Dianne Dumanoski: „The New Poor: Women, Children". In: „Boston Sunday Globe", 14. Dezember 1980.

5 United Nations: „Review and Evaluation of Progress Made and Obstacles Encountered at the National Level in Attaining the Objectives of the World Plan of Action". World Conference of the United Nations Decade for Women. Kopenhagen 1980.

6 United Nations: „Program of Action for the 2nd Half of the U.N. Decade for Women". Kopenhagen 1980.

7 United States Department of Commerce in: „Money Income of Families and Persons in the U.S." 1980 census.

8 United States Department of Justice: „F.B.I. Uniform Crime Reports". 1980.

9 D. Moore: „Battered Women". Beverly Hills 1979.

10 Gespräch mit Pat Hynes, Gloucester, Mass., 1981.

11 Virginia Woolf, review of „La Femme Anglaise..." Nachgedruckt in: „Virginia Woolf: Women and Writing", hsg. von Michele Barret. New York 1979, S. 67.

12 Karl Jaspers: „Philosophie". Berlin 1984.

13 Ich möchte mich hier nicht in eine Auseinandersetzung über die komplizierten philosophischen Theorien des Idealismus begeben. Mit dem Begriff „kritischer Idealismus" will ich sagen, daß Ideen oder rationales Wissen allein keinen Zugang zur Welt verschaffen. Andererseits will ich mit „kritischem Materialismus" sagen, daß sinnliche Erfahrung und materielle Existenz diesen Zugang ebenfalls nicht verschaffen, da — wie Kant meinte — sinnliche Erfahrung und Materie ohne Interpretation „unwirklich" sind.

14 Ernst Bloch: „Die Formel vita nova". In: „Selbstprobleme des Seins". Tübinger Einleitung in die Philosophie. Vgl. Bloch-Gesamtausgabe.

15 Max Horkheimer, Vorwort zu Martin Jay: „The Dialectical Imagination: A History of the Frankfurt School and the Institute of Social Research 1923—1930". Boston 1973.

16 Der Ausdruck stammt von Ernst Bloch.

17 Michael Novak: „Ascent of the Mountain, Flight of the Dove". New York 1971, S. 5.

18  Daly, „Gyn/Ökologie", S. 21.

19  Mary Catherine Bateson schildert mit diesen Worten, wie ihre Mutter, Margaret Mead, den Unterschied zwischen religiös Gläubigen und Ungläubigen beschreibt. Vgl. Bateson: „With a Daughter's Eye", S. 87.

20  Walker: „From an Interview". In: „Mothers' Gardens", S. 251 f.

21  Hannah Arendt: „Fragwürdige Traditionsbestände im politischen Denken der Gegenwart". Frankfurt 1957, S. 22.

22  Dies ist eines der Hauptthemen in Arendts „Vom Leben des Geistes".

23  Arendt, „Leben des Geistes", S. 16.

24  Dworkin, „Right-Wing Women", S. 50 f.

25  Spender: „Women of Ideas", S. 18.

26  Daly, „Reine Lust", S. 405.

27  Spender, „Women of Ideas", S. 18.

28  Das ist der berühmte Satz von Abbie Hoffman.

29  Lifton, „Thought Reform", S. 429.

30  Nadežda Mandel'stam: „Generation ohne Tränen". Frankfurt 1975, S. 74.

31  Arendt, zitiert bei Elisabeth Young-Bruehl: „For Love of the World". New Haven 1982, S. 452.

32  Arendt, „Leben des Geistes".

33  Arendt, „Leben des Geistes", S. 190.

34  Arendt, „Leben des Geistes", S. 186.

35  Arendt, „Leben des Geistes", S. 187 f.

36  Adolf Harnack nach W. M. Rankin: „Encyclopedia of Religon and Ethics", unter „Freundschaft".

37  Emily Dickinson: „The Complete Poems of Emily Dickinson". Boston 1960.

38  Im Christentum wurde der Ehe die Achtung zuerkannt, die die Griechen der Freundschaft unter Männern beigemessen hatten. Das Christentum behauptet, daß es damit den Frauen und dem Eheleben einen höheren Wert gegeben hätte. Dieser Anspruch trifft nur innerhalb eines sehr begrenzten und begrenzenden Bereichs auf Frauen zu. Weder die klassische Theorie der Freundschaft noch die christliche Ehe sanktionierte die Freundschaft oder die Liebesbeziehung zweier Frauen.

39  Michel Montaigne: „Über die Freundschaft". In: Michel Montaigne: „Essays". Zürich 1953, S. 224.

40  Aristoteles: „Nikomachische Ethik". Hamburg 1972, S. 217.

41  de Beauvoir, „Geschlecht", Kapitel „Lesbische Liebe".

42  Daly, „Reine Lust", S. 248.

43  Daly, „Reine Lust", S. 344.

*Kapitel 5*

44  Vgl. die Definition von „Continuum" in „Webster's New Collegiate Dictionary", 9. Ausgabe 1983.

45  H. Patricia Hynes: „Ellen Swallos, Lois Gibbs and Rachel Carson: Catalysts of the American Environmental Movement". In: „Women's Studies International Forum", Nr. 4, 1985.

46  ebda.

47  Ynestra King: „Feminism and the Revolt of Nature". In: „Heresies", 4, Ausgabe 13: „Feminism & Ecology", 1981.

48  Henry Beston, zitiert nach Frank Graham jr.: „Since Silent Spring". Boston 1970, S. 3.

49  Zora Neale Hurston: „Their Eyes Were Watching God". Philadelphia 1937, S. 9.

50  Rosalind Franklin leistete den wegweisenden und größten Beitrag zur Entdeckung der DNS-Struktur, dennoch gehörte sie nicht zu der Gruppe, die den Nobel-Preis für diese Entdeckung bekam. Vgl. Anna Sayre: „Rosalind Franklin and DNA". New York 1975. Hier wird ausführlich beschrieben, wie die frühen Entdeckungen Franklins ohne ihr Wissen von Watson und Wilkins benutzt und als deren eigene ausgegeben wurden.

51  Vgl. Raymond, „Transsexual Empire", Kapitel 6, das eine ausführliche Definition und Beschreibung von „Integrität" enthält.

52  Joan Sully: „A Heritage of War: Male Bonding and Militarism". Division III thesis, Hampshire College, Amherst, Mass. 1982.

53  John Stoltenberg: „Disarmament and Masculinity". Palo Alto 1978, S. 3.

54  Dworkin, „Right-Wing Women", S. 51.

55  Barry, „Sadomasochism", Trivia 1982.

56  Charlotte Brontë: „Villette". New York 1972, S. 243.

57  de Beauvoir, „Geschlecht".

58  Woolf, „Zimmer", S. 43.

59  ebda.

60  Susan Brownmiller: „Gegen unseren Willen". Frankfurt 1978, S. 151.

61  Brownmiller, „Willen", S. 153.

62  Natalia Malachowskaja, unveröffentlichter Essay „Menschliche Hoffnung". Leningrad 1980.